Werner Kremp, Michael Schneider (Hg.)

Am Sternenbanner das Geschick der Arbeiterklasse

150 Jahre Beziehungen zwischen deutscher Sozialdemokratie und den USA

ATLANTISCHE TEXTE

Herausgegeben von der
Atlantischen Akademie Rheinland-Pfalz e.V.

Band 37

Werner Kremp, Michael Schneider (Hg.)

Am Sternenbanner das Geschick der Arbeiterklasse

150 Jahre Beziehungen zwischen deutscher Sozialdemokratie und den USA

wvt Wissenschaftlicher Verlag Trier

Am Sternenbanner das Geschick der Arbeiterklasse.
150 Jahre Beziehungen zwischen deutscher Sozialdemokratie und den USA /
Werner Kremp, Michael Schneider (Hg.)
[Atlantische Akademie Rheinland-Pfalz e.V.] -
Trier : WVT Wissenschaftlicher Verlag Trier, 2013
  (Atlantische Texte; Bd. 37)
  ISBN 978-3-86821-481-9

Atlantische Akademie Rheinland-Pfalz e.V.
Lauterstraße 2 (Rathaus Nord)
67657 Kaiserslautern
Tel.: 0631 - 36 61 00
Fax: 0631 - 36 61 015

© WVT Wissenschaftlicher Verlag Trier, 2013
  Atlantische Akademie Rheinland-Pfalz e.V.
ISBN 978-3-86821-481-9

Umschlaggestaltung: ARTvonROTH, Kaiserslautern

Alle Rechte vorbehalten
Nachdruck oder Vervielfältigung nur mit
ausdrücklicher Genehmigung des Verlags
Printed in Germany

WVT Wissenschaftlicher Verlag Trier
Postfach 4005, 54230 Trier
Bergstraße 27, 54295 Trier
Tel. 0651-41503, Fax 41504
Internet: http://www.wvttrier.de
E-Mail: wvt@wvttrier.de

Inhalt

Werner Kremp/Michael Schneider
Vorwort 7

Beatrix Bouvier
Amerika im Denken von Karl Marx 15

Andrew Zimmerman
From Class Struggle to Civil War in the Revolutionary Strategies
of Marx and Engels 31

Jürgen Schmidt
„Die Republik mit dem Sternenbanner hat keine Bürger zweiter Klasse".
Wilhelm Liebknechts USA-Reise im transnationalen Kontext? 41

Dieter K. Buse
Blick nach Amerika:
Karl Liebknecht, Carl Legien und Friedrich Ebert, 1900-1925 67

Jens-Uwe Güttel
Ein Imperium der Freiheit?
Die deutsche Sozialdemokratie, die Vereinigten Staaten und der
Imperialismus vor dem Ersten Weltkrieg 91

Moritz Rudolph
Vom Unwillen zur Macht:
SPD und USA – Zwei Zauderer der Hegemonie nach dem Ersten Weltkrieg 109

Rainer Behring
„Freiheit ist ein Wert für sich – und Demokratie bedeutet mehr als alles andere."
Deutsche Sozialdemokraten im US-amerikanischen Exil: Aspekte ihres
politischen Denkens vor und nach 1945 125

Max Reinhardt
USA-Bilder am Beispiel von vier SPD-Politikern zweier Generationen
nach 1945. Eine biografische und habitushermeneutische Analyse 147

Wilfried Busemann
Il était une fois dans l'ouest.
Die USA als Modernisierungsleitbild der SPD Saar um 1960   167

Julia Angster
Eine transnationale Geschichte des Godesberger Programms   183

Judith Michel
„Unsere Sicherheit steht und fällt mit den USA":
Kontinuität und Wandel in Willy Brandts Amerikabild   205

Daniela Münkel
Willy Brandt, die Ostpolitik und die USA   229

Bernd Schäfer
Die Gewöhnungsbedürftigkeit deutschen Selbstbewusstseins:
Die Nixon-Administration und Willy Brandts SPD an der Macht   239

Jan Hansen
Anti-Amerikaner?
Die SPD, Ronald Reagan und der NATO-Doppelbeschluss   253

Dieter Dettke
Gerhard Schröder, George W. Bush und die deutsch-amerikanischen
Beziehungen: Ein unausweichlicher Konflikt   267

Nicole Renvert
Eine sozialdemokratische Botschaft in Amerika:
Das Washington Office der Friedrich-Ebert-Stiftung   291

Autorinnen, Autoren und Herausgeber   307

Vorwort

Vor nunmehr 150 Jahren – am 23. Mai 1863 – schlug mit der Gründung des Allgemeinen Deutschen Arbeitervereins durch Ferdinand Lassalle in Leipzig die offizielle Geburtsstunde der deutschen Grand Old Party, der SPD. Einen Tag vorher, am 22. Mai 1863, hatte der Nordstaaten-General Grant die Belagerung von Vicksburg eingeleitet. Was hat beides miteinander zu tun? Nun, wie ersichtlich, fällt die Gründung (oder genauer: der „offizielle" Gründungstag) der SPD mitten in den Bürgerkrieg jenseits des Atlantiks, und keine Geringeren als Karl Marx und Friedrich Engels, die wir guten Gewissens zu den geistigen Mitbegründern der SPD zählen dürfen, haben diesem Krieg die denkbar größte Aufmerksamkeit gewidmet, haben in ihren Analysen den Ausgang dieses Kriegs als eng mit dem Schicksal der internationalen, europäischen und deutschen Arbeiterbewegung verbunden betrachtet. Hören wir die Trierer Eminenz:

> „Vom Anfang des amerikanischen Titanenkampfes an fühlten die Arbeiter Europas instinktmäßig, dass an dem Sternenbanner das Geschick ihrer Klasse hing, dass die Rebellion der Sklavenhalter die Sturmglocke zu einem allgemeinen Kreuzzug des Eigentums gegen die Arbeit läuten würde und dass für die Männer der Arbeit außer ihren Hoffnungen auf die Zukunft auch ihre vergangenen Eroberungen in diesem Riesenkampfe jenseits des Ozeans auf dem Spiele standen."[1]

„Am Sternenbanner das Geschick der Arbeiterklasse" – das klingt wie ein Leitmotiv für die künftigen 150 Jahre Geschichte und Geschichtsschreibung der deutschen Arbeiterbewegung. Und in der Tat gibt es schon in der Gründerzeit der Sozialdemokratie vielversprechende Anzeichen und Voraussetzungen für einen intensiven transatlantischen Erfahrungsaustausch und Lernprozess. Schon bei Marx und Engels sehen wir, dass sie das Schicksal von Arbeiterklasse und Arbeiterbewegung in hohem Maße in „atlantischen" Dimensionen dachten. Dafür ist nicht erst ihre intensive Beschäftigung mit dem Bürgerkrieg ein Beweis, den Marx hinsichtlich seiner historisch-politischen, Engels in seinen militärischen Dimensionen aufmerksam verfolgte. Schon im Jahre 1850 hatte Marx dem Atlantischen Ozean die Rolle als „Binnensee, wie sie jetzt das Mittelmeer spielt", zugesprochen;[2] und die Entstehung des „Kapitals" kann man nicht angemessen interpretieren, wenn man sie nicht *auch* als Antwort auf die „amerikanische Herausforderung" versteht. Die Arbeiterbewegung verstand sich in ihrer *Programmatik* als international, internationalistisch. Die USA erfreuten sich in der Gründungsphase der SPD vor allem, aber nicht nur durch den Bürgerkrieg höchster Aufmerksamkeit; die politischen und gesellschaftlichen Ereignisse dort wurden in der zweiten Hälfte des 19. Jahrhunderts von vielen der intellektuellen und politischen Führer der Arbeiterbewegung im Allgemeinen und der Sozialdemokratie im Besonderen mit lebhafter Anteilnahme verfolgt. Und so könnte man den Aufstieg der USA und der

---

1 Karl Marx, An Abraham Lincoln, Präsident der Vereinigten Staaten von Amerika, in: Der Sozialdemokrat, Nr. 3 v. 30.12.1864.
2 Revue. Neue Rhein. Zeitung, Jan./Febr. 1850, MEW 7, S. 220 f.

SPD durchaus als *„parallel lives"* interpretieren; und der politisch-intellektuelle Austausch könnte als nicht nur intensiv, sondern auch fruchtbar interpretiert werden – wenn, ja, wenn nicht einiges schiefgelaufen wäre.

Es stimmt, die Voraussetzungen für einen lebhaften transatlantischen Erfahrungsaustausch und Lernprozess waren gut. Aber: Analyse und Bewertung der amerikanischen politisch-gesellschaftlichen Entwicklung wurden, mit noch zu erwähnenden Ausnahmen, vielfach in eine ideologische Zwangsjacke gepresst, die nicht zuletzt den marxschen oder besser den marxistischen Interpretationsvorgaben zu verdanken ist – freilich auch einer nationalistisch-sendungsbewussten Brille.

Dies wird „schön" deutlich an einer Bemerkung von Engels, die Amerikaner seien „[p]raktisch allen voraus und theoretisch noch in den Windeln"[3] – was nichts anderes bedeutet, als dass die USA zwar in ihrer wirtschaftlich-gesellschaftlichen Entwicklung Europa und Deutschland voraus seien („voraus" im Sinne der marxschen Geschichtsspekulation von der Akkumulation des Kapitals und der Zuspitzung der Klassengegensätze), es ihnen jedoch zu deren Interpretation und Weiterführung an „europäische[r] theoretische[r] Klarheit"[4] fehle, sprich an der Anleitung durch den von Deutschen erfundenen Marxismus.

Nicht zuletzt aufgrund dieser von Marx/Engels vorgegebenen Rahmenrichtlinien für die Auseinandersetzung mit den USA haben sich deutsche Sozialdemokraten – Praktiker wie Theoretiker – zwar durchaus extensiv mit den gesellschaftlichen Entwicklungen in den USA auseinandergesetzt; ob aber auch gewinnbringend, im Sinne wechselseitiger Impulse, als Teil eines transatlantischen Erfahrungsprozesses, muss offen bleiben. Um es salopp zu formulieren: Gab es wirklich fruchtbare *Atlantic Crossings*[5] zwischen der deutschen Sozialdemokratie und amerikanischen Reformern oder wurde die Entwicklung jenseits des Atlantiks und ihre Bedeutung für die eigene Entwicklung im sozialdemokratischen Bewusstsein ausgeblendet?[6]

Defizite an atlantisch orientierter Geschichtsschreibung

Leider erfährt man dazu zumindest aus der *deutschen* Geschichtsschreibung über die SPD sehr wenig. Dies ist nicht zuletzt darauf zurückzuführen, dass auch sie – wie das Gros der deutschen Geschichtsschreibung generell – lange Zeit dem Muster der Natio-

---

3   Engels an Sorge, 8.8.1887, MEW 36, S. 689.
4   Engels an Sorge, 29.6.1883, MEW 36, S. 47.
5   Zum Begriff „Atlantic Crossings" siehe: Rogers, Daniel T. 1998, Atlantic Crossings, Social Politics in a Progressive Age, Cambridge/Mass. und London, The Belknap Press of Harvard Univ. Press; sowie Kloppenberg, James T. 1986, Uncertain Victory. Social Democracy and Progressivism in European and American Thought, 1870-1920, New York und Oxford, Oxford University Press; deutsch: Atlantiküberquerungen. Die Politik der Sozialreform, 1870-1945, Stuttgart: Nomos 2010.
6   Man könnte auch fragen: Beschränkte sich die reformerische Richtung (um Bernstein) mehr auf das *Channel Crossing*, den Austausch mit den englischen Reformern?

nalgeschichtsschreibung verhaftet war und immer noch ist. Mit Jürgen Kocka[7] kann man vermuten, dass der Nationalismus im 19. Jahrhundert in Deutschland (wie auch sonstwo in Europa) so stark war, dass er auch die Geschichtsschreibung – bis auf unsere Tage – dominierte und ihr den Blick auf die Tatsachen verstellte, nämlich darauf, in wie hohem Maße sowohl die gesellschaftlichen Entwicklungen als auch die gesellschafts- und sozialpolitischen Reflexionen transatlantisch bestimmt bzw. orientiert waren. Was heute fehlt, so Kocka, ist die der Welt- und Globalgeschichte eigene „Leidenschaft für die Überschreitung von Grenzen, die Faszination durch historische Phänomene mit großer räumlicher Erstreckung, das Interesse an Verflechtung und/oder Vergleich über regionale, nationale, kulturelle Grenzen hinweg, die Suche nach großen Zusammenhängen auch dann, wenn man sich danach wieder einem enger begrenzten Gegenstand, zum Beispiel dem Deutschen Kaiserreich um 1900, zuwendet, in der Hoffnung, diesen Untersuchungsgegenstand im großen, tendenziell globalen Zusammenhang neu zu beleuchten und neu zu deuten."[8]

Die deutsche Sozialdemokratie wäre ein solcher lohnender Untersuchungsgegenstand in transatlantischer Perspektive.[9]

Aber die transatlantische, speziell amerikanisch-deutsche Dimension der gesellschaftlichen und intellektuellen Entwicklung wurde und wird bis heute in der SPD-Geschichtsschreibung weitestgehend ausgeblendet. Während sich insbesondere in der amerikanischen Geschichtsschreibung mehr und mehr die Tendenz wenn nicht zu einer globalen, so doch generell transnationalen, vielfach atlantischen Betrachtungsweise durchgesetzt hat, und dies nicht zuletzt in der Sozialhistorie, vermisst man diese Perspektive in der deutschen sozialhistorischen und insbesondere Parteigeschichtsschreibung der SPD recht schmerzlich. Während es in der US-Geschichtsschreibung mit den Arbeiten von Kloppenberg 1986, Kish Sklar u.a. 1998, Rogers 1998 Ansätze dazu gibt,[10] sind für die deutsche Seite die Werke von Kocka und Gräser[11] eher als Ausnahmen zu betrachten; in den Niederlanden widmen sich Marcel van der Linden und Kollegen der Transnational Labor History.[12]

---

7 Kocka, Jürgen 2006, Sozialgeschichte im Zeitalter der Globalisierung, VII. Stiftungsfest der Stiftung Bibliothek des Ruhrgebiets, Bochum, S. 21-35.

8 Kocka 2006, 23.

9 Der 48. Deutsche Historikertag war mit seinem Generalthema „Über Grenzen" ein wenn auch relativ zaghafter weiterer Schritt auf dem Weg in eine transnationale Geschichtsschreibung Deutschlands; siehe insbesondere das unter Leitung von Thomas Mergel, Berlin, durchgeführte Panel „Wie schreibt man Deutsche Geschichte im Zeitalter der Transnationalität? Die Neukonzeption des Oxford Handbook of Modern German History in der Diskussion". Fast gleichzeitig stand auch der 35. Kongress der Deutschen Gesellschaft für Soziologie in Frankfurt unter einem ähnlichen Thema, nämlich „Transnationale Vergesellschaftungen".

10 Sklar, Kathryn Kish/Schüler, Anja/Strasser, Susan (eds.) 1998, Social Justice Feminists in the United States and Germany, 1885-1933, A Dialogue in Documents, Ithaca and London: Cornell University Press.

11 Gräser, Marcus 2006, Weltgeschichte im Nationalstaat, Die transatlantische Disposition der amerikanischen Geschichtswissenschaft, HZ 283/2: S. 355-382.

12 Van der Linden, Marcel 2008, Workers of the World: Essays Toward a Global Labor History (Studies in Global Social History), Brill Academic Pub.

Unübersehbar ist aber nun, dass wenn auch nicht in ihrer Geschichtsschreibung, so doch *de facto* die transatlantische Orientierung der deutschen Sozialdemokratie beträchtlich war, sowohl ganz praktisch, ja existentiell mit den Auswanderungswellen wie auch theoretisch. Ebenso sehr wie die Entstehung des Marxismus muss man die Entstehung und das Werden der deutschen Sozialdemokratie im atlantischen, speziell deutsch-amerikanischen Kontext sehen. Dabei zeigt sich ein überaus komplexes Bild, wenn es um das Verhältnis der deutschen Sozialdemokratie zu Amerika geht

„Antiamerikanismus"?

Eines der Stichworte, die unvermeidlicherweise fallen, wenn es um das Verhältnis „der" Deutschen und somit auch der deutschen Sozialdemokratie zu den USA geht, ist das des „Antiamerikanismus". Dazu einige Anmerkungen.

Sicher ist der Begriff vollkommen ungeeignet, wenn es darum geht, ganz allgemein das Verhältnis der SPD zu den USA zu charakterisieren, und dies gar noch über die letzten 150 Jahre. Dafür ist der Befund viel zu uneinheitlich; das Spektrum der sozialdemokratischen Amerikabilder ist mindestens so breit wie das der deutschen Amerikabilder insgesamt; darauf ist bereits an anderer Stelle hingewiesen worden,[13] und das zeigt auch der vorliegende Band.

Dies beinhaltet freilich, dass auch die Sozialdemokratie in ihrer Geschichte bis zur Gegenwart nicht frei war und ist von „wirklichem" Antiamerikanismus. Da „Antiamerikanismus" indessen auch ein politischer Vorwurf ist, mit dem vielfach jegliche Form von Kritik an der amerikanischen Politik stigmatisiert werden kann (und soll), muss hier gefragt werden: Was ist mit diesem Begriff gemeint? Taugt er überhaupt für die Analyse?

Nun, es gibt in Deutschland zweifellos, und dies seit mindestens 200 Jahren periodisch wiederkehrend, eine Form der Kritik an Amerika, die eindeutig antiamerikanisch ist, d.h. ressentimentgeladen und unaufklärerisch. Dieser Antiamerikanismus mit all seinen Stereotypen geht bis in die Zivilisationskritik der Romantik zurück; er findet sich auf dem rechten wie auf dem linken politischen Spektrum (oft in verblüffender Ähnlichkeit der Phrasen); und seine Nähe zum Antisemitismus[14] ist unübersehbar: Wenn hinter aller amerikanischer Politik letztlich eine kleine, böswillige, verschlagene, von Kapital- und Rüstungsinteressen geleitete verschwörerische Gruppe vermutet wird; wenn sogar – wie im Jahre 2002 geschehen – ein katholischer Bischof aus Anlass des Irak-Krieges zum Boykott amerikanischer Waren aufruft; oder wenn ein protestantischer Theologe schreibt: „Amerika ist eine Last geworden, welche die Erde

---

[13] Kremp, Werner 1992, „In Deutschland liegt unser Amerika." Das Amerikabild der deutschen Sozialdemokratie von den Anfängen der Partei bis in die dreißiger Jahre, Münster, LIT Verlag.

[14] Siehe Markovits, Andrei S. (2005), Allzeit präsent, doch immer verleugnet. Überlegungen zum europäischen Antiamerikanismus und Antisemitismus, in: Jan C. Behrend, Árpád von Klimó u. Patrice G. Poutros (Hrsg.), Antiamerikanismus im 20. Jahrhundert. Studien zu Ost- und Westeuropa, Bonn, Verlag J.H.W. Dietz Nachf., S. 320-349.

nicht auf Dauer ertragen kann" – dann sind Verschwörungs- und Vernichtungsphantasien, gepaart mit einem massiven Ressentiment, am Werk; und dann ist auch und gerade in akademischen Kreisen kein vernünftiges Argumentieren mehr möglich; dann heißt es mit Sigmund Freud: „Amerika ist ein Fehler, ein gigantischer Fehler, aber ein Fehler" – und damit basta. Hinzu kommt, auf dem linken wie auf dem rechten Spektrum, die Überzeugung, dass Amerika keine Kultur hat.

Die Grundhaltung dieses „echten" Antiamerikanismus besteht darin, Amerika als Idee und als Wirklichkeit jegliche Existenzberechtigung abzusprechen; schon die Gründung Amerikas ist in dieser Sichtweise von Anfang an ein Fehler, ein Irrtum, ein Verbrechen, und die Geschichte Amerikas nichts anderes als eine endlose Aneinanderreihung solcher Fehler, Irrtümer und Verbrechen. Und die vorherrschenden Ausdrucksformen dieser Einstellung sind Häme und Schadenfreude über alles, was Amerika scheinbar oder tatsächlich missrät. Wer Amerikas Existenzberechtigung bejaht und seine Ideale teilt, leidet, wenn das Land Schaden erleidet, wenn es seine Ideale verfehlt oder bewusst verrät; für den Antiamerikaner ist dies alles Wasser auf seine Mühle der bedingungslosen Ablehnung.

Davon abzuheben ist – sei sie berechtigt oder nicht – tagesaktuelle Kritik an konkreten politischen Entscheidungen oder an politisch-gesellschaftlichen Zuständen in den USA.

Folglich ist bei der Beurteilung des sozialdemokratischen Verhältnisses zu den USA stets zu fragen, ob es ressentimentgeladener prinzipieller Ablehnung oder aber aufgeklärter, vernunft- oder auch interessengeleiteter Kritik entspringt.

Zu Tagung und Band

Wie auch immer: Es gab für uns vielfache Anlässe, zu einer Tagung einzuladen, auf der diese und viele andere damit zusammenhängende Themen diskutiert werden sollten – zumindest ein Anfang sollte gemacht werden. Und so waren wir ausgesprochen glücklich darüber, dass unser *call for papers* qualitativ und quantitativ große Resonanz fand und wir somit, so dürfen wir sagen, ein ebenso facettenreiches wie abgerundetes Tagungsprogramm erstellen konnten.

Wie schon die Tagung, die vom 23. bis 25. November 2012 in der Europäischen Akademie Otzenhausen stattfand, folgt auch der hier vorgelegte Band einer chronologischen Gliederung. Mit zahlreichen Beiträgen wird das vielfältige Spektrum der Beziehungen der deutschen Sozialdemokratie bzw. deutscher Sozialdemokraten zu den USA ausgeleuchtet. Beginnend mit dem von Karl Marx entworfenen Amerika-Bild (Beatrix Bouvier) und den von Marx und Engels auch am Beispiel des amerikanischen Bürgerkriegs entfalteten Revolutions-Strategien (Andrew Zimmermann) wird der Blick auf das Verhältnis von Sozialdemokraten und Freien Gewerkschaften zu den USA vor dem Ersten Weltkrieg gelenkt; das geschieht anhand der Amerika-Eindrücke, die Wilhelm Liebknecht (Jürgen Schmidt) sowie Karl Liebknecht, Carl Legien und Friedrich Ebert (Dieter K. Buse) gewonnen und vermittelt haben. Sie alle entwarfen ein durchaus differenziertes Bild der Vereinigten Staaten, die als Zukunftsmodell des modernen Kapitalismus, als Land der „unbegrenzten Möglichkeiten" und der Freiheit, aber auch als von tiefen Klassenspaltungen zerrissen dargestellt wurden. Durchaus bedeutsam für die politische Weltsicht der deutschen Sozialdemokratie, vor allem im Rahmen der Imperialismus- bzw. Kolonialismus-Debatte, wurde das Verhältnis zu den USA im Vorfeld des Ersten Weltkrieges (Jens-Uwe Güttel), dessen Folgen für das jeweilige politische Selbst- und Machtverständnis am Beispiel sowohl der amerikanischen Außenpolitik als auch der deutschen Sozialdemokratie ausgelotet werden (Moritz Rudolph).

Der Einfluss der Amerika-Erfahrung um die Mitte des 20. Jahrhunderts wird in einer Reihe von Beiträgen thematisiert: Da geht es um den Einfluss des Exils der 1930er/40er Jahre (Rainer Behring), um die „Westernisierung" der SPD auf dem Weg zum Godesberger Programm (Julia Angster) sowie um sozialdemokratische Amerika-Bilder am Beispiel ausgewählter Politiker-Biographien von Sozialdemokraten (Max Reinhardt), auch speziell aus dem Saarland (Wilfried Busemann).

Eine völlig neue Dimension eröffnete sich mit der Regierungsverantwortung der SPD auf Bundesebene, als – ausgehend von Willy Brandt (Judith Michel) – sowohl in der deutschen als auch in der amerikanischen Perspektive in der Phase der Neuen Ostpolitik (Daniela Münkel/Bernd Schäfer), in der Debatte um den NATO-Doppelbeschluss (Jan Hansen) und in der Auseinandersetzung um den Irak-Krieg (Dieter Dettke) das Verhältnis zwischen regierender Sozialdemokratie und US-Regierungen neujustiert wurde; dabei leistete die Friedrich-Ebert-Stiftung mit ihrem Washingtoner Büro einen wichtigen Beitrag zur Vermittlung der unterschiedlichen Positionen (Nicole Renvert).

Dank

Nun bleibt uns noch die schöne Pflicht, ein vielfaches, herzliches Dankeschön zu sagen:

Zunächst all den Kolleginnen und Kollegen, die an dieser Konferenz teilnahmen und nun zu diesem Tagungsband beitragen.

Einen weiteren herzlichen Dank richten dürfen wir an Herrn Arno Krause, Gründer und Vorstandsvorsitzender der Europäischen Akademie Otzenhausen (EAO), der die Tagung in einer kritischen Situation gerettet hat, als er sich nicht nur bereit erklärt hat, sie unter die Fittiche der EAO zu nehmen, sondern sich bei der Bundeszentrale für politische Bildung nachdrücklich für deren Förderung eingesetzt hat. Nicht genug damit, fördert er auch den Druck dieses Bandes.

Wenn wir von den Fittichen der EAO sprechen, denken wir auch an Dr. Elisabeth Schmitt, die fast wie ein Schutzengel mit sanften, aber energischen Flügeln über das Projekt gewacht hat. Auch das übrige Team der EAO schließen wir gern in diesen Dank ein.

Vorwort

Wie soeben angedeutet, gebührt unser Dank als Nächstes auch der Bundeszentrale für politische Bildung für eine sehr hilfreiche finanzielle Unterstützung der Tagung. Weitere wertvolle finanzielle Hilfe und inhaltlicher Rat kam von der Atlantischen Akademie Rheinland-Pfalz und ihrem Direktor Wolfgang Tönnesmann. Die Stiftung Demokratie Saarland, die Friedrich-Ebert-Stiftung und die Deutsche Atlantische Gesellschaft haben ebenfalls ohne viel Zögern ein erhebliches Scherflein zur Finanzierung beigetragen.

Schließlich danken wir dem Inhaber des Wissenschaftlichen Verlags Trier, Dr. Erwin Otto, ganz besonders herzlich für die Bereitschaft, das Risiko der Publikation dieses Bandes zu übernehmen.

Wir hoffen, dass die nachfolgenden Beiträge den Anstoß zu weiteren Forschungen auf dem spannenden und spannungsvollen Feld der sozialdemokratisch-amerikanischen Beziehungen geben.

Saarbrücken und Kalenborn/Eifel, 23. Mai 2013

Werner Kremp   Michael Schneider

Amerika im Denken von Karl Marx

Beatrix Bouvier

In dem, was von Karl Marx und Friedrich Engels als „Werke" hinterlassen ist, gibt es kein in sich geschlossenes und spezifisch auf die Vereinigten Staaten von Amerika bezogenes Werk. Schaut man sich dann das Sachregister zur MEW[1] an, sind Hunderte von Einträgen mit einschlägigen Bezügen gezählt worden.[2] Dahinter verbirgt sich Unterschiedliches, auch Briefe und Kommentare im Zusammenhang mit der Reise, die Friedrich Engels 1888, einige Jahre nach Marx' Tod, in die USA und nach Kanada unternahm.[3] Im Folgenden soll die Zeit nach Marx' Tod, also der späte Engels und auch seine Reise, unberücksichtigt bleiben. In den Vordergrund gerückt werden vielmehr Aspekte des Marxschen Denkens bzw. Schreibens, die in der Forschung vielfach unberücksichtigt bleiben.

Wichtig ist zunächst die Feststellung, dass Marx die Vereinigten Staaten/Nordamerika zwar nicht aus eigener Anschauung kannte, sich aber wiederholt und in unterschiedlichen Zusammenhängen mit den USA befasste. Auch der Briefwechsel zwischen Marx und Engels – eine wichtige Quelle – bestätigt dies. Beide greifen darin das Thema immer wieder auf, nicht zuletzt im Zusammenhang mit dem amerikanischen Bürgerkrieg, den Marx in jenen Jahren zudem in publizistischen Beiträgen behandelte. Der Briefwechsel zwischen den Freunden und kongenialen Partnern gibt beispielsweise Aufschluss darüber, wann und wie Amerika in ihrem „Weltbild" eine Rolle spielte und wie so mancher Artikel im Entstehungsprozess diskutiert wurde. Exemplarisch dafür sind Artikel, die Marx als Korrespondent aus Europa für die „New York Daily Tribune" schrieb, in denen er u. a. darüber berichtete, wie die „amerikanische Frage"[4] in England behandelt wurde. Vor allem in der in Wien erscheinenden „Presse" schrieb er über den amerikanischen Bürgerkrieg selbst. Der Briefwechsel zeigt zudem, wie sich Marx und Engels gegenseitig mit Material versorgten, das sie gegebenenfalls unterschiedlich gewichteten. Nicht immer teilte Marx die Ansichten von Engels über die diesen ganz besonders interessierenden militärischen Fragen.[5] Marx betrachtete Ereignisse, auch die Kriegshandlungen bzw. Schlachten, aus einem politischen Blickwinkel und kam zu anderen Ergebnissen bzw. zu einer anderen Gewichtung, weil er sich nicht von aktuellen Aspekten der Kriegführung leiten ließ.

---

1   Karl Marx, Friedrich Engels, Werke, Bd. 1-39, Berlin [Ost] 1970; nachfolgend zitiert als MEW. Die historisch-kritische Gesamtausgabe wird, sofern die entsprechenden Bände publiziert sind, verwendet und als Karl Marx, Friedrich Engels, Gesamtausgabe (MEGA) zitiert.
2   Vgl. Malcolm Sylvers, Marx, Engels und die USA – ein Forschungsprojekt über ein wenig beachtetes Thema, in: Marx-Engels-Jahrbuch 2004, S. 31-53, hier: S. 31.
3   Vgl. die Briefe in: MEW 37, S. 85-105; zu den Reisenotizen: MEGA² I/31, S. 159-166. Vgl. auch Thomas Pohl, Die Reise von Friedrich Engels nach den USA und Kanada im Sommer 1888, in: BzG, 30, 1988, S. 72-80.
4   MEW 15, S. 304-313 (Oktober 1861).
5   MEW 30, S. 254 ff., 269 ff, 286.

Darüber hinaus unterstützt der Briefwechsel zwischen Marx und Engels mit seiner Vielzahl an angeschnittenen Themen die Kontextualisierung, die zum Verständnis der Marxschen Texte und auch seines Handelns beiträgt. Da sind für den hier in den Blick zu nehmenden Zeitraum etwa das Problem der Marxschen Krankheiten und die nicht abgeschlossenen Arbeiten am erst 1867 (Band I) veröffentlichten „Kapital" zu erwähnen. Und neben die USA im Bürgerkrieg traten andere Ereignisse und Entwicklungen, die Aufmerksamkeit beanspruchten: Das waren Ferdinand Lassalle und die Gründung des ADAV, Lassalles Tod eingeschlossen; Marx und Engels fanden dies zumindest beunruhigend. Auch Bismarck wäre zu nennen, der gerade (1862) preußischer Ministerpräsident geworden war, ebenso der deutsch-dänische Krieg mit der sich anbahnenden preußischen Dominanz in der Auseinandersetzung um die deutsche Einheit, der erste der Deutschen Einigungskriege also. Und wieder einmal gab es in Polen einen Aufstand (1863) gegen das russische Zarenreich. Vor allem nahmen dann bald die Aktivitäten in der „Internationalen Arbeiterassoziation" (IAA) viel Aufmerksamkeit und Arbeitskraft von Marx in Anspruch.

Diese wenigen Stichworte mögen als Hinweis auf die Weite des Horizonts und die thematische Vielfalt genügen, die auch charakteristisch für das publizistische Schaffen von Marx ist, das hier im Vordergrund steht. Karl Marx als Journalist und Publizist – das ist freilich nichts Neues. Es ist gerade dieser – häufig zu wenig beachtete – Aspekt des Marxschen Werkes und seines Schaffens, der seit einiger Zeit an Bedeutung gewonnen hat. Das hängt auch mit den fortschreitenden Arbeiten an der historisch-kritischen Gesamtausgabe, der MEGA², zusammen, mit neuen Funden und Zuordnungen. Dies wiederum führt zu einer differenzierteren Bewertung der publizistischen Arbeit von Karl Marx.[6] Es liegt auf der Hand, dass die Publizistik mit Blick auf die USA gerade im angelsächsischen Sprachraum seit vielen Jahren rezipiert worden ist.[7] Nicht zuletzt die editorische Arbeit an der Publizistik erlaubt und erfordert zugleich, sich über die journalistische Arbeitsweise von Marx etwas mehr Klarheit zu verschaffen.[8] Marx' Arbeit für die „New-York Tribune" (New York Daily Tribune) war die eines Korrespondenten, der von der britischen Hauptstadt aus den amerikanischen Lesern berichtete. Diese Arbeit geht vielfach über das hinaus, was bekanntermaßen ein wichtiger Broterwerb war. Das galt schon für seine Artikel in der „Rheinischen Zeitung" (1842/43), die Marx in jungen Jahren als Journalist berühmt machten. Im Londoner Exil war die journalistische Arbeit als Broterwerb besonders wichtig, was man sicher manchen Artikeln auch anmerkte. Marx brauchte diese Arbeit dringend, und sie ver-

---

6 Gerald Hubmann, Reform oder Revolution? Zur politischen Publizistik von Marx, in: Beatrix Bouvier, Harald Schwaetzer, Harald Spehl, Henrieke Stahl (Hrsg.), Was bleibt? Karl Marx heute, Trier 2009, S. 159-174 (Gesprächskreis Politik und Geschichte im Karl-Marx-Haus, Heft 15).

7 Zuletzt Robin Blackburn, Marx and Lincoln: An Unfinished Revolution, London, New York 2011. Vgl. auch Henry M. Christman, The American Journalism of Marx & Engels, New York 1966; Saul K. Padover, Karl Marx. On America and the Civil War, New York 1972; Hal Draper, Karl Marx & Friedrich Engels. Articles in the New American Cyclopaedia, Berkeley (Calif.) 1968.

8 Claudia Reichel, Untersuchungen zur Autorschaft, Nachrichtenübermittlung und journalistischen Arbeitsweise von Marx am Beispiel eines Leitartikels in der *New York Tribune* 1857, in: Marx-Engels-Jahrbuch 2011, S. 183-203.

schaffte ihm für eine Weile so etwas wie ein regelmäßiges Einkommen. Angesichts seiner häufigen Klagen mag es dann verwundern, dass Marx wohl einer der bestbezahlten Beiträger des wichtigen amerikanischen Blatts war.[9] Zu berücksichtigen für diese Publizistik (und die editorische Arbeit an ihr) ist, dass Friedrich Engels zeitweise die Berichterstattung übernahm, dass Artikel nicht selten ungezeichnet erschienen und vor allem, dass es immer wieder Probleme mit der Veröffentlichung von Marx-Texten, mit von ihm eingesandten Manuskripten gab. Diese waren gelegentlich zu lang und kamen zu spät, um noch aktuell zu sein. Das wiederum machte Eingriffe der Redaktion notwendig, was allerdings auch Routine war. Es kam auch vor, dass Marx nur Materialien schickte, aus denen Charles Anderson Dana als Chefredakteur dann einen lesbaren Artikel fertigte.

Die Bedingungen für Marx' Mitarbeit an der NYDT änderten sich mehrfach, in der Regel zum Nachteil von Marx. Dies hatte auch mit den politischen Konjunkturen von Themen zu tun, d.h. dem unterschiedlichen und wechselnden Interesse der amerikanischen Leser an europäischen Angelegenheiten. Der Krimkrieg mag als Beispiel genügen. Hinzu kam, dass die Beschäftigung von Auslandskorrespondenten auch von der wirtschaftlichen Lage der Zeitung abhing, die unter dem Druck von Effizienz und Kostensenkung stand. Nicht zu unterschätzen sind darüber hinaus die Auswirkungen der sich rapide verändernden Kommunikationsmöglichkeiten. Da waren Beiträge bald nicht mehr aktuell genug, waren nicht mehr auf dem neuesten Stand, weil die Informationsbeschaffung von Marx und Engels gelegentlich zu lange dauerte. Ihrer beider Grundlagen waren nicht selten – so ist dem Briefwechsel zwischen beiden zu entnehmen – wiederum Presseerzeugnisse, die nicht gleich oder überall erhältlich waren und dann erst ausgewertet werden mussten. Zu bedenken ist zudem Marx' Umgang mit den Quellen, die in der Publizistik nicht immer angegeben werden. Vermeintliche Augenzeugenberichte waren z. B. doch nur Berichte aus zweiter Hand.[10] Auslandsberichterstattung wurde dann sicher leicht zu einem Posten mit Einsparpotenzial.

So wie sich für die Publizistik die Frage nach der Quellenbasis stellt, so gilt dies auch insgesamt für das Wissen über Amerika. Woher kamen bei Marx die Kenntnisse über die USA? Wie nicht wenige gebildete Zeitgenossen waren der junge Marx und Engels beeindruckt von den Vereinigten Staaten. Ihr Blick richtete sich auf ein fernes Land, das innerhalb von wenigen Jahrzehnten einen gewaltigen Veränderungsprozess durchlief. Nicht nur für Marx hatte das Land etwas, das Europa fehlte, nämlich politische Freiheit, soziale Mobilität, scheinbar unbegrenzte Möglichkeiten. Zu verstehen ist dies vor allem vor dem Hintergrund des das 19. Jahrhundert insgesamt charakterisierenden Fortschrittsoptimismus und des damit verbundenen Fortschrittsbegriffs.[11]

Die Frage nach den Quellen, die Marx zur Verfügung standen bzw. die nach der Literatur, die er rezipiert hat, war früh von Interesse, dies ist aber bislang nicht voll-

---

9 Vgl. Reichel, Untersuchungen, S. 187.
10 Reichel, Untersuchungen, S. 192.
11 Grundsätzlich dazu Reinhart Koselleck/Christian Meier, Fortschritt, in: Geschichtliche Grundbegriffe, Stuttgart 1975.

kommen rekonstruierbar.[12] Bücher und Periodika sind das eine, Briefwechsel und Exzerpthefte sind ein wichtiger Lektürebeleg dafür. Darüber hinaus gab es über die Jahre hinweg persönliche Kontakte und briefliche Verbindungen mit Personen, die in die USA ausgewandert waren sowie mit einigen wenigen Amerikanern.[13]

Angaben über Literatur in der persönlichen Bibliothek, Exzerpte oder Lektüre im British Museum sagen im Hinblick auf fehlende Literatur freilich nichts aus. Unbestritten ist, dass der frühe Marx wichtige und zu seiner Zeit schon bekannte Veröffentlichungen gelesen hat, ohne dass die Arbeiten – etwa von Tocqueville – expressis verbis genannt werden. Zu dieser frühen Lektüre gehörte „Man and Manners in America", ein Werk des schottischen Autors Thomas Hamilton, das bereits 1834 in einer deutschen Übersetzung erschienen war.[14] Ebenfalls erwähnt wird Gustave-Auguste de Beaumonts „Marie ou l'esclavage aux États Unis", ebenfalls 1835, nicht jedoch Alexis de Tocquevilles „De la Démocratie en Amerique", das bereits 1834 und 1840 in einer deutschen Übersetzung erschienen war. Er erwähnt Tocquevilles Buch nicht direkt, hat es aber gelesen, was seinen Niederschlag in „Zur Judenfrage" fand.[15] Es war sicher Tocqueville, der das populärste Werk seiner Zeit geschrieben hatte, doch es waren alle drei Autoren, die zum Amerikabild der Zeit – und auch dem von Marx – wesentlich beitrugen.[16]

Festzuhalten ist zunächst, dass es bei Marx mehrfach eine Beschäftigung mit dem Thema „USA" im weitesten Sinn gegeben hat, und es gab im Laufe der Jahrzehnte wechselnde Schwerpunkte für diese Beschäftigung, für das Interesse an Amerika.[17] Aspekte aus dem Bereich der Publizistik sind das hier gewählte Beispiel.

Schon 1842/43 hatte Marx Institutionen der USA, demokratische Rechte und Freiheiten sowie Verfahrensweisen – demokratische Republik, föderalistisches Land ohne Staatsreligion, Pressefreiheit, Gewaltenteilung – gewürdigt. Und immer stand – ausgesprochen oder unausgesprochen – der Vergleich als Negation von Zuständen nicht zuletzt in Preußen im Hintergrund. Beispielhaft dafür sind die berühmten Artikel in der „Rheinischen Zeitung" über Pressefreiheit und die Debatten über das Holzdiebstahlgesetz, was seine Ergänzung in der „Kritik der Hegelschen Rechtsphilosophie" und in dem in den „Deutsch-Französischen Jahrbüchern" (1844) veröffentlichten Briefwech-

---

12 Vgl. Sylvers, Marx, Engels und die USA, S. 34, insbes. Anm. 8 und 9. Auch die Rekonstruktion der persönlichen Bibliothek, des Leseumfeldes oder der Exzerpte gehört in diesen Kontext. So etwa MEGA² IV/32. Vgl. auch Wolfgang Freund, Marx und Engels über die Vereinigten Staaten von Amerika: Analyse ihrer Quellen und Schriften. Hausarbeit zur Erlangung eines Magistergrades, Freie Universität Berlin 1995.
13 Sylvers, Marx, Engels und die USA, S. 35.
14 Thomas Hamilton, Die Menschen und die Sitten in den Vereinigten Staaten von Amerika, Mannheim 1834.
15 Sylvers, Marx, Engels und die USA, S. 37; MEGA² I/2, S. 146; Herbert Dittgen, Politik zwischen Freiheit und Despotismus. Alexis de Tocqueville und Karl Marx, Freiburg, München 1986, S. 87.
16 Vgl. Robert Weiner, Das Amerikabild von Karl Marx, Bonn 1982, S. 69.
17 Sylvers, Marx, Engels und die USA, S. 37.

sel u. a. zwischen Karl Marx und Arnold Ruge findet.[18] Es geht in diesem Kontext auch um demokratische Rechte, um die gesetzliche Anerkennung der Pressefreiheit, um den Staat, der das Recht garantieren muss, und um die Gewaltenteilung als ein wichtiges Element von Demokratie, die es in dem immer reaktionärer werdenden Preußen nicht gab. Marx hatte Preußen im Visier, wenn er im Prinzip der Monarchie den „verachteten, verächtlichen, den entmenschten Menschen" sah.[19] Sein Blick richtete sich jedoch nach vorn, in „die neue Hauptstadt der neuen Welt"[20]. Das meinte nicht Amerika, sondern Paris und die Zukunft, auch die eigene, nämlich sich an den Diskussionen der Zeit zu beteiligen. Diese verfolgte er genau, sicher auch mit einiger Skepsis. „Ist die Construction der Zukunft und das fertig werden für alle Zeiten nicht unsere Sache; [...] was wir gegenwärtig zu vollbringen haben, ich meine die *rücksichtslose Kritik alles Bestehenden*, rücksichtslos sowohl in dem Sinn, daß die Kritik sich nicht vor dem Bestehenden fürchtet und eben so wenig vor dem Conflicte mit den vorhandenen Mächten."[21]

Und deshalb war Marx nicht dafür, eine „dogmatische Fahne" aufzupflanzen. Dogmatismus vermeiden, das war das eine. Und Sachkenntnis das andere, sie sei dringend erforderlich, wie er an Arnold Ruge schrieb. „[...] weniger vages Raisonnement, großklingende Phrasen, selbstgefällige Bespiegelungen und mehr Bestimmtheit, mehr Eingehen auf die konkreten Zustände, mehr Sachkenntniß an den Tag zu fördern."[22]

Viele Gedankengänge und Begriffe sind an Hegel angelehnt oder entstanden in der Auseinandersetzung mit ihm. Das gilt für den Gesetzesbegriff und auch den Staatsbegriff. Danach dürfe der „moderne Staat" nicht zum Sachwalter von partikularen Interessen herabgewürdigt werden, wie auch die „Unsterblichkeit des Rechts" nicht dem „endlichen Privatinteresse" geopfert werden dürfe.[23] Auch seine Konzeption der Demokratie hat Marx in der Auseinandersetzung mit Hegel formuliert, wenn auch sicher nicht abschließend, wie das unvollendete Manuskript „Zur Kritik der Hegelschen Rechtsphilosophie" aus dem Jahr 1843 deutlich macht. Für Marx waren Verfassungen *Staats*formen, mit dem Unterschied, dass die demokratische Verfassung die Selbstbestimmung des Volkes umfassend zum Ausdruck bringe: „[...] die Verfassung erscheint als das, was sie ist, freies Produkt des Menschen."[24] Die Demokratie bringt demnach eine adäquate Staatsverfassung hervor, die anders als in der konstitutionellen Monarchie nicht nur „*ein* Daseinsmoment des Volkes"[25] umfasst, sondern alle Daseinsmo-

---

18 MEGA I/1, S, S. 205, 215, 230 (über das Holzdiebstahlgesetz); MEGA I/1, S. 150 (Pressefreiheit), S. 155 (Pressefreiheit); MEGA I/2, S. 471-489 (Briefwechsel); MEGA I/3, S. 425; MEGA I/2 (Kritik der Hegelschen Rechtsphilosophie.
19 MEGA I/2, S. 477.
20 Ebenda, S. 486.
21 Ebenda, S. 487.
22 Marx an Ruge, 30. November 1842, in: MEGA III/1, S. 38.
23 MEGA I/1, S. 215 f., 230 f.
24 Karl Marx, Zur Kritik der Hegelschen Rechtsphilosophie, in: MEGA I/2, S. 31.
25 Ebenda.

mente. Die Demokratie war für Marx die Staatsverfassung des sozialisierten Menschen und sie „verhält sich zu allen übrigen Staatsformen als ihrem alten Testament."[26] Selbstverständigung und Gründlichkeit sind für die Arbeitsweise und Entwicklung von Marx wichtige Stichworte. Sie mögen auch dazu geführt haben, dass die Würdigung Amerikas, Nordamerikas, wie es häufig heißt, manchmal wie beiläufig wirkt. Durch immer neue Einkreisung wird letztlich die Kritik formuliert. Die Vereinigten Staaten sind dafür ein wichtiger Vergleichs- und Angelpunkt, wenn es in einem frühen – seinerzeit jedoch nicht veröffentlichten – Text heißt: „Das vollendetste Beispiel des modernen Staates ist Nordamerika."[27] Und ein modernes Land war es für Marx, weil ihm der feudale Hintergrund fehlte.

Den Vergleich mit Nordamerika heranzuziehen, um letztlich Preußen zu kritisieren, machte dessen Defizite einmal mehr deutlich. Gleichzeitig schwingt so etwas wie Bewunderung mit, die möglicherweise in der Polemik etwas untergeht. Interessant ist, dass es dabei z. B. um urdemokratische Rechte geht, an die man – damals wie heute – gelegentlich erinnern muss, nämlich um Budgetfragen und Steuern. Es ist offensichtlich, dass ein Teil der Polemik durch den Vergleich der Monarchie mit einem demokratischen Staat entsteht. Anlass war etwa die Vorlage des preußischen Finanzetats für 1849.[28] Da wurden dann auch die Größe des Landes und die Einwohnerzahl herangezogen, um schließlich einzelne Posten bei Einnahmen und Ausgaben zu vergleichen, wobei auf der Hand liegt, worauf es hinauslaufen sollte: „Ein Vergleich beider Budgets zeigt, wie teuer der preußische Bourgeois das Vergnügen bezahlen muß, um von einer gottbegnadeten Regierung beherrscht, von ihren Söldlingen mit und ohne Belagerungszustände malträtiert und von einer Schar hochmütiger Beamten und Krautjunker en canaille behandelt zu werden. [...] Aber seien wir nicht ungerecht! Die nordamerikanische Republik besitzt dafür auch nichts weiter als einen je auf 4 Jahre gewählten Präsidenten, der freilich für das Land mehr arbeitet als ein Dutzend Könige und Kaiser zusammengenommen. [...] Allein was hilft's? Diese Bourgeoisrepublikaner sind einmal so starrköpfig, daß sie von unsern christlich-germanischen Einrichtungen nichts wissen, ja geringe Steuern lieber zahlen als hohe."[29]

Der Vergleich machte Probleme deutlich und zeigt, dass die Vereinigten Staaten keineswegs als Modell angesehen wurden, das man unbesehen und in toto übernehmen könne. So wurde angesichts der Frankfurter Debatten während der Revolution von 1848 der Föderalismus der Vereinigten Staaten als ein nicht auf Deutschland übertragbares Modell abgelehnt. Das war allerdings auch schon vorher mit dem Hinweis auf die unterschiedliche geographische und soziale Basis und andere Ansprüche an eine Einheit geschehen.[30] Früh schon war Marx – wie andere auch – davon ausgegangen, dass das offene Land entscheidendes Charakteristikum der Vereinigten Staaten war,

---

26 Ebenda.
27 So in der Deutschen Ideologie, in: MEW 3, S. 62.
28 Es handelt sich um einen Artikel aus der Neuen Rheinischen Zeitung, der mit großer Wahrscheinlichkeit von Marx geschrieben wurde. MEW 6, S. 156-159.
29 Ebenda, S. 156, 159.
30 Vgl. Sylvers, Marx, Engels und die USA, S. 41; MEW 4, S. 331-359, insbes. S. 353; MEW 5, S. 39-43, insbes. S. 42.

dass dann das Verschwinden der „Frontier", auch das der kleinen unabhängigen Farmer als das quasi-Rückgrat der amerikanischen Demokratie und der Aufschwung von Industrie und Städten erhebliche Veränderungen nach sich ziehen würden.[31] Wenn der Vergleich wichtig war, um Probleme zu verdeutlichen, so konnten dies jedoch nur Momentaufnahmen einer jeweiligen historischen Situation und Konstellation sein, denn weder Marx noch Engels haben ökonomische Entwicklungen und Veränderungen ignoriert. In einem Artikel für die „New York Daily Tribune" des Jahres 1853 äußerte sich Marx (oder war es Engels?) recht spöttisch über einen Vergleich der Schweizer Republik mit den USA: „Ebenso möchte sich auch die Schweiz als eine Art Vereinigte Staaten im Kleinen gebärden; doch abgesehen von der äußerlichen Ähnlichkeit der politischen Institutionen gibt es kaum zwei Länder, die einander so wenig ähnlich sind, wie das sich ständig in Bewegung und Veränderung befindliche Amerika, dessen gewaltige historische Mission die Menschen beiderseits des Atlantischen Ozeans gerade erst zu ahnen beginnen, [...]."[32] Das klingt aus heutiger Sicht ein wenig überraschend, findet sich aber in verschiedenen Artikeln wieder, worin es um die Eroberung des „rückständigen" Mexikos geht. Die Ausdehnung der USA im Sinn von politischer und ökonomischer Macht wurde als grundsätzlich positiv angesehen, weil das für Marx und Engels „fortschrittlich" war. Es sind keineswegs isolierte Äußerungen, denn es hieß auch später: „Was im Altertum Tyrus, Karthago und Alexandria, im Mittelalter Genua und Venedig waren, was bisher London und Liverpool gewesen sind, die Emporien des Welthandels, das werden jetzt New York und San Franzisco, San Juan de Nicaragua und Leon, Chagres und Panama."[33] Ein politischer Aspekt, der darin deutlich wird, ist, dass die Vereinigten Staaten durch ihre scheinbar unbegrenzten Ressourcen und vor allem durch ihre Dynamik eine Herausforderung für das englische Monopol sein würden.[34] Amerika werde es – so die Annahme – brechen, was Folgen auch für die Arbeiterbewegung haben werde.

Die Expansion der USA nach Westen sah Marx insgesamt als eine Art quantitativen Prozess an, der an einen Punkt gelangen werde, an dem Land nicht mehr ausreichend zur Verfügung stehen könne.[35] Eine dann wahrscheinliche Monopolbildung werde zu Lasten der kleinen unabhängigen Farmer gehen, der Basis der amerikanischen Demokratie. Wenn demnach in der Verbindung von Land und spezifischer Bevölkerungsgruppe eine wichtige Verbindung für die Demokratie in Amerika gesehen wurde, so war wiederum bei derartig fundamentalen Verschiebungen auch die Demokratie Veränderungen ausgesetzt, die mithin in dieser Sicht nichts Unumstößliches war.[36] Die Vereinigten Staaten als ein im Wandel befindliches Land, in dem unabhängige und demokratische Eigentumsverhältnisse lange dominierten, wurden aus dieser Perspektive auch dadurch verändert, dass kapitalistisches Eigentum an die Stelle von

---

31 Weiner, Amerikabild, S. 120.
32 MEGA I/12, S. 127-132, hier: S. 129; MEW 9, S. 87-94, hier: S. 90; Sylvers, Marx, Engels und die USA, S. 38.
33 MEW 7, S. 213-225, hier: S. 221.
34 Sylvers, Marx, Engels und die USA, S. 39.
35 Weiner, Amerikabild, S. 121 f.
36 Weiner, Amerikabild, S. 122.

selbsterworbenem Privateigentum trat. Dies war ein wichtiger Prozess, den zu analysieren eine permanente Herausforderung blieb.

Für die Beobachtung und auch Analyse der kapitalistischen Entwicklung waren die Veränderungen in den USA seit den 1860er Jahren für Marx [und Engels] mehr als interessant, war es für sie doch ein Kapitalismus ohne feudale Vergangenheit.[37] Hinzu kamen die Veränderungen durch den Bürgerkrieg. Schon zu dessen Beginn hatte sich Marx mit dem Problem der Sklaverei befasst. Auch und vor allem in Artikeln für die „New York Daily Tribune" und die Wiener „Presse" griff er das Thema auf, das für ihn nicht von der kapitalistischen Entwicklung und dem Kampf um Freiheit zu trennen war. Seine grundsätzliche Haltung als Abolitionist verband ihn mit Persönlichkeiten wie Harriet Beecher Stowe, John C. Frémont und Charles Sumner.[38] In ersten Artikeln über den Bürgerkrieg räumte er ein, dass die englischen Zeitungen recht hätten mit der Feststellung, der Norden sei nicht im Namen der Abolition in den Krieg gezogen; er ergänzte dies jedoch durch die Äußerung, der Süden sei für die Freiheit, andere Menschen zu versklaven, in den Krieg eingetreten. Die „Völker Europas wissen", so die Formulierung von Marx, „daß ein Kampf für den Fortbestand der Union ein Kampf gegen die Sklavenhaltergesellschaft ist und daß in diesem Kampf die bisher höchste Form der Selbstregierung des Volkes der niedrigsten und schamlosesten Form der Menschenversklavung, die je in den Annalen der Geschichte verzeichnet wurde, eine Schlacht liefert."[39] Er erinnerte daran, dass es seit Jahrzehnten Kompromisse mit den Befürwortern der Sklaverei gegeben habe, aber auch die Entwicklung einer Opposition gegen den „Missbrauch" der Union.[40]

Besonders wichtig war ihm die Beobachtung des sprunghaften Anwachsens der Bevölkerung in den nordwestlichen Staaten, beispielsweise in Illinois und Wisconsin, in Gebieten also, die von der Sklaverei ausgeschlossen waren. In Vorbereitung eines Artikels über den Bürgerkrieg, den er anfangs „die amerikanische Frage"[41] nannte, diskutierte er schriftlich mit Friedrich Engels auch über die neuerlich aufgegriffene Frage der Verbindung von Land und Demokratie. Diesem schrieb er zu seinem „näheren Studium dieser amerikanischen Affäre" am 1. Juli 1861: „Diese Bevölkerung [gemeint ist die der North Western States], reich mit deutschen und englischen frischen Bestandteilen gemischt, außerdem wesentlich selfworking farmers, war natürlich nicht so einschüchterungslustig wie die gentlemen von Wallstreet und die Quäker von Boston. Nach dem letzten Zensus (1860) ist sie gewachsen von 1850-1860 um 67 p.c. und betrug 1860 7 870 896, während die gesamte freie Bevölkerung der sezedierten slavestates nach demselben Zensus about 5 Millionen. Diese North Western States lieferten

---

37 Sylvers, Marx, Engels und die USA, S. 42.
38 Weiner, Amerikabild, S. 154 f.
39 Karl Marx, Die amerikanische Frage in England, in: MEW 15, S. 304-313; Karl Marx, Der britische Baumwollhandel, in: MEW 15, S. 314-317; Karl Marx, Die Londoner "Times" und Lord Palmerston, in: MEW 15, S. 318-323; Karl Marx, Die Londoner "Times" über die Prinzen von Orléans in Amerika, in: MEW 15, S. 324-328; das Zitat hier: S. 327.
40 Weiner, Amerikabild, S. 155.
41 Karl Marx, Die amerikanische Frage in England, in: MEW 15, S. 304-313 [New York Daily Tribune vom 11. Oktober 1861].

sowohl den bulk der Regierungspartei wie den Präsidenten 1860 [Abraham Lincoln]. Auch war es gerade dieser Teil des Nordens, der zuerst dezidiert gegen jede Anerkennung der Selbständigkeit einer Southern Confederacy. Natürlich können sie des Mississippi untern Teil und Mündungen nicht fremden Staaten anheimgeben. Es war auch diese North Western [States] Bevölkerung, die in der Kansasaffäre (von der eigentlich der jetzige Krieg zu datieren) handgemein wurde mit den Border Ruffians. Eine nähere Ansicht der Sezessionsbewegungsgeschichte ergibt, daß Sezession, Verfassung (Montgomery), Kongreß ibid. usw. alles usurpations. Nirgendwo ließen sie das Volk en masse abstimmen."[42]

Gerade der Briefwechsel zeigt, wie weit Marx argumentativ zurückgriff, neueste ihm erreichbare Statistiken anführte und vor allem, wie sorgfältig er auch die vielfältige Presse aus den Südstaaten las und auswertete. Er macht darüber hinaus deutlich, dass er den Verlauf des Krieges zeitweise anders beurteilte als Engels, der nicht selten rein militärisch argumentierte und deshalb zu anderen Ergebnissen kam. Im Sommer 1862 sah Engels beispielsweise den Kriegsverlauf als wenig aussichtsreich für den Norden an.[43] Marx urteilte über den Norden, die „Yankees", anders, und spöttisch erzählte er, was Ferdinand Lassalle, der zu Besuch war, gesagt haben soll: „As to America, so ist das, sagt er [Lassalle] ganz uninteressant. Die Yankees haben keine ‚Ideen'. Die ‚individuelle Freiheit' ist nur eine ‚negative Idee' etc. und was dieses alten verkommenen Spekulationskehrichts mehr ist."[44] Engels' skeptische Einschätzung und auch Urteile über den Norden mochte Marx nicht teilen; er argumentierte, Engels lasse sich zu sehr von militärischen Aspekten bestimmen.[45]

In seiner eigenen Einschätzung der Aussichten des Nordens thematisierte er die Problematik der *border states* und beschäftigte sich ausführlich mit Finanzfragen bzw. mit der Finanzierung des Krieges, besonders mit Anleihen und Zinsen, Fragen also, die heute allgemein diskutiert werden. „Was das Finanzielle betrifft, so wissen die United States aus der Zeit des Unabhängigkeitskrieges [...], wie weit man mit depreziiertem Papiergeld gehen kann. Faktisch ist, daß die Yankees nie mehr Korn nach England ausführten als dieses Jahr, daß die jetzige Ernte wieder weit über dem average steht und daß die Handelsbilanz nie günstiger für sie war als seit 2 Jahren."[46] Was die weitere Ausgabe von Papiergeld weniger gefährlich mache als es bei europäischen Beispielen in der Vergangenheit zu beobachten war, sei, „daß die Yankees nie *zwei* Preise, gold price und paper price, verboten haben. Das eigentliche Unheil der Sache löst sich in eine Staatsschuld auf, wofür nie das richtige Äquivalent erhalten worden, und in ein premium for jobbing and speculation."[47] Marx wies nicht nur auf Anleihen und dafür gezahlte hohe Zinsen hin, sondern auch darauf, dass die „Yankees" ihren Krieg bislang ohne Steuererhöhung hätten führen können. Das waren für ihn Argu-

---

42 Marx an Engels, 1. Juli 1861, in: MEW 30, S. 178-180, hier: S. 179.
43 Engels an Marx, 30. Juli 1862, in: MEW 30, S. 254-256.
44 Marx an Engels, 30. Juli 1862, in: MEW 30, S. 257-259, hier: 258.
45 Marx an Engels, 7. August 1862, 10. September 1862, 29. Oktober 1862, in: MEW 30, S. 269-271, S. 286-287, S. 290-292.
46 MEW 30, S. 291.
47 MEW 30, S. 291.

mente für einen Sieg des Nordens, den Engels aufgrund der militärischen Lage nicht erwartete.

Marx blickte zudem auf das Agieren von Abraham Lincoln, seit 1861 Präsident der Vereinigten Staaten. „Lincolns Akte haben alle das Aussehn engherzig klausulierter Bedingungen, die ein Anwalt seinem Gegenanwalt zustellt. Dies hindert aber nicht ihren historischen Gehalt und amüsiert mich in der Tat, wenn ich dagegen die Draperie betrachte, womit der Frenchman das Unbedeutendste umwickelt."[48]

Hier geht es freilich nicht, darum, wie Marx und Engels den amerikanischen Bürgerkrieg und seinen Verlauf sahen, auch nicht um den Bürgerkrieg insgesamt.[49] Wenn Marx mit viel Respekt auf Lincolns „Akte" verweist, ging es konkret z. B. um Lincolns Proklamation vom 22. September 1862, die die Abschaffung der Sklaverei zum Januar 1863 in den Gebieten der Konföderierten festsetzte. (Für unsere Gegenwart in Szene gesetzt hat dies – fokussiert auf einen wichtigen historischen Moment – zuletzt Steven Spielberg mit seinem Film „Lincoln", der auch zeigt, wie dieser 13. Zusatzartikel zur Verfassung (Amendment) durchgesetzt werden musste.) Marx nun weist indirekt darauf hin, dass es sich keineswegs um ein Menschenrechtsdokument allein handelte, sondern zugleich ein politischer Schachzug war. Eine Folge war nicht nur, dass die Sklavenbefreiung zum offiziellen Kriegsziel der Union geworden war, sondern es auch den die Konföderierten unterstützenden europäischen Staaten fast unmöglich wurde, diese weiterhin zu unterstützen.[50] Was Marx besonders würdigte, ist das Unspektakuläre, mit dem etwas Bedeutendes auf den Weg gebracht wurde. Gemeint sind damit die häufig unterschätzten Charakteristika und Mechanismen der Demokratie, insbesondere die Chancengleichheit und soziale Durchlässigkeit, wie wir dies heute nennen.[51] Mit einer auch aus anderen Schriften bekannten Sprache, die bildreich und wortgewaltig ist, benannte Marx dies.[52] So hieß es zu Lincolns Proklamation: „Lincolns Figur ist ‚sui generis' in den Annalen der Geschichte. Keine Initiative, keine idealistische Schwungkraft, kein Kothurn, keine historische Draperie. Er tut das Bedeutendste immer in der möglichst unbedeutendsten Form. [...] Die furchtbarsten, geschichtlich ewig merkwürdigen Dekrete, die er dem Feind entgegenschleudert, sehen alle aus und bestreben sich auszusehen wie alltägliche Ladungen, die ein Anwalt dem Anwalt der Gegenpartei zustellt, Rechtsschikanen, engherzig verklausulierte actiones juris. Denselben Charakter trägt seine jüngste Proklamation, das bedeutendste Akten-

---

48 Marx an Engels, 29. Oktober 1862, in: MEW 30, S. 290-292, hier: S. 292. Napoleon III. hat Marx immer wieder in Vergleichen mit dem berühmten Onkel mit viel Spott bedacht.
49 Insgesamt James M. McPherson, Für die Freiheit sterben. Die Geschichte des amerikanischen Bürgerkrieges, Augsburg 2000. (Im Original: Battle Cry of Freedom: the Civil War era, New York: Oxford University Press 1988. Das Werk erschien in den letzten Jahren in unterschiedlichen Ausgaben.)
50 Vgl. McPherson, Für die Freiheit sterben, S. 547-557; Hubmann, Reform oder Revolution, S. 170 f.
51 Vgl. Hubmann, Reform oder Revolution, S. 170.
52 Beispielhaft dafür: Karl Marx, Zu den Ereignissen in Nordamerika, in: MEW 15, S. 551-553 (Die Presse vom 12. Oktober 1862).

stück der amerikanischen Geschichte seit Begründung der Union, die Zerreißung der alten amerikanischen Verfassung, sein Manifest für die Abschaffung der Sklaverei."[53]

In der Marxschen Diktion und in seinem gelegentlich auch pathetisch wirkenden Stil kommt dies einer Hommage an Abraham Lincoln gleich, und man könnte es auch als eine Art Hohelied auf die Demokratie im Allgemeinen und auf die Demokratie in Amerika lesen. Vieles war in dem erwähnten Brief an Engels bereits angeklungen und ist dann für die in Wien erscheinende Zeitung „Die Presse" ausformuliert worden. Es ist aus heutiger Sicht bemerkenswert, wie weit Marx dabei auch auf die englische Presse und deren Stellungnahmen zu diesem Thema [Abschaffung der Sklaverei] einging und offensichtlich voraussetzte, die Leser wüssten, was die englische Presse geschrieben hatte. Denn ohne sie zu referieren, antwortete er lediglich, dass „[n]ichts leichter [sei] als das ästhetisch Widerliche, logisch Unzulängliche, formell Burleske und politisch Widerspruchsvolle an Lincolns Haupt- und Staatsaktionen nachzuweisen, [...].[54] Das hätte er sicher auch tun können, warf es aber lediglich der englischen Presse vor, ohne im Detail darauf einzugehen. Ihm war etwas anderes wichtig, nämlich Abraham Lincoln, den er in einer Weise würdigte, in der die Rolle einer Persönlichkeit in der Geschichte hervorgehoben wird: „Und dennoch wird Lincoln in die Geschichte der Vereinigten Staaten und der Menschheit unmittelbar Platz nehmen nach Washington! Ist es denn heutzutage, wo das Unbedeutende diesseits des Atlantischen Ozeans sich melodramatisch aufspreizt, so ganz ohne Bedeutung, daß in der neuen Welt das Bedeutende im Alltagsrocke einherschreitet?"[55] Aber es ist nicht das Charisma einer bedeutenden Führungsgestalt in kritischer Zeit, auf die Marx' Bewunderung abhebt, keine besonders erwähnenswerten Charaktereigenschaften, eher das Gegenteil ist der Fall, denn es sind die demokratischen Strukturen, welche individuelle Chancen eröffnen.[56] „Lincoln ist nicht die Ausgeburt einer Volksrevolution. Das gewöhnliche Spiel des allgemeinen Wahlrechts, unbewußt der großen Geschicke, über die es zu entscheiden, warf ihn an die Spitze, einen Plebejer, der sich vom Steinklopfer bis zum Senator in Illinois hinaufgearbeitet, ohne intellektuellen Glanz, ohne besondere Größe des Charakters, ohne ausnahmsweise Bedeutung – eine Durchschnittsnatur von gutem Willen. Niemals hat die neue Welt einen größeren Sieg errungen als in dem Beweis, daß mit ihrer politischen und sozialen Organisation Durchschnittsnaturen von gutem Willen hinreichen, um das zu tun, wozu es in der alten Welt der Heroen bedürfen würde!"[57]

Wenn man dies heute liest, könnte man fast annehmen, dass Marx an das anknüpfen oder erinnern wollte, was heute als „American Dream" immer wieder angeführt wird.[58] Auch wenn die Formulierungen über Lincoln daran erinnern mögen, ist es den-

---

53 MEW 15, S. 552 f.
54 MEW 15, S. 553.
55 MEW 15, S. 553.
56 Vgl. Hubmann, Reform oder Revolution, S. 168 f.
57 MEW 15, S. 553.
58 Der „amerikanische Traum" als Begriff ist wohl nicht exakt definiert. Unabhängig von seinen weit zurückreichenden Grundgedanken fand er seit dem 20. Jahrhundert Verwendung. Vgl. Alexander Emmerich, Geschichte der USA, Stuttgart 2008; danach hat James Truslow Adams in sei-

noch Hegel, den Marx seinen Lesern in Erinnerung rief, wenn er schrieb, dass Lincoln nicht „den Pathos der geschichtlichen Aktion" besitze, wohl aber als „volkstümliche Durchschnittsfigur ihren Humor". „Hegel hat schon bemerkt, daß in der Tat die Komödie über der Tragödie steht, der Humor der Vernunft über ihrem Pathos."[59] Es sind also demokratische Verfahren und Institutionen – das allgemeine Stimmrecht und das, was Marx als „politische und soziale Organisation" bezeichnete –, die gewährleisten, dass eine Durchschnittsnatur von gutem Willen ausreicht, um eine vernünftige politische Führung herbeizuführen.[60] Wenn Marx dies im Zusammenhang mit Abraham Lincoln Ende 1862 und mit Blick auf den Januar 1863 thematisierte, so war seine Ansicht über den 1860 gewählten amerikanischen Präsidenten erst langsam gewachsen. Dieser hatte von Beginn an keinen Zweifel daran gelassen, dass sein oberstes Kriegsziel nicht in der Sklavenbefreiung bestand, sondern darin, die Union zu retten und die Verfassung der Vereinigten Staaten zu verteidigen.[61] Anfangs stand Marx ihm durchaus kritisch gegenüber, denn das, was er – wie erwähnt – pries, hatte er zuvor kritisch beurteilt, und zwar „[...] als Lincoln, seiner advokatischen Tradition gemäß, aller Genialität abhold, ängstlich am Buchstaben der Konstitution klebt und jeden Schritt scheut, der die ‚loyalen' Sklavenhalter der Grenzstaaten beirren könnte."[62] Nach dem Sieg der Unionstruppen im konföderierten Maryland-Feldzug, der nach Marx' Ansicht das Schicksal des amerikanischen Bürgerkrieges zu wenden begann, beurteilte er das politische Agieren des bis dahin als allzu bieder erscheinenden Lincoln anders.

Denkt man an diese Einschätzung und die Wertschätzung Lincolns, könnte man möglicherweise auch die von Marx verfasste Glückwunsch-Adresse der Internationalen Arbeiterassoziation an Lincoln zu dessen zweiter Amtszeit vor einem solchen Hintergrund lesen.[63] „Vom Anfang des amerikanischen Titanenkampfs an fühlten die Arbeiter Europas instinktmäßig, daß an dem Sternenbanner das Geschick ihrer Klasse hing. Der Kampf um die Territorien, welcher die furchtbar gewaltige Epopöe eröffnete, hatte er nicht zu entscheiden, ob der jungfräuliche Boden unermeßlicher Landstrecken der Arbeit des Einwanderers vermählt oder durch den Fuß des Sklaventreibers befleckt werden sollte?"[64] Den Austritt der Konföderierten aus der „großen demokrati-

---

nem 1931 veröffentlichtem „The Epic of America" den Begriff verwendet, der bald von zeitgenössischen Schriftstellern aufgegriffen und verbreitet wurde.
59 Alle Zitate MEW 15, S. 553.
60 Vgl. Hubmann, Reform oder Revolution, S. 170. Zum allgemeinen Stimmrecht hat sich Marx auch in dieser Publizistik mehrfach geäußert. Vgl. vor allem in: MEW 8, S. 336-341 (New York Daily Tribune vom 21. August 1852: Die Wahlen in England – Tories und Whigs); MEW 8, S. 342-350 (New York Daily Tribune vom 25. August 1852: Die Chartisten).
61 McPherson, für die Freiheit sterben, S. 500.
62 Karl Marx, Die Absetzung Frémonts, in: MEW 15, S. 381-383, hier: S. 382 (Die Presse vom 26. November 1861).
63 Karl Marx, An Abraham Lincoln, Präsident der Vereinigten Staaten von Amerika, in: MEW 16, S. 18-20. Abgefasst wurde die Adresse zwischen dem 22. und 29. November 1864 und im Verlauf des Dezember in zahlreichen Zeitungen gedruckt.
64 MEW 16, S. 18.

schen Republik"⁶⁵ bezeichnete und interpretierte er hier als „einen Kreuzzug des Eigentums [des Südens] gegen die Arbeit [des Nordens]"⁶⁶, den der Norden niedergeschlagen habe, wobei mit der Sklavenbefreiung zugleich noch die wahre Befreiung der Arbeit errungen worden sei. „Dieses Hindernis des Fortschritts ist von dem roten Meere des Bürgerkrieges hinweggeschwemmt worden."⁶⁷ Und Marx glaubte im Namen der „Arbeiter Europas" schreiben zu können, die von der Überzeugung durchdrungen seien, dass, „wie der amerikanische Unabhängigkeitskrieg eine neue Epoche der Machtentfaltung für die Mittelklasse einweihte, so der amerikanische Krieg gegen die Sklaverei eine neue Epoche der Machtentfaltung für die Arbeiterklasse einweihen wird. Sie betrachten es als ein Wahrzeichen der kommenden Epoche, daß Abraham Lincoln, dem starksinnigen, eisernen Sohn der Arbeiterklasse, das Los zugefallen ist, sein Vaterland durch den beispiellosen Kampf für die Erlösung einer geknechteten Race und für die Umgestaltung der sozialen Welt hindurchzuführen."⁶⁸

Unabhängig von dem Anlass der Adresse und der politischen Arbeit und Zielsetzung der IAA sei doch darauf verwiesen, wie deutlich hier auch die Rolle einer historischen Persönlichkeit herausgestrichen wurde. Da es in diesem Zusammenhang nicht um kontinuierliche und der Chronologie von Ereignissen folgende Betrachtungen geht, bleiben sowohl das Ende des Bürgerkriegs als auch die Ermordung Lincolns unberücksichtigt. Vielmehr sei darauf verwiesen, dass Karl Marx Jahre später an die hier angeführten spezifischen journalistischen Arbeiten, die sich mit den angeführten Aspekten der Entwicklung in den Vereinigten Staaten befassten, anknüpfte. Dann war es nicht im Rahmen einer journalistischen Arbeit und auch nicht an beliebiger Stelle, sondern exponiert, nämlich im Vorwort zum ersten Band von „Das Kapital", 1867 erschienen.⁶⁹ Wörtlich wiederholte er, dass der amerikanische Bürgerkrieg die „Sturmglocke" für die „europäische Arbeiterklasse" geläutet habe. In England sei der Umwälzungsprozess mit Händen zu greifen und von dort werde er auf den Kontinent überspringen. Von jenseits des Atlantik habe Benjamin Wade, Senator aus Ohio und amtierender Vizepräsident der Vereinigten Staaten, die Richtung vorgegeben. Wiederholt habe er öffentlich in Meetings erklärt, dass nach der Beseitigung der Sklaverei nun die Umwandlung der Kapital- und Grundeigentumsverhältnisse auf die Agenda komme.⁷⁰ In der Sicht von Marx waren dies „Zeichen der Zeit"⁷¹, und eine „Nation soll und kann von der anderen lernen".⁷² Das bedeute nicht, „daß morgen Wunder geschehen werden".⁷³ Aber es zeige sich, dass die jetzige Gesellschaft kein fester Kristall, „sondern ein umwandlungsfähiger und beständig im Prozeß der Umwandlung be-

---

65 Ebenda.
66 Ebenda, S. 19.
67 Ebenda.
68 Ebenda.
69 Karl Marx, Das Kapital. Kritik der politischen Ökonomie. Vorwort zur ersten Auflage, Hamburg 1867, in: MEGA II/5, S. 11-15; MEW 23, S. 11-17.
70 Vgl. MEW 23, S. 16.
71 Ebenda.
72 Ebenda, S. 15.
73 Ebenda, S. 16.

griffener Organismus ist."[74] Marx beschrieb also die Gesellschaft in naturwissenschaftlicher Metaphorik als evolutionär, als wandungsfähigen Organismus. Und er fuhr fort, dass es durchaus offen sei, ob sich der bevorstehende gesellschaftliche Umwälzungsprozess in „brutaleren oder humaneren Formen bewegen"[75] werde. Der Verlauf hänge zum einen davon ab, ob auch in den herrschenden Klassen eine Ahnung von der Notwendigkeit gesellschaftlicher Veränderungsprozesse „aufdämmert", wovon er überzeugt war. Zum anderen vom „Entwicklungsgrad der Arbeiterklasse selbst"[76]. Und deshalb forderte er die „Wegräumung aller gesetzlich kontrollierbaren Hindernisse, welche die Entwicklung der Arbeiterklasse hemmen."[77] Dies sei – neben höheren Motiven – im ureigensten Interesse der jetzt herrschenden Klassen. Und weil Marx von der Übertragbarkeit von Erfahrungen, dem Lernen voneinander überzeugt war, habe er sich in dem vorliegenden Band so ausführlich mit der englischen Fabrikgesetzgebung, ihrer Geschichte, ihren Inhalten und Resultaten beschäftigt.

Nach dem Verständnis von Marx, vor allem seinem im 19. Jahrhundert wurzelnden Wissenschaftsverständnis, gab es für den von ihm beschriebenen „Organismus", die Gesellschaft, natürlich auch Bewegungsgesetze, und der „Endzweck dieses Werks", des „Kapital" sei, „das Bewegungsgesetz der modernen Gesellschaft zu enthüllen [...]."[78] Er verwandte Begriffe wie „Naturgesetz" oder „naturgeschichtlicher Prozeß", doch sie sind wohl eher als Tendenzen zu verstehen und nicht als Ausdruck eines reinen Determinismus.[79] Denn wichtiger als die Verhaftung in der Wissenschaftssprache und im Wissenschaftsverständnis des 19. Jahrhunderts sind die Hinweise auf mögliche Lernprozesse, auf die Bedeutsamkeit zudem von gesetzlichen Rahmenbedingungen, die entscheidend dafür seien, ob und wie soziale Reform- und Transformationsprozesse verlaufen könnten.

Die Vereinigten Staaten vor, im und nach dem Bürgerkrieg waren ein Land in einem gewaltigen Veränderungsprozess. Allein deshalb mussten sie in den Fokus von Marx' Analysen des Kapitalismus geraten. Darüber hinaus spielten sie auch deshalb eine wichtige Rolle, weil Marx mit dem Bürgerkrieg den Aufstieg der Arbeiterklasse verbunden sah. Manche Behauptungen über die Vereinigten Staaten, über deren tatsächliche oder vermeintliche Entwicklung, dienten ohne Zweifel politisch-strategischen Zwecken. Übertreibungen mögen leicht nachzuweisen sein und können dennoch Probleme verdeutlichen.[80]

Festzuhalten bleibt, dass Amerikas Aufstieg und seine kapitalistische Entwicklung mit den Auswirkungen auf Europa im Denken von Karl Marx eine wichtige Rolle spielten. Es war letztlich jedoch weder das gelobte Land noch können wir von einem endgültigen oder geschlossenen Amerikabild ausgehen.[81] Festzustellen sind vielmehr

---

74 Ebenda, S. 16.
75 Ebenda, S. 15.
76 Ebenda.
77 Ebenda.
78 Ebenda, S. 15 f.
79 Vgl. Hubmann, Reform oder Revolution, S. 172.
80 Zu den Übertreibungen vgl. Weiner, Amerikabild, S. 184 ff.
81 Vgl. Weiner, Amerikabild, S. 195.

Phasen des Interesses und unterschiedliche Schwerpunkte, was mit den Veränderungen in den USA selbst und in Europa zu tun hatte. Die USA wurden nach und nach so etwas wie der Prototyp des Kapitalismus und wichtig für das Verständnis einer weder geradlinigen noch abgeschlossenen Entwicklung, von neuen Tendenzen, wichtig als Prüfstein für eigene Annahmen.[82] Karl Marx in seinem Bestreben, alles verstehen zu wollen, schrieb 1878 an den russischen Übersetzer von „Das Kapital", Nikolai F. Danielson: „Das interessanteste Feld für den Ökonomen liegt jetzt zweifellos in den Vereinigten Staaten und vor allem in der Periode von 1873 (seit dem Krach im September) bis 1878 – der Periode der chronischen Krise. Umgestaltungen – deren Durchführung in England Jahrhunderte erforderte – wurden in wenigen Jahren vollzogen."[83] Da Marx sich bemühte, neueste Entwicklungen – auch die in den Vereinigten Staaten – stets zu berücksichtigen, mag dies dazu beigetragen haben, dass sein Werk unvollendet blieb. Gleichzeitig ist dies jedoch auch ein Hinweis auf eine gewisse Offenheit, die Marx sicher nicht zum Antirevolutionär macht, doch dazu anregt, die Rezeption mit ihren vielfältigen auch politischen Gründen immer wieder zu hinterfragen.[84]

---

82 Vgl. Sylvers, Marx, Engels und die USA, S. 43.
83 Marx an Nikolai Franzewitsch Danielson, 15. November 1878, in: MEW 34, S. 358-360, hier: S. 359.
84 Vgl. auch Hubmann, Reform oder Revolution, S. 172.

From Class Struggle to Civil War in the Revolutionary Strategies of Marx and Engels

Andrew Zimmerman

This essay will consider the growing interest of Marx and Engels in international military affairs during and after the 1848-49 revolutions in Europe, and especially their writings on the American Civil War.[1] While the two German exiles had long devoted serious attention to conventional and revolutionary wars, they welcomed the American conflict as a war, in Marx's words, "distinguished by the vastness of its dimensions and the grandeur of its ends, from the groundless, wanton, and diminutive wars Europe has passed through since 1849."[2] It will suggest that the revolutionary military questions that Marx and Engels discussed in the period 1848-1865 shaped their political-economic thought and political practice.

This paper is part of a larger project on Atlantic republicanism in the period that includes the Revolutions of 1848-49, the American Civil War, and the Paris Commune. This nineteenth-century republicanism, although by no means monolithic, was international, armed, and social as much as political. It was termed 'red' in Europe and 'black' – because of its association with anti-slavery – in the US. It was held together in large part by exile soldiers – Germans, Italians, Irish, Hungarians, and others – who fought in several revolutions and conventional interstate wars on both sides of the Atlantic. This transnational cohort of soldiers played a role in the social revolutions of the nineteenth century corresponding to that played by the "motley crew" of sailors, analyzed by historians Peter Linebaugh and Marcus Rediker, in the revolutions of the seventeenth and eighteenth centuries.[3] Marx and Engels were important participants in, but by no means the leaders of, this nineteenth-century Atlantic republicanism. This essay will suggest how the military experience of this cohort helped Marx and Engels conceive a revolutionary politics after their break with Hegelian idealism and with the developmentalism of the *Manifest der Kommunistischen Partei*. It was a republican politics pursued, to borrow a phrase from one of its enemies, "nicht durch Reden und Majoritätsbeschlüsse" but "durch Eisen und Blut."

---

1 There have been many excellent accounts of Marx and Engels on the Civil War, beginning perhaps with the edition by Richard Enmale, Karl Marx and Friedrich Engels, *The Civil War in the United States* (New York: International publishers, 1937). For two recent very good works see Robin Blackburn, *An Unfinished Revolution: Karl Marx and Abraham Lincoln* (London: Verso, 2011) and August H. Nimtz, *Marx, Tocqueville, and Race in America: The "Absolute Democracy" or "Defiled Republic"* (Lanham, MD: Lexington Books, 2003).
2 Karl Marx, "The London *Times* on the Orleans Princes in America," *New York Daily Tribune*, 7 November 1861, in Karl Marx and Friedrich Engels, *The Civil War in the United States*, ed. Richard Enmale, 3rd ed. (New York: International Publishers, 1961), 20-25.
3 Peter Linebaugh and Marcus Rediker, *The Many-Headed Hydra: The Hidden History of the Revolutionary Atlantic* (London: Verso Books, 2002).

The revolutions that took place in cities across Europe in 1848-49 raised new problems of strategy and tactics for both revolutionary and anti-revolutionary military writers. Both revolutionaries and state actors recognized these conflicts as wars, rather than as police actions or urban "Tumulte."[4] Essentially, in 1848, revolutionaries learned to use barricades not as fortifications but as obstacles to slow the movement of government troops in areas where they would be subject to fire from neighboring buildings. In Paris, the former cavalry officer Théophile Guillard de Kersausie whom Engels dubbed "the first commander-in-chief of barricade fighting," even led offensive columns against attacking troops.[5] Equally innovative were the methods of defeating barricades, developed most famously by General Louis-Eugène Cavaignac, who applied to revolutionaries in the Parisian June Days what he had learned as governor general of Algeria.

The turn to military topics during the 1848-49 revolutions played a significant role in the development of Marx and Engels's political thought. The two had spent much of the 1840s seeking to break with left Hegelianism and better politicize philosophical idealism by tying it to historical practice. Yet the *Manifest der Kommunistischen Partei*, written at the end of 1847, indicates the limits of Marx and Engels's break with Hegelian idealism before the 1848 revolutions. In the *Manifest*, the two replaced the earlier, conspiratorial politics of the *Bund der Gerechten*, the predecessor organization to the *Bund der Kommunisten*, with a manifest historical optimism: the bourgeoisie, a necessarily revolutionary class, would develop a progressive capitalism and then kindly produce "ihren eigenen Totengräber."[6] Proletarian revolutions, in this early model, would therefore follow almost automatically on the heels of bourgeois revolutions.

With their writings on the revolutionary fighting in 1848-49, Marx and Engels developed a partisan politics of class struggle, one notably more complicated and based on individual and group agency than the almost economistic optimism of the *Manifest*. The dizzying complexity of politics and class fractions in the revolutions of 1848-49 suggested that the tendency of capitalism toward simplification into two opposing classes had little immediate relevance in the present struggles. The appearance of portions of the bourgeoisie as enemies of the revolution – most brutally in the Parisian June Days – dispelled any faith in the essentially revolutionary nature of that class. And, finally, the revolutions made clear that military strategy and tactics, at least as much as dialectical necessity, shaped historical change. Marx and Engels learned a kind of revolutionary *Realpolitik* from the revolutions of 1848-49. Marx ceased to assert a true universal – whether of humanity or even the proletariat – against the false universals of religion, the state, or bourgeois society, and instead developed a partisan

---

4 See, for example, August von Witzleben, *Grundzüge des Heerwesens und des Infanteriedienstes der königlich preußischen Armee*, 2nd ed. (Berlin: C. Grobe, 1850).

5 Friedrich Engels, "The June Revolution," *Neue Rheinische Zeitung* Nos. 31 and 32 (July 1 and 2, 1848), in *The Revolution of 1848-49* (New York, 1972), pp. 50-59. On Kersausie, see Heinz Helmert, *Bewaffnete Volkskämpfe in Europa 1848/49* (Berlin: Militärverlag der Deutschen Demokratischen Republik, 1973).

6 Karl Marx and Friedrich Engels, *Manifest der Kommunistischen Partei* (1848), in *Karl Marx, Friedrich Engels. Werke* (Berlin: Dietz, 1956-1989), 4:459-493, p. 474.

theory, one focused on the possibility of combat rather than on political philosophy and historical prognostication.

The problems of revolutionary combat allowed Marx and Engels to develop a theory that was political in the sense described by the German theorist Carl Schmitt in his 1927/1932 *Begriff des Politischen*: a politics based on an existential distinction between friend and enemy, based on the possibility – though not necessarily the actuality – of combat. For Carl Schmitt, liberalism denied the essentially warlike nature of politics by portraying politics as economic competition or intellectual debate. Schmitt rejected this definition for two reasons: first, it demanded an end to politics and threatened to inaugurate a world of economic management and "Propaganda und Massensuggestion"; second, liberal states were in fact willing to go to war, to exercise the political friend/enemy decision, against all who did not accept this depoliticization. Schmitt's argument suggests that every liberal, ultimately, harbored a Cavaignac, the so-called "butcher of June" who had suppressed the Paris insurrection. Politics in Schmitt's sense only occurred within state borders in real or potential civil war. The major example he cited of civil war was the Marxist conception of class struggle, which transforms "den zunächst nur ökonomisch motivierten Klassengegensatz zum *Klassenkampf* feindlicher Gruppen" – making class an existential distinction presupposing the possibility of war.[7]

The military defeat of the revolutions of 1848-49 scattered republican soldiers, officers, activists, and thinkers into an exile whose principal centers were in London, the United States, Switzerland, and Italy.[8] Many of the fighters of 1848, especially Germans and Hungarians, reappeared among Garibaldi's Redshirts in 1859-1860. Many would fight in the American Civil War when that conflict came to displace the Italian wars of unification as the central front of the struggle between republicans and reactionaries. (Garibaldi himself came close to joining the American conflict.)

Few European veterans of 1848-49 traveled to the United States hoping to provoke revolution on the other side of the Atlantic. Many regarded the United States as an isolated safe-haven for defeated revolutionaries or, at best, a place to regroup and raise funds for the next European revolution. For example, many revolutionaries who remained in Germany heaped scorn on one of the early emigrants to the United States, Friedrich Hecker, who refused to return in 1849 from his American exile. In the United States, Hecker lived, as two of his critics put it, as a "behaglichen Farmer" in the "Urwäldern der neuen Welt."[9] The revolutionary Ernst Dronke wrote to Joseph Weydemeyer of his fears of being forced by economic circumstances to go "dann auch

---

7   Carl Schmitt, *Der Begriff des Politischen* (1932; München: Duncker & Humblot, 1979), pp. 71, 62. Schmitt later, citing Mao, Che Guevara, Ho Chi Minh, and others, even argued that irregular revolutionary warfare better exemplified the friend/enemy distinction than interstate conflicts. Carl Schmitt, *Theorie des Partisanen: Zwischenbemerkung zum Begriff des Politischen* (Berlin: Duncker and Humblot, 1963).

8   On this community in London, see Christine Lattek, *Revolutionary Refugees: German Socialism in Britain, 1840-1860* (London: Routledge, 2006).

9   Becker and Essellen, p. 118.

nothgedrungen nach dem langweiligen Amerika!"[10] Joseph Weydemeyer would himself soon move to the United States and later served as an officer in Missouri. After the coup of Louis-Napoleon Bonaparte in December 1851 convinced many that Europe would not be the scene of any revolutions in the near future, many revolutionaries relocated to New York City.[11] There they participated in a lively émigré political scene, close to the steamers that could spirit them across the Atlantic at the first sign of renewed revolution in Europe. When many of these émigrés relocated far inland, to western states, especially Missouri, looking for higher wages and better job opportunities, this may have seemed at first like a true admission of defeat. Thanks to the struggle over slavery, however, the United States, and especially the western states of Kansas and Missouri, would appear as a major front in a transatlantic republican revolution.

The American Civil War thus constituted, in part, a proxy war, even a rematch, between the opposing sides of the European revolutions of 1848-49. A quarter of all Union soldiers were foreign born.[12] A full tenth of the Union Army was born in Germany. German immigrants, whose intellectual leaders often came from the most radical segments of the 1848 exile community, were notably radical Unionists. They were important in the formation of the American Republican Party in 1854, and in pushing the party to sharpen and maintain its anti-slavery position. German Americans in St. Louis were largely responsible for keeping Missouri in the Union. They included important Union officers, above all Generals Franz Sigel, August Willich and Colonel Joseph Weydemeyer.[13] Working-class radicals who remained in Europe also played an important role in the Civil War by making it politically impossible for Palmerston and Napoleon III to recognize the Confederacy. Conservatives and radicals agreed that the war was both a struggle for the freedom of labor and for the possibility of a republican form of government – not merely a democratic republic but at least the possibility of a social republic.

---

10 Ernst Dronke, writing from Geneva, to Joseph Weydemeyer, 7 August 1851, Ernst Dronke Papers, International Institute for Social History, Amsterdam, Netherlands.
11 On the antebellum New York radical scene, see Mark A. Lause, *The Antebellum Crisis & America's First Bohemians* (Kent, Ohio: Kent State University Press, 2009).
12 Although 30% of military age males in Union states were foreign born, Irish and German Catholics were, according to James McPherson, underrepresented. James M McPherson, *Battle Cry of Freedom: The Civil War Era*, The Oxford history of the United States v. 6 (New York: Oxford University Press, 1988), 606.
13 On these German radicals in the Civil War era, the now classic works are Bruce Levine, *The Spirit of 1848: German Immigrants, Labor Conflict, and the Coming of the Civil War* (Urbana: University of Illinois Press, 1992) and Jörg Nagler, *Fremont Contra Lincoln: Die deutschamerikanische Opposition in der Republikanischen Partei Während des Amerikanischen Bürgerkrieges* (Frankfurt am Main: P. Lang, 1984). See also the recent works by Alison Clark Efford, *New Citizens: German Immigrants and the Politics of African American Citizenship After the Civil War* (Cambridge: Cambridge University Press, 2013); Mischa Honeck, *We Are the Revolutionists: German-Speaking Immigrants and American Abolitionists After 1848* (Athens: University of Georgia Press, 2011); and Daniel Nagel, *Von republikanischen Deutschen zu deutsch-amerikanischen Republikanern: ein Beitrag zum Identitätswandel der deutschen Achtundvierziger in den Vereinigten Staaten 1850 – 1861* (St. Ingbert: Röhrig, 2012).

The American Civil War reflected Atlantic republicanism not only in its social revolutionary goals and its political theory, but also in its military strategy. Indeed, commanders in Missouri, like Franz Sigel, applied lessons learned from their failure to defend their revolution in Baden in 1849. Immediately after their defeat, these revolutionaries wrote dozens of accounts of the revolution, analyzing its failures in order to draw lessons for the next fight. For the most part, they drew political lessons quite at odds with the moderate approach taken by President Abraham Lincoln and his top military advisors at the beginning of the American Civil War. Exemplary in this regard is the text coauthored by Johann Philipp Becker and Christian Essellen, *Geschichte der Süddeutschen Mai-Revolution*.[14] Becker would go on to head the German-speaking section of the First International. While composing this work in Switzerland, Becker and Essellen consulted with Franz Sigel, who had been Minister of War in Revolutionary Baden.

For Becker and Essellen, and many like them, the 1849 Baden revolution presented a new type of conflict, one with social revolutionary aims but fought as a conventional interstate war, primarily between Baden and Prussia. The opposing combatants in Baden fought more like regular armies in the field than like urban insurgents, and barricade warfare played only a secondary role in Baden in 1849. Yet balancing revolutionary and conventional warfare did not prove so easy for Baden revolutionaries. The more radical elements, Becker and Essellen noted, undermined the discipline essential to regular warfare, while more conservative officers undermined the revolution that was, after all, the whole point of the war. Essellen hoped that "die interessante Mischung von kriegswissenschaftlichen Berechnungen und revolutionären Kühnheiten" in Baden would point to "Regeln für die Kriege der Zukunft."[15] Baden veterans also came to appreciate the dangers that moderation presented to revolutions. While moderate aims might ensure the largest possible participation of the population of a given area in a revolutionary struggle, revolutionary aims would rally more committed allies from abroad to the cause. Moderates could be at best weak friends of the revolution, and always threatened to become traitorous enemies. Sigel and Essellen advised that the "Devise auf der rothen Fahne der Revolution hätte mehr Kämpfer auf den Schlachtplatz gerufen als der demokratische Kaiser und der Verfassungsunsinn."[16] From the perspective of individuals with revolutionary experience in Baden, including Franz Sigel, Lincoln's policy of rejecting emancipation as a war aim in the early years of war, while winning lukewarm friends in border slave states, undermined the war effort and pushed away important allies. Balancing social revolution and conventional interstate war remained, of course, a central problem of the American Civil War, one that exiles from Baden helped navigate more successfully in the 1860s than they had in the 1840s. While Marx and Engels did not advise Sigel or other Missouri officers directly, they were important members of a political milieu whose military strategic thought developed rapidly from 1848-1865.

---

14 Johann Philipp Becker and Christian Essellen, *Geschichte der Süddeutschen Mai-Revolution* (Geneva: Gottfried Becker, 1849).
15 Becker and Essellen, pp. 203-205.
16 Becker and Essellen, p. 130.

Marx and Engels immediately recognized the importance of the struggle against slavery in America, even before the formal outbreak of the American Civil War in April, 1861. Writing to Engels at the beginning of 1860, Marx proclaimed that "das Größte, was jetzt in der Welt vorgeht, einerseits die amerik. Sklavenbewegung, durch [John] Brown's Tod eröffnet; andererseits die Sklavenbewegung in Rußland."[17] Marx linked the struggle against slavery in the United States and against serfdom in Russia as part of global struggles for free labor. While abolitionism had, of course, existed for decades, John Brown's heroic if suicidal 1859 raid on the federal arsenal in Harper's Ferry, Virginia, represented the movement of irregular fighters who had made abolitionism an armed struggle.[18] Marx also sensed the possibility of an armed uprising by slaves themselves, which he would later regard as the final guarantee of the failure of the Confederacy.[19]

Other military events in the 1860s also seemed to Marx and Engels to suggest the development of revolutionary warfare around the world. These included military reform in Prussia and the development of volunteer rifle units in Britain.[20] Engels, whose military interests emerged during his service as a Prussian artillerist and as adjutant to August Willich in the 1849 Baden Revolution was the more technically proficient military writer of the two. In 1860, he wrote a series of widely admired articles suggesting that rifles, with their longer range and greater accuracy than earlier smoothbore weapons, made it possible for light infantry to prevail against the artillery then in use.[21] He saw this, for example, in Garibaldi's campaign in Calabria.[22] The wide use of volunteers (rather than regular army) in the American Civil War, drew the interest of their English counterparts and made the Civil War a test for many of a new type of war.[23] Although the skepticism of many European officers about the significance of a conflict between relatively amateur armies has been better remembered, it was precisely this aspect of the conflict that made it of interest to many others.

---

17   Karl Marx to Friedrich Engels, 11 January 1860, *Gesamtausgabe (MEGA2)* (Berlin: Dietz, 1972), III/10, 152-153.
18   Marx later confirmed his sense that the American Civil war began with the struggle over Kansas, not the firing on Fort Sumter. See Karl Marx to Friedrich Engels, 1 July 1861, MEGA2 III/11, 520-522.
19   See, for example, Karl Marx to Lion Philips, 6 May 1861, MEGA2 III/11, 439-440.
20   See Karl Marx, "Public Feeling in Berlin," *New York Daily Tribune*, 28 April 1860, MEGA2 I/18, 412-414, and Friedrich Engels, "Eine Musterung englischer freiwilliger Jäger," *Allgemeine Militär-Zeitung*, 8 September 1860, MEGA2 I/18, 493-501.
21   See Friedrich Engels, "On Rifled Cannon," *New York Daily Tribune*, 7 April 1860, 21 April 1860, 4 May 1860, 19 May 1860, MEGA2 I/18, 401-411. Engels also was aware of the limits of the rifle. See Friedrich Engels, "The History of the Rifle," *The Volunteer Journal for Lancashire and Cheshire*, 3 January 1860, 3 November 1860, 17 November 1860, 8 December 1860, 15 December 1860, 29 December 1860, 5 January 1861, 12 January 1861, 19 January 1861, MEGA2 I/18, 577-601.
22   Friedrich Engels, "Garibaldi in Calabria," *New York Daily Tribune*, 24 September 1860, MEGA2 I/18, 533-535.
23   See Jay Luvaas, *The Military Legacy of the Civil War* (Chicago: University of Chicago Press, 1959).

Marx and Engels followed not only the course of the Civil War itself, but also the military careers of those German exiles who rose to military and political prominence during the American conflict. For example, Engels wrote to his comrade Joseph Weydemeyer, then serving in Missouri, asking him for the military and political gossip of the day:

> Was ist aus dem Grossen Anneke geworden? Seitdem die Schlacht bei Pittsburgh-Landing beinah' verlorenging, weil man ihm nicht alles das verschaffte, was er nach dem preussichen Reglement hätte haben müssen, ist er fuer mich verschollen. Willich scheint sich von den Deutschen, die den ganzen Krieg mitgemacht, noch am besten gehalten zu haben, Sigel dagegen seine Mittelmässigkeit unmistakeably dokumentiert. Und Schurz, der tapfre Schurz, der im Kugelregen dahinsprengende Furz, was für Feinde vernichtet der jetzt?[24]

All of the individuals Engels mentions had been his comrades in arms during the Reichsverfassungs-Kampagne in Baden in 1849. Engels had served under Willich, and he seems here to retain his esteem for his old superior, even after Willich and Marx had nearly come to blows over strategic differences in the Communist League. Carl Schurz would become perhaps the most prominent and successful German-American politician in the United States, and Engels here perhaps reflects some distaste for the kinds of political compromises that Schurz made to advance his career within an essentially liberal Republican Party.

Marx was always certain that the Union would win, although Engels feared that the lack of military training and political will in the North presented real dangers. Marx held that, so long as the war was a conventional rather than a revolutionary war, that is, so long as the Union fought the Civil War as an interstate conventional war for the control of territory rather than a revolutionary war for the transformation of society, the North would have only limited success. But this limited success would itself force the North to become revolutionary, gradually embracing emancipation of slaves, rather than preservation of the Union, as a goal of the war. Marx saw this revolutionary transformation of the war in Lincoln's decision to replace the Democrat McClellan as head of the Union Army with dependable Republican generals and to arm black freedpeople.[25] While many of the international left, especially those in the US itself, were angered by Lincoln's tentative abolitionism, Marx saw Lincoln as a new kind of political figure, an anti-Bonaparte: "Er tut das Bedeutendste immer in der möglichst unbedeutendsten Form," Marx informed the readers of the Wiener *Presse*. "Hegel hat schon bemerkt, daß in der Tat die Komödie über der Tragödie steht, der Humor der Vernunft über ihrem Pathos. Wenn Lincoln nicht den Pathos der geschichtlichen Aktion besitzt, besitzt er als volkstümliche Durchschnittsfigur ihren Humor."[26] Marx

---

24 Friedrich Engels to Joseph Weydemeyer, 24 November 1864, in Karl Marx and Friedrich Engels, *Der Bürgerkrieg in Den Vereinigten Staaten*, ed. Günter Wisotzki and Manfred Tetzel (Berlin: Dietz, 1976), pp. 211-15.

25 Karl Marx, "Zur Kritik der Dinge in Amerika," *Die Presse*, 9 August 1862, Karl Marx and Friedrich Engels, *Der Bürgerkrieg in den Vereinigten Staaten*, ed. Günter Wisotzki and Manfred Tetzel (Berlin: Dietz, 1976), 171-176.

26 Karl Marx, "Zu den Ereignisse in Nordamerika," *Die Presse*, 12 October 1862, *Bürgerkrieg*, 180-185.

and Engels viewed the Civil War as the opening of a war for the emancipation of labor, one that started with the grossest forms of unfree labor, but which would continue to emancipate all labor, including wage labor.

When Lincoln was assassinated shortly after the end of the war, Marx initially hoped that his successor, Andrew Johnson, would continue the revolution. In a letter written on behalf of the International Working Men's Association, Marx wrote to Johnson: "Yours, Sir, has become the task to uproot by the law what has been felled by the sword, to preside over the arduous work of political reconstruction and social regeneration.... You will never forget that, to initiate the new era of the emancipation of labour, the American people devolved the responsibilities of leadership upon two men of labour -- the one Abraham Lincoln, the other Andrew Johnson."[27] Marx and Engels quickly realized that Johnson was an enemy of fundamental change in the South, but they continued to see the Civil War as a model for revolutionary social change.

The experience of the transnational community of republican exiles with the American Civil War shaped the foundation of the International Working Men's Association, the First International, in 1864. The organization, like its predecessors the *Bund der Gerechten* and the *Bund der Kommunisten*, gave formal political existence to an international community of exiled republicans. It not only called for international solidarity in political action and provided for international meetings and membership, but even addressed the often dire economic straits of individuals in this exile community. "Each member of the International Association," its general rules specified, "on removing his domicile from one country to another, will receive the fraternal support of the associated working men."[28] In his famous inaugural address to the organization, Marx singled out the American members for special praise, noting that, after the 1848 revolutions, "the most advanced sons of labour fled in despair to the Transatlantic Republic." Marx made clear that this International would pursue a foreign policy through shaping interstate warfare, pointing to the working class opposition that prevented the British government from leading Western Europe "into an infamous crusade for the perpetuation and propagation of slavery on the other side of the Atlantic." Marx called on the International to seize political power in order to end bourgeois efforts against worker-controlled cooperatives. These cooperatives abolished "hired labour" from below, much as slave labour and serf labour had already been abolished.[29] The International, born of the experience of the transnational community of republican exiles, especially with the American Civil War, was no longer a conspiratorial or a philosophical organization, but a properly political entity, with specific friend/enemy distinctions and a grand strategy that directed international political and military efforts.

Not just Marx's everyday political work, but also his own political economic thought was shaped by his engagement with red republican and also Republican Party

---

27 Karl Marx, "To Andrew Johnson, President of the United States," *The Bee-Hive*, May 20, 1865, MEGA2 I/20, 134-137.

28 Karl Marx, "Provisional Rules of the International Working Men's Association" (London, September 28, 1864), MEGA2 I/20, 13-14.

29 Karl Marx, "Address of the International Working Men's Association (Inaugural Address)" (London, September 28, 1864), MEGA2 I/20, 3-12.

politics in the United States. Marx wrote a weekly column for Horace Greeley's *New York Tribune* as anti-slavery Whigs, Democrats, and others founded the Republican Party in the 1850s. Marx thus took part in the jockeying of political and economic factions as the second American Party system of Whigs and Democrats collapsed.[30] Marx engaged most directly with US Republicanism in his critique of the economist Henry Carey, a favorite of many Republicans, who argued that high tariffs could foster an economic progress that would harmonize the class interests of the bourgeoisie and proletariat. (This was the strand of American economic thought that Friedrich List had imported into Germany in the 1830s and 40s.) The Panic of 1857 gave Carey new credibility in the Republican Party, and Marx devoted his earliest economic notebooks, which he began writing that year, to criticizing Carey. These notebooks were later published as the *Grundrisse*.[31] In the 1867 preface to the first edition of the first volume of *Capital*, as is well known, Marx wrote: "Wie der amerikanische Unabhängigkeitskrieg des 18. Jahrhunderts die Sturmglocke für die europäische Mittelklasse läutete, so der amerikanische Bürgerkrieg des 19. Jahrhunderts für die europäische Arbeiterklasse."[32]

Marx's account of the Paris Commune of 1871, the most important military conflict between the republican international and its opponents since the American Civil War, revealed how much the American conflict shaped his later politics.[33] In a work titled the "Civil War in France," Marx contrasted national war and civil war, the latter of which now functioned as the form of warfare appropriate to the International. "The highest heroic effort of which old society is still capable is national war," Marx wrote, "and this is now proved to be a mere governmental humbug, intended to defer the struggle of classes, and to be thrown aside as soon as that class struggle bursts out into civil war. Class rule is no longer able to disguise itself in a national uniform; the national Governments are one as against the proletariate!"[34] Marx understood the complex intertwining of revolutionary war and the national war between Prussia and France, and described the decision of the leaders of the French Third Republic to make peace with the Prussians in order to make war on the Commune not merely as treason, but as a "slaveholder's rebellion" -- precisely the term he used to describe the Confederate secession from the United States.[35] He suggested that both the Commune and the

---

30 For an excellent account of the formation of the Republican Party, see Eric Foner, *Free Soil, Free Labor, Free Men: The Ideology of the Republican Party Before the Civil War* (New York: Oxford University Press, 1970).

31 Carey played a less central role in the three volumes of *Capital* itself, although Marx did invoke him as an example of economists who presented "the capitalist system of production" as "a system of 'harmonies' instead of antitheses." Karl Marx, *Capital*, Vol. 3, 1894, trans. David Fernbach (New York: Penguin Classics, 1993), 759.

32 Karl Marx, *Das Kapital*, Bd. 1. in Werke, 24, p. 15.

33 On the connections of the Paris Commune and the American Civil War, see Philip M. Katz, *From Appomattox to Montmartre: Americans and the Paris Commune* (Cambridge: Harvard University Press, 1998).

34 Karl Marx, *The Civil War in France: Address of the General Council of the International Working Men's Association* (London: Edward Truelove, 1871), MEGA2 I/22,119-162, 158.

35 Marx, *Civil War in France*, 129-130.

June Days of 1848 gave the lie to the possibility of a bourgeois republicanism, and demonstrated the necessarily social nature of authentic republicanism.[36]

Approaching the work of Marx and Engels from the perspective of revolutionary military strategy affords new insight into the development of their thought and also contextualizes it in a much broader transnational world than is typically given for these two thinkers. It modifies Louis Althusser's characterization of the "break" between an early and a mature Marx as a break with Hegelianism carried out in the "Deutsche Ideologie".[37] We should, I suggest, look for the break not in Marx's search for scientific socialism but rather as part of a more extended search, one carried out not just by Marx and Engels but in a broad social revolutionary milieu, for successful revolutionary strategies. It was not the failure of Hegelianism but rather the failure of the barricade and other revolutionary strategies in 1848-49 that pushed not just Marx and Engels, but a broad international community of revolutionary exiles, to seek to adapt revolution to more conventional forms of war. This began perhaps in the *Reichsverfassungskampagne* in Baden and continued in the Italian Risorgimento and other struggles as well. Nowhere, however, did "die interessante Mischung von kriegswissenschaftlichen Berechnungen und revolutionären Kühnheiten" that first revealed itself in Baden in 1849 so fully emerge as in the American Civil War. Marx and Engels evidently recognized this fact, in part also because so many of their comrades participated directly in the war. Moreover, as I have tried to show in my analysis of the *Grundrisse*, *Das Kapital*, and the First International, Marx's own thought, and as well as his practical politics, emerged in engagement with American Republican and anti-slavery politics. Marxist historians, from CLR James to Sidney Mintz to Cedrick Robinson, to Dale Tomich, have recognized the centrality of slavery to the development of capitalism.[38] It should thus come as no surprise that the struggle against slavery played such a central role in the development of the most important critique of, and strategy to move beyond, capitalism.

---

36 "The bourgeois Republicans, who, in the name of the Revolution of February, took the State power, used it for the June massacres, in order to convince the working class that 'social' republic meant the republic ensuring their social subjection, and in order to convince the royalist bulk of the bourgeois and landlord class that they might safely leave the cares and emoluments of government to the bourgeois 'Republicans.'" Marx, *Civil War in France*, 138.

37 See Louis Althusser, *For Marx*, trans. Ben Brewster (London: Verso, 1990).

38 C.L.R. James, *The Black Jacobins: Toussaint L'Ouverture and the San Domingo Revolution*, 2nd ed. (1938; New York: Vintage, 1989); Sidney W. Mintz, *Sweetness and Power: The Place of Sugar in Modern History* (New York: Viking, 1985); Cedric J. Robinson, *Black Marxism: The Making of the Black Radical Tradition* (1983; Chapel Hill: University of North Carolina Press, 2000); Dale W. Tomich, *Through the Prism of Slavery: Labor, Capital, and World Economy*, World Social Change (Lanham: Rowman & Littlefield, 2004).

„Die Republik mit dem Sternenbanner hat keine Bürger zweiter Klasse". Wilhelm Liebknechts USA-Reise im transnationalen Kontext?

Jürgen Schmidt

1. Einleitung

„Wer hier sich schwer zurechtfindet, findet sich drüben erst recht nicht zurecht", schrieb August Bebel am 10. Februar 1887 an seine Frau. „Drüben" – das waren die Vereinigten Staaten von Amerika; „drüben" war offensichtlich eine Herausforderung, die man nicht einfach so bewältigen konnte, schon gar nicht – in den Augen August Bebels – Getrud Liebknecht, die Tochter Wilhelm Liebknechts aus erster Ehe. Auf sie bezog sich nämlich Bebel mit seiner Äußerung. „Drüben" – das verlangte Härte, rief aber auch Bewunderung hervor: Die Einladung, Wilhelm Liebknecht auf seiner Agitationstour durch die USA im Herbst 1886 zu begleiten, hatte Bebel aus gesundheitlichen Gründen abgelehnt. Aber die Faszination blieb: „Ich habe große Lust, in einigen Jahren eine Tour durch die Ver[einigten] Staaten zu machen, wenn – alles nach Wunsch geht", meinte Bebel erneut in einem Brief an seine Frau.

Wilhelm Liebknecht also machte sich ohne Bebel auf den Weg, um für die deutsche Sozialdemokratie zu werben und die Sozialisten in Amerika zu unterstützen. Mit Blick auf die zweite Aufgabe äußerte sich August Bebel schon vor Liebknechts Reiseantritt äußerst skeptisch: „Ich glaube, er wird drüben überhaupt nicht finden, was er hoffte. Die Verhältnisse in der Partei sind offenbar ziemlich zerfahren".[1] Ganz so zerfahren kann die Situation dann in den USA doch nicht gewesen sein. Bei seiner Agitationstour fand Liebknecht breite Unterstützung und er konnte aus den Vereinigten Staaten 16.000 Mark für die Sozialdemokratie mitbringen.[2]

Doch in seiner kein Jahr nach der Reise veröffentlichten Brief- und Tagebuchsammlung „Ein Blick in die Neue Welt" tauchen Wörter wie Sozialismus, Ausbeutung oder Kapitalismus überhaupt nicht auf – sie ist über weite Strecken eine Lobeshymne auf die amerikanische „Zivilisation" und Gesellschaft. Liebknechts Veröffentlichung bietet scheinbar ein geradezu klassisches Beispiel für die in der neueren Forschung vertretene Sichtweise, dass Reiseliteratur und Reiseberichte nicht im Sinn „einer objektivierenden Darstellung von Fakten" interpretiert werden können, sondern im Kontext der „Entstehung des modernen Subjekts" zu sehen sind.[3] Doch dies kann es im Fall Liebknecht allein nicht sein. Das moderne Subjekt war im letzten Jahrhundertvier-

---

1 August an Julie Bebel, 10. Februar 1887, August an Julie Bebel, 30. Dezember 1886; August an Julie Bebel, 13. August 1886, in: August und Julie Bebel, Briefe einer Ehe. Hrsg. von Ursula Herrmann, Bonn 1997, S. 355, 294, 247.
2 Helmut Hirsch, August Bebel. Mit Selbstzeugnissen und Bilddokumenten, Reinbek bei Hamburg 1988, S. 72.
3 Margrit Pernau, Transnationale Geschichte, Göttingen 2011, S. 87f.

tel des 19. Jahrhunderts etabliert; Wilhelm Liebknecht reflektierte in seinen Reiseschilderungen sehr wohl die begrenzte Fähigkeit des Beobachters, das Beobachtete richtig einzuordnen, ja überhaupt zu erfassen: „Ich mag irren – und in den vorstehenden Skizzen findet sich unzweifelhaft mancher Irrthum, allein was ich von meinen Eindrücken geschrieben, ist stets wahr. Ich habe deßhalb auch ruhig stehen gelassen, was ich später als unrichtig erkannt habe [...]".[4] Außerdem publizierten seine Reisebegleiter Eleanor Marx und Edward Aveling mit „The Working Class-Movement in America" durchaus die Schattenseiten der amerikanischen Gesellschaft und beschrieben die Organisationen der Arbeiterschaft in Gewerkschaften und Parteien.[5]

Dieser Beitrag fragt daher: Wie stellte Liebknecht die amerikanische Gesellschaft nach seiner Reise dar; welches Amerikabild entwarf er und warum genau in dieser Weise? In welcher Tradition standen diese Bilder und welche Funktion hatten sie? Welche Verknüpfungen bieten sich aus heutiger Leserperspektive? Welche Leserschaft hatte er im Blick? Finden in dieser Art der USA-Beschreibung, in dieser Aneignung einer konstruierten amerikanischen Gesellschaft überhaupt transnationale Transferleistungen statt oder handelt es sich um die Projektion eigener Erwartungen auf ein anderes Land?[6] Grundlage für diesen Beitrag bildet daher vor allem eine Analyse von Liebknechts „Blick in die Neue Welt" sowie von veröffentlichen Quellen wie Briefen und Rezensionen. In einem ersten Schritt wird die Reiseschilderung Liebknechts in den historischen Kontext eingebunden. Darauf folgt die Darstellung zentraler Referenzpunkte in Liebknechts Buch und ihre analytische Verortung sowie anschließend die Frage nach der Funktion des Reiseberichts.

2. Kontext der Reise

Als Wilhelm Liebknecht zu seiner Reise in die USA aufbrach, lag sein 60. Geburtstag gut ein halbes Jahr zurück. Er gehörte jener Generation in der deutschen Sozialdemokratie an, die die Revolution von 1848 nicht nur erlebt hatte, sondern persönlich daran beteiligt war. Freiheit, Menschen- und Bürgerrechte waren ihm zentrale Anliegen. Als Exilland vieler seiner Mitstreiter in der Revolution, den „Fortyeighters", sowie als Ort der von ihm in der Revolution und in der Zeit danach vertretenen Werte, stellten die USA für Liebknecht einen lebensweltlichen Bezugspunkt und einen Referenzrahmen dar, den er publizistisch mit Artikeln in der Osnabrücker Zeitung in den 1860er Jahren immer wieder neu vermessen hatte.[7]

---

4   Wilhelm Liebknecht, Ein Blick in die Neue Welt, Stuttgart 1887, S 278.
5   Edward Aveling/Eleanor Marx Aveling, The Working Class Movement in America, London 1887.
6   Viktor Otto, Deutsche Amerika-Bilder. Zu den Intellektuellen-Diskursen um die Moderne 1900-1950, München 2006, S. 9f.; Alexander Schmidt, Reisen in die Moderne. Der Amerika-Diskurs des deutschen Bürgertums vor dem Ersten Weltkrieg im europäischen Vergleich, Berlin 1997, S. 27f.
7   Dieter K. Buse, Social Crossings: German Leftists View "Amerika" and Reflect Themselves, 1870-1914, in: Thomas Adam/Nils H. Roemer (Hg.), Crossing the Atlantic. Travel and Travel

Allerdings waren die USA alles andere als ein Hort des Sozialismus und sozialistischer Parteien. Die 1876 gegründete „Socialist Labor Party" befand sich nach anfänglichen Wahlerfolgen, die ihr drei Mandate und einen Senatorposten im Repräsentantenhaus von Illinois sowie Abgeordnete in den Stadtverordnetenversammlungen von Chicago und St. Louis einbrachten, bereits Anfang der 1880er Jahre wieder im Niedergang. Flügelkämpfe zwischen Gemäßigten und Radikalen sowie das Aufkommen einer anarchistischen Strömung trugen zum Image- und Einflussverlust der Partei bei. Für die ‚angloamerikanischen' Sozialisten und ihre Organisationen waren im Wesentlichen Liebknechts Reisegefährten Edward Aveling und Eleanor Marx zuständig, während Liebknecht vor allem in Versammlungen auftrat, die die überwiegend aus Deutschland stammenden Vertreter der „Sozialistischen Arbeiterpartei von Nord-Amerika" organisierten. Eine Kooperation zwischen den beiden Bewegungen war schwierig; und auch die ‚deutschstämmige' sozialistische Partei erwies sich als schwach, hatte 1883 nur rund 1.200 Mitglieder und lag ständig in Clinch mit anarchistischen Gruppierungen rund um Johann Most.[8] Auf diese Situation bezog sich wohl Bebels anfangs zitierte kritische Einschätzung der Lage in den USA. Hinzu kam, dass mit den Streiks und Unruhen vom 1. bis 4. Mai 1886 sowie dem Bombenanschlag von Haymarket in Chicago die Situation vor Liebknechts Ankunft angespannt war und eine Anarchisten- und Sozialistenphobie im Land herrschte.

Zumindest die erste Hälfte seiner Reise scheint Liebknecht denn auch vor allem damit beschäftigt gewesen zu sein, sich von anarchistischer Gewalt zu distanzieren. Gleichzeitig setzte er sich für eine Begnadigung der zum Tode verurteilten Anarchisten ein und besuchte sie im Gefängnis. Entsprechend ambivalent fielen Liebknechts Äußerungen denn auch aus. Laut Abschlussbericht des (Berliner) Polizeipräsidiums über Liebknechts USA-Reise äußerte sich Liebknecht hinsichtlich der Gewaltfrage folgendermaßen: „'Die Sozialisten wollen die Macht nicht durch Gewalt, sondern durch den Stimmzettel gewinnen, durch friedliche Propaganda, wenn möglich, wenn aber Gewalt angewandt werden muß, wird jeder Proletarier zu den Waffen zu greifen bereit sein, und die Bourgeoise wird zu Boden geworfen werden'". Ansonsten aber habe sich Liebknecht – dem Bericht zufolge –„mit großer Geschicklichkeit" Vertrauen erworben und sich als „Friedensprediger" präsentiert. So sei das Band zwischen der deutschen und amerikanischen Sozialdemokratie enger geknüpft worden, „sodaß die Gelder reichlich fließen werden".[9] Auch der „Workmen's Advocate" sah in seiner

---

Writing in Modern Times, Arlington 2011, S. 81-130; Werner Kremp, In Deutschland liegt unser Amerika. Das sozialdemokratische Amerikabild von den Anfängen der SPD bis zur Weimarer Republik, Münster/Hamburg 1993, S. 444-500.

8   Victor G. Devinatz, Socialist Labor Party, in: Eric Arnesen (Hg.), Encyclopedia of U.S. Labor and Working-Class History, New York/London 2007, Bd. 3, S. 1279-1281. Siehe ausführlich zu Liebknechts Agitation unter den deutschen Sozialisten in den USA während seiner Reise: Wolfgang Schröder, "Wir hätten Dich so gern zurückgehalten – im neuen Lande brauchen wir die Alten …". Wilhelm Liebknechts Agitationsreise in die USA im Herbst 1886. Als Manuskript gedruckt, Taucha 2000 (das ursprüngliche Manuskript entstand 1986).

9   Zusammenfassender Bericht des Polizeipräsidiums über die Agitationsreise Wilhelm Liebknechts durch die USA, undatiert, in: Gerhard Becker, Die Agitationsreise Wilhelm Liebknechts durch die USA 1886, in: Zeitschrift für Geschichtswissenschaft 15 (1967), S. 842-862, hier S. 859f., 855.

Ausgabe vom 21. November 1886 Liebknechts Reise als „a series of success" an und selbst die „capitalistic press" habe eingeräumt, dass eine Chicagoer Veranstaltung von mindestens 3.500 Menschen besucht gewesen sei. Liebknecht selbst zog in der Abschlussveranstaltung ebenfalls eine positive Bilanz. Die numerische Stärke der Partei und die Allgemeingültigkeit des Sozialismus („catholicity of Socialism") in den USA hätten ihn beeindruckt und er habe den Eindruck, dass seine Rundreise das Wissen über den Sozialismus deutlich verbessert habe, sei er am Anfang doch ständig mit Anarchisten verwechselt worden. Verabschiedet wurde Liebknecht von seinen amerikanischen Genossen mit dem Wunsch, „to return, perhaps with August Bebel, for a second tour through the United States".[10]

Auf deutscher Seite gestalteten sich die Kontextfaktoren für Liebknechts Reise ebenfalls schwierig. Das Jahr 1886 fiel in eine Phase, in der das Sozialistengesetz verschärft angewendet wurde. Im Freiberger Prozess wurden im Sommer 1886 unter anderem August Bebel, Ignaz Auer, Louis Viereck und Georg von Vollmar wegen „Geheimbündelei" zu neun Monaten Gefängnis verurteilt. Während Liebknecht noch durch die Weiten Nordamerikas reiste, trat August Bebel am 15. November 1886 seine Haftstrafe in der Landesgefangenenanstalt Zwickau an. Die Rückkehr in diesen Unterdrückungsstaat schlug sich offensichtlich auf Liebknechts Gemüt nieder: „L[iebknecht] schrieb, daß er keine Lust mehr am politischen Leben habe. Amerika stecke ihm noch zu sehr in den Gliedern mit seiner Großartigkeit", meldete Julie Bebel am 9. Januar 1887 ihrem Mann im Gefängnis. Wie eine unmittelbare Reaktion auf diese Beschreibung liest sich August Bebels Brief vom 17. Januar: „Die Situation ist natürlich für uns hier keine angenehme. Wir sitzen hier wie an Händen und Füßen Gefesselte, denen man die Ohrfeigen rechts und links verabreicht, ohne daß sie sich wehren können".[11] Außerdem verlor in den Reichstagswahlen im Februar 1887 die Sozialdemokratie im Vergleich zu den Wahlen von 1884 dreizehn Mandate, darunter auch Wilhelm Liebknecht seinen 1884 in Offenbach eroberten Reichstagssitz – ein schwerer Rückschlag beim Versuch, die Macht mit den Stimmzetteln gewinnen zu wollen, wie sich Liebknecht in den USA ausgedrückt hatte. Wohl zu dieser Zeit muss die Anfrage des Verlegers Johann Heinrich Wilhelm Dietz gekommen sein, ein Buch über seine Reise zu veröffentlichen. Zu diesem Zeitpunkt, in dieser Lage mussten die Vereinigten Staaten nicht nur als Hort der Freiheit, sondern als paradiesischer Zufluchtsort erscheinen. In diesem Kontext bereitete Wilhelm Liebknecht die Publikation seines Reisebuchs „Ein Blick in die Neue Welt" vor, das noch im Jahr 1887 in dem sozialdemokratischen Verlag Dietz in Stuttgart erschien.[12]

---

10 Workmen's Advocate, No 8, 21.11.1886, Workmen's Advocate, No 10, 5.12.1886, in: Wilhelm A. Pelz, Wilhelm Liebknecht and German Social Democracy, Westport 1994, S. 400, 403f.
11 Julie an August Bebel, 9.1.1887, August an Julie Bebel, 17.1.1887, in: Bebel, Briefe, 1997, S. 312, 325.
12 In den Bestandsverzeichnissen des Bundesarchivs Berlin sowie des Internationalen Instituts für Sozialgeschichte Amsterdam konnte bisher nicht das Manuskript gefunden werden. Auch Liebknechts Briefe aus den USA, die den Hauptkorpus des Buches ausmachen, konnten so nicht eruiert werden. Ein Abgleich zwischen dem von Wolfgang Schröder aus verschiedenen amerikanischen und deutschen Arbeiterzeitungen erstellten Itinerar über Liebknechts Reise mit den im

3. Referenzpunkte und Bilder

Doch nicht nur der unmittelbare Kontext beeinflusste den Autor Wilhelm Liebknecht bei der Niederschrift seiner Reiseeindrücke. Seine Wahrnehmungen und Deutungsmuster des in den USA Gesehenen und Erlebten waren eingebettet in bestehende Referenzrahmen und -punkte. Diese wiederum wurden gespeist durch den Blick auf „das Andere", aber eben auch durch den Blick auf „das Eigene". Dazu zählten, erstens, Topoi von Größe, Weite, Wohlstand und Freiheit als positive Amerikabilder, zweitens, Unkultiviertheit, Rohheit und „himmelanstinkenden Krämerseelen" als Antiamerikanismen sowie, drittens, deutsche Repression, Untertanengeist und Großmannssucht als kritische Lesart der eigenen Gesellschaft. Referenzpunkte in diesem Sinn waren demnach Personen, Ideen und Ideologien, die dem Autor zur Verfügung standen und mit denen er sich bewusst (oder unbewusst) auseinandersetzte. Diese Referenzrahmen versucht dieser Abschnitt zu analysieren, geht aber dabei noch einen Schritt weiter und ordnet sie in Interpretationszusammenhänge ein, wie sie sich aus heutiger Perspektive erschließen. Rekonstruktion und Interpretation lassen sich so miteinander verknüpfen. Liebknecht konnte natürlich nicht die Schriften John Deweys oder Albert O. Hirschmans kennen; aber für den heutigen Leser entstehen und bestehen diese Sinnebenen – es entwickelt sich ein Resonanzboden, der Liebknechts ‚Amerika-Kosmos' zum Schwingen bringt. Außerdem bietet dieses Verfahren den Vorteil, dass aus der Überfülle an interpretierbaren einzelnen Bildern, Stereotypen und Topoi sich größere Sinneinheiten synthetisieren lassen. Dennoch können auch so längst nicht alle Aspekte von Liebknechts Reisebeschreibung „Ein Blick in die Neue Welt" vorgestellt werden.

John Dewey
Ein Reisebuch, das subjektive Beobachtungen zusammenfügt, hat – wie jedes Werk – den Autor selbst gewissermaßen als Basis-Referenzpunkt. Seine Interessen und Vorlieben bestimmen Reiseziele und Wahrnehmungen. Für den „Bildungspolitiker" Wilhelm Liebknecht war es daher nur konsequent, dass sich der Bildungs- und Erziehungsaspekt wie ein roter Faden durch die Reisenotizen zieht. Er besuchte Schulen, sprach mit Lehrern, war begeistert von den „aufgeweckte[n] Kindern" Amerikas im Vergleich zu den „schläfrige[n] Gesichtern" in Deutschland. Dass das „amerikanische Pferd" so treu seinen Dienst versieht, obwohl es nicht geschlagen werde, sei ein „*Triumph der Erziehungskunst*". In Deutschland dagegen gelte: „Je mehr Prügel, je mehr Halsstarrigkeit". Die „intellektuelle und moralische Superiorität des amerikanischen Pferdes" verdanke sich allein amerikanischer Pädagogik. Die unübersehbare Ironie entlarvte das eigene System. Entworfen wurde ein Gegenbild zum deutschen Schulsystem, das nach Liebknechts Ansicht nur Ausgrenzungen produzierte und Ungleichheiten reproduzierte. Der emanzipative Charakter des Volksschulwesens fand sich in den USA; hier erhielten die Kinder „die Anregung zu selbständigem Denken": die „*ameri-*

Buch genannten Daten und Orten, von wo aus Liebknecht seine Briefe schrieb, ergibt eine vollständige Übereinstimmung (Schröder, Agitationsreise, S. 53-56).

kanische Volksschule leistet mehr als die deutsche".[13] Liebknecht variierte das Motto seiner Rede von 1872 „Wissen ist Macht – Macht ist Wissen". Dort hatte er festgestellt: „*So wird die Schule zur Dressuranstalt statt zur Bildungsanstalt.* Statt Menschen zu erziehen, erzieht sie Rekruten [...]".[14] Angesichts solcher Zuspitzungen und Gegenüberstellungen spielten realgeschichtliche Entwicklungen keine Rolle. Dass die Lehrerausbildung nach dem Reformwillen von Horace Mann (1796-1859) an die preußische Lehrerausbildung angelehnt sein sollte, konnte in solchen kontrastierenden Schwarz-Weiß-Gemälden keine Rolle spielen. Stattdessen macht Liebknecht im Nachwort seines Reisebuchs eine geradezu aberwitzige Rechnung auf, in der er sich direkt auf seine Rede von 1872 bezog: Da in den USA das „Niveau der Durchschnittsbildung [...] weit höher" sei als in Deutschland „und da der Satz ‚Wissen ist Macht' trotz seiner Banalität doch wahr ist, so enthält die neue Welt mit der größeren Totalsumme des Wissens auch eine größere Totalsumme der Macht".[15] Wie weit Liebknechts beschriebenes amerikanisches Ideal noch von der Verwirklichung entfernt war, zeigte dreißig Jahre später John Dewey in seinem Werk „Democracy and Education":

> „Es genügt nicht, bloß zu verhindern, daß die Erziehung als ein Mittel zur Erleichterung der Ausbeutung einer Klasse durch eine andere gehandhabt wird. Es müssen so umfassende Erziehungseinrichtungen geschaffen werden, daß sie in Wirklichkeit, nicht nur dem Namen nach, die Ungleichheit der wirtschaftlichen Lage mildern und allen dem Volk anvertrauten Kindern die gleiche Ausrüstung für ihre zukünftige Laufbahn sichern. [...] So fern der heutigen Wirklichkeit dieses Ideal auch erscheinen mag: das demokratische Erziehungsideal ist ein lächerlicher, aber zugleich tragischer *Schein*, wenn und soweit es nicht unser öffentliches Schulwesen mehr und mehr beherrscht".[16]

Dewey, der Erziehung als Ausbildung demokratischen Verhaltens und demokratischer Erfahrung verstand sowie demokratische Methoden als Teil der Erziehung betrachtete, und Liebknecht, dem es in seinem „Blick in die Neue Welt" darum ging, die Erziehung zum selbstbestimmten, selbstbewussten Individuum den deutschen Lesern vor Augen zu führen, bewegten sich mit ihrem Verständnis von Bildung und Erziehung – zu unterschiedlichen Zeitpunkten – auf der gleichen Ebene, und beide kritisierten mit

---

13 Liebknecht, Blick, 1887, S. 65, 62, 109, 80, 78 (sämtliche in den folgenden Zitaten kursiv gesetzten Wörter und Sätze wurden im Original von Liebknecht hervorgehoben).

14 Wilhelm Liebknecht, Wissen ist Macht – Macht ist Wissen. Festrede gehalten zum Stiftungsfest des Dresdener Bildungs-Vereins am 5. Februar 1872. Neue Auflage, Berlin 1891, S. 25 (Hervorhebung im Original). Siehe auch Liebknechts Vorwort zur Auflage von 1888: „Was ich über das Schulwesen [...] gesagt, ist nach keiner Seite hin zu schwarz gefärbt oder übertrieben. Eher das Gegentheil." (ebd., S. 5).

15 Liebknecht, Blick, 1887, S. 281.

16 John Dewey, Demokratie und Erziehung. Eine Einleitung in die philosophische Pädagogik. Hrsg. v. Jürgen Oelkers. Übersetzt von Erich Hylla (1930), Weinheim 1993 (New York 1916), S. 134f. Zur Rezeption Deweys siehe jetzt auch Rosa Bruno-Jofré/Jürgen Schriewer (Hg.), The Global Reception of John Dewey's Thought. Multiple Refractions Through Time and Space, New York 2011.

ihren Betrachtungen bzw. Analysen das jeweils eigene Schul- und Bildungssystem, Liebknecht das Deutsche, Dewey das Amerikanische.

Alexis de Tocqueville
Alexis des Tocqueville war in der Generation der Gründungsväter der Sozialdemokratie und der Arbeiterbewegung kein Unbekannter. Moses Hess beispielsweise hatte Tocquevilles „De la démocratie en Amérique" über die Schrift von Gottfried Duden aus dem Jahr 1837 „Die nordamerikanische Demokratie und das v. Tocqueville'sche Werk darüber" rezipiert.[17] Ob Liebknecht selbst Tocquevilles Klassiker kannte, ließ sich nicht ermitteln. Liebknecht erkannte in seinem Reisebuch jene am Gemeinwohl und an Basisdemokratie orientierten Züge in der amerikanischen Gesellschaft, die auch der französische Politiker und Historiker Tocqueville in den 1830er Jahren ausführlich geschildert hatte. „Ich finde", notierte Liebknecht während der Rückfahrt in sein Tagebuch, „einen *Gemeinsinn*, von dem wir keinen Begriff haben, eine Begeisterung für *Recht, Freiheit, Fortschritt, Volkswohl*, wie ich sie auch nicht annähernd in den Ländern der alten Welt entdeckt habe. Betrachtet man doch die gemeinnützigen Riesenstiftungen der Vereinigten Staaten – keine Stadt, die nicht ein großartiges Denkmal edlen Bürgersinns hätte!" Auffällig ist, dass sämtliche Äußerungen Liebknechts im Zusammenhang mit dem amerikanischen Gemeinsinn und Gemeinwohl entweder erst im Tagebuch während der Rückfahrt oder sogar erst im Nachwort zu dem Buch formuliert wurden. Dort hielt er fest, dass „der *republikanische Gemeingeist* den Amerikanern so tief eingewurzelt (ist)", dass „*Pflicht, Gemeinsinn, republikanische Tugend, Gerechtigkeit, Freiheit, Gleichheit, Menschlichkeit*" die Grundpfeiler der amerikanischen Macht bilden und die „*Schule des öffentlichen Lebens*" die Amerikaner formt und erzieht. Hinzu kam die Autonomie der Gemeinden, die Liebknecht im Prinzip zwar gut hieß, die aber mit Blick auf das Schulsystem auch zu einer unerwünschten Beliebigkeit führen konnte: „Es ist dies einer jener Auswüchse der Freiheit, die gleich anderen beschnitten und ausgeschnitten werden müssen".[18]

Liebknechts Analyse deckt sich mit Tocquevilles Beobachtungen, der 1835 schrieb: „Im Schoße der Gemeinde herrscht wirkliches politisches Leben, rührig, ganz demokratisch und republikanisch". Auch die positiven Folgen, die Tocqueville aus dieser Selbstverwaltung ableitete, könnten so wortwörtlich bei Liebknecht stehen: „Es gibt in der Welt kein anderes Land, in dem sich die Menschen, kurz gesagt, so anstrengen, um es zu sozialem Wohlergehen zu bringen. Ich kenne kein Volk, das so zahlreiche und auch so erfolgreiche Schulen geschaffen hätte […]".[19] Liebknecht und Tocqueville präsentierten ihren Lesern einen Staat, in dem nicht von oben nach unten, sondern von unten nach oben gestaltet und regiert wird. Jene heute als bürgerschaftliches oder zivilgesellschaftliches Engagement bezeichneten Verhaltensweisen kamen aus Sicht der ausländischen Beobachter zum Tragen: „Freiheit für den Einzelnen, Ver-

---

17 Siehe Internationales Institut für Sozialgeschichte, Amsterdam, Bestandsverzeichnis „Moses Hess Papers", B 109 (www.iisg.nl/archives/en/files/h/ARCH00568full.php).
18 Liebknecht, Blick, 1887, S. 271, 284, 281f., 282.
19 Alexis de Tocqueville, Über die Demokratie in Amerika. Erster Teil von 1835. Aus dem Französischen neu übertragen von Hans Zbinden, Zürich 1987 (1959), S. 62, 133.

antwortung für die Gemeinschaft sowie politische und gesellschaftliche Partizipationsformen".[20] In den ‚eigentlichen', d. h. aus unmittelbarer Anschauung geschriebenen Briefen und Tagebuchnotizen taucht bei Liebknecht der zivilgesellschaftliche Aspekt nur einmal auf, als er die „amerikanischen Eisenbahnen" als „Schulen des Gemeinsinns und anständiger Umgangsformen" bezeichnet.[21] Zumindest liegt die Vermutung nahe, dass Liebknecht hier eine analytische Ebene nachträglich einfügte, die er bei seinen Reiseerlebnissen zwar nicht übersehen, aber nicht stark genug für seine Leserschaft betont hatte.

Im Zusammenhang mit dem von Liebknecht analysierten amerikanischen „Gemeinsinn" muss schließlich auch darauf hingewiesen werden, dass Liebknecht klar zwischen dem „Gemeingeist" und der „Geselligkeit" unterschied:

> „Die Ungeselligkeit liegt hier in der Natur, in den Verhältnissen. Die Deutschen [in den USA, JS] sind ebenso ungesellig wie die Amerikaner. Zum größten Theil liegt das in den Entfernungen. [...] Klubs, Kränzchen – nichts will verfangen – die *Entfernungen tödten [sic] die Geselligkeit*. Und dann fehlt's an *Lokalen* – was freilich eine Wirkung derselben Ursache ist. Der Amerikaner kneipt stehend – oder richtiger er schüttet sein Getränk stehend herunter. Möglichst viel Alkohol in möglichst kurzer Zeit – denn time is money [...]".[22]

Das Fehlen einer – an deutschen Maßstäben gemessenen – Geselligkeit, die ja auch einen wichtigen Faktor bei der Konstituierung der Arbeiterbewegung und der Sozialdemokratie in Deutschland darstellte[23], wurde so als unmittelbar empfundener Mangel registriert und niedergeschrieben. Wie dieses angebliche Fehlen von Geselligkeit mit dem emphatisch beschworenen Gemeinsinn in Beziehung steht, erörterte Liebknecht nicht. Denn – um auch diese Reisebeobachtungen in den Kontext gegenwärtiger Zivilgesellschaftsdebatten zu stellen – Robert Putnam hatte in einem viel beachteten Aufsatz und dem darauf aufbauenden Buch „Bowling Alone" genau darauf verwiesen, dass durch den Verlust gemeinsamer geselliger Aktivitäten auch das zivilgesellschaftliche Engagement erodierte.[24]

Charles Darwin, Herbert Spencer, Ernst Haeckel
Über den unüberhörbaren Rassismus in Edward Freemans Buch „Some Impressions of the United States" – eine von Liebknechts Bordlektüren auf der Rückfahrt – verliert

---

20 Jürgen Schmidt, Zivilgesellschaft. Bürgerschaftliches Engagement von der Antike bis zur Gegenwart. Texte und Kommentare, Reinbek bei Hamburg 2007, S. 168.
21 Liebknecht, Blick, 1887, S. 150.
22 Ebd., S. 188.
23 Thomas Welskopp, Das Banner der Brüderlichkeit. Die deutsche Sozialdemokratie vom Vormärz bis zum Sozialistengesetz, Bonn 2000, S. 281ff., 339ff.; Jürgen Schmidt, Bürger, Brüder und Genossen. Die deutsche Arbeiterbewegung zwischen Klassenbewegung und Bürgergesellschaft 1800-1875, voraussichtlich Bonn 2014.
24 Robert Putnam, Bowling Alone. America's Declining Social Capital, in: Journal of Democracy 6 (1995), S. 65-78; ders., Bowling Alone. The Collapse and Revival of American Community, New York 2000.

Liebknecht kein Wort.²⁵ Das war nicht weiter verwunderlich, da Charles Darwins Rassetheorien und Herbert Spencers „Surviving of the fittest" durch Ernst Haeckels Popularisierungen im deutschsprachigen Raum auch in die Sozialdemokratie Einzug gehalten hatten. Liebknecht hatte schon 1868 dafür plädiert, Ludwig Büchners „Vorlesungen über die Darwinsche Theorie" in jede Volksbibliothek aufzunehmen.²⁶ Darwins Thesen standen für die Loslösung von der biblischen Schöpfungsgeschichte, für Fortschritt und Moderne – Grundlagen für die naturwissenschaftlich-materialistische Weltanschauung der Sozialdemokratie. In Liebknechts „Blick in die Neue Welt" findet sich dieses Weltbild in nuce amalgamiert: „Das unbeschränkte laissez faire, laissez aller – das ‚freie Spiel' der Natur und der individuellen Kräfte. Was, und wer sich behaupten kann, steht – was und wer nicht, fällt, und kein Hahn kräht darnach [sic]." Der „Kampf ums Dasein", auf den Liebknecht im Reisebuch zweimal direkt hinwies, erscheint als Ergebnis des reinen Liberalismus. Zu beheben seien diese Auswüchse nur durch „planmäßige, geregelte Organisation". Und mit Blick auf die „*Neger*"– „oder wie sie genannt zu werden lieben", die „*Farbigen*" – schrieb Liebknecht:

> „An *Kinder* erinnern die Neger mich immer; und es wird heute wohl auch von dem eifrigsten Befürworter der menschlichen Gleichheit und Gleichberechtigung nicht mehr bestritten, daß eine Rasse, die es nur bis zu einer sehr niedrigen Kulturstufe gebracht hat und Generationen hindurch auf amerikanischem Boden in der entwürdigendsten [sic] Sklaverei gehalten wurde, nicht mit einem Ruck auf die Kulturhöhe der kaukasischen Rasse gehoben werden kann. Schlecht behandelt werden die Farbigen – außer in einigen Südstaaten – jetzt nirgends mehr; aber auch unter den Deutschen, den eifrigsten Negerfreunden, gelten sie als nicht ganz ebenbürtig; und ein Deutscher, der eine Negerin, oder eine Deutsche, die einen Neger heirathete, würden von den deutschen Landsleuten mit gar merkwürdigen Blicken betrachtet werden."

Die Höherschätzung der weißen Rasse, der koloniale Blick auf die „Neger" als Kinder sowie die richtige Beobachtung der klaren Rassensegregation finden hier in Liebknechts Reiseschilderung zusammen. In deutlichem Unterschied zu dem britischen Historiker Freeman, der sich 1881/82 in den USA aufgehalten hatte, sah Liebknecht allerdings in der Tat langfristig eine Lösung für die „*Negerfrage*". Zwar sei durch „die Abschaffung der Negersklaverei [...] die geschlechtliche [sic] Kluft zwischen den Negern und Weißen nicht ausgefüllt, sondern *erweitert*" worden und die weitere Entwick-

---

25 Edward A. Freeman, Some Impressions of the United States, London 1883: „But the negro difficulty must last, either till the way has been found out by which the Ethiopian may change his skin, or till either the white man or the black departs out of the land. [...] To the old question, Am I not a man and a brother? I venture to answer: No. The negro may be a man and a brother in some secondary sense; he is not a man and a brother on the same full sense in which every Western Aryan is a man and a brother. He cannot be assimilated; the laws of nature forbid it" (S. 141f., 144).

26 Sebastian Prüfer, Sozialismus statt Religion. Die deutsche Sozialdemokratie vor der religiösen Frage 1863-1890, Göttingen, 2002, S. 324-329; Werner Bartens, Von Darwin zum Rassenwahn, Süddeutsche Zeitung, 20. November 2009; Michael Schwartz, Sozialistische Eugenik. Eugenische Sozialtechnologien in Debatten und Politik der deutschen Sozialdemokratie 1890-1933, Bonn 1995.

lung bleibe offen; aber die Farbigen sprächen Englisch und „durch das mächtige Band dieser Weltsprache sind sie an die Zivilisation gefesselt".[27]

Henry David Thoreau
Rund vierzig Jahre vor Liebknechts Amerikareise hatte sich Henry David Thoreau für zwei Jahre und zwei Monate zurückgezogen aus dem „civilized life". Er hatte sich eine kleine Blockhütte gebaut, ein einfaches Leben geführt, viel gelesen, geschrieben und in die Tat umgesetzt, was er in seinem Werk „Walden" 1854 so formuliert hatte: "It would be some advantage to live a primitive and frontier life, though in the midst of an outward civilization, if only to learn what are the gross necessaries of life and what methods have been taken to obtain them." Thoreau hoffte mit diesem zeitweiligen Lebensabschnitt zu überwinden, was er in der Gesellschaft als vorherrschende Lebensweise wahrnahm: "The mass of men lead lives of quiet desperation." Thoreau gestand zu, dass die Zivilisation den Menschen wirkliche Fortschritte gebracht habe, hatte aber gleichzeitig die Schattenseiten dieses Prozesses im Blick.[28]

Von Thoreaus Zeitgenossen wurde diese Form der Zivilisationskritik kaum wahrgenommen, und Wilhelm Liebknecht dürfte das Werk kaum gekannt haben. Dennoch lassen sich über den Referenzpunkt Thoreau für den heutigen Leser die zivilisationskritischen Anmerkungen Liebknechts in einen breiteren Kontext einordnen. Denn auf der einen Seite stehen Liebknechts Äußerungen über die „bewundernswürdige Thatkraft" der Amerikaner bei der Nutzung der natürlichen Ressourcen. Daher habe Amerika auch „die Bestimmung, das *industriellste Land der Erde* zu werden, und das Großartige, welches es jetzt schon leistet, ist nur der *bescheidene Anfang* dessen, was es noch leisten wird. Der Fortschritt hat hier zu Land Siebenmeilenstiefeln [sic]". Doch Liebknecht nannte auch die Konsequenzen. Bei seiner Ankunft in Cincinnati notierte er beim Blick über den Ohio: „Zu sehen war freilich heute nicht viel – Alles in einen dichten Steinkohlenrauch gehüllt. Qualmende Schlote überall. Zwar gibt's ein Gesetz für Rauchverbrennung, […] allein die Besitzer der qualmenden Schlote kümmern sich nicht um das Gesetz". Über den Springfield River hielt er fest: „Manchmal soll er auch sehr wild sein – die Waldverwüster haben nemlich [sic] seine Bergwiege verdorben, und dafür rächt er sich manchmal durch zorniges Aufbäumen und arge Überschwemmungen"; und an den Niagara-Fällen beklagt Liebknecht, dass dort die „mächtigen Waldriesen" „einer nach dem anderen dem Beil und schmutziger Habsucht zum Opfer" fielen.[29] Diese Wahrnehmung der Umweltzerstörung gerade am Beispiel der Abholzung der Wälder entspringt zu einem gewissen Grad auch der romantischen Nähe der Deutschen zu ihrem Wald[30], hatte doch Liebknecht selbstbewusst formuliert:

---

27 Liebknecht, Blick, 1887, S. 53f., 181, 191f., 259f. (Hervorhebung im Original).
28 Henry David Thoreau, Walden. [Or Life in the Woods], Boston/New York 1906 (1854), S. 3, 12, 8, 34.
29 Liebknecht, Blick, 1887, S. 199, 196, 112, 160. Liebknechts Buch ist so auch eine Quelle für die Umweltgeschichte; siehe allgemein Norbert Finzsch (Hg.), Clios Natur. Vergleichende Aspekte der Umweltgeschichte, Berlin u.a. 2008; John Opie, Nature's Nation. An Environmental History of the United States, Fort Worth u.a. 1998.
30 Siehe mit weitere Literatur Ursula Breymayer/Bernd Ulrich (Hg.), Unter Bäumen. Die Deutschen und der Wald, Dresden 2011.

„Unsere deutschen Wälder sind im Herbst ebenso reizvoll wie die Wälder am Hudson" (ein Urteil, das er später allerdings revidieren sollte). Doch Liebknecht blieb beim Registrieren der sichtbaren Landschaftszerstörung nicht stehen, sondern fragte in einem Brief im Hinblick auf die Vertreibung der Indianer:

> „Wohin? Das weiß der allwissende Manitu, der die Schatten der verhungerten, erschossenen, todtgeschlagenen Rothhäute zu sammeln hat. Ach, es ist doch ein gar grausames Ding, unsere *Zivilisation*. Um diesen gewaltigen Kontinent sich zu erschließen, mußte sie die alten ‚legitimen' Bewohner des Urwaldes und der Prairie ausrotten, vom Boden wegtilgen: den Edelhirsch, den Elk, die Bären, die Büffel und – die Indianer. *Mußte?* Nun, ich will mir hier mit dem weltgeschichtlichen Wenn und Aber den Kopf nicht zerbrechen – *leider ist's so*."[31]

Diese fulminante Zivilisationskritik brachte das gesamte sozialistische Gedankengebäude von Fortschritt und einer besseren Zukunft ins Wanken. Vielleicht brach Liebknecht deshalb den Gedankengang abrupt ab. Die Wahrnehmung des amerikanischen Fortschritts mit seinen destruktiven Seiten verunsicherte das Selbst des Briefeschreibers.

Heinrich Heine, Nikolaus Lenau

Auf Heinrich Heine nahm Wilhelm Liebknecht in seinem Buch direkt Bezug.[32] Mindestens zweimal verwendete er den Begriff der „Freiheitsflegel", der auf Heines im Jahr 1851 veröffentlichtes Gedicht „Jetzt wohin?" zurückging. Heine bediente in diesem Gedicht typische antiamerikanische Stereotype des Volks ohne Kultur und Manieren („Wo die Menschen Tabak käuen / [...] Wo sie ohne Spucknapf speien.").[33] Bereits vor Heine, der Amerika nie besucht hatte, hatte Nikolaus Lenau über die „himmelanstinkenden Krämerseelen" („Tot für alles geistige Leben, mausetot") hergezogen. Aufgebrochen war Lenau in dem Glauben an die Freiheit in den USA, an die poetische Kraft ursprünglicher Natur („Vielleicht geht mir in der neuen Welt zugleich eine neue Welt der Poesie auf"). Doch die anfängliche Euphorie – „den Niagara will ich rauschen hören" – wich schnell der Ernüchterung. Lenau kam in dieser praktisch orientierten Welt nicht zurecht, kehrte bereits nach einem halben Jahr zurück nach Europa und verbreitete jene gängigen Klischees des kulturlosen, nur auf Gewinn spekulierenden Menschenschlags. Dass Lenau selbst sich Hoffnungen auf den einen oder anderen kapitalen Gewinn gemacht hatte, verschwieg er nach seiner Rückkehr. Denn aufgebrochen war er als Grundstücksspekulant, der Farmland in Ohio kaufen wollte: „In 3 – 4 Jahren hat sich dann der Werth meines Eigenthums wenigstens auf das 6fache gesteigert", schrieb in einem Brief vom Juli 1837. Dan Diner stellte nicht zu Unrecht Nikolaus Lenau mit an den Anfang des deutschen Antiamerikanismus, schoss aber

---

31 Liebknecht, Blick, 1887, S. 74, 104, 121 (Hervorhebung im Original).
32 Ebd., S. 68, 108.
33 Heinrich Heine, Romanzero (1851), in: Werke und Briefe in zehn Bänden, Berlin/Weimar 1972, Bd. 2, S. 104f. Meiner Meinung nach sollte eine ironische Komponente in Heines Gedicht berücksichtigt werden. Im Vergleich zur Rückkehr nach Deutschland nach der Revolution 1848/49, wo Heine Verfolgung und möglicherweise Verhaftung gedroht hätten, wären die „Gleichheitsflegel" im „großen Freiheitsstall" vielleicht doch eine Alternative gewesen. Die meisten Interpretationen sehen in dem Gedicht Heines Hoffnungslosigkeit und Ausweglosigkeit gespiegelt.

über das Ziel hinaus, wenn er dem Dichter Lenau jede „romantische, enttäuschungsfähige Amerika-Sehnsucht" absprach. Die Macht von Lenaus Niagara-Gedicht aus dem Jahr 1836 zeigte das poetische Potential, das er zumindest zeitweise aus seinem Amerika-Aufenthalt zog.[34] Wie eine späte Reminiszenz an diese Amerika-Episode Lenaus liest sich die Bemerkung Wilhelm Liebknechts: „Ist doch Amerika, ‚das Land der höchsten Prosa', zugleich auch das Land der höchsten Poesie".[35]

Auch an Bord hatte Liebknecht einiges über die Vorurteile gegenüber den USA gelesen: sie besäßen keinen Kunstsinn, kein Gemüt, keinen Idealismus, stattdessen finde man angeblich nur „grassesten Materialismus" und „niedersten Egoismus". Liebknecht wendete dagegen ein: „Kann der Tanz um das goldne Kalb des Materialismus und Egoismus, irgendwo toller sein als bei uns in der alten Welt."[36] Überhaupt setzte sich Liebknechts „Blick in die Neue Welt" eindeutig von diesen antiamerikanischen Vorurteilen ab. Karl Kautsky – überrascht von der Art der Darstellung und dem amerikafreundlichen Inhalt – meinte in seiner Rezension in der „Neuen Zeit": „Die weniger schönen Seiten der Republik hervorzuheben, war nicht so sehr nothwendig, denn daß diese bekannt werden, und meist in übertriebenem Maße, dafür sorgt unsere ‚gutgesinnte' Presse".[37] Offenkundiger Antisozialismus verband sich mit verstecktem Antiamerikanismus beispielsweise in der Rezension der konservativen Zeitung „Neueste Mittheilungen" über Liebknechts Reiseeindrücke. Von der Agitationsreise erfahre man gar nichts, stattdessen schreibe der „Verfasser in seiner gehobenen Stimmung über die Vortrefflichkeit und hohe Kulturstufe des Landes der ‚Freiheit'".[38] Der ironische Unterton und das in Anführungszeichen gesetzte Wort Freiheit belegen Kautskys (und Liebknechts) Wahrnehmung der Voreingenommenheit in Deutschland gegenüber der amerikanischen Republik. Eine wesentliche Ursache für diesen bürgerlichen amerikaskeptischen Blick lag darin begründet, dass in Teilen des Bildungsbürgertums ein Gefälle zwischen deutscher Kultur mit ihrer Tiefe und ihren Idealen einerseits sowie der westlichen Zivilisation mit ihrer Oberflächlichkeit und Materialismus im Kaiserreich konstruiert wurde.[39] Dagegen schrieb Liebknecht an, ja er kehrt die Dichotomie von Kultur und Zivilisation um, wenn er argumentierte, dass ihm erst im Vergleich mit den USA klar geworden sei, „wie fadenscheinig unsere altweltliche Kultur, wie gering die Zahl derer ist, für welche von der reichlich gedeckten Tafel unserer Civilisation etwas anderes abfällt als kärgliche Brosamen".[40]

---

34 Jürgen Schmidt, Dichter des Grams, Deutschlandfunk: „Büchermarkt", 22. August 2000; Dan Diner, Verkehrte Welten. Antiamerikanismus in Deutschland. Ein historischer Essay, Frankfurt am Main 1993, S. 40ff.
35 Liebknecht, Blick, 1887, S. 283.
36 Ebd., S. 270, 271.
37 K(arl Kautsky), Rezension zu Wilhelm Liebknecht, Ein Blick in die Neue Welt, in: Die Neue Zeit 5 (1887), Heft 12, S. 574f.
38 Die amerikanischen Eisenbahnzustände, beleuchtet von W. Liebknecht, in: Neueste Mittheilungen. VI. Jahrgang. No. 88, 13. September 1887.
39 Georg Bollenbeck, Bildung und Kultur. Glanz und Elend eines deutschen Deutungsmusters, Frankfurt am Main/Leipzig 1994.
40 Liebknecht, Blick, 1887, S. 284.

Albert O. Hirschman
"Exit, voice, and loyalty" lauteten die drei Handlungsoptionen, die Individuen nach Albert O. Hirschmans Analyse über das Verhalten in Firmen, Organisationen und Staaten offen standen. Liebknechts Buchveröffentlichung erschien während der dritten großen Auswanderungswelle aus Deutschland, die sich von 1880 bis 1893 erstreckte und in der rund 1,8 Millionen Deutsche die Heimat in Richtung USA verließen. Besonders im ersten Jahrfünft der 1880er Jahre waren Arbeiter besonders stark an der Überseeauswanderung beteiligt. Allein wegen der quantitativen Entwicklung der „Exit"-Option geriet in Deutschland das Auswanderungsthema zunehmend in die öffentliche Debatte und volkswirtschaftliche Vor- und Nachteile der Auswanderung wurden diskutiert.[41] Liebknechts Buch ist in diesem Kontext zu sehen, wenngleich Liebknecht sich nicht explizit mit diesen Fragen beschäftigte und sein Buch auch keinesfalls als Auswanderer-Ratgeber gelesen werden kann. Aber die Chancen und Möglichkeiten, die sich Liebknechts Schilderungen nach in den USA boten, mochten den Lesern die Entscheidung zur Auswanderung eher leichter als schwerer machen. Deutsche Zeitungen würden hinsichtlich der schlechten Lohn- und Arbeitsverhältnisse übertreiben, schrieb Liebknecht. Die Berichte stammten von amerikanischen Gewerkschaften, die Zuwanderung verhindern wollten. Eher abwägend, aber immer noch das Positive herausstreichend, urteilte Liebknecht dagegen über die Weberei in Manchester/New Hampshire, wo viele Sachsen eine neue Heimat gefunden hatten:

> „Sie leben besser als in der Heimath, die Lebenshaltung ist eine höhere, – wie überhaupt die amerikanische Lebenshaltung eine wesentlich höhere ist als die deutsche – allein die Löhne der Weber und Spinner sind doch recht niedrig – nicht einen Dollar täglich im Durchschnitt. Und ich bemerkte schon einmal, daß ein Dollar hierzulande nur die Kaufkraft von 2 Mark in Deutschland hat."

Insgesamt lautete sein Urteil: „Jedenfalls nehmen die deutschen Arbeiter in den Vereinigten Staaten eine hochgeachtete Stellung ein und verdienen sie".[42] Es blieb Liebknechts Parteigenossen Karl Kautsky vorbehalten, diese Lobeshymne auf die Möglichkeiten für die deutsche Arbeiterschaft in den USA in ein „exit-voice"-Paradigma zu stellen. In seiner Rezension in der „Neuen Zeit" schrieb Kautsky:

> „Aus dem hohen Ton des ganzes Buches geht hervor, daß es nicht etwa ein Wegweiser für Auswanderer sein soll, daß es vielmehr bestimmt ist, solche, die in Deutschland bleiben, das Bild derjenigen Seiten der großen amerikanischen Republik zu zeigen, in Bezug auf die uns ‚über' ist, und deren sind nicht wenige. [...] Nicht die Auswanderung aus Deutschland nach Amerika will er fördern, sondern die Importirung [sic] der besten Seiten Amerikas nach Deutschland".

---

41 Klaus J. Bade, Europa in Bewegung. Migration vom späten 18. Jahrhundert bis zur Gegenwart, München 2000, S. 154; Jochen Oltmer, Migration im 19. und 20. Jahrhundert, München 2010, S. 10, 13f., 66; Peter Marschalck, Bevölkerungsgeschichte Deutschlands im 19. und 20. Jahrhundert, Frankfurt am Main 1984, S. 47.

42 Liebknecht, Blick, 1887, S. 102, 118, 287. Siehe auch zur positiven Einschätzung der eingewanderten Deutschen bis in die 1890er Jahre Gerhard Th. Mollin, Amerikanische Spiegelungen – Das Deutschlandbild in den USA 1870-1918, in: Tel Aviver Jahrbuch für deutsche Geschichte 26 (1997), S. 75-120.

Nicht Auswanderung konnte Kautskys Meinung nach die Lösung sein; vielmehr musste es darum gehen, im eigenen Land zur Verwirklichung amerikanischer Prinzipien – wie die der Republik und der Freiheit – beizutragen sowie die Aneignung eines „Selbstbewußtsein[s] der Bevölkerung, die von polizeilicher Bevormundung nichts weiß", voranzubringen.[43] Die Arbeiterschaft sollte ihre Stimme erheben statt auszuwandern. Liebknechts Buch machte in der Tat eine solche Interpretation plausibel. Doch auf der anderen Seite mochte die Anknüpfung an den Paradies-Topos der „neuen Welt" – deutsche Farmer hätten „aus einer fruchtbaren Wüstenei ein kleines Paradies und eine Quelle des Reichthums geschaffen. Und welcher Überfluß!", beschrieb Liebknecht die Gegend um Rockville/Massachusetts[44] – den Reiz und die Attraktivität der USA eher zu erhöhen statt die Auswandererlust einzudämmen.

„Exit" und „voice" hatten schließlich auch eine autobiographische Komponente. Auf seiner Fahrt zum Mississippi erinnerte sich Liebknecht, „daß ich vor 40 Jahren schon das Billet in der Tasche hatte, welches mich in die Neue Welt, hierher nach Wisconsin bringen sollte!"[45] 1847 war Liebknecht kurz davor gewesen, in die USA auszuwandern, im Zug nach Mainz allerdings von einem Schweizer Mitreisenden davon abgebracht worden. Überzeugt wurde Liebknecht durch das „voice"-Argument seines Mitreisenden: „'Ah! Also Sie sind europamüde? Die Zustände in Deutschland sind Ihnen zu Ekel, aber warum denn auswandern? Da sollten Sie erst recht im Land bleiben, wenigstens in Europa'." Angesichts der revolutionären Gärung müsse man vor Ort bleiben: „'Nun hatte ich wieder ein Ziel. Nun hatte ich wieder Boden unter den Füßen'", begründete Liebknecht seinen spontanen Entschluss, die Auswanderungspläne aufzugeben und sich für Veränderungen in seiner Heimat einzusetzen, Widerstand zu üben anstatt sich den Konflikten zu entziehen.[46]

Getrud und Natalie Liebknecht
Gastfreundschaft, Höflichkeit, gesittete Umgangsformen, eine bodenständige Kultiviertheit – all diese positiven Eigenschaften wurden von Wilhelm Liebknecht auch herausgehoben, weil ein zentraler Referenzpunkt seiner Reisebeobachtungen seine Frau und seine Tochter, Natalie und Gertrud, waren. Auch wenn sich die Adressaten der Briefe nicht zweifelsfrei ausmachen lassen, dürfte der größte Teil der Briefe an seine Frau gegangen sein. Im Brief vom 11. Oktober 1886, in dem er die paradiesischen Zustände auf dem Land in Massachusetts vorstellte, schrieb Liebknecht jedenfalls: „Ich wollte nur, unsere Jungen wären dagewesen".[47] Amerika als das Fremde, das „Drüben", von dem Bebel in seinem Brief geschrieben hatte, sollte seine beängstigende Seite genommen werden. Denn Liebknechts Reise diente nicht nur dem Parteiauftrag, sondern sollte gleichzeitig die Lage sondieren, um die (zeitweilige) Auswanderung der ältesten Tochter aus erster Ehe, Gertrud, in die USA vorzubereiten. Auch

---

43 Kautsky, Rezension, 1887, S. 574, 575.
44 Liebknecht, Blick, 1887, S. 113. Zur Tradition der neuen Welt als Paradies siehe auch Schmidt, Reisen, 1997, S. 89 mit weiterer Literatur.
45 Liebknecht, Blick, 1887, S. 180.
46 Zit. n. Kremp, Deutschland, 1993, S. 495f.
47 Liebknecht, Blick, 1887, S. 113.

von daher galt es, die Ehefrau zu beruhigen. Diese hatte nämlich am 29. September 1886 an Friedrich Engels geschrieben: Getrud „reist übermorgen von hier u. Samstag mit dem Schnelldampfer ‚Ems' von Bremerhafen [sic] ab. Ich war durch die Vorbereitung für die Reise sehr in Anspruch genommen, überhaupt regt mich dieselbe [Abreise der Stieftochter] sehr auf".[48] August Bebel stand diesem Unternehmen – wie bereits am Anfang dieses Aufsatzes sichtbar wurde – äußerst skeptisch gegenüber. Nachdem Gertrud ihrem Vater nachgereist war, gestaltete sich das Einleben in die amerikanische Gesellschaft anscheinend schwierig. Bereits im Februar 1887 hatte sie eine Stelle als Erzieherin in Philadelphia wieder aufgegeben: „Es war ein törichter Streich, daß sie überhaupt hinübergelotst wurde", schrieb Bebel aus dem Gefängnis an seine Frau. Das Ehepaar Bebel nahm regen Anteil am Schicksal der ausgewanderten Tochter Liebknechts. Julie Bebel teilte ihrem Mann ebenfalls noch im Februar 1887 mit: „Herr L[iebknecht] sagte, wenn sie keine Stellung erhielt, müßte er sie wieder herüberkommen lassen. Ich danke, das viele Geld. Ich hoffe immer noch, daß sich ein Mann findet, das ist für sie die beste Lösung." August Bebel antwortete prompt:

> „Wenn Du Gelegenheit hast, so rate L[ie]b[knecht], daß er G[ertrud] kommen läßt, das arme Ding dauert mich. Nachdem die erste Stelle verunglückte, wird sie kaum in eine zweite treten. Und ein Mann wird sich trotz ihrer Reize in Am[erika] schwer finden, weil der Amerikaner durch und durch praktisch ist. Sie kann nur einen Mann brauchen, der Geld genug hat, sie die große Dame spielen zu lassen, und diese sind nicht so dick gesät. Ich möchte nur wissen, wer L[iebknecht] den unglücklichen Gedanken eingab, sie hinüberzunehmen".[49]

Gertrud kehrte allerdings keineswegs sofort nach Deutschland zurück, arbeitete als Erzieherin in New York und blieb bis 1894 in den USA. Doch auch der weitere Aufenthalt scheint keineswegs zufriedenstellend verlaufen zu sein. Nach Gertruds Rückkehr teilte Friedrich Engels in einem Brief an Laura Lafargue mit: „We have Gertrud Liebknecht here, back from America, but hardly much improved there".[50]

Dieser Kontext ist von Bedeutung, da Liebknecht in seinem Amerika-Buch das Bild einer Frau entwarf, das im scharfen Kontrast zur Charakterisierung seiner Tochter durch die Bebels stand: „Mrs. C oder. G. ???– ist nicht bloß selbständige Aerztin, sondern wohnt auch mit ihrer Familie im Hotel […], sie ist trotzdem eine ausgezeichnete Hausfrau und obendrein eine Dame von bezaubernder Liebenswürdigkeit und feinsten Manieren. Eine lady comme il faut – eine ächt *amerikanische* Frau". Hier schilderte Liebknecht eine emanzipierte, berufstätige Frau, die in der Gesellschaft, im Beruf und in der Familie ihren Platz hatte. Während Gertrud Liebknecht von den Bebels in die geschlechterspezifische Rolle des „Heimchens am Herd" verbannt wurde, weil sie anders anscheinend gar nicht fähig schien, das Leben zu bewältigen, entwarf Liebknecht

---

48 Natalie Liebknecht an Friedrich Engels, 29. September 1886, in: Wilhelm Liebknecht, Briefwechsel mit Karl Marx und Friedrich Engels. Hrsg. von Georg Eckert, The Hague 1963, S. 298.

49 August Bebel an Julie Bebel, 10. Februar 1887, Julie Bebel an August Bebel, 14. Februar 1887, August Bebel an Julie Bebel, 17. Februar 1887, in: Bebel, Briefe, 1997, S. 355, 360, 366. Auf das Amerika-Bild Bebels kann hier genauso wenig eingegangen werden, wie auf das doch sehr traditionelle Frauenbild von August und Julie Bebel.

50 Friedrich Engels an Laura Lafarge, 11.4. 1894, in: Karl Marx/Friedrich Engels, Collected Works, New York 2004, vol. 50, S. 292.

das Bild der modernen Frau, für deren Emanzipation und (politische) Gleichberechtigung er sich während seiner Agitationsreise in den USA eingesetzt hatte.[51] Ob Liebknecht so in seinen Reisenotizen in der Beschreibung der „amerikanischen Frau" den Stereotypen der selbstbewussten, selbständigen und gebildeten Frau folgte oder in diese Figur das Idealbild seiner Tochter projizierte, muss letztlich offen bleiben; zumindest aber konnten die positiven Schilderungen Amerikas der Tochter die Ängste nehmen und die vielfältigen Entwicklungsmöglichkeiten aufzeigen.[52]

Moderne
Die Entwicklungsmöglichkeiten erschienen in Liebknechts Buch in der Tat grenzenlos. Nicht nur die paradiesische neue Welt tauchte auf, sondern das moderne, faszinierende Amerika. Zwei Entwicklungen beeindruckten dabei Wilhelm Liebknecht am meisten: die New Yorker Hochbahn und die Rationalisierung und Maschinisierung der Produktion. Allein „durch ihre Konstruktion und ihren Betrieb" werfe die Hochbahn, „Elevated Railways", „all unsere europäischen Begriffe über den Haufen". Sie „bilden eine zweite Straße über der unteren eigentlichen Straße; und die Kühnheit ist geradezu verblüffend, mit der sie auf einfachen Eisenbahnpfeilern in die Luft gebaut sind." Der Verkehr „ist ein so kolossaler, daß keine gewöhnliche Erdstraße ihm genügen könnte. Man denke sich: in der Geschäftszeit alle halbe Minute einen Eisenbahnzug, außerhalb derselben alle 2 oder 3 Minuten einen […]" „Freilich schön sind die Luftbahnen nicht; […] die unteren Stockwerke der Häuser werden recht unliebsam verdunkelt", fasste Liebknecht die Kritikpunkte zusammen. Doch das Positive überwog: „Und sie macht ja auch den Schaden zum Theil wieder gut, in dem sie den Verkehr fördert und dem Geschäfte Kunden zuführt". Die Londoner U-Bahn sei „für den Verkehr lange nicht so bequem, ihrem Zweck lange nicht so entsprechend" „wie die Newyorker [sic] Luftbahnen".[53] Das in der Beschreibung amerikanischer Großstädte vorherrschende Wechselspiel zwischen Faszination und Schrecken fehlte in Liebknechts Schilderungen. Andererseits erwähnte Liebknecht mit keinem Wort, dass auch Berlin schon seit 1882 über eine Hochbahn verfügte.[54] Das deutsche Kaiserreich erschien wie ein rückständiges Land im Vergleich zu den USA.

---

51 Liebknecht, Blick, 1887, S. 217, 215. „Die ‚Gleichheit' ist in Amerika doch kein bloßer Name, kein leerer Schall. Sie ist ein lebendiges Prinzip, und der höchste Triumph dieses Prinzips ist die soziale Gleichberechtigung der Frau." Außerdem teilte Liebknecht in einem Brief mit, sei er auf einer Versammlung „unter jubelndem Beifall" für die politische Gleichberechtigung der Frau eingetreten (ebd., S. 214f.).

52 Gertrud Liebknecht (1863-1936) übersetzte später „Die Arbeiterclassen-Bewegung in England" von Eleanor Marx Aveling. Gertrud Liebknecht heiratete nach ihrer Rückkehr den sozialdemokratischen Redakteur Wilhelm Swienty, der bereits 1902 starb (Bebel, Briefe, 1997, S. 92, Anm. 1); siehe zur „amerikanischen Frau" auch Schmidt, Reisen, 1997, S. 191-196: Liebknechts Beobachtungen entsprachen weitgehend denen bürgerlicher Reisender.

53 Liebknecht, Blick, 1887, S. 48, 66f.

54 Elfi Bendikat, Öffentliche Nahverkehrspolitik in Berlin und Paris 1890-1914. Strukturbedingungen, politische Konzeptionen und Realisierungsprobleme, Berlin/New York 1999; siehe zur Beschreibung der amerikanischen Großstadt Schmidt, Reisen, 1997, S. 243-250.

Das galt auch für die Industrie. „Denn der Amerikaner ist überall darauf bedacht, Arbeit zu ersparen, weil die Arbeit hier theuer ist. Ich meine: *Menschenarbeit* zu ersparen. Er beseitigt jede überflüssige Arbeit, vereinfacht die nothwendige Arbeit, und führt, wo es nur immer geht, *Maschinenarbeit* und mechanische Vorrichtungen ein", notierte Liebknecht in einem Brief kurz nach der Ankunft in New York. Die Konsequenz werde man bald zu spüren bekommen:

> „Die Schuhmacherei oder richtiger die *Schuh- und Stiefelfabrikation* wird in den Vereinigten Staaten im Großen betrieben – mit ausgedehntester Anwendung von Maschinerie – und trotz der hohen Arbeitslöhne ist es den amerikanischen Schuhfabrikanten gelungen, England mit ihren Waaren zu überschwemmen. Und sie werden uns wohl auch bald in Deutschland auf den Pelz rücken – wenn es nicht schon geschehen. Von dem Aufschwung der amerikanischen Industrie macht man sich überhaupt keinen Begriff, wenn man nicht mit eigenen Augen sieht. Kolossale Kapitalien, kolossaler Unternehmungsgeist, und dabei der feste Entschluß: *die alte Welt aus dem Feld zu schlagen* [...]",

beschrieb Liebknecht die Bostoner Schuhindustrie.[55] Dass amerikanische Fertigungsmethoden gerade in der Schuhindustrie auch in Deutschland Einzug hielten, dass das Kaiserreich ein industrielles Schwergewicht auf dem europäischen Kontinent darstellte und sich zu einem wirtschaftlichen ‚global player' entwickelte, taucht in Liebknechts Argumentation nicht auf.[56] Amerikanische Moderne und deutsche Rückständigkeit stießen so hart aufeinander. Was aus Sicht bürgerlicher Beobachter und aus Sicht der Amerikakritiker als eine faszinierende Bedrohung der eigenen traditionellen Lebensformen wahrgenommen wurde, stellte sich für Liebknecht als Herausforderung dar. Nur wenn das aus Liebknechts Perspektive politisch, wirtschaftlich und gesellschaftlich rückständige Deutschland sich grundsätzlich wandeln würde, dann hatte es eine Chance, gegen den modernen Geist Amerikas zu bestehen. Liebknecht hatte sich der fortschrittsgläubigen Moderne verschrieben, von einer Großstadtkritik eines Georg Simmel, der die Anpassung des Individuums in den massenkonformen Abläufen großstädtischen Lebens kritisierte, war bei Liebknechts nichts zu spüren.[57] Beschleunigung, Tempo, andauernder Wandel – sozialistische Fortschrittseuphorie und pragmatisches amerikanisches Fortschrittsparadigma[58] schienen sich in Wilhelm Liebknechts Amerika-Bild zu vereinigen.

---

55 Liebknecht, Blick, 1887, S. 67f., 133 (Hervorhebungen im Original).
56 Jürgen Schmidt, Begrenzte Spielräume. Eine Beziehungsgeschichte von Arbeiterschaft und Bürgertum am Beispiel Erfurts 1870 bis 1914, Göttingen 2005, S. 89f.; Cornelius Torp, Die Herausforderung der Globalisierung. Wirtschaft und Politik in Deutschland 1860-1914, Göttingen 2005, S. 51ff.
57 Georg Simmel, Die Großstädte und das Geistesleben, in: Jahrbuch der Gehe-Stiftung Dresden 9 (1903), S. 185-206 (online-Ausgabe: http://socio.ch/sim/sta03.htm); Dietmar Jazbinsek, Die Großstädte und das Geistesleben von Georg Simmel. Zur Geschichte einer Antipathie, Schriftenreihe der Forschungsgruppe „Metropolenforschung" am Wissenschaftszentrum Berlin für Sozialforschung, Berlin 2001, S. 4 und passim.
58 Siehe Schmidt, Reisen, 1997, S. 183.

Klassenlose Gesellschaft, Sozialismus

Liebknechts Buch über seine Amerika-Reise erscheint auf den ersten Blick als ein Text, der sich dem zentralen Referenzpunkt der Arbeiterbewegung verweigert: dem Sozialismus. Unter der Voraussetzung, dass es sich tatsächlich um vor Ort verfasste Briefe und Tagebuch-Notizen handelt, gibt es für das Fehlen der sozialistischen Komponente eine Erklärung aus der Erzählperspektive. Dem äußeren Ablauf nach glichen die sozialistischen Veranstaltungen in Amerika den Zusammenkünften wie sie auch in Deutschland bzw. wegen des Sozialistengesetzes im Ausland stattfanden: Gesangsdarbietungen, Reden, Diskussionen und rote Flaggen.[59] In den veröffentlichten Briefen an die Ehefrau und in den eigenen Tagebuchnotizen die Rituale sozialistischer Veranstaltungen mit ihren Ähnlichkeiten mitzuteilen, konnte weder den Schreiber noch die Leser besonders locken.[60] Reisebücher leben davon, das Fremde, das Außergewöhnliche, das Unbekannte, das Andere zu präsentieren und mitzuteilen. Daher blieb wohl das aus der Heimat Vertraute der Versammlungen und Ansprachen in den Reisenotizen ausgeklammert.

Als feuilletonistische Splitter tauchen sozialistische Zukunftsutopien in Liebknechts Buch dennoch auf. Drei Aspekte fallen ins Auge. Zunächst ist da das Schulsystem, das von Liebknecht in den höchsten Tönen gelobt wurde. Es ist aber nicht nur die Art der Wissensvermittlung und der Chancengleichheit (in Liebknechts Perspektive als Kontrast zum existierenden deutschen und als Perspektive für das künftige sozialistische Bildungswesen), sondern es ist auch die Idee der Lehrmittelfreiheit als Ausdruck eines Vergesellschaftungsprozesses und des Gemeineigentums. Denn obwohl die Kinder an der deutschen Schule in New York die Lehrmittel umsonst erhielten, sei „alles in vorzüglichster Qualität" und die Schüler achteten auf ihre Schulmaterialien: man finde „keine eselohrige[n] Schreibhefte, Schulbücher mit abgerissenem Einband". Es sei „überflüssig zu bemerken", dass die „Schulbücher gutes starkes Papier und einen festen Einband haben". So sollte der zukünftige Sozialismus aussehen: stark und fest, und die künftige sozialistische Gesellschaft würde das Gemeineigentum achten und wahren.[61]

Sozialistische Anklänge finden sich, zweitens, auch in Liebknechts Beschreibung „amerikanischer Hotels":

> „Je mehr ich mit den amerikanischen Hotels bekannt werde, desto besser gefallen sie mir. Mit Ausnahme der Privatzimmer, in denen die übrigen Gäste wohnen, gehört das ganze Haus uns für die Dauer unseres Aufenthalts ebenso als ob es unser eigenes Haus wäre – und zwar ein vortrefflich eingerichtetes, mit allem erdenklichen Comfort ausgestattetes Haus, Lesezimmer,

---

59 Workmen's Advocate, No. 10, 5. Dezember 1886, in: Pelz, Liebknecht, 1994, S. 403; Schröder, Agitationsreise, S. 18ff.

60 Dagegen zeugen nicht im „Blick in die Neue Welt" abgedruckte Briefe, beispielsweise an Ignaz Bahlmann, sehr wohl von Liebknechts Agitations- und Versammlungsanstrengungen „‚Ich habe mein Doppelziel erreicht: Die Partei unter den Deutschen zu festigen und unsere Grundsätze unter die Engländer (Anglo-Amerikaner) zu tragen. Am meisten von allen freut mich der Chicagoer Erfolg. Dort hielt ich aber auch die beste Rede, die ich je gehalten'" (W. Liebknecht an I. Bahlmann, 10. November 1886, zit. n. Schröder, Agitationsreise, S. 40).

61 Liebknecht, Blick, 1887, S. 92.

Schreibzimmer, Musiksalon, Empfangszimmer, Rauchzimmer, Badestuben, und natürlich der Speisesaal – Alles gehört uns, ohne daß wir ein Wort zu sagen brauchen".

Auch hier herrschte wieder eine Form von Gemeingeist und von vergemeinschaftetem Besitz. Kein Wunder, dass Liebknecht sich „in ihnen wirklich wie zu Haus" fühlte, sich „von Tag zu Tag mehr" für sie begeisterte. In den amerikanischen Hotels empfinde man „nicht die Unannehmlichkeit des häufigen Aufenthaltswechsels", in ihnen sei man „mehr zu Hause und mehr sein eigner Herr". Dass „das gesammte Dienstpersonal mit dem Hausherrn im Speisesaal (ißt), nachdem die Gäste sämmtlich bedient sind", mag als weiteres Indiz für eine sozialistische, auf die Gleichheit Aller gerichteten Gesellschaft dienen. – Doch, und dies muss konstatiert werden, trug Liebknechts Bild des sozialistischen Zukunftsstaates bereits die Pervertierungen des Staatssozialismus in sich. Wer nämlich in „amerikanischen Hotels reinen Stils" speisen wollte, musste sich an genau fest gesetzte Essenszeiten halten. Wer außerhalb dieser Zeiten etwas zu sich nehmen wollte „muß schwere Strafpreise bezahlen". Liebknecht notierte kritisch die Konsequenzen dieser von oben diktierten Planung: „[...] dies hat mitunter etwas Lästiges – beschränkt die Freiheit". Und die sozialistische Mangelwirtschaft, der es durch ihre Gemeingüter doch an nichts mangeln sollte, kam in Liebknechts Beschreibung der amerikanischen Hotels ebenfalls bereits zum Ausdruck: „Alles im feinsten Stile und großartigem Maßstabe. Marmorboden und Marmortreppen – fingerdicke Teppiche, dabei aber die Wohnungen, wenigstens für einzelne Herren, bei allem Komfort von spartanischer Einfachheit, so daß ich manchmal an eine Gefängniszelle erinnert ward".[62] Diese sozialismuskritischen Perspektiven erschließen sich erst aus der Rückschau von heute. Dennoch hatte das amerikanische Hotel, wie es von Liebknecht beschrieben und empfunden wurde, sozialistische Charaktereigenschaften in sich, die den Lesern in einer Metapher näher gebracht wurden: das gemeinschaftlich genutzte Eigentum erfüllte die Bedürfnisse seiner Bewohner, garantierte Bildung (Lesezimmer), Freizeit (Musiksalon), Hygiene (Bad) und Arbeit (Schreibzimmer).

Garantierten amerikanische Hotels eine umfassende gemeingesellschaftliche Bedürfnisbefriedigung bei individuellen Konsumverzicht und Einbußen der individuellen Freiheit, versprachen, drittens, die amerikanischen Eisenbahnen umfassende Gleichheit. Wieder und wieder nutzte Liebknecht das Beispiel der Eisenbahn, um auf die Überwindung der Klassengegensätze in der amerikanischen Gesellschaft hinzuweisen. Die in der Überschrift dieses Beitrags zitierte Charakterisierung der USA – „Die Republik mit dem Sternenbanner hat keine Bürger zweiter Klasse" – entstammt dem Eisenbahnkontext und wird wenig später noch einmal dezidiert wiederholt: „Doch – es gibt keine niederen Klassen in Amerika. Das ist keine Phrase. Und ich glaube nicht, daß ich ein höheres Lob aussprechen kann".[63] Außerdem seien die „amerikanischen Eisenbahnen Schulen des Gemeinsinns und anständiger Umgangsformen", während in deutschen Eisenbahnen „die niedersten Instinkte der Selbstsucht" vorherrschten. Jeder wolle in Deutschland in seinem Coupé „der einzige Passagier sein – den Max Stirner'schen Ideal- und Superlativ-Egoismus, den ,der Einzige und sein Eigenthum' ver-

---

62 Ebd., S. 99f., 114f., 131.
63 Über die luxuriös ausgestatteten Pullman-Wagen, die seit Mitte der 1860er Jahre durchs Land fuhren, weiß Liebknecht nichts mitzuteilen.

wirklicht, in die Praxis umsetzen". Auch sei das amerikanische Eisenbahnwesen sehr gut organisiert: „Und nun diese Einfachheit aller Einrichtungen! Die wunderbare Leichtigkeit des Gepäcktransports! Die Bequemlichkeit während der Fahrt [...]". Allerdings gebe es einen grundlegenden strukturellen Mangel. Die Bahnen hätten „überhaupt keine gemeinsame Verwaltung", seien alle in Privateigentum, nicht einmal über ein gemeinsames Kursbuch verfüge man. Kurz: „Es herrscht eben die reinste Anarchie." „Die Verstaatlichung der Eisenbahnen" werde daher „sicherlich nicht mehr lang auf sich warten lassen".[64] Möglicherweise spielte Liebknecht auf die „Interstate Commerce Commission" an, die 1887 als Regulierungsbehörde ins Leben gerufen wurde.

Diese feuilletonistischen Charakterisierungen der Lehrmittelfreiheit, der Hotels und der Eisenbahn in Amerika enthalten Referenzpunkte, auf die der Autor Liebknecht metaphorisch zugreifen konnte, um spielerisch sozialistische Modelle und ihre Chancen und Schwächen der Leserschaft vorzustellen. Dezidiert und unmittelbar sozialistisch urteilte Liebknecht in seinem „Blick in die Neue Welt" letztlich nur ein einziges Mal, als er Zeuge des „Krebsschaden[s]" der Frauen- und Kinderarbeit in Manchester/Massachusetts wurde:

„Ich will hier nicht näher in die Sache eingehen: das aber muß ich sagen: als diese Armee von Frauen und Mädchen und Kindern an mir vorüberzog, und ich auf dem Antlitz der Frauen und Mädchen den Stempel der Sorge und erschlaffender Arbeit erblickte und auf dem Antlitz der Kinder schon den traurigen Ernst des Kampfs um das Dasein – da steckte ich meine Bewunderung Amerikas um einige Pflöcke zurück, und das Sternenbanner, welches mir gegenüber im Herbstwind flatterte, erschien mir nicht mehr so sauber wie vorher."

Überhaupt werde die „theurere Männerarbeit durch die billigere Frauen- und Kinderarbeit" ersetzt; und Liebknecht selbst ‚dekonstruierte' sein so oft gepriesenes Ideal der klassenlosen Republik: „Und die Fabrik-Kinder, mit welchem Neid schauten sie den Kindern der Reichen nach, die gerade jauchzend und scherzend aus der Schule kamen, und nun zum Essen eilten, um dann Baseball – das amerikanische Ballspiel, dem Cricket ähnlich – zu spielen [...]".[65] Präzise und lebensweltlich verortet beschrieb Liebknecht die ungleiche Verteilung sozialen Kapitals und die ökonomische Ungleichheit in der amerikanischen Gesellschaft.

4. Funktionen

Die Frage nach der Funktion von Liebknechts Amerika-Buch ist untrennbar mit der Frage verbunden, welche Leserschaft Liebknecht bei der Veröffentlichung im Blick hatte. Denn grundsätzlich gilt für Reiseliteratur: „Was der Reisende sah und fühlte, ist im veröffentlichten Reisebericht bereits mehrfach mediatisiert worden". Publikumser-

---

64 Ebd., S. 75, 94, 150, 120, 185f., 187. In einer Rezension der konservativen „Neuesten Mittheilungen" wird allein Liebknechts Beschreibung des amerikanischen Eisenbahnsystems einer ausführlicheren Kritik unterzogen (Nr. 88, 13. September 1887).
65 Liebknecht, Blick, 1887, S. 124f.

wartungen, Regeln, um Authentizität zu erzeugen, Regeln des Sagbaren sowie das Vorwissen der Leser mussten berücksichtigt werden.[66] Wen wollte also Liebknecht erreichen, dass er die einzige ‚sozialistische, klassenkämpferische Passage' in seinem Reisebuch mit dem Satz einleitete: „Ich will hier nicht näher in die Sache eingehen"? Liebknechts Buch erschien im Verlag J. H. W. Dietz – eine eindeutige Verortung, wurde doch dieser in Stuttgart angesiedelte Verlag als der „Cotta der Arbeiterbewegung" wahrgenommen. Wollten Liebknecht und der Verleger die Leserschaft aus dem Umkreis der Sozialdemokratie nicht mit allzu Bekanntem langweilen? Schlecht bezahlte Frauenarbeit, soziale Unterschiede und Ungleichheiten – das kannte man von zu Hause und aus eigener Anschauung gut genug. Sollte den Lesern aus der Arbeiterschaft letztlich das Ideal einer Republik mit sozialistischen ‚Einsprengseln' präsentiert werden? Karl Kautsky interpretierte die weitgehend Sozialismus-freie Darstellung der amerikanischen Zustände in Liebknechts Buch anders. Als Lesepublikum habe Liebknecht gar nicht die Arbeiterschaft im Blick gehabt, sondern „jene breite Schicht[e], die, obwohl dem Proletariat nahe, noch nicht ganz dazu gehört, deren politische Sympathien keineswegs feste sind, wenn sie jetzt auch in immer steigendem Maße auf die Seite des Proletariats zu neigen scheinen".[67] Diese Schicht aber sollte nun nicht – so deutete es Kautskys Leseranalyse an – durch einen betont sozialistischen Standpunkt verschreckt werden, sondern mit der Republik der Vereinigten Staaten einen Referenzpunkt vorgestellt bekommen, der die Schattenseiten, die Verknöcherungen und Unfreiheit des deutschen Kaiserreichs vor Augen führte.

Da bisher, soweit ich es sehe, keine Quellen über Liebknechts Intention bei der Veröffentlichung seines Amerika-Buchs vorliegen, können die aufgeworfenen Fragen nach der Leserschaft und der damit verbundenen Funktion des Buches nur indirekt beantwortet werden. Für eine Leserschaft, die aus dem unmittelbaren sozialdemokratischen Milieu stammte, brachte Liebknecht seinen Lesern zum einen die republikanisch-bürgerschaftliche Tradition der Arbeiterbewegung nahe. Im Zusammenhang mit dem Referenzpunkt „Tocqueville" wurde auf diese Argumentationsschiene in Liebknechts Amerika-Buch hingewiesen. Klassenkampf, Kampf gegen Ausbeutung und Unterdrückung stellten die eine Seite des Sozialismus dar; es galt aber auch die partizipativ-basisdemokratische Komponente der Bewegung wach zu halten. Die Stimme eines ‚Alt-48ers' erhob sich hier noch einmal, der die Arbeiterbewegung in ihrer „handwerklichen Phase" mit angeführt hatte, von der sie sich seit den 1880er Jahren aber zunehmend als Klassenpartei der Lohnarbeiterschaft und des Proletariats, wie Kautsky es auch in seiner Rezension ausdrückte, entfernte.[68] Zum anderen waren für geübte Leser Anspielungen auf sozialistische Gemeingüter- und Genossenschaftsideale, wie sie in den Passagen über das amerikanische Hotel und die amerikanische Eisenbahn zum Ausdruck kamen, durchaus dechiffrierbar. Ein klein wenig bediente sich Liebknecht der Klaviatur der sozialistischen Utopie, wie sie von August Bebel in seinem Buch „Die Frau und der Sozialismus" noch viel stärker angeschlagen wurde. Außerdem gilt es zu bedenken, dass Liebknechts Buch innerhalb Deutschlands zur Zeit

---

66 Pernau, Transnationale Geschichte, 2011, S. 87f.
67 Kautsky, Rezension, 1887, S. 574f.
68 Diese Interpretation ähnlich bei Kremp, Deutschland, 1993, S. 467.

des Sozialistengesetzes publiziert wurde. Zensur und mögliche Beschlagnahme mussten vermieden werden; auch unter diesem Aspekt konnte der sozialdemokratischen Leserschaft nur eine chiffrierte Variante des Sozialismus vorgelegt werden.[69]

Für eine Leserschaft aus dem Kleinbürgertum und den Arbeiterkreisen, die der Sozialdemokratie nahe standen ohne in ihr Milieu direkt eingebunden zu sein, illustrierte das amerikanische, republikanische Gesellschaftsmodell den Gegenentwurf zu den deutschen gesellschaftlichen und politischen Zuständen. Es galt das deutsche Kaiserreich zu reformieren, umzugestalten, auf den amerikanischen Weg zu bringen. Da aus fast jeder Seite von Liebknechts Buch die Überlegenheit des amerikanischen Systems sprach, bestand für diese Leser die Gefahr, dass sie sich fragen konnten, weshalb sie erst auf die Anpassung und Umgestaltung des eigenen Systems warten oder diese sogar mitgestalten sollten, wenn das ‚Original' nur rund neun Tage Schiffsreise entfernt lag.

Wilhelm Liebknechts „Blick in die Neue Welt" war Teil eines Booms auf dem (deutschen) Buchmarkt. „Von jedem, der nur für kurze Zeit nach Amerika geht, wird erwartet, dass er darüber ein Buch verfasst", schrieb Gilbert Keith Chesterton in der Rückschau. Sieht man auf die von Alexander Schmidt ausgewerteten Amerika-Reisebücher aus bildungsbürgerlicher Feder vor Ausbruch des Ersten Weltkriegs[70], muss zumindest auch eine Leserschaft aus der bürgerlichen Gesellschaftsschicht in Betracht gezogen werden – und die ausführliche Berichterstattung über Liebknechts USA-Reise sowie einzelne Rezensionen in der bürgerlichen Presse machen diese Vermutung sehr wahrscheinlich. Auch wie Liebknecht reiste, entsprach bürgerlichen Normen. Natürlich war Liebknecht bei den Überfahrten auf den beiden Schiffen „Servia" und „Aurania" der Cunard-Linie nicht in der dritten Klasse der Auswanderer untergebracht, sondern hatte seine Kabinen in der ersten Klasse. Ausführlich listete er die Speisekarte auf, erging sich in Lobeshymnen für die Cunard-Linie und stellte fest: „unter unserem riesigen Speisesalon (befindet) sich der fast ebenso große, wenn auch nicht gleich glänzend ausgestattete Speisesalon zweiter Klasse". Es ist aber nicht der Luxus, in dem Liebknecht reiste, der ihn zum bürgerlichen Reisenden par excellence macht. Es ist der exotisierende, fremde Blick auf die „plebejischen Zwischendecker", die „obgleich sie's lange nicht so gut haben wie wir", „etwas lustiger" sind als die steifen Passagiere der ersten Klasse: „Sie singen und tanzen zu einer Ziehharmonika".[71] Das bürgerliche Lesepublikum konnte sich angesichts solcher Schilderungen scheinbar bequem mit dem in allem Komfort reisenden Liebknecht auf Lesereise nach Amerika begeben. Doch gerade für diese bürgerliche Schicht hatte Liebknecht eine provozierende Botschaft parat. Er wollte die vorherrschenden negativen Urteile über das Land brechen und stattdessen die USA als Vorbild für künftige Entwicklungen hinstellen.

---

69 August Bebel, Die Frau und der Sozialismus, Zürich-Hottingen 1879; zum Zeitpunkt von Liebknechts Amerika-Buch kam bereits die 6. Auflage auf den Markt. Erst nach dem Ende des Sozialistengesetzes erschien 1891 eine Auflage von Bebels „Die Frau und der Sozialismus" in Stuttgart bei J. H. W. Dietz. Siehe zu Bebel allgemein jetzt auch Jürgen Schmidt, August Bebel – Kaiser der Arbeiter, Zürich 2013.
70 Schmidt, Reisen, 1997, S. 46 und passim.
71 Liebknecht, Blick, 1887, S. 38, 36.

Außerdem bekam die bürgerliche Leserschaft die Grenzen des „Deutschland, Deutschland über alles" drastisch vor Augen geführt. An der Moderne Amerikas musste das bestehende Deutschland scheitern. Amerika war schneller, mächtiger, flexibler, praktischer veranlagt – kurz: in (fast) allem überlegen und ein „American exceptionalism" in all seinen Facetten kreiert.[72]

Schließlich darf ein wichtiger funktioneller Aspekt nicht vergessen werden: Liebknechts Buchtitel allein, der die „Neue Welt" in den Mittelpunkt stellte, musste Lesererwartungen wecken und sie erfüllen (oder brechen). Ohne Frage ging es neben allen versteckten politischen Botschaften auch bis zu einem gewissen Grad um Unterhaltung, Anregung und Lesevergnügen. Allein deshalb durfte der Besuch einer Wildwest-Show nicht fehlen: „ die Büffeljagd (ächte Büffel!), Gefechte zwischen Cowboys und Indianern – ich will das Alles nicht schildern – genug: ich habe ein paar Stunden in dem *Wild West* gelebt". Unmittelbar im folgenden Brief war Liebknecht seine eigene Begeisterung wohl doch etwas zu unreflektiert geraten und er schob eine zwiespältige Rechtfertigung seines Show-Besuchs nach. „Die Sache ist echt amerikanisch: großer Maaßstab, viel Schwindel, aber im *Schwindel viel Ächtes*, und für das Zirkusschauspiel ein Hintergrund ernster, bedeutender Realität". Indianershows gebe es zwar auch in Deutschland, doch dort seien die Indianer „aus ihrer Umgebung herausgerissen, – ein armseliges, unglückliches Menschending". In dieser New Yorker Show erlebe man dagegen den Indianer „in seiner heimischen Wüste, in seinem Felsengebirg [sic], auf seiner Prairie": „Wir haben den Indianer mit seiner Umgebung vor uns".[73] Fünf Jahre später sollte Karl May Winnetou und Old Shatterhand in ähnlich „echte" Felsengebirge und Prärien für deutsche Leser hineinimaginieren.

Wilhelm Liebknecht verstand es, mit seinem Publikum zu spielen. Als in Deutschland August Bebel alles andere als glücklich über Liebknechts Auftreten in den USA war, beruhigte Friedrich Engels Bebel: „aber Du weißt, Liebknecht hängt sehr von Stimmungen ab, spekuliert gerne auf sein Publikum (und nicht immer richtig)".[74] Entsprechend konnte Liebknecht im „Blick in die Neue Welt" nicht genug lobende Worte über die amerikanische Polizei finden, die „im Dienste des Publikums" stehe,[75] während er in den USA in einem Brief an eine New Yorker Zeitung klagte: „,Wir haben in Europa nie einen so mutwilligen Eingriff in die Freiheit des Staatsangehörigen gesehen wie heute in dem sprichwörtlich so genannten Lande der Freiheit'".[76] Kam im Reisebuch die Crux der hochgelobten amerikanischen Eisenbahn – die zersplitterten, privatkapitalistischen Besitzverhältnisse – nur nebenbei zum Ausdruck, kehrte Liebknecht in den USA seine Argumentation einfach um. Dem „Clevelander Anzeiger" zufolge meinte er: „,In Deutschland sind wir in dieser Beziehung schon einen Schritt weiter als hier. Dort gehört wenigstens das Eisenbahnwesen, das in diesem Lande ein

---

72 Zu letzterem siehe grundsätzlich Buse, Social Crossings, 2011, S. 87.
73 Liebknecht, Blick, 1887, S. 69f.
74 Friedrich Engels an August Bebel, 25. Oktober 1886, in: Karl Marx/Friedrich Engels, Werke, Bd. 36 (Briefe April 1883 bis Dezember 1887), Berlin 1967, S. 555.
75 Liebknecht, Blick, 1887, S. 235.
76 Zit. n. Karl Obermann, Die Amerikareise Wilhelm Liebknechts im Jahre 1886, in: Zeitschrift für Geschichtswissenschaft 14 (1966), S. 611-617, hier S. 614.

so verhängnisvolles Privatmonopol bildet, dem Staat; und daß nicht das Volk den Nutzen davon hat, liegt bloß daran, daß Deutschland eben kein demokratischer Staat, kein Volksstaat ist'".[77]

So blieb Liebknechts Buch mehrdeutig. Es war ohne Frage ein Anti-Antiamerikabuch, ein Manifest für die Realisierung einer auf Gemeinsinn beruhenden Republik. Es pries die Moderne und den Fortschritt und sollte Deutschland den Spiegel seiner Rückständigkeit vor Augen führen. Es war so eine Herausforderung für seine bürgerliche Leserschaft. Es war aber andererseits ein in Stil und Duktus durch und durch bürgerliches Buch, das nur so von bildungsbürgerlichen Versatzstücken strotzte („Garganthua-Fülle"; „O Thalatta! Thalatta")[78], geschrieben von einem situierten 60-jährigen Amerika-Reisenden, der sich keinen Luxus, aber eben doch eine komfortabel ausgestattete ‚Dienstreise' leisten konnte.[79] Blieb so ein aufgeschrecktes bürgerliches Publikum zurück, waren sozialdemokratische Leser nicht weniger verstört. Dem deutschen Heimatland führte Liebknecht seine Unfreiheit und Rückständigkeit vor Augen, den republikanischen Geist pries er an – das waren Versatzstücke, mit denen man als sozialdemokratischer Leser vertraut war; aber die amerikanischen Klassengenossen kamen eben gar nicht und die kapitalistischen Produktionsverhältnisse nur in einem Absatz vor. Auch die vorgelebte Wohlhabenheit der Überfahrt und der Unterkunft musste ebenso verwundern wie die Distanz zu den Passagieren auf dem Zwischendeck.

Liebknechts Buch fiel durch alle gängigen Wahrnehmungsraster bzw. hielt von allen Wahrnehmungsrastern etwas parat – vielleicht war das die Funktion des Buches: mehr und anderes zu bieten als das, was die Leser von ihm erwarteten. Dazu gehörte auch das Stilmittel der Ironie – unübersehbar, wenn Liebknecht das „gescheidte" [sic] amerikanische Pferd im Vergleich zum halsstarrigen deutschen Gaul pries, in einer spannungsreichen Ambivalenz, wenn Liebknecht die „ächt" amerikanische Frau und die „ächten" Büffel der Wildwest-Show vorstellte. So gesehen ist das Buch auch heute noch eine unterhaltsame, spannende und vielfältig interpretierbare Lektüre.

---

77 Clevelander Anzeiger, 1.11.1886, zit. n. Becker, Agitationsreise, 1967, S. 858.
78 Liebknecht, Blick, 1887, S. 14, 17.
79 Die Abrechnung sollte noch für einigen Wirbel innerhalb der Partei sorgen: „Der [d. i. Liebknecht, JS] aber sagte, die Partei muß alle meine Kosten tragen, und da schreibe ich gar nichts auf. Und damit war man zufrieden. Daß Aveling dann z. B. in Boston fast alle Kosten nicht nur für L[iebknecht], sondern auch für seine Tochter [Gertrud] gezahlt, davon schweigt dann die Exekutive, obwohl es in den Rechnungen steht, und wir anständig genug waren, es nicht ins Zirkular zu setzen. So ließ L[iebknecht] allen Wein etc., während sie zusammen reisten, auf A[velings] Zimmer bringen und also auch auf A[velings] Rechnung setzen" (Friedrich Engels an Friedrich Adolph Sorge, 16. März 1887, in: Marx/ Engels, Werke, 1967, Bd. 36, S. 629f.); siehe auch Schröder, Agitationsreise, S. 50-52.

5. Schluss

In einem Punkt allerdings erfüllt „Ein Blick in die Neue Welt" heutige Leseerwartungen nicht. Liebknechts Buch ist das Gegenteil von „transnational". Der Beziehungsrahmen, in den das Buch eingebunden ist, ist zutiefst von den beiden Nationen geprägt. Nicht die Kategorie des Nationalen wird überwunden, sondern mit dem „American exceptionalism" im Kontrast zum deutschen Obrigkeitsstaat und zur deutschen Rückständigkeit zementiert.[80] Geprägt von Transfer und Verflechtung waren die zahlreichen realhistorischen Begebenheiten, die Liebknecht schilderte, etwa die Anpassungsleistungen der Deutschen und die Wahrung deutscher Traditionen in ihrer neuen Heimat USA. Die Beobachtung Liebknechts über die Verballhornung bzw. Anverwandlung amerikanischer Wörter durch die deutschen Einwanderer sind ein Beispiel für einen solchen Transfer- und Verflechtungsprozess.[81] Aus der Perspektive Liebknechts als Beobachter war ein Transfer sicherlich wünschenswert in beide Richtungen: Deutschland sollte den Modernisierungsprozess Amerikas nachvollziehen, die „Neue Welt" war die Zukunftsprojektion für die deutsche Entwicklung.[82] Die amerikanischen Institutionen wiederum sollten von deutschen Erfahrungen, etwa der Verstaatlichung, lernen. Freilich wären damit erneut Missverständnisse verbunden gewesen. Henry George von der United Labor Party etwa meinte: „‚Der Sozialismus der deutschen Schule kann hier nie so vorankommen wie auf dem europäischen Kontinent'" da der „deutsche Sozialismus so verwirrt und verwirrend in seiner Terminologie (ist)'". Das Wort „‚Staatssozialismus'" beispielsweise sei in den USA „‚eine exotische Pflanze'".[83] Die Perzeption Amerikas blieb so für Liebknecht wie für seine Leserschaft geprägt von der Herausforderung durch die amerikanische Moderne und diente als Spiegel und Blick auf die eigene Gesellschaft: „Jedenfalls fühle ich mich in der Fremde am Deutschesten".[84]

---

80 Die Frage nach der Rezeption des Buches in den Arbeiterzeitungen der USA ist noch offen und konnte im Rahmen dieses Beitrags nicht gelöst werden.
81 Liebknecht, Blick, 1887, S. 111: „Wenn aber der Bruder Landsmann hier oder da ‚miethet' (das heißt ein *meeting* abhält oder mit Jemand zusammentrifft – *meets*) […], so wird man in dem ersten Augenblick etwas perplex".
82 Otto, Amerika-Bilder, 2006, S. 15.
83 Standard, 30. Juli 1887, Standard, 6. August 1887, zit. n. Hartmut Keil, Deutsch-amerikanische Arbeiterschaft und radikale Traditionen nach dem Bürgerkrieg, in: Frank Trommler/Elliott Shore (Hg.), Deutsch-amerikanische Begegnungen. Konflikt und Kooperation im 19. und 20. Jahrhundert, Stuttgart/München 2001, S. 63-74, hier S. 70f.
84 Liebknecht, Blick, 1887, S. 140.

Blick nach Amerika:
Karl Liebknecht, Carl Legien und Friedrich Ebert, 1900-1925[1]

Dieter K. Buse

> „Amerika liegt nicht nur zwischen beiden Ozeanen, sondern auch in den Köpfen der meisten Menschen liegt auch ein Amerika. Die Amerikas der Phantasie sind freilich sehr verschieden."
>
> *Hermann Molkenbuhr, 1911*[2]

I. Einleitung

Bis ins 19. Jahrhundert hinein wurde das Bild fremder Länder fast ausschließlich von Staatsbeauftragten, Missionaren oder Geschäftsreisenden vermittelt. Von da an gesellten sich Intellektuelle, Touristen umd Emigranten dazu, die nun eine immer breitere Öffentlickeit über andere Teile der Erde informierten. Reiseberichte wurden immer populärer. Den Ansichten linksstehender Reisender und Beobachter haben Geschichtswissenschaftler allerdings bisher wenig Beachtung geschenkt.[3] Umso wichtiger ist es, näher zu erforschen, wie einige deutsche Sozialisten Amerika zu Beginn des 20. Jahrhunderts gesehen und bewertet haben. Schließlich unterscheiden sich ihre Einstellungen zu und Erfahrungen in Amerika von denen der Besucher aus bürgerlichen Kreisen. Letztere besuchten selten Fabriken, nur wenige von ihnen erkundigten sich

---

1 Eine längere und andere Version dieses Aufsatzes mit dem Hauptgewicht auf der Auswertung von Reiseberichten erschien als „Social Crossings: German Leftists View 'Amerika' and Reflect Themselves, 1870-1914", in Thomas Adam, Hrsg., *Crossing the Atlantic: Travel and Travel Writing in Modern Times* (Arlington: Texas A&M, 2011), S. 81-130. Dank an Judith und Lisa Buse, Glenn Penny, Thomas Adam und Caroline Marburger für editorische und intellektuelle Hilfe.

2 Bernd Braun und Joachim Eichler, Hrsg., *Arbeiterführer Parlamentarier Parteiveteran. Die Tagebücher des Sozialdemokraten Hermann Molkenbuhr 1905 bis 1927* (München: Oldenbourg, 2000), S. 156. Eintragung nach Albert Südekums Bericht zu seiner Amerikareise, die er zur selben Zeit wie Liebknecht antrat. Molkenbuhr dachte: „Eine Reise von sechs Wochen wird wohl ausreichen, das Gemälde der Phantasie zu zerstören. Man kehrt mit den Trümmern der Luftschlösser zurück, aber man hat noch keine reale Vorstellung des gewaltigen, neuen Kulturlandes."

3 Zwei Studien bilden die Ausnahme: R. Laurence Moore, *European Socialists and the American Promised Land* (New York: Oxford University Press, 1970); allerdings schreibt Moore undifferenziert von „Marxists". Und: Werner Kremp, *In Deutschland liegt unser Amerika: Das sozialdemokratische Amerikabild von den Anfängen der SPD bis zur Weimarer Republik* (Münster: Lit, 1993); typischer: Viktor Otto, *Deutsche Amerika-Bilder: zu den Intellektuellen-Diskursen um die Moderne* (Paderborn: Wilhelm Fink, 2006), der allerdings amerikanische „Arbeiter" nur in der Art darstellt, wie Ernst Jünger sie sich vorstellte. Ein Standardwerk, Peter J. Brenner, *Reisen in die Neue Welt. Die Erfahrung Nordamerikas in deutschen Reise-und Auswandererberichten des 19. Jahrhunderts* (Tübingen: Niemeyer, 1991), erwähnt bloß Wilhelm Liebknecht. Kremp bietet den besten historiographischen Überblick und analysiert auch die sozialdemokratische Presse.

näher über Arbeits- und Lebensbedingungen im Lande, und meist waren sie sich der Existenz radikaler Sozialbewegungen vor Ort nicht bewusst.

Die drei Köpfe der Sozialdemokratischen Partei Deutschlands (SPD), um die es im Folgenden gehen soll, vertraten ideologisch unterschiedliche Positionen. Seit 1908 stand Karl Liebknecht weit links in der Partei.[4] Carl Legien, auch wenn er sich der kritischen Rhetorik des Klassenkampfes bediente, blieb letztlich immer Gewerkschafts-Pragmatiker.[5] Friedrich Ebert, der noch 1914 deklarierte, „300 Kapitalkönige beherrschen das wirtschaftliche Leben der Welt"[6], tendierte mit der Zeit immer weiter nach rechts. Nur Liebknecht und Legien kannten die Vereinigten Staaten (USA) aus eigener Erfahrung. Ebert aber musste sich am Ende des ersten Weltkrieges ganz direkt mit dem mächtigen Staat auf der anderen Seite des Atlantiks beschäftigen.

Reiseberichte sind eine spezifische Art von Quelle, Agitationsreden eine andere, wieder zu unterscheiden von diplomatischen Gesprächsniederschriften. Sie bieten als Quellen jeweils ganz andere Möglichkeiten, um Einstellungen zu fremden Ländern zu erforschen. Aber allesamt eröffnen sie wichtige Einblicke, um zu verstehen, wie deutsche Sozialisten über den großen Teich geschaut haben, um sich neue politische und soziale Lösungsmodelle zu erschließen, selbst wenn sie letztlich dem, was sie dort vorfanden, häufig ablehnend gegenüberstanden.

II. Liebknecht: Idealismus und Stereotypen

Karl Liebknecht war 1910 nicht nur in Deutschland, sondern auch in linken Kreisen im Ausland weitgehend bekannt. Aufmerksamkeit erregte er vor allem mit Schriften und Stellungnahmen zum herrschenden Militarismus. Insbesondere stellte er den allgemeinen Wehrdienst in Frage und kritisierte die Allgegenwart militaristischer Gesinnung, und das in einer Gesellschaft, in der das Militär höchstes Prestige besaß.[7] Wie schon

---

4 Ausführlichste Biografie: Annelies Laschitza, *Die Liebknechts. Karl und Sophie – Politik und Familie* (Berlin: Aufbau, 2007), mit Details, die aus zahlreichen privaten Quellen zusammengetragen worden sind, und mit einem kurzen Kapitel zur Amerikareise. Lezteres basiert auf dem Text „Agitationsreise durch die Vereinigten Staaten von Amerika", in Anneliese Laschitza, Hrsg., *Karl Liebknecht. Eine Biographie in Dokumenten* (Berlin: Dietz, 1987), S. 131-147, wo sich in den Anmerkungen häufig dieselben Wörter finden wie in der neuen Biographie, und auf Alexander Fischer, „Sozialistische Agitation in der ‚Neuen Welt'. Karl Liebknechts Reise in die Vereinigten Staaten von Amerika im Jahre 1910", *Frankfurter Historische Abhandlungen* Bd. 17 (1978), S. 134-157, der diplomatische Reporte und Zeitungsberichte wiedergibt.

5 Karl Christian Führer, *Carl Legien 1861-1925 [sic 1920]. Ein Gewerkschafter im Kampf um ein „möglichst gutes Leben" für alle Arbeiter* (Essen: Klartext, 2009), S. 156-167 und 306, präsentiert die Amerikareise als Teil der von Legien angestrebten internationalen Vernetzung der Arbeiterbewegungen.

6 Entwurf einer Rede zum 1. Mai 1914 in Friedrich Ebert, *Schriften, Aufzeichnungen, Reden* (Dresden: Carl Reissner, 1926), Bd. I, S. 217-225, Zitat S. 220. Der Entwurf wird dort allerdings falsch auf 1902 datiert.

7 Karl Liebknecht, *Militarism and anti-militarism* (Einleitung von Philip S. Foner. New York: Dover Publications, 1972). Zum Kontext, in dem Liebknecht noch 1908 als der kommende Partei-

sein Vater vor ihm landete er seiner Ansichten wegen mehrmals im Gefängnis, mit dem Vorwurf, den Kaiser sowie Reichsinstitutionen beleidigt zu haben. Sein Leben lang blieb er ein streitlustiger und radikaler Sozialist.

Heute erscheint es außerordentlich, dass ihm die *New York Times* am 16. Oktober 1910 beinahe eine ganze Seite widmete: "A Talk with Liebknecht, Germany's Socialist Leader." Abbildungen von Clara Zetkin, Karl Kautsky, August Bebel und Wilhelm Liebknecht flankierten eine große Handzeichnung von Karl Liebknecht. Unter ihm waren seine drei Kinder abgebildet: die rundliche Vera, der stabile Wilhelm [Helmut] und der ernste Robert, beide Jungen in kurzen Hosen und Hemdchen im Matrosenstil. Das lange, weitschweifige Interview lässt Liebknechts Idealismus erkennen und gibt Aufschluss über seine Zukunftsvorstellungen. Einige Auszüge können dazu dienen, sowohl den Stil der Reportage zu vermitteln als auch Liebknechts Haltung zu erschließen: „Karl Liebknecht ist ein sehr großer Frosch in Deutschlands großem sozialistischen Teich." Der Reporter behauptete fälschlicherweise, dass Liebknecht beinahe die Partei auseinandergetrieben habe, schließt aber mit den Worten, „doch endlich folgte sie ihm." Als Person sei er „sehr direkt". Liebknechts Streit mit den Militärbehörden, deretwegen er im Gefängnis gelandet war, wird getreulich wiedergegeben, um ihm dann das Verdienst zuzuschreiben, die SPD-Arbeiterjugendbewegung aufgebaut zu haben. Gefragt, wie in Deutschland einer Republik zum Durchbruch verholfen werden könne, erwiderte Liebknecht:

> "There is no such thing in Germany as a republican party. We will do the job at one stroke without any transitional regime. It is to be either a temporary continuation of the monarchy, or a socialistic commonwealth. Let us only gain what we have been striving for, a liberal suffrage law, and Socialists will sweep Germany as completely as they swept your city of Milwaukee. [...] With a majority of union men on our side we will be able, when we feel ready, to paralyze the whole country through a general strike, and then to dictate our terms."

Schließlich argumentierte er, allzu optimistisch: "The municipal ownership idea has been spreading fast over the land preparing people for state ownership, and one problem we have almost entirely solved in Germany is slum congestion." Er fuhr fort: "generally speaking, the state could easily finance the purchase of all legitimate enterprises on fair terms. [...] We do not demand equality; equality is an absurd word; but we demand equality of opportunity." Daraufhin lieferte er recht naive Beispiele und Hochrechnungen dazu, wie wenige Stunden, nämlich zwei Stunden pro Tag und zwei Monate im Jahr, jeder in einem System würde arbeiten müssen, in dem alle Zwischenhändler? eliminiert würden. Auch die dadurch entstehende Freizeit werde nicht verschwendet, so Liebknecht, wenn Jugendliche bis zum Alter von achtzehn eine echte Ausbildung bekämen und Arbeiter Zeit hätten für ihre Familien:

> "We are charged with a desire to destroy the home and family, but what is there in the home and family which the capitalist system has not already destroyed? [...] Our ideal is not a world of divorces, but a world in which no couple will seek a divorce.[...] Free love is an absurd term unless

---

führer gesehen wurde, was allerdings schon 1910 in Frage gestellt wurde, siehe: Dieter K. Buse, "Party Leadership and Mechanisms of Unity: The Crisis of German Social Democracy Reconsidered, 1910-1914," *Journal of Modern History*, Jg. 72 (1990), S. 477-503.

you contrast love which is freely given with 'purchaseable love' which flourishes so well under capitalism. For one thing I know that white slavery will become an impossibility when every woman is enabled to earn a decent livelihood... The common nursery would accommodate everybody's children..."

Zu Amerika hatte Liebknecht schon zu Beginn seiner Reise starke Meinungen, die er dem Reporter mitteilte:

"In this country...an anonymous body, the Supreme Court, can set at naught with one stroke of a clerk's pen what the whole Nation has elaborated at great pains, discussed, amended, and voted upon. This is the way Russia used to be governed. [...] On the other side, the social and economic rearrangement would be much easier here than in Europe. Great industries are already organized and centralized on a wonderfully efficient and economical basis. The trusts are so marvelously run that the Government could take them over as they are without hardly any change except in the disposition of their profits. [...but] I am afraid it would take a revolution to bring about the change from capitalism to socialism. America is of all countries the one in which the will of the people cannot prevail. After the will of the people has been more or less faithfully expressed and put in concrete form by the lower and upper houses of a country, after a bill has become a law, it remains a law in every country but yours."

Mit solch einer Auffassung trat Karl Liebknecht seine Reise an. Sein Amerikabild wurde im Laufe seiner Agitationstour im Jahr 1910 nicht besser. Schon am 10. Oktober in Newark behauptete er:

„Das Amerika von heute ist nicht mehr Amerika. Es ist nicht mehr das Land von Columbus oder Washington, das Land der Freiheit. Amerika muss noch einmal entdeckt werden. Es muss noch einmal befreit werden [...] Und der Befreier kann niemand anders als das arbeitende Volk sein. [...] Sie müssen die Entdecker und Befreier Amerikas sein."[8]

Nach einigen Tagen in New York hielt Liebknecht vom 14. Oktober bis 7. November ähnliche Vorträge in beinah demselben industriellen Dreieck, das sein Vater Wilhelm Liebknecht im Jahre 1886 besucht hatte: St. Paul, Minnesota, St. Louis, Missouri, Manchester, Massachusetts. Zusätzlich fuhr er nach Kalifornien und New Orleans, allerdings ohne dort Vorträge zu halten, und trat schließlich am 30. November von New York aus die Rückreise nach Deutschland an. Als er am 7. Dezember wieder in Deutschland ankam, hatte er eine Strecke von 11000 km zurückgelegt.[9] Obwohl Liebknecht als ideologischer Agitator unterwegs war, informierte er sich auch über die Lebensbedingungen in Amerika. Wenn er allerdings seine amerikanischen Zuhörer über soziale Missstände aufklärte, so galt, was er sagte, seiner Ansicht nach für die gesamte

---

8 Zit. nach Philip S. Foner, „Karl Liebknecht und die Vereinigten Staaten von Amerika: Eine dokumentarische Studie", *Jahrbuch für Wirtschaftsgeschichte*, Jg. 3(1968), S. 11-75, hier: S.19; Vgl. auch: Laschitza, *Die Liebknechts*, S. 173-183, wo die Amerikareise als erfolgreiche Agitationstour präsentiert wird.

9 Eine detaillierte Aufstellung aller Orte, die er besuchte und wo er Vorträge hielt, findet sich in: Karl Liebknecht, *Gesammelte Reden und Schriften* (Berlin: Dietz, 1960), Bd. 3, Anhang.

industrielle, von Kapitalismus und Imperialismus geprägte Welt gleichermaßen. Die amerikanischen Sozialisten nahmen ihn und seine Ideen äußerst positiv auf.[10]

Zu der Zeit, als Liebknechts Vater Amerika bereist hatte, war der Sozialismus in Amerika eine kleine Bewegung gewesen, die vorwiegend von deutschen Emigranten getragen wurde. Aber zu Beginn des 20. Jahrhunderts war er zu einer Massenbewegung geworden, zunehmend populärer unter der Arbeiterschaft, insbesondere in den industriellen Zentren. Im Jahre 1912 „hatte die sozialistische Partei über zwölfhundert lokale Repräsentanten gewählt, dreiunddreißig saßen in den Parlamenten der US-Bundesstaaten und sie kontrollierten die Gemeinderegierungen in Städten wie Schenectady, Milwaukee und Berkeley", und der sozialistische Kandidat Eugene V. Debs erhielt bei der Präsidentenwahl 900,000 Stimmen.[11] Sozialistisch inspirierte Arbeiterorganisationen hatten in New York, Chicago und Cleveland besonders hohe Mitgliederzahlen. Die Sozialisten verfügten auch in den Gewerkschaften über Einfluss, obwohl es nach 1910 unter den zwei Hauptfraktionen zu Konflikten kam, nämlich zwischen den linksradikalen Industrial Workers of the World (Wobblies) und den Verfechtern des „business unionism" unter Führung von Samuel Gompers in der American Federation of Labor (AFL).

Gemeinsam mit mittelständischen Reformern und den Kämpfern für das Frauenwahlrecht forderte die wachsende Arbeiterbewegung Amerikas traditionelle Eliten heraus. Es war die Zeit der Trusts, der niedergeschlagenen Streiks (z.B. Pullman 1894) und abscheulicher Arbeitsverhältnisse, darunter die unregulierte Frauen- und Kinderarbeit. Besonders versinnbildlicht wurden solch kritische Zustände durch den Brand der Triangle Shirtwaist Factory im März 1911, der wegen zur Arbeitszeit verschlossener Türen 146 Tote forderte. Im Jahre 1911 wurden mehr als zwei Millionen Kinderarbeiter gezählt. Sie arbeiteten in der Regel zwölf und mehr Stunden pro Tag für einen Hungerlohn.[12] Florence Kelley, die schon zuvor ehrenamtlich Waisen und Obdachlosen in den Slums von Chicago geholfen hatte, wurde 1893 die erste Fabrikinspektorin im Staat Illinois. Sie sah sich mit grauenhaften Arbeits- und Wohnverhältnissen konfrontiert, hatte jedoch Schwierigkeiten, selbst einfachste Gegenmaßnahmen durchzusetzen. In ihren Memoiren beschrieb sie ihre Erfahrungen: „Hull House war gänzlich geprägt von Heimarbeit nach dem ‚sweat shop'-System. Es gab kaum Kinder im Alter von etwa achtzehn Monaten, die, sobald sie in einem Stuhl sitzen konnten, nicht Heftfäden ziehen mussten . [...] Jene im Kindergartenalter hantierten mit groben, scharfen Nadeln, um Knöpfe anzunähen [...] Häufig schliefen die Kinder über ihrer Heimarbeit ein."[13] Sie notierte: „Rauch, Kaminruß, barbarische und unkoordinierte Behausung mit ansteckenden Krankheiten wie Pocken [small pox] wegen verseuchtem Material und

---

10 Siehe Beispiele in ebd., S. 504ff; vgl. *New York Times,* Ausgabe vom 16. Oktober 1910.
11 Eric Foner, „Why there is no Socialism in the United States?" *History Workshop*, Nr. 17 (1984), S. 57-80, hier S. 71.
12 Zitiert nach die Webseite des United States Department of Labor (als Beweis wie weitgehend jetzt anerkannt): http://www.dol.gov/oasam/library/special/child/childlabor.htm.
13 Florence Kelley, "I go to work", *Survey* (Ausgabe vom 1. Juni 1927), S. 272.

einem akuten Mangel an Impfungen."[14] Das war das Amerika, das Liebknecht vorfand, beklagte und verändern wollte.

Liebknecht meinte, Ähnlichkeiten mit Deutschlands politischem und wirtschaftlichem System zu bemerken. Und er erhoffte für beide Länder dasselbe Endresultat: die sozialistische Transformation. Er erkannte den demokratischeren Charakter des Wahlrechtes in den USA, notierte aber, daß die herrschende Klasse genau wie in Deutschland ihre Interessen mit Macht verteidigte und das Militär gegen Streikende einsetzte. Am 12. Oktober behauptete er:

> „Es gibt doch keinen großen Unterschied zwischen den Vereinigten Staaten und Deutschland. Es gibt keinen großen Unterschied zwischen einer monarchischen Regierungsform und einer Republik, wenn sowohl die Monarchie wie die Republik vom gleichen goldenen Gott regiert werden, vom Mammon. [...] Dort haben wir eine Junkerklasse, die über das Volk herrscht. Hier habt Ihr eine Bande von Piraten, Finanzpiraten, die über Euch herrschen. [...] Kein großer Unterschied, soweit die arbeitende Klasse betroffen ist!"[15]

Skeptiker werden Liebknechts Behauptungen als reinste Propaganda abtun, aber viele seiner Zeitgenossen in den USA sahen mit eigenen Augen oder erlebten die Kinderarbeit, die Slumwohnungen, und die gefährlichen Arbeitsverhältnisse am eignenen Leibe und verlangten, dass es damit ein Ende habe. Und sie machten sich Gedanken darüber, dass die USA sich mit dem Flottenbau immer stärker militarisierten. Nachdem er die Feiern zum Columbustag miterlebt hatte, fragte der Antimilitarist Liebknecht kritisch: „Warum stecken sie ihre Kinder in militärische Uniformen? Die ganze Feier war von einer Art, die nichts mit Freiheit gemein hatte. Ein kriegerischer Geist erfüllte die Atmosphäre."[16] Er kam zu folgendem Schluss: „Tatsächlich ist eure Neue Welt nicht mehr neu. Ich sehe hier dieselbe Unterdrückung und Sklaverei, ja Sklaverei zum Tollwerden, die man in Deutschland findet. Ihr verbraucht eure Nerven schneller. Ihr werdet schneller zugrunde gerichtet als unsere Arbeiter. Ihr werdet schneller auf den Abfallhaufen geworfen als die Arbeiter in Deutschland, weil ihr euch genau im Herzen des Kapitalismus befindet."[17] Der Leistungsdruck am Arbeitsplatz und die Kinderarbeit in Amerika haben alle linken Reisenden schockiert. Liebknechts Gesamturteil lautete: „Ich fand, dass in Amerika die Herrschaft des Dollars so stark ist, dass sogar die Wähler gekauft und bezahlt werden – eine Sache, die im ‚unwissenden' Deutschland unbekannt ist."[18]

In seinem letzten Vortrag wiederholte Liebknecht nochmals seine Litanei von Beschwerden über das industrielle Leben in Amerika. In einem überfüllten Saal in Brooklyn verglich er die USA mit Russland. Beide Länder würden ihr Volk missbrauchen und Menschenrechte mißachten. Er anerkannte das große Potential des Landes, seine wunderbar offenen und weiten Flächen sowie den technologischen Fortschritt

---

14 Ebd., S. 274.
15 Foner, „Karl Liebknecht", S. 36.
16 Ebd., S. 38. Es ist erstaunlich, dass sich Liebknecht nicht gründlicher mit dem amerikanischen Imperialismus und dem Aufbau des Militärs zu dieser Zeit beschäftigte.
17 Ebd, S. 38-39.
18 Ebd., S. 42.

des Landes, kritisierte aber, dass seine Eisenbahnen, Gruben und Fabriken von Trusts kontrolliert würden; die Behandlung der Industriearbeiter stehe der russischen Missachtung von Leib und Leben in nichts nach. Er lud alle ein, die Fabriken in Pittsburgh zu besuchen, wie er es getan hätte, wo 12-Stunden-Schichten sieben Tage die Woche gefahren würden, bis ein erfolgreicher Streik die Situation verändert habe. Liebknecht gründete seine Behauptungen auf seine Besuche in Stahlwerken, Textilfabriken und „sweat shops". Zusätzlich fragte er: „Wo sonst auf der Welt ist die Kinderarbeit so schändlich verbreitet wie in den Vereinigten Staaten? In welchem anderen zivilisierten Land auf der Welt findet man so viel Privatpolizei, um die arbeitenden Menschen niederzuknüppeln, wenn sie streiken?"[19]

Er zählte Gerichtsverfahren auf, um das herrschende System der Klassenjustiz zu illustrieren, und fragte seine Zuhörer: „Where is your freedom?" Er bestand darauf, dass in Amerika Freiheit hauptsächlich darin bestehe, die Möglichkeit zum Rauben und Ausbeuten zu haben. „Nicht der Traum vom Paradiese, eher der Traum von einer Hölle ist es, der hier geträumt wird."[20] In Bezug auf das Problemlösungspotential des Sozialismus wurde er von einer amerikanischen Frau gefragt, ob der Sozialismus nicht die Familie zerstöre. Er antwortete, dass er die amerikanische Familie beobachtet habe, und „es nichts Schlimmeres geben kann", weil Prostitution ein Teil des amerikanischen Wirtschaftssystems sei. Viele junge Frauen würden aus Not auf die Strasse getrieben. Er erklärte: „Ich bin die Washington-Street in San Francisco hinuntergegangen –Washington, denkt daran –, und ich habe dort Dinge gesehen, die man nirgendwo sonst sehen kann. Dort boten Frauen abscheulich und offen ihre Körper zum Kauf an. Und nicht nur Frauen, sondern auch Kinder, kleine Mädchen von zwölf und dreizehn Jahren, führten ein unerträgliches Leben. Wo war Eure Polizei, habe ich mich gewundert. Und der Genosse, der mich begleitete, zeigte mir bald die Polizei. Die Polizei fraternisierte mit den verderbten Besitzern dieser Orte."[21] Sie waren Teil eines Systems von „Verderbtheit und Schande."

Liebknecht sah aber auch eine Sonnenseite, Anzeichen von Erneuerung und Renaissance. Natürlich waren dies die aufblühende und wachsende Arbeiterbewegung und die sozialistischen Parteien, die in seinen Augen das Potential für Veränderung in sich trugen.[22] Er empfahl den Arbeitern, sich zu organisieren, die Arbeiterpresse zu lesen und ihre Kandidaten zu unterstützen. Ein Festmahl zu Liebknechts Ehren fand dem üblichen Ritual gemäß statt: Möbelarbeiterchor, Eröffnung, Poesievortrag, Vortrag vom Gründer der sozialistischen Sonntagsschule, schließlich berichtete Liebknecht von seiner Reise. Liebknecht fand, Amerika sei bereit für die sozialistische Wende.

---

19 Ebd., S. 44.
20 *Vorwärts, Wochenblatt der New Yorker Volkszeitung*, abgedruckt in Liebknecht, *Gesammelte Reden*, Bd. 3, S. 513; vgl. auch Heinz Wohlgemuth, *Karl Liebknecht: Eine Biographie* (Berlin: Dietz, 1975), S. 188.
21 Foner, „Karl Liebknecht", S. 47.
22 Siehe insbesondere seine Rede vom 2. Dezember 1910, abgedruckt in: Liebknecht, *Gesammelte Reden*, Bd. 3, S. 510-15; Auch Franz Mehring, ebenfalls radikal orientierter Sozialdemokrat, der 1906 die USA bereiste, genoss die liberale Atmosphäre. Siehe dazu Moore, *European Socialists*, S. 50, und *Leipziger Volkszeitung*, Ausgaben vom 7. Juli, 14. Juli, 26. Juli sowie vom 3. und 4. August 1906. Mehrings Berichte bieten mehr zur Schiffsreise als zu Amerika selbst.

Wie soll man Liebknechts ideologische Ansichten bewerten? Seine Reise nach Übersee machte ihm einige positive Aspekte Deutschlands bewusst. Am erstaunlichsten ist seine im Vergleich mit der amerikanischen Gesellschaft hohe Einschätzung des deutschen Gesellschaftssystems insbesondere in Sachen Wirtschaftsregulierung und allgemeine Rechtslage. Die Existenz regelgemäßer Rechtsverfahren sowie von Arbeitsregeln zur Einschränkung von Kinderarbeit und die polizeiliche Kontrolle der Prostitution unterschieden in seinen Augen Deutschland auf positive Weise von Amerika.[23] Liebknecht hatte den Atlantik als unnachgiebiger Kritiker Deutschlands und insbesondere des deutschen Militarismus überquert. Aber anders als sein Vater wurde Karl Liebknecht von Amerika enttäuscht. Doch sein fester Glaube, dass angesichts einer groben kapitalistischen Welt die Hoffnung in der Organisation der Arbeiterschaft liege, wurde für ihn bestätigt.

Man muss bedenken, dass um 1910 herum die sozialen Missstände Amerikas weitestgehend bekannt waren und viele der liberalen Reformer in den USA ganz ähnlich wie Liebknecht auf Slums und Korruption reagierten. Sicher hat Liebknecht die Möglichkeiten zur Verbesserung durch die deutsche Arbeiterbewegung überschätzt, die missliche Wohnungssituation und die Höhe der Arbeitsunfälle in seinem Heimatland hingegen unterschätzt. Vielleicht reagierte er auch besonders scharf auf das, was er sah, dennoch haben selbst Deutsche aus dem Mittelstand sich zu dieser Zeit über die die amerikanische Freiheit einengenden Trusts lustig gemacht.[24]

Ein anderer Blick auf Liebknecht erklärt vielleicht seine Motivationen und Einstellungen. Liebknecht war ein Familienmensch, ein liebevoller Ehemann und Vater, der wollte, dass alle Menschen in den Genuss der Vorteile einer guten Bildung kämen.[25] Deswegen erregte er sich so über die Kinderarbeit, die die Jugend ihres Rechts auf Entfaltung beraubte. Diese Seite des Agitators wird durch die Postkarten, mit denen er die amerikanische Reise für seine Kinder, Neffen und Nichten festhielt, bestätigt.[26]

---

23 Wichtig ist, dass die amerikanischen Verhältnisse zur Vorkriegszeit von deutschen Unternehmern, so z.B. Ludwig Roselius, ganz ähnlich eingeschätzt wurden. Ludwig Roselius, *Briefe* (Bremen: Hauschild, 1919), S. 49: „Mehr als 90 Millionen Menschen waren daher gezwungen, für die geheime Macht einer Handvoll Menschen [Trustvorsitzender] zu arbeiten."

24 Beispielsweise Zeichnungen des Simplicissimus zu Trusts, abgebildet in Dan Diner, *America in the Eyes of Germans: An Essay on Anti-Americanism* (Princeton: Markus Wiener, 1996), S. 78ff.

25 Bestens ausgearbeitet bei Laschitza, *Die Liebknechts*, passim. Dies beinhaltete auch, dass er sich sehr damit quälte, sich in Sophie Ryss verliebt zu haben, während er noch mit Julia verheiratet war. Als Julia im August 1911 starb, konnte er Sophie heiraten.

26 Zu Postkarten als historischer Quelle siehe Christiane Harzig, „Gender, Transatlantic Space, and the Presence of German-Speaking People in North America", in Thomas Adam und Ruth Gross, Hrsg., *Traveling between Worlds: German-American Encounters* (Arlington: Texas A&M Press, 2006), S.146-182.

An die Stelle des zielstrebigen Agitators tritt da der Vater als Erzieher, der seine Abenteuer erläutert und von Indianern, Alligatoren und fabelhaften Erlebnissen erzählt. Die Aufzeichungen seines Sohnes Helmut zeigen, dass Liebknecht den Kindern ein ganz anderes Bild seiner Erfahrungen in den USA vermittelte, als das, was er den Erwachsenen von seiner Reise bot. Zum Beispiel ergibt ein Tagebucheintrag Helmuts vom 23. November 1910, dass drei Postkarten angekommen sind: „Vera [bekam eine mit einem] Indianerbaby, Bobbi einen Indianer im Auto. Ich einen Indianerhäuptling. Nachmittags in Jules Vernes' Werken Entdeckung der Erde 2. Band gelesen. Abend Zeppelin gespielt. Gewürfelt."[27] Am 7. Dezember notierte er die Ankunft von drei weiteren Karten, eine von einer Krokodilfarm in Kalifornien, eine mit einem vor eine Karre gespannten Krokodil, eine andere von einer Tomatenplantage. Nachdem sein Vater wieder zuhause war, zählte Helmut mehrere Souvenirkarten auf, die er ihm mitgebracht hatte, darunter solche von Schiffsbordbüchern, von Goldminen, Baumwollpflückern, Zuckerfeldern und eine mit dem Schriftzug ‚Got a Dollar?'. Nur Letztere spielte auf Armut an. Später am selben Tag kaufte der Sohn des Antimilitaristen Liebknecht ein Modell-U-Boot und ein Spielzeugtorpedoschiff. Und er vermerkte: (?) „Papa erzählt öfters seine Erlebnisse." Auf eine der Karten hatte Karl Liebknecht geschrieben. „So fahren die jungen Mädel aus. Und die schlimmen Krokodile benehmen sich sehr gut." Auf einer anderen, an einen seiner Neffen addressiert, teilte er mit: „So sehen die Indianer-Mamas aus."[28]

Abbildung 1

Abbildung 2

---

27 Karl Liebknecht, *Lebt wohl, Ihr lieben Kerlchen. Briefe an seine Kinder* (Berlin: Aufbau, 1992), S. 70-71.

28 Ebd., S. 68. Beinahe ein Jahr später, als seine Söhne alleine zu Verwandten reisten, schrieb Liebknecht, dass sie keine Angst haben sollten, da sie unter guten Menschen sein würden, und sie soll-

Der bürgerliche Lebensstil vieler deutscher Radikaler und Reformisten ist Forschern aufgefallen und öfters kritisch, manchmal verächtlich, angemerkt worden.[29] Sicher haben alle Führer der Arbeiterbewegung um 1900 Bilder hinterlassen, auf denen sie mit Anzug, Weste, Krawatte und Uhrkette auftreten. Oder ist diese Stilfrage eine Bagatelle, da auch sie wie alle anderen Kinder ihrer Zeit waren? Warum sollten Sozialisten ihren Familien nicht die besten Möglichkeiten bieten wollen, und warum sollten sie nicht teilhaben an den materiellen Errungenschaften der industriellen Produktivität? Deutsche Sozialisten hielten sich an das Motto „Wissen ist Macht", so daß ihre und die Ausbildung ihrer Kinder einen hohen Stellenwert einnahm. Alle Menschen sollten ihre Talente bis zum Äußersten entfalten können, um die Gesellschaft zu verbessern. Anstand ist keine Frage der Klassenzugehörigkeit, und Karl Liebknecht erwies sich als sehr moralische Person.[30] Seinen Kindern und Verwandten servierte er stereotype Bilder Amerikas, die irgendein Tourist hätte sammeln können. Doch war er dabei bedacht, die Kinder zu bilden. Eine doppelte Ironie ist, dass der Antimilitarist es seinen Kindern erlaubte, Kriegsschiffe als Spielzeug zu kaufen. Im Allgemeinen waren seine Amerikabeobachtungen nicht besonders tiefgründig, da er durch die rauhe soziale Wirklichkeit, die er vorfand, doch letztlich nur seine ideologischen Glaubensannahmen bestätigt sah und Stereotypen wiederholte.

Ein kleines Nachspiel seiner Reise bietet uns eine gute Zusammenfassung des Gesamteindrucks von den USA, den Liebknecht gewonnen hatte. So wurden nach seiner Rückkehr Liebknechts amerikanische Reden vom Reichskanzler im Reichstag kritisiert. Es ging um Liebknechts Bemerkung zum „Gottesgnadentum". In einer Zuschrift, die am 13. Dezember 1910 im *Vorwärts* veröffentlicht wurde, lieferte er „einige Feststellungen zur Amerikareise". Sarkastisch merkte er an, dass ihm „eine schauerliche Revolutionsprophezeiung" in den Mund gelegt worden sei. Er nahm die Gelegenheit wahr um zu unterstreichen:

„Gegenüber den Illusionen auch mancher amerikanischer Proletarier habe ich die grandios-rücksichtslosen Exzesse des amerikanischen Kapitalismus, seine fast völlige Schrankenlosigkeit, seine unerhörte Gleichgültigkeit gegen Leben und Gesundheit der Arbeiter und die unverhüllte kapitalistische Korruption der öffentlichen Gewalten scharf gekennzeichnet und betont, dass viele dieser wüsten Ausschreitungen in Deutschland nicht möglich seien, nicht möglich seien vor allem, weil sich das organisierte, klassenbewusste Protelariat eine entscheidende Machtstellung erobert habe und an vielen gefährdeten Stellen Schutzdämme aufgerichtet habe. Ironisierend fügte

---

ten sich benehmen: „So: es ist keine gefährliche, sondern eine gute Erfahrung für euch. Und seid brav und untergrabt meine Ehre nicht, sondern seid tapfer [...]." Ebd., S. 71.

29 Als Erster tat dies Robert Michels, *Political Parties: A Sociological Study of Oligarchic Tendencies of Modern Democracy* (New York: Free Press, 1966; auf Deutsch 1911 erschienen), der das entsprechende Verhalten von Gruppen zu erklären suchte. Als charmanten, positiven Kontrast siehe den Fall der stark im Geiste der Gleichstellung gelebten Ehe zwischen August und Julia Bebel; dazu: Ursula Hermann, Hrsg., *Briefe einer Ehe, August und Julie Bebel* (Berlin: Dietz, 1997).

30 Helmut Trotnow, *Karl Liebknecht: A Political Biography (1871-1919)* (Hamden: Archon Books, 1984), S. 10-13. Die Amerikareise wird nicht erwähnt. Vgl. auch Wohlgemuth, *Karl Liebknecht*, S. 185-188.

ich noch hinzu: „(...) Ich komme in diesem amerikanischen Hexensabbat fast in Versuchung, deutscher 'Patriot' zu werden."
Weiter im Stil von Heinrich Heine ironisierend ging er auf das Thema ‚Heimweh' ein und stellte fest, dass dort die „Kossaken der Republik" ganz im Stil der preussichen Polizei und des Militärs operierten, und dass auch die Klassenjustiz ähnlich fungiere.

III. Legien: Gewerkschaften, Gesellschaft und Rituale

„House [of Representatives] hears Karl Legien: Leader of Socialists in Reichstag Speaks in German" schrieb die *New York Times* am 21. April 1912. Legien brachte dem Congress die Grüße der deutschen Gewerkschaften und behauptete zusätzlich, dass „organized workers do not only stand for progress but also are the strongest advocates of peace among nations." Zwei Jahre später argumentierte der russische Bolshevik Vladimir Iljitsch Lenin: "What should not be copied from the German Labor Movement", und zielte auf Legiens Buch *Aus Amerikas Arbeiterbewegung*. Lenin lehnte Legiens moderate Bewertung der USA eingehend ab. Das Buch beschrieb ausführlich Legiens Amerikareise von Mitte April bis Ende Juli 1912.[31] Ironischerweise enthielt Legiens allgemein positive Einschätzung seiner Reise auch seine Beobachtung zur Korruption in der Polizei, zur Korruption in der Politik und zum Verbot der Produktion, des Verkaufs und des Konsums von Alkohol (Prohibition). Ein anderes Thema, welches von Lenin unbemerkt, sehr gut und oft humorvoll geschildert wurde, ist das viele Trinken und die Einrichtung amerikanischer Hotels. Doch der größte Teil des Buches war dem Versuch gewidmet, den deutschen Lesern einen möglichst genauen Eindruck der amerikanischen Industriearbeit und der amerikanischen Arbeiterbewegung zu vermitteln. Obwohl Legien an zahlreichen dieser Trinkgelage teilnahm, liefert er in seinem Buch ein sehr sachliches und umfassendes Bild seiner Reise.

Legien bereiste einen großen Teil des Kontinents und legte ungefähr 15000 Kilometer zurück. Er begann, wie viele europäische Besucher, in New York und Brooklyn, die er per Auto besichtigte. In New York war er von den vielen Reklamen beeindruckt. Bei der Beschreibung seiner Erfahrungen bediente sich Legien vieler Ausdrücke und Wertungen seiner Zeit. Zum Beispiel spricht er bei seinem Bericht über den Nachtzug nach Boston nicht vom Schaffner, sondern sagt einfach „der Neger".[32] Von Washington reiste er per Bahn nach Buffalo und zu den Niagara Falls weiter, dann nach Toronto, wo er, wie überall, Slums vorfand.[33] Zu Kanada merkte er an, dass viele Immigranten des ausgelaugten Bodens wegen in die USA zurückgingen. Schließlich besuchte er Versammlungen in Cleveland, Ohio, Pittsburgh und Homestead, das für seine großen

---

31 http://www.marxists.org/archive/lenin/works/1914/apr/00.htm; Lenin kritisierte, dass Legien die „amerikanische, bürgerliche Methode der Tötung wackerer Sozialisten durch Komplimente" nicht durchschaue und bezichtigte ihn, ein Opportunist zu sein.

32 C. Legien, *Aus Amerikas Arbeiterbewegung* (Berlin: Generalkommission, 1914), Beispiele S. 26 und 57.

33 Ebd., S. 39.

Streiks bekannt war. In all diesen Städten, so schrieb er wiederholt, habe er derart schlimme Wohnungen zu Gesicht bekommen, wie man sie in Deutschland nicht finden könne.[34] Von McKees-Port ging es nach Cincinnati, wo viele Deutsch mit ihm sprachen, besonders die Brauereiarbeiter. In Indianapolis beobachtete er, wie einfach es war, die Prohibition zu umgehen – Bier wurde schlicht in Kaffeetassen serviert.[35] Beginnend in Chicago, aber besonders in Milwaukee, hatte er den Eindruck, dass Deutsche bei den Versammlungen in der Mehrzahl waren. Deutsche und Farbige erregten auch auf seiner Reise nach Minneapolis, dann St. Paul und St. Louis seine Aufmerksamkeit: „700,000 Personen, wovon 100,000 Deutsche und 35,000 Neger waren."[36] Danach steuerte er Kansas City an, fuhr dann via St. Louis zurück nach Indianapolis, um nach Denver and Colorado Springs weiterzureisen. Auf dem Weg nach Los Angeles hielt Legien in Salt Lake City und Yosemite Valley. Vorträge in Sacramento und Merced wurden in San Francisco und Frisco wiederholt. Sein Besuch in Santa Cruz und Monterey ließ ihm ein wenig Zeit zum Angeln und zum Besuch der gigantischen Redwoods. Seine Rückreise führte ihn durch das Santa Clara Valley nach Oakland, seinem letzten Halt in Kalifornien, bevor ihn die Bahn nach Portland und Seattle brachte.

Er behauptete in seinem Buch, wolle man „sich ein Urteil über die Arbeiterbewegung in den Vereinigten Staaten bilden, kann es nicht vollkommen sein, ohne daß man nicht auch den Westen kennen gelernt hat."[37] Den ganzen Süd-Südosten des Landes ließ er allerdings aus. Legiens Rückreise führte ihn über den Kontinent via Davenport, Iowa (mit reichlich Arbeitergesangsvereinen) nach Dayton, Ohio; dann weiter zum Parteitag der Republikaner in Chicago, bevor er Detroit und Toledo, Ohio und Altoona aufsuchte; endlich ging es über Erie, Rochester, Schenectady, Philadelphia und Providence zurück nach New York. Dort wohnte er der örtlichen Abendunterhaltung bei: man warf Basebälle auf einen „Neger", dessen Kopf durch ein Wandloch hervorguckte; es ekelte ihn an.[38] Legiens Reise verband Vorträge mit Besichtigungen, was bedeutet, dass er Amerikatourismus mit Besuchen in Arbeitervierteln und Fabriken verband.

Legien sah Amerika durch die Linse seiner eigenen erfolgreichen Gewerkschafts- und Parteiarbeit. Er hatte sich selbst durch die verschiedenen Organisationen hochgearbeitet und dabei mitgeholfen, sie aufzubauen. 1912 waren mehr als zwei Millionen Arbeiter Mitglieder der in der Generalkommission zusammengeschlossenen deutschen Gewerkschaften, und viele davon waren Mitglieder der beinahe millionenstarken SPD. Legien, Vorsitzender der Generalkommission, war auch Leiter des Internationalen Gewerkschaftssekretariats. Ideologisch galt er als moderat und pragmatisch. Er

---

34 Ebd., S. 44.
35 Ebd., S.54.
36 Ebd., S.63. Legien berichtete über die zahlreichen Deutschen, die in den Brauereien arbeiteten, und von den unzähligen deutschen Gesellschaften mit Lesezimmern, Treffs und Sporthallen. Er beobachtete, von anderen darin bestätigt, die Assimilationtendenzen der zweiten Generation (ebd., S. 49). Auf der Reise gen Westen traf er auf noch mehr deutsche Vereine, besonders Gesangsvereine, und zwar in St. Louis und Kansas City (ebd., S.65).
37 Ebd., S. 83.
38 Ebd., S. 94.

hatte lebenslang für die Verbesserung der Arbeitsverhältnisse und die politischen Rechte der Arbeiterschaft gekämpft.[39] Den Vorschlag, 1910 gemeinsam mit Karl Liebknecht in die USA zu reisen, hatte er abgesagt, zum Teil, weil er nicht durch gemeinsames Auftreten den Eindruck erwecken wollte, Liebknechts Radikalismus zu teilen, besonders da Liebknecht Massenstreiks befürwortete und Legien sie ablehnte. Außerdem wollte er mehr als nur eine schnelle und eilige Tour unternehmen und sich gründlich über Amerika informieren. Er hatte sogar kritische Worte für jene übrig, die nur einige Wochen in einem Land verbrachten, dessen Sprache sie nicht beherrschten, dann aber besserwisserisch ihre Meinungen verbreiteten.[40] Ähnlich wie Wilhelm Liebknecht reflektierte er über die Reiseberichten innewohnenden Probleme. Ehe Legien seine dreimonatige Reise antrat, hattte er sich vorbereitet, beispielsweise den Baedeker gelesen, und weitere Kontakte zur American Socialist Party sowie zur AFL geknüpft. Auf dem Weg westwärts wurden seine Vorträge und Aufenthalte von der AFL, die ihn offiziell eingeladen hatte, die USA zu besuchen, präsentiert, auf der Rückkehr von der American Socialist Party. Sein Kollege Adolf Baumeister, auch ein gemäßigter Gewerkschafter, begleitete ihn als Übersetzer.

Legiens Buch aus dem Jahre 1912 umfasste 200 Seiten und ein Dutzend Bilder. Das Werk wurde gut aufgenommen und dreimal aufgelegt, zusätzlich erschien eine Kurzfassung auf Englisch. Er stellt darin seine Reise getrennt von den Versammlungen dar. Die zweite Hälfte ist seiner Analyse der amerikanischen Arbeiterorganisationen gewidmet, unterteilt in die Themen Gewerkschaften, AFL, Boykotttaktiken, *Knights of Labor*, *Industrial Workers of the World* und die *Socialist Party of America*. Gegenüber anderen Reisenden, die die amerikanische Arbeiterbewegung beurteilten, waren seine kritischen Bemerkungen sehr zurückhaltend.

Legien referierte Allgemeinplätze, wenn er die Schwierigkeiten unterstrich, die es bedeutete, solch ein großes Land zu verstehen. Die Schnellbahn von New York nach San Francisco, so schrieb er, brauchte sieben Tage oder 188 ununterbrochene Stunden. Er selbst erlebte eine 72 stündige Bahnfahrt von Westen in Richtung Osten. Er erklärte, dass Amerikaner zwar eigentlich nur eine Bahnklasse hätten, Deutschland hingegen derer vier. Aber, stellte er fest, berücksichtige man die Preise und Typen der Waggons, dann hätten die Amerikaner eigentlich acht. Und – im Gegensatz zu üblichen Stereotypen – sei das Leben in den Waggons in Amerika anders als das rau-lustige und humorvolle Miteinander bei den Deutschen:

> „Der Amerikaner kennt dergleichen nicht. Er behält in solchen Situationen die gleiche Ruhe, und Aufregung scheint ihm fremd. Er macht weder Witze noch schimpft er. Während meines dreimonatigen Aufenthalts habe ich, abgesehen von einigen Neueingewanderten, nur einmal einen Einheimischen schimpfen hören und dieser war nicht anglo-amerikanischer Abstammung."[41]

Obwohl er fand, dass deutsche Bahnen besser seien, zog er den Schluss, dass amerikanische Zugreisen „ganz gut" abschneiden würden. Aber die Verbindungen und Ortsnamen seien ein einziges Chaos, da es vierzehn St. Louis und achtundzwanzig Berlins

---

39 Siehe Führer, *Carl Legien*, passim.
40 Legien, Amerikas Arbeiterbewegung, S. 5.
41 Ebd., S. 7.

gäbe. Den neuesten Bahnhof der Pennsylvania Railroad fand er „das großartigste derartige Gebäude, das ich bisher gesehen hatte", obwohl er es lächerlich fand, dass die Amerikaner alles per Superlativ als „das Größte" oder „das Wichtigste" bezeichneten, oder eben in der Nähe von San Francisco „die krummste Bahn der Welt" feierten.[42] Legien bemerkte, dass die großen amerikanischen Bahngesellschaften herrliche Bahnhöfe am jeweiligen Ende einer Bahnverbindung anlegten, aber dazwischen meist miserable Einrichtungen die Regel waren.

Er fand die Hotels (mit Bad) im allgemein besser als die europäischen. Gut fand er, dass ihm wenig Hände entgegengehalten wurden, um Trinkgeld zu erbetteln. Die Zeiten, um zu essen, waren ihm allerdings zu beschränkt. In seiner Wahrnehmung kochten die Amerikaner ihr Essen nicht lang genug. Als jemand, der seit 1892 wegen einer Typhuserkrankung in Hamburg kein ungekochtes Wasser zu sich nahm, war er erschrocken über all das Wasser, das überall ohne ausreichend individuelle Trinkgefäße angeboten wurde. An den Stil des Trinkens in den Bars konnte er sich nicht gewöhnen; meist war es viel, schnell und mit Betonung aufs sofortige Bezahlen. Während Deutsche tranken, soffen die Amerikaner. Aber für ihre ausgiebigen Frühstücke machte er Komplimente: Pampelmuse mit Zucker, Koteletts mit gebratenen Kartoffeln, „letztere ein Spezialgericht in den Vereinigten Staaten", danach Käse, Radieschen und Kaffee oder Tee mit Patisserien.[43] Wie andere Reisende beobachtete er, wie einfach die Umgehung der Prohibition war, auch in sogenannten „dry states". Eine komische Sache erfuhr er in Milwaukee, als er in einer Bar ein Gespräch mit Kollegen weiterführen wollte: „Da wurde uns gesagt, dass die Frau eines Genossen, die sich in unserer Gesellschaft befand, die Bar nicht betreten dürfte."[44] Als sie fragten, was geschehen würde, falls sie zur Bargesellschaft dazustieße, wurde ihnen mitgeteilt, dass dann die Männer das Lokal verlassen müssten. Legien kommentierte: „Sonderbar, in einer Stadt mit größtenteils deutscher Bevölkerung und starker sozialistischer Bewegung eine solche Prüderie."[45]

In Boston traf Legien den Bürgermeister John F. Fitzgerald und den Gouverneur Eugene Foss. Beide hatten Deutschland besucht, ein Beweis für die guten Reisemöglichkeiten und das Interesse, Gemeinsamkeiten beiderseits des Atlantiks zu erforschen. Es entstand ein Gespräch über Lebenskosten und wie man tragfähige Vergleiche herstellen könne. Legien verteidigte sein Land: „Es ist ein Unrecht, wenn Amerikaner, die Deutschland besuchen, in ihren Berichten die Löhne der deutschen Arbeiter einfach in

---

42 Ebd., S. 29. Ein französischer Reisender bemerkte Mitte des 19. Jahrhundert dasselbe, stellte es allerdings in einen Vergleichszusammenhang: "Thus in Europe each nation arrogates to itself the first rank. I do not see why the Americans should be more modest than people on the other side of the Atlantic." Michael Chevalier, *Society, Manners and Politics in the United States* (Gloucester: Peter Smith, 1967), S. 94.

43 Legien, *Amerikas Arbeiterbewegung*, S. 25-27 über Essen und Getränke; weitere Beispiele auf S.36. Siehe S. 54 bezüglich Falschangaben zu Bierfässern in Nebenräumen, Bier in Kaffeetassen und inwiefern die Polizei sich je nach Größe des Lokals durch Bestechung beteiligte.

44 Ebd., S. 56.

45 Ebd.

Dollar umrechnen, ohne den Kaufwert des Geldes zu berücksichtigen."⁴⁶ Direkte Vergleiche finden sich auch, wenn er beispielsweise das breit ausufernde Washington mit Verweis auf das kompakte Berlin beschrieb. Die Pracht des Capitols stand im Gegensatz zu den Slums, wo 92000 ‚Neger' in segregierten Gegenden lebten. Legien machte keinen Hehl von seiner Abneigung gegenüber dem Mangel an echter Rechtsgleichheit im Land oder, wie er es formulierte, über das Privileg des Geldes: „Es regiert wie immer und überall."⁴⁷

Von der amerikanischen Rassenpolitik berichete Legien, was ihm „ein Besitzer einer Baumwollplantage in Texas" berichtet habe, nämlich „daß es den Weißen dort gar nicht einfalle, die Neger, die bis vor fünf Jahrzehnten ihre Sklaven waren, als gleichberechtigt anzuerkennen. Das Wahlrecht hätten die Neger wohl, aber es sei selbstverständlich, daß die Weißen verhindern, daß sie mitzubestimmen haben, wenn nicht anders, so durch Wahlfälschung. Daran würde festgehalten, daß die Neger in der Straßen- und Eisenbahn in besonderen Abteilungen fahren."⁴⁸ Legien gab zu, dass er nicht wusste, ob die Geschichte wahr sei, dass Schwarze samt eines Bischofs aus einem fahrenden Zug geworfen wurden, als sie versucht hatten, sich zu den Weißen zu setzen, aber überall sah er die offene „Absonderung und eine gewisse Verachtung der Schwarzen. Diese stehen, abgesehen von Ausnahmen, auf tiefer Kulturstufe, was erklärlich ist, denn nach jahrhundertelanger Sklaverei vermag eine Rasse sich nicht in wenigen Jahrzehnten zur Kultur durchzuringen."⁴⁹

Zu seiner Einladung, im US Kongress ein Grußwort zu sprechen sowie über die freundliche Aufnahme dort sagte er: „Es wäre hier [Deutschland] ja auch undenkbar, dass ein Ausländer, ein Sozialdemokrat, eine Ansprache im Parlament halten könnte."⁵⁰ Ähnlich positiv erschienen ihm die Möglichkeiten in Amerika, sozial aufzusteigen, hauptsächlich durch Bildung, Aus- und Weiterbildung. Als Beispiel erwähnte er einige Rechtsanwälte, die er getroffen hatte, die früher Facharbeiter gewesen waren, dann aber Abendkurse belegt hatten. Eine besondere amerikanische Einrichtung, die ihm imponierte, waren die ‚land-grant colleges'. Wie Friedrich Engels in den 1880er Jahren fand er: „Die Arbeit, gleichviel welcher Art sie sei, wird nicht missachtet und der Kellner oder Gepäckträger, der Straßenbahnschaffner oder Eisenbahnbedienstete, er fühlt sich als freier Bürger, und wer versuchen wollte, diese Leute bei ihren Dienst-

---

46 Ebd., S. 27. Das Thema wurde unter Sozialwissenschaftlern sowie Arbeiterführern viel diskutiert, da es bedeutsam war, um soziale Mobilität einschätzen zu können. Siehe Wolfgang Helbich, „Different, But not out of this World: German Images of the United States Between Two Wars, 1871-1914", in David Barclay und E. Glaser-Schmidt, Hrsg., *Transatlantic Images and Perceptions: Germany and America since 1776* (Cambridge: Cambridge University Press, 1997), S. 109-129; hier S. 118. Die Durchsicht des Nachlasses Eugene Foss, Gouverneur von Massachusetts, im Massachusetts State Archive ergab allerdings keinerlei Hinweise auf seine Reise nach Deutschland.
47 Legien, Amerikas Arbeiterbewegung, S. 7.
48 Ebd., S. 30. Ebenso für die folgenden Zitate.
49 Ebd.
50 Ebd., S. 32. Vgl. auch Führer, *Legien*, S. 163, der behauptet: „Die ‚New York Times' hat über Legiens Rede in Washington nicht berichtet." Der Bericht erschien, wie oben gezeigt, am 21. April 1912.

leistungen anzuschnauzen oder von oben herab zu behandeln, wie es in Deutschland bei Leuten beliebt ist, die mit der Pflege ihrer Finger die Arbeitstätigkeit erschöpft haben und gesellschaftlich nutzbringende Arbeit kaum dem Namen nach kennen, würde sehr schlecht fahren."[51] Doch solle keiner glauben, dass Klasse in den Vereinigten Staaten keine große Rolle spiele, denn hier würde man sich insbesondere über das Besitztum von anderen abgrenzen.

Noch ein Problem, dem Legien besonders in Chicago, Pittsburg, Kansas City und Los Angeles begegnete, waren minderwertige „Arbeiterwohnungen, wie sie in Deutschland nicht zu finden sind."[52] Sogar in Toronto fand er die gleichen Probleme vor, wo schöne Parks und Gebäude an Slums grenzten. In den Stahl produzierenden Gegenden wurde es noch verschlimmert durch „die große Zahl der Krüppel [...], Opfer der Industrie."[53] Seine Begleiter in Homestead erzählten ihm darüber, wie die Pinkertons die Streikenden niederschlugen. Auch in Homestead suchte er Arbeiterwohnungen auf: „Es sind dort Hütten wie sie in einem Industriegebiet Deuschlands nicht zu finden sind."[54] Er lobte Carnegies Arbeiterbibliotheken, aber meinte, dass durch bessere Löhne und Lebensbedingungen viel mehr erreicht werden könne. Arbeiter, die für $1.50 pro 14-Stunden-Tag schufteten, hätten keine Zeit für so wichtige Einrichtungen wie Bibliotheken. Der enorme Leistungsdruck bei der Arbeit fiel ihm genauso auf wie Liebknecht. Nachdem er gesehen hatte, dass es beim Bau von Wolkenkratzern keine schützenden Gerüste gab, schloss Legien, dass man in Amerika Tiere besser behandeln würde als Arbeiter.[55] Während eines Besuchs in einer Mehlfabrik erlebte er zum wiederholten Male den Mangel an Schutzvorkehrungen in einem „Riesenbetrieb [..., in dem] der Mensch selbst zu einem Maschinenteil geworden ist."[56] Als Gegenbeispiel jedoch diente eine Strumpffabrik, die er hatte besuchen können, nachdem der Eigentühmer sich hatte überzeugen lassen, dass sie keine Firmengeheimnisse stehlen würden. Diese Fabrik zeigte sich ihm als „ein Musterbetrieb".

Von den Charakteristika, die er den Amerikanern, besonders den Gewerkschaftern zuschrieb, betonte er insbesondere ihre „Freundlichkeit" und ihr „Entgegenkommen". Zusätzlich zeigte er sich von ihrer Ehrlichkeit in den kleinen Dingen des Alltags beeindruckt, dass sie z.B. einfach Geld liegen ließen, nachdem sie sich eine Zeitung vom Stapel genommen hatten. Wenn jedoch jemand einen Anderen reinlege, so werde das nicht unbedingt als Unehrlichkeit, sondern als „gerissen" gewertet.[57] Die wilde Landschaft westlich von Colorado, besonders die Redwoods, imponierten Legien sehr. Doch in Wawona, wo er das erste Mal Indianer zu Gesicht bekam, schrieb er, sie seien „aber nicht in Vergleich zu stellen [...] mit den Gestalten, die uns [James Fenimore] Cooper in seinem *Lederstrumpf* schildert. Es ist eine tiefstehende verkommene Rasse,

---

51 Ebd., S. 33.
52 Ebd., S. 35.
53 Ebd., S. 41.
54 Ebd., S. 44.
55 Ebd., S. 54.
56 Ebd., S.60-61.
57 Ebd., S.73. Friedrich Engels konstatierte 1886 ähnliches, und fasste es unter der Bezeichnung „greenhorn" zusammen.

die, in abgetragene europäische Kleidung gehüllt, gedrückt einherschleicht. Einer Frau mit einem Kinde auf dem Arm sah man es an, wie unangenehm es ihr war, dass wir sie mit Aufmerksamkeit betrachteten."[58] Solche Bemerkungen, und die Wiederholung der These von der Falschheit eines „Land[es] ohne Eigenthümer"[59], illustrieren, dass auch Legien von typisch europäischen, kolonialen Ansichten nicht frei war.

Legiens Bericht bietet viel Information über die Rituale der organisierten Arbeiterschaft. Das unendliche Händeschütteln, die genau festgelegte Reihenfolge beim Auftreten, die Regeln und Posten so wie der „Sergeant-at-Arms", die Ernsthaftigkeit bei Gewerkschaftsgeschäften und die Rolle jedes Mitglieds im Vorstand wird erwähnt, gerade im Vergleich zu den lässigeren deutschen Versammlungen. Mehrmals erwähnte er das herrschende Trinkgehabe und schrieb, man trinke auch im Büro, und zwar zu jeder Tageszeit. Er

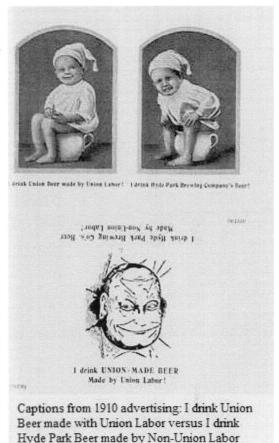

Captions from 1910 advertising: I drink Union Beer made with Union Labor versus I drink Hyde Park Beer made by Non-Union Labor

Abbildung 3

stellte zudem fest, dass die amerikanischen Gewerkschafter Boykotte und Reklame als Verhandlungsmethoden und -mittel einsetzten. Am Anfang der Reise fand er den Broadway noch „die größte Reklamestraße der Welt"[60], erkannte aber später den Wert, den der Einsatz von Publicity haben konnte – wie zum Beispiel Handzettel zum Protest gegen nicht-organisierte Firmen zu verteilen.

In Amerika traf Legien auf eine Arbeiterbewegung, die über imposante Gebäude verfügte und deren Tarifverhandlungen gut vorbereitet waren. Er applaudierte den re-

---

58 Ebd., S. 73.
59 Ebd., S. 75.
60 Ebd., S. 25.

form- und fortschrittsorientierten Einstellungen ihrer Anführer. Außer der Wohnungsfrage sah er die Verhältnisse nicht als extrem an. Und er schätzte Amerikas Bürgerrechte und seine politischen Institutionen. Anders als Liebknecht schlug er keine sozialistische Revolution vor, sondern empfahl moderate Reformen, ähnlich auf pragmatische Verbesserungen hin ausgerichtet wie sie seiner Ansicht nach auch in Deutschland nötig waren. In einer Sache stimmte er allerdings mit Liebknecht überein, nämlich in der simplistischen Annahme, dass der Weg zum Sozialismus über die Verstaatlichung der Trust führen müsse. Er sagte in Cleveland „daß, [wenn] der Staat den Trust übernimmt, dann habt Ihr den Sozialismus!" In Chicago rief er: „Die Entwicklung zum Sozialismus geht schon in der heutigen Gesellschaftsordnung vor sich. Wir haben überall Aktiengesellschaften. [...] Diese Betriebe sind reif zur Übernahme, z.B. der Stahltrust."[61] In seinen Vorträgen berichtete er ohne Schönfärberei von den Kämpfen um weniger Arbeitsstunden und verbesserte Arbeitsbedingungen, die die Gewerkschaften und Sozialdemokraten in Deutschland fochten. Aber er fand, dass die Zahl seiner Zuhörer enttäuschend klein war.

Legien bot einen ganz normalen, deskriptiven Reisebericht, erweitert um den Blick auf die Arbeiterschaft und ihre Institutionen, die von bürgerlichen Beobachtern unbeachtet blieben. Insgesamt war Legiens Amerika weder besser noch schlechter als Europa, außer dass die deutsche Arbeiterschaft bereits zu einem höheren Maße organisiert war.

IV. Friedrich Ebert: Hoffnung und Enttäuschung

Über Friedrich Eberts genaue Einstellungen zu den USA ist wenig bekannt. Einige Aspekte können zusammengebastelt werden, aber das Wesentliche bleibt unklar. Während seiner Zeit als Parteiagitator in Bremen machte er gelegentlich Bemerkungen über die USA und ihre Sozialpolitik. So wies er zum Beispiel anlässlich der Feierlichkeiten zum 1. Mai 1904 auf die weltweiten Fortschritte in Bezug auf den Achtstundentag hin: „Auch an praktischen Erfolgen fehlt es nicht. In Amerika, [und] Australien,... ist der Achtstundentag vowärts gekommen."[62] Ein anderes Mal äußerte er sich zur Sammlung von Statistiken für den Arbeitsnachweis: „Wir in Deutschland prahlen sehr oft, daß wir an der Spitze der Sozialreformen marschieren. Aber Sie finden eine Reihe anderer Staaten, die das, wofür wir eintreten, bereits eingeführt haben. So Amerika. Dort bestanden schon 1894 nicht weniger als 32 Statistische Arbeitsämter, mit einem Zentralbureau am Sitz der Bundesregierung."[63] Wie andere wies er auf Rechte und Praktiken hin, die in Amerika bereits existierten und deren Einführung seiner Ansicht nach auch Deutschland zum Vorteil gereichen würde.

---

61 Zitiert in Führer, *Legien*, S. 166. Führer meint, dass diese Ansichten Legiens Standpunkt während des Krieges erklären, dass die Kriegswirtschaft als Sozialisierungsprozess anzusehen sei.
62 Friedrich Ebert, *Schriften, Aufzeichnungen, Reden* (Dresden: Reissner, 1926), Bd. 1, S. 245.
63 Friedrich Ebert, *Kämpfe und Ziele* (Dresden: Carl Reissner, 1926), S. 123, auch S. 109 zum Vergleich.

Ebert besuchte die Vereinigten Staaten nie selbst, verfolgte aber wie so viele am Ende des Ersten Weltkrieges aufmerksam die Stellungnahmen von Präsident Woodrow Wilson zu den Friedenskonditionen. Während des Weltkrieges nahm Ebert häufig Stellung zu Friedensfragen, aber sagte dabei wenig zu den USA, da sich seine Hauptkritik an England und Frankreich richtete, die er als die Hauptfeinde Deutschlands sah.[64] Als die SPD sich an der Regierung des Prinzen Max von Baden beteiligte, hoffte Ebert, dass die berühmten Vierzehn Punkte Wilsons als Friedensbasis dienen würden. Doch bald wurde er pessimistisch, oder realistisch, als er Mitte Oktober 1918 behauptete: „Wilson umkleidet seine Politik klug, aber er ist ein Imperialist."[65] Was würde Deutschlands Aushalten für einige Wochen bedeuten, fragte er und antwortete: noch eine Million amerikanische Soldaten. Doch nach der Niederlage Deutschlands setzten Ebert und seine Kollegen ihre Hoffnungen auf die USA, dass die Friedensbedingungen gemäß den Äußerungen Wilsons vergleichsweise milde sein würden. Wie viele Deutsche sah sich Ebert in dieser Hoffnung jedoch bald herb enttäuscht, als die Bedingungen des Versailler Vertrages bekannt wurden.

Ein Teil der Enttäuschung unter den deutschen Nachkriegsführern rührte auch daher, dass man auf den Erfolg geheimer Kontakte zu den Amerikanern gesetzt hatte, die der Rat der Volksbeauftragten, mit Ebert als Vorsitzendem, aufgenommen hatte.[66] Im Dezember 1918 hatte Walter Loeb, ein Frankfurter Geschäftsmann, Zusammenkünfte mit Arthur Conger, dem Leiter der amerikanischen Militärmission organisiert. Durch Loeb hatte eine kleine Gruppe Eingeweihter versucht, direkte Verbindung mit Präsident Wilson aufzunehmen. Die deutsche Seite, inklusive Ebert, dachte, dass Congers Gespräche mit Loeb als spezieller Kommunikationskanal dazu dienten, dass die Deutschen sich ein Bild davon würden machen können, was für Friedensbedingungen sie seitens der Entente zu erwarten hätten, und die Amerikaner davon, was Deutschland bereit war zu akzeptieren. Aber als sie dann im April und Mai 1919 keinerlei Einfluss auf die Friedensbedingungen hatten und vielmehr herausfanden, dass die Amerikaner diesen Kanal hauptsächlich dazu benutzt hatten, um zu betonen, dass sie fest zu ihren alliierten Partnern ständen und bereit waren, mit ihnen in Deutschland einzumarschieren, glaubten die Deutschen, dass sie reingelegt worden wären. Die Deutschen waren in heller Aufregung, weil Loeb Conger „Informationen mitgeteilt hat[te], die nur Sie unter unseren Feinde bekommen haben."[67]

---

64 Siehe Beispiele in Dieter K. Buse, Hrsg., *Parteiagitation und Wahlkreisvertretung: Eine Dokumentation über Friedrich Ebert und sein Reichstagswahlkreis Elberfeld-Barmen*, 1910-1918 (Bonn: Neue Gesellschaft, 1975).

65. E. Matthias und R. Morsey, Hrsg, *Die Regierung des Prinzen Max von Baden* (Düsseldorf: Droste, 1962), S 267-68.

66 Zu Eberts großer Hoffnung auf die und seiner generellen Einschätzung der USA, besonders zu ihrer Rolle für eine mögliche Milderung der Waffenstillstandsbedingungen, wenn man anbieten würde, bei der Abwehr des Bolschewismus zu helfen, ab November 1918, siehe Klaus Schwabe, *Woodrow Wilson, revolutionary Germany and peace-making, 1918-19* (Chapel Hill: University of North Carolina, 1985).

67 *Das Kabinett Scheidemann*, bearb. von Hagen Schulze (Boppard: Boldt,1971), S. 325.

Zu Beginn gingen diese Kontakte über General Wilhelm Groener und das Militär.[68] Sie waren mit Eberts Wissen und Zusage aufgenommen worden. Exemplarisch für Eberts Anteil an diesen diplomatischen Manövern ist ein Brief Loebs an Reichskanzler Philipp Scheidemann vom 4. März 1919. Er bat um Instruktionen und Richtlinien zu bestimmten Sachfragen: „Herr Reichspräsident Ebert ist sicher gerne bereit, Ihnen Auskunft über die Art der Verbindung zu geben...."[69] Im Frühling 1919 haben alle einflußreichen Mitspieler – Ebert, Scheidemann, Graf Rantzau, Matthias Erzberger, Groener – von diesen Kontakt Gebrauch gemacht und wurden in ihren Hoffnungen bestärkt. Ende März fragte Conger nach, was Deutschland wirtschaftlich bewältigen könnte. Auf Eberts Nachfrage verfasste Rantzau ein entsprechendes Memorandum.[70] Als Ende April die Höhe der alliierten Forderungen bekannt wurde, wollte Rantzau zunächst nichts mehr mit Conger zu tun haben. Doch als im Mai die Bedingungen für einen Friedenvertrag übergeben worden waren, trafen sich Erzberger und Groener wieder mit Conger in Berlin. Auf eigene Initiative schlug Erzberger Konditionen vor, die, wie er behauptete, von deutscher Seite angenommen werden würden. Dabei unterstrich er, was die Entente schon wusste, nämlich dass die deutsche Führung uneinig sei und dass Deutschland keinen Widerstand würde leisten können.[71] Im Allgemeinen hat die Entente die Erkenntnisse aus den Unterhaltungen zwischen Loeb und Conger gegen Deutschland verwandt. Eine Taktik, die mit Eberts Einverständnis verfolgt wurde, mit dem Ziel, um über Wilson bessere Konditionen für Deutschland zu erzielen, wurde geradezu in ihr Gegenteil verkehrt. Dies illustriert die Schwäche und die naive Einstellung der deutschen Führung. Sie hatten Wilson und den Einfluss Amerikas falsch eingeschätzt und zuviel Hoffnungen auf die USA gesetzt. Ein Biograph Eberts, der ihn zum „Staatsmann" hochstilisiert, hat Eberts Teilnahme in diesem ungeschickten diplomatischen Spiel übersehen.[72]

Weitere Illusionen hegte Ebert bezüglich der von Deutschland zu zahlenden Reparationen. Die Hoffnung, dass Amerika angesichts der desolaten wirtschaftlichen Lage

---

68 Siehe die wichtigen Dokumente bei Fritz T. Epstein, Hrsg., „Zwischen Compiègne und Versailles", *Vierteljahrshefte für Zeitgeschichte*, Bd. 3 (1955), S.412-455. Siehe auch *The Papers of Woodrow Wilson* (Princeton: University Press, 1988), Bd. 55, S. 55: Wilsons Einschätzung Eberts als deutscher Nationalist. Siehe auch die Geheimberichte, die an Wilson gingen und beweisen, dass die Alliierten mittels ihrer Agenten über die Absichten zur Annahme der Friedensbedingungen seitens der deutschen Führung gut informiert waren: Ebd., Bd. 56, S. 494; Bd. 59, S. 68; Bd. 58, S.307). Vgl. Klaus Epstein, *Matthias Erzberger and the Dilemma of German democracy* (Princeton: Princeton University Press, 1969), S.346ff.

69 *Kabinett Scheidemann*, S. 28.

70 Udo Wengst, *Brockdorff-Rantzau und die außenpolitische Anfänge der Weimarer Republik* (Bern: Lang 1973), S. 28. Vgl. Christiane Scheidemann, *Ulrich Graf Brockdorff-Rantzau. Eine politische Biographie* (Frankfurt: Lang, 1998).

71 Epstein, *Erzberger*, S. 351, bietet zu viele Ausreden für Erzbergers fragwürdige Einzelgänge.

72 Obwohl Walter Mühlhausen mit *Friedrich Ebert, 1871-1925* (Bonn, Dietz, 2006), mit Hauptgewicht auf der Zeit von 1919 bis 1925, die ausführlichste Biographie bietet, wird die Einschätzung Eberts als „Staatsmann" nicht fundiert; siehe u.a. Lothar Machtan, *Die Abdankung. Wie Deutschlands gekrönte Häupter aus der Geschichte fielen* (Berlin: Propyläen, 2008), der findet, „dass Ebert im Herbst 1918 alles andere als ein nüchterner Sachpolitiker" gewesen sei (Ebd., S. 232). Stattdessen bezeichnet Machtan ihn als „Dilettanten".

und festgefahrenen (besser: isolierten?) diplomatischen Position Deutschlands positiv eingreifen und Einfluss nehmen könnte, blieb immerhin ein Teil des Ebertschen Amerikabildes. Im Juli 1921 versuchte er den Direktor von Krupp, Otto Wiedfeldt, zu überzeugen, den Posten als deutscher Botschafter in den Vereinigten Staaten zu übernehmen, mit dem Ziel, „Amerika aus seiner Lethargie Europa gegenüber zur Bewegung zu bringen."[73] Dies alles entsprach Eberts westorientierter Politik seit 1917, die darauf gründete, dass er mit Lenins Regierung nichts zu tun haben wollte. Deswegen war er sehr aufgeregt, als der Handelsvertrag mit Russland 1921 und besonders der Rapallo-Vertrag von 1922 entgegen seinen Wünschen unterzeichnet wurden. Deswegen wählte er auch Brockdorff-Rantzau als Botschafter für Russland und versicherte sich dessen direkter Berichterstattung an ihn selbst, eine eigentlich verfassungswidrige Abmachung. Zusätzlich hatte er 1922 persönlich Wiedfeldt für den Posten des Botschafters in den USA gewonnen, um über diesen besser Einfluss auf die Außenpolitik ausüben zu können. Insbesondere im Bezug auf die Reparationen hoffte er unbeirrt darauf, die Unterstützung der USA gegenüber Frankreich und England zu gewinnen. Als Ziel, mit Wiedfeldt und dem Außenminister vereinbart, war „anzustreben, daß die allgemeine Stimmung in den Vereinigten Staaten Deutschland gegenüber sich bessere und daß Amerika an der Wiederaufrichtung Deutschlands sich beteilige...[oder] die Amerikaner so fest mit der Lösung der europäischen Wirren zu verstricken, daß sie schwerlich wieder herauskönnen."[74] Mit dem Dawes-Plan war das wohl teilweise geschehen. Ebert wollte die guten Beziehungen zu den USA aus der Vorkriegszeit schnellstmöglich wiederherstellen, weil er sich dadurch wirtschaftliche Hilfe erhoffte. Doch die Rahmenbedingungen dafür wurden von den USA gesetzt, wo der Staatssekretär Charles E. Hughes eine Politik verfolgte „to internationalize a model of order and peaceful change" unter amerikanischer Hegemonie.[75]

Als er 1924 seine Kandidatur für die Wiederwahl als Reichspräsident in Erwägung zog, blickte Ebert auf die USA als ein mögliches Modell für republikanische Institutionen. Er ließ beim deutschen Botschafter in der USA nachfragen, wie das Verfahren der Präsidentenwahl sich in Amerika abspiele. Die Schlüsse, die er aus dem langen Bericht zog, den er daraufhin erhielt, sind nicht bekannt.[76] Aber dass er überhaupt nach Amerika blickte, beweist die Wichtigkeit der USA für deutsche Sozialdemokraten. Immer wieder setzten sie grosse Hoffnungen auf oder Erwartungen in Amerika als Land der Freiheit, unterschätzten aber häufig den Staat als Großmacht mit eigenen Interessen.

---

73 Zit. nach Mühlhausen, *Ebert*, S. 475.
74 Akten zur deutschen Auswärtigen Politik 1918-45, Serie A, Bd. 10, S. 77-82, hier: S.77.
75 Patrick O. Cohrs, *The Unfinished Peace after World War I: America, Britain and the Stabilization of Europe 1919-1932* (Cambridge: Cambridge University, 2006), S. 80.
76 Bundesarchiv, Büro des Reichspräsidenten 601/17; 8. November 1924; vgl. Mühlhausen, *Ebert*, S. 959.

V. Amerika von links gesehen

Kritische Einstellungen zu den USA seitens linksstehender Politiker sind immer zu erwarten, insbesondere bei Besuchern der Vorkriegszeit auf Reisen durch das Land des ‚rauen Kapitalismus'. Die Auswahl, die hier geboten wurde, gibt ein kleines Spektrum von Ansichten wieder, einschließlich allgemeiner Stereotypen. Doch den Deutschen dienten die USA manchmal auch als Modell, auch jenen, die nie dort waren. Zum Beispiel wurde die Existenz des Frauenwahlrechts in einigen amerikanischen Staaten dazu benutzt, um die Argumentation für seine Einführung in Deutschland zu untermauern. Und US-Reformer machten natürlich dasselbe, mit umgekehrter Blickrichtung: Sie verwiesen auf die europäische Einschränkung von Frauen- und Kinderarbeit und forderten das Gleiche für ihr Land.[77] Viele soziale Ideen und Werte haben so den Atlantik überquert, und zwar in beiden Richtungen.

Drei Resultate können hervorgehoben werden. Erstens: Es gab keine einheitliche Stellungnahme zu Amerika, obwohl im 20. Jahrhundert alle sahen, dass die Möglichkeiten dort eben nicht „unbegrenzt" waren. Die diversen, aber meistens gut informierten Beobachtungen zu den Lebensbedingungen in den USA, zur Urbevölkerung, zur Behandlung der Schwarzen, zu sozialen Mustern sowie zu politischen und gewerkschaftlichen Institutionen beweisen, dass die Reiseforschung ohne die Hinzunahme linksstehender Betrachterpositionen kein vollständiges Bild der Wahrnehmung der USA und der amerikanischen Gesellschaft in Deutschland bietet. Zweitens: Die Industrialisierung verlief auf beiden Seiten des Atlantiks ähnlich. Deswegen konnten viele Vergleiche hergestellt und Annahmen darüber aufgestellt werden, wie sich die gesellschaftliche Entwicklung abspielen würde und/oder sollte. Genau darum drehten sich die meisten Beobachtungen von linker Seite. Dass Liebknecht und Legien beide dachten, dass die Trusts enteignet werden könnten, um die erste Etappe des Sozialismus zu verwirklichen, illustriert die ideologischen Annahmen der Vorkriegs-SPD zur künftigen Rolle des Staates. Drittens: Den Beobachtern, die hier vorgestellt wurden, kann man keinen Anti-Amerikanismus vorwerfen.[78] Sie haben sowohl positive als auch negative Seiten der USA erkundet. Die Freiheit des Einzeln und die Schönheiten der Natur wurden von ihnen hoch bewertet, während den Europäern, selbst größere

---

77 Viele Beispiele in Kathryn Sklar, Hrsg. *Social Justice Feminists in the United States and Germany* (Cornell: Cornell University Press, 1998) insb. S. 79ff. Vgl. wiederum amerikanische Reiseberichterstatter aus dem Mittelstand, die ihrerseits „used Europe for both social and personal purposes", William W. Stowe, *Going Abroad: European Travel in Nineteenth-Century American Culture* (Princeton: Princeton University Press, 1994), S. vii.

78 Auf lange Sicht ist die Annahme viel wichtiger, dass Kritik an Amerika gleichgesetzt werden könne mit Anti-Amerikanismus, ein Standpunkt, der spätestens seit den Anti-Vietnam-Protesten der Europäer in der öffentlichen Meinung der USA wiederholt propagierte wurde. Des Weiteren haben einige neokonservative Amerikaner, als Frankreich und Deutschland sich nicht am Irakkrieg beteiligt haben, den Standpunkt eingenommen, dass Kritik an Amerika mit einer linken Verschwörung gegen die USA gleichzustellen sei. Genau wie die links stehenden deutschen Reisenden des 19. Jahrhunderts haben diese Neokonservativen ihre eigenen sozialen Ansichten auf andere übertragen. Aber die deutschen Reisenden haben ihrerseits zumindest lange Besuche unternommen, um von den Menschen in den USA direkt etwas zu erfahren, haben genaue Auskunft gesucht und bei ihrer Wertung den sozialen Kontext miteinbezogen.

Regulation solcher Missstände gewohnt, Frauen- und Kinderarbeit, scheußliche Arbeiterwohnungen und schließlich die Rassenseparation negativ auffielen.

Eine Hoffnung, die alle Reisende gleichermaßen hegten, war, dass sich in der Zukunft eine starke Arbeiterbewegung entwickeln würde. Manchmal in lehrmeisterlichem Stil kritisierten Liebknecht und Legien, dass die amerikanischen Arbeiter noch nicht so weit entwickelt seien wie die deutschen. Liebknecht z. B. sagte: „Alsdann fehlt euren Arbeitern natürlich Bildung, politische und soziale Bildung. Sie sind nicht annähernd so gut geschult wie die deutschen Arbeiter."[79] Legien, den Gompers warnte, dass er Religionsfragen beiseite lassen sollte, hat den konservativen Einfluss der Kirche und deren Feindschaft gegenüber der Arbeiterbewegung bei Reden in Cleveland und Chicago hervorgehoben.[80] Im Buch gibt er zu, „dass der kirchliche Einfluß in der Arbeiterklasse ein überaus großer ist", was ihn „am allermeisten enttäuscht."[81] Solche Standpunkte spiegelten ihre ideologischen Positionen wider. Der radikalste, Karl Liebknecht, stellt sich wie erwartet als am kritischsten heraus, doch auch er sah in amerikanischen Idealen ein Potential. Das Konzept der Widerspiegelung wird in der Reiseforschung angewandt um zu argumentieren, dass Amerika Modernität repräsentierte und dass die Deutschen, die dort hinreisten, sich mit Technologie und Liberalismus auseinandersetzten und in ihren Reiseberichten wiedergaben und diskutierten.[82] Liebknecht und Legien sahen zwar die Technologie, identifizierten sich aber nicht damit, und sicherlich nicht mit dem amerikanischen Liberalismus. Ebert erhoffte mehr positiven Einfluss der USA in Richtung internationaler Gerechtigkeit, was auf vermuteten Prinzipien basierte, nicht auf realpolitischer Einschätzung.

Wie andere Reisende auch haben die Führer der deutschen Arbeiterbewegung die amerikanischen Landschaften gewürdigt, fanden einige Sitten befremdlich oder komisch und lehnten den Arbeitsdruck und die Schnelligkeit des Lebens ab, insbesondere da in ihren Augen beides eng mit der Existenz von Privatarmeen und unbarmherzigen Arbeitgebern verbunden war. Diese Einsichten waren nicht viel anders als die linksstehender Amerikaner ihrer Zeit oder die späterer Sozialhistoriker. Zur selben Zeit spiegelten sie die zeitgenössisch übliche Terminologie in Bezug auf Indianer und Schwarze, nämlich die übliche europäische Sprachweise und weit verbreitete Stereotypen.

Findet man einen Hauch von Überlegenheit in den Aussagen der deutschen Sozialdemokraten mitschwingen, wenn sie vorschlagen, dass die amerikanischen Arbeiter eine genau solch große Organisation aufbauen sollten wie sie sie aus Deutschland kannten? Oder haben sie die Vergleiche nur gezogen, um Gleichheiten und Differenzen besser fassen zu können? Während Wilhelm Liebknecht in den 1880er Jahren ein Land vorgefunden hatte, das „foremost" und als Zivilisation hochentwickelt war, gab

---

79 Zitiert nach Foner, „Liebknecht", in: *Jahrbuch für Wirtschaftsgeschichte* (1968), Jg. 3, S.22.
80 Reden zit. nach Führer, *Legien*, S.165.
81 Legien, *Arbeiterbewegung*, S. 13.
82 Alexander Schmidt-Gernig, *Reisen in die Moderne. Der Amerika-Diskurs des deutschen Bürgertums vor dem Ersten Weltkrieg* (Berlin: Akademie, 1997). Otto, *Deutsche Amerika-Bilder*, S. 267, argumentiert auf ähnliche Weise insofern, als er feststellt, dass einige deutsche Autoren bei ihrer Beschreibung Amerikas vor allem ihre eigenen anti-modernen Ansichten wiedergegeben haben.

es später mehr Vorbehalte. Im Allgemeinen führten die Erfahrungen und Beobachtungen dieser Männer zu der Einsicht, das Amerika weniger „exceptional" war als am Anfang des 19. Jahrhunderts.[83] Immer wieder haben die Reisenden die sozialen Bedingungen als Vergleichsmaßstab herangezogen und Amerika an seinen eigenen Idealen gemessen. Sie entdeckten massive soziale und demokratische Defizite, weil ihre ideologische Vorbildung gebot, sich Fabriken, Arbeiterwohnungen und Lebenskosten anzusehen. Damit übertrafen sie die üblichen, bürgerlichen Reisenberichte, in denen bloß von Hotels, Bahnfahrten, amerikanischen Sitten und der Verachtung für die Indianer die Rede ist. Sie haben – wiederum Spiegel ihrer ideologischen Perspektive – Wertmaßstäbe angelegt und gefragt, wie es in der ‚neuen' Gesellschaft Amerikas für jene aussehe, die nicht aufzusteigen vermochten, oder wieviel Gerechtigkeit und Würde es für ‚everyman', also wirklich Jedermann gebe. Reiseberichte von links bieten Zugang zu der Welt der arbeitenden Klasse, und die SPD-Reisenden brachten solche Ein- und Ansichten mit sich. Auch das Wunschbild Amerika wurde beispielsweise von Ebert immer wieder aufgelegt.

Amerika ist, damals wie heute, schwierig zu verstehen: Es ist so groß, so facetten- und abwechslungsreich und wandlungsfähig. Extremisten wie z.B. Adolf Hitler sahen es als ein positives Modell für Rassismus, Expansionismus und Technologie.

Im Gegensatz dazu haben deutsche Linke fast immer eher danach geschaut, was Amerika sein *könnte*, in der Hoffnung, dass seine ursprünglichen Ideale sich durchsetzen und zu einer sozial gerechten und demokratischen Gesellschaft führen würden, auch auf internationaler Ebene. Einige Sozialdemokraten, die nach Amerika blickten, waren enttäuscht und plädierten für sofortige Änderungen; andere waren bereit darauf zu warten, dass ihre Hoffnung auf Amerika sich erfüllen würde – eine Hoffnung die durch das gesamte 20. Jahrhundert das Verhältnis der SPD zu den USA bestimmte.

Abbildungen 1 und 2:
Postkarten an die Nichte Charlotte; aus; Karl Liebknecht, *Lebt wohl, Ihr lieben Kerlchen. Briefe an seine Kinder* (Berlin: Aufbau, 1992), S. 70-71; Nachdruck von der Sammung des Internationalen Institutes für Soziale Geschichte, Amsterdam.

Abbildung 3:
Aus: C. Legien, *Aus Amerikas Arbeiterbewegung* (Berlin: Generalkommission, 1914), S. 159; Erlaubnis zur Veröffentlichung nicht nötig.

---

83 Helbich, „Different, but Not", S. 129. Siehe zum Mythos vom „American exceptionalism" auch: Hoerder, *Labor Migration*, S. 8-13,

Ein Imperium der Freiheit?

Die deutsche Sozialdemokratie, die Vereinigten Staaten und der Imperialismus vor dem Ersten Weltkrieg

Jens-Uwe Güttel

Dieser Essay versucht nachzuzeichnen, wie wichtig die USA für die Formulierung des Antiimperialismus der deutschen Sozialdemokraten vor dem Ersten Weltkrieg waren, eine Position, die die SPD bis zum Auseinanderbrechen der Partei im Jahr 1917 beibehielt. Dieser Ausblick auf die sozialdemokratische Gegnerschaft zu Kolonialismus und Imperialismus vor Ende des Ersten Weltkrieges zeigt auf, dass die Vorkriegs-SPD in ein politisches Netzwerk eingebunden war, das die Grenzen des Deutschen Kaiserreichs sowohl auf diskursiven als auch auf praktischen Ebenen transzendierte. Vor dem Ausbruch des Ersten Weltkrieges wurde die SPD von globalen und auch spezifisch transatlantischen und deutsch-amerikanischen Trends und Entwicklungen geprägt, die signifikante Einwirkungen auf das Imperialismus- und Kolonialismusverständnis der Partei hatten.[1]

Grundsätzlich gilt, dass der Geschichte der SPD vor 1914 in den letzten zwei Jahrzehnten von der Forschung relativ wenig Aufmerksamkeit zuteilwurde. Während dem Kaiserreich an sich viel Beachtung zukam, wiesen viele Historiker der SPD im kaiserlichen Deutschland eine Nebenrolle zu. Dieser Beitrag versucht, diesem Trend entge-

---

1   Es existiert eine große Anzahl von älteren und neuen wissenschaftlichen Werken, die den Prokolonialismus der Vorkriegs-SPD in den Vordergrund rücken: Sebastian Conrad, Globalisierung und Nation im Deutschen Kaiserreich (München: C.H.Beck, 2006), 84–86; Helmut Walser Smith, „The Talk of Genocide, the Rhetoric of Miscegenation: Notes on the Debates in the German Reichstag Concerning Southwest Africa, 1904–14", in *The Imperialist Imagination: German Colonialism and Its Legacy*, ed. Sara Friedrichsmeyer, Sara Lennox, and Susanne Zantop (Ann Arbor, MI: University of Michigan Press, 1998), 118; *Fatima El-Tayeb, Schwarze Deutsche. Der Diskurs um ‚Rasse' und Nationalität 1890–1933* (Frankfurt am Main: Campus Verlag, 2001), 71; Frank Oliver Sobich, „Schwarze Bestien, Rote Gefahr". *Rassismus und Antisozialismus im Deutschen Kaiserreich* (Frankfurt am Main: Campus Verlag, 2006), 380; Hans-Christoph Schröder, Sozialismus und Imperialismus (Hannover: Verlag für Literatur und Zeitgeschehen, 1968), 183–98. Zu beachten sind auch die Werke von Carl Schorske, *German Social Democracy, 1905–1917: The Development of the Great Schism* (Cambridge, MA: Harvard University Press, 1955), 62; Beverly Heckart, *From Bassermann to Bebel* (New Haven, CT: Yale University Press, 1974), 70–73; Gary Steenson, *„Not One Man! Not One Penny!", German Social Democracy, 1863–1914* (Pittsburgh: University of Pittsburgh Press, 1981), 73. See also Hans-Josef Steinberg, Sozialismus und Deutsche Sozialdemokratie (Berlin: J. H. W. Dietz Nachf. GmbH, 1976), 145–46. Ulrich van der Heyden, „Die ‚Hottentottenwahl' von 1907", in *Völkermord in Deutsch-Südwestafrika. Der Kolonialkrieg (1904–1908) in Namibia und seine Folgen*, ed. Jürgen Zimmerer and Joachim Zeller (Berlin: Ch. Links Verlag, 2003), 102. Im Jahr 2012 sind allerdings auch zwei Werke erschienen, die sich der gängigen Meinung von der SPD als letztlich kolonialistische Partei (vor 1914) nicht anschließen: John Philip Short, *Magic Lantern Empire* (Ithaca: Cornell University Press, 2012); Jens-Uwe Guettel, „The Myth of the Pro-Colonialist SPD: German Social Democracy and Imperialism before the First World War", *Central European History* 45, no. 34 (2012).

genzuwirken und die Wichtigkeit der Partei gerade in zeitgenössischen Diskursen um Modernität, in denen wiederum sowohl die Vereinigten Staaten als auch der Kolonialismus und Imperialismus herausragende Rollen einnahmen, aufzuzeigen. Zunächst ist es daher wichtig, kurz auf den Stand der Debatte einzugehen, um die gegenwärtige Position der SPD in der Historiographie des Kaiserreichs nicht nur aufzuzeigen, sondern auch zu erklären. Im Folgenden wird daher zuerst die Entwicklung der Historiographie über die Sozialdemokratie und den Kolonialismus nachgezeichnet. Anschließend folgt dann der Hauptteil dieses Beitrags, der sich mit der Rolle der USA innerhalb sozialdemokratischer Imperialismus- und Reformdebatten beschäftigt.

Die SPD vor 1914 und der Kolonialismus: Ein Forschungsüberblick

Obwohl mit Hans-Ulrich Wehler einer der prominentesten deutschen Nachkriegshistoriker in den 1960er Jahren die Wichtigkeit und Exzeptionalität der SPD im Kaiserreich herausstrich, folgten doch spätere Analysen Wehlers Argumenten nur bedingt. In seinem vielleicht wichtigsten Buch *Das Deutsche Kaiserreich*, zuerst veröffentlicht im Jahr 1973, stellte Wehler fest, dass im Hinblick auf die Kolonialpolitik des Deutschen Reiches vor 1914 nur die SPD, im Gegensatz zu allen anderen Parteien und politischen Gruppierungen, „sich ihre Fähigkeit erhalten hatte, einen kritischen Blick auf grundsätzliche Fragen zu werfen." Vielleicht noch wichtiger war laut Wehler, dass diese Kritik der SPD an der deutschen Kolonialpolitik und vielen anderen politischen Aktivitäten des Deutschen Reiches nach dem großen Wahlsieg der Partei im Jahr 1912 mit dazu beitrug, vor Kriegsausbruch eine politische Krisensituation in Deutschland zu schaffen, die die „alten Eliten" des Deutschen Reiches mehr und mehr in Versuchung führte, auf einen Krieg als Lösung der inneren politischen Spannungen Deutschlands zu setzen („Sprung ins Dunkle"). Wehler zufolge trugen die Sozialdemokraten also in großem Maße mit zu der als solche von Zeitgenossen wahrgenommenen politischen Krise bei, die die „alten Eliten" dazu veranlasste, im Sommer 1914 Krieg anstelle von inneren Reformen zu wählen.[2]

---

2   David Blackbourn and Geoff Eley, *Mythen deutscher Geschichtsschreibung. Die Gescheiterte bürgerliche Revolution von 1848* (Ullstein Taschenbuchverlag, 1986); Ralf Dahrendorf, *Society and Democracy in Germany* (Anchor Books, 1969); Jürgen Kocka, „German History before Hitler: The Debate About the German Sonderweg", *Journal of Contemporary History* 23, no. 1 (1988); „Asymmetrical Historical Comparison: The Case of the German Sonderweg", *History and Theory* 38, no. 1 (1999); Hans-Ulrich Wehler, *Sozialdemokratie und Nationalstaat: Nationalitätenfragen in Deutschland 1840-1914* (Göttingen: Vandenhoeck & Ruprecht, 1971); Hans Ulrich Wehler, *The German Empire, 1871-1918* (Dover, N.H.: Berg Publishers, 1985 [1973]). Die Historiker Lars Fischer und Götz Aly gehen über das allgemeine Desinteresse der Forschung an der SPD insofern hinaus, als dass sie beide der SPD vor 1914 eine zumindest indirekte Mitschuld an Entwicklungen zusprechen, die zur Machtergreifung der Nazis und dem Holocaust führten: Götz Aly, *Warum die Deutschen? Warum die Juden? Gleichheit, Neid und Rassenhass, 1800-1933* (Frankfurt am Main: S. Fischer, 2011); Lars Fischer, *The Socialist Response to Antisemitism in Imperial Germany* (Cambridge: Cambridge University Press, 2007).

Diese von Wehler angenommene Wichtigkeit der SPD für die politische Situation in Deutschland vor 1914 ist in neueren Forschungsarbeiten, gerade dann, wenn sie sich mit der Kolonialpolitik Deutschlands befassen, oft nicht zu finden. Das hat zur Folge, dass sich Wehlers Bewertung der SPD (und des Antikolonialismus der Partei) als ein destabilisierendes und – letztlich – von einer bundesrepublikanischen Perspektive aus betrachtet, positiv-progressives Element in der Politik des Kaiserreiches klar absetzt von den oft nur oberflächlichen Blicken der neueren Forschung auf die Sozialdemokraten vor 1914, die die Probleme des Kaiserreichs oft von transnationalen Standpunkten aus neu interpretiert. Im Ergebnis hat daher die Aufmerksamkeit, die Wehlers Historikergeneration den Klassendynamiken des Kaiserreichs schenkte, einem großen Interesse für Phänomene und Entwicklungen, die die nationalen Grenzen des Deutschen Reichs überschreiten, Platz gemacht. Es ist ohne Zweifel so, dass diese neuen Forschungsperspektiven zu sehr spannenden Einsichten geführt haben, besonders in Bezug auf die Wichtigkeit von Imperialismus und Kolonialismus für die Geschichte des Kaiserreichs. Eine Konsequenz des neuen Forschungstands ist eben die Feststellung, dass die internen Dynamiken des Kaiserreichs, die einst Historiker als alleinige Triebfedern der oft als pathologisch angesehenen Entwicklungen vor 1914 ausmachten, heute weniger wichtig erscheinen. Vielleicht ist es auch ein Ergebnis dieser neuen Methodiken, die sich von der früheren Fokussierung auf interne Klassenspannungen wegbewegt haben, dass heute zum Beispiel Ideologien, kulturelle Normen, Gebräuche und transnationale intellektuelle und wirtschaftliche Verbindungen eine weit größere Aufmerksamkeit erfahren als noch vor zwanzig Jahren. Aber, wie bereits angedeutet, haben diese Entwicklungen eben auch dazu geführt, dass die SPD an den Rand des Forschungsinteresses gedrängt wurde.

So beschäftigt sich zum Beispiel Sebastian Conrads wegweisendes Buch *Globalisierung und Nation im Deutschen Kaiserreich* (2006) explizit mit „SPD-nahen" Thematiken im Deutschen Reich vor 1914, unter ihnen Arbeit, Arbeitsorganisation und Arbeitswissenschaft. Trotzdem widmet Conrad der SPD, immerhin der größten politischen Partei Deutschlands und der größten Arbeiterpartei der Welt vor dem Ersten Weltkrieg mit über einer Million Mitgliedern, kaum mehr als ein paar Seiten. Verglichen mit Wehler, aber auch mit Wehlers Kritikern David Blackbourn und Geoff Eley, interpretiert Conrads Analyse die Stellung der SPD vor 1914 von einer wichtigen Antistatus-quo-Institution um zu einer bloßen Zuschauerrolle im politischen Gefüge des kaiserlichen Deutschlands, zumindest in Bezug auf Kolonialfragen. Diese Negierung der SPD als wichtiger innenpolitischer Akteur im Kaiserreich ist auch in anderen Werken zu finden, unter anderem in dem wichtigen Sammelband *Das Kaiserreich transnational* (2004). Keiner der vielen wertvollen Beiträge in diesem Buch beschäftigt sich exklusiv mit der deutschen Arbeiterbewegung oder der SPD. Es entbehrt nicht einer gewissen Ironie, dass die einzige selbsterklärte internationale Partei des Kaiserreichs, die auch tatsächlich durch die Zweite Internationale über die nationalen Grenzen des Deutschen Reichs hinausgriff und mit Gleichgesinnten überall in der Welt interagierte (und diese während der Konferenz der Zweiten Internationale im Jahr 1907 in Stuttgart auch nach Deutschland brachte), so keinen Platz in einer Forschungsarbeit fand, die exklusiv auf transnationale Perspektiven auf die Geschichte des Deutschen Kaiserreichs fokussiert ist (Die SPD ist außerdem auch nicht in Eric Ames wichtigem *Ger-

many's Colonial Pasts [2005] und in Volker Langbehns und Mohammad Salamas neuem Sammelband *German Colonialism* [2011] zu finden).³

Wenn man sowohl Hans-Ulrich Wehlers als auch David Blackbourns und Geoff Eleys Einfluss auf die Historiographie des deutschen Kaiserreichs bedenkt, dann stellt sich die Frage, wie sich die weitverbreitete Stille über den Antikolonialismus der SPD im kaiserlichen Deutschland, oder, noch kurioser, die ebenfalls weitverbreitete Meinung, dass die SPD eine prokoloniale Partei war, erklären lässt. Natürlich, negative historische Bewertungen (im Gegensatz zur bloßen Nichtbeachtung) der SPD, ob nun in Bezug auf die Stellung der Partei zum Kolonialismus oder zu anderen Themen, haben eine lange Tradition und sind letztlich so alt wie die Partei selbst. Die Ursprünge der heutigen Annahmen, dass die SPD, zumindest nach 1907, eine kolonialistische Partei war, können bis in die 1950er Jahre zurückverfolgt werden. Man findet sie zum Beispiel kurz angedeutet in Hermann Heideggers *Die deutsche Sozialdemokratie und der nationale Staat* (1956). Dieses Buch erklärt (und kritisiert) die Kritik der westdeutschen SPD an Konrad Adenauers „Westanbindung", also der politischen Westorientierung der jungen Bundesrepublik durch die von Adenauer geführte erste Bundesregierung hin auf die USA, Großbritannien und Frankreich. Heidegger interpretierte dieses Verhalten der SPD in den frühen 1950er Jahren als Überkompensation der Sozialdemokraten für deren historische Verfehlung, nach 1918 „die ungebundenen, suchenden und desorientierten deutschen Nationalgefühle für die Stabilisierung der Weimarer Republik zu nutzen". Laut Heidegger hätte die SPD diese Lektion spätestens nach der verlorenen „Hottentottenwahl" von 1907 lernen müssen. Vielleicht noch wichtiger als Heideggers Buch, hauptsächlich aufgrund seines größeren Bekanntheitsgrades und der sich daraus ergebenden größeren Referenzfunktion, ist Carl Schorskes *German Social Democracy 1905-1917* (1955). In dieser Arbeit überträgt Schorske letztlich die Verantwortung für das Scheitern Weimars auf die SPD. Laut Schorske verhinderte die Spaltung der Partei im Jahr 1917, dass sowohl die MSPD als auch die USPD die passenden Antworten auf die großen Fragen der unmittelbaren Nachkriegszeit fanden. Nachdem nun die Partei „dabei geholfen hatte, die wichtigsten Element der alten Ordnung – Bürokratie, Armee und auch die kapitalistische Wirtschaftsform – vor der sozi-

---

3 Sebastian Conrad, *Globalisierung und Nation im Deutschen Kaiserreich* (München: C. H. Beck, 2006), 85, 301; Sebastian Conrad und Jürgen Osterhammel, *Das Kaiserreich transnational. Deutschland in der Welt 1871–1914* (Vandenhoeck & Ruprecht, 2004); Eric Ames, Marcia Klotz, und Lora Wildenthal, *Germany's Colonial Pasts* (Lincoln, NE: University of Nebraska Press, 2005); Volker Langbehn und Mohammad Salama, *German Colonialism. Race, the Holocaust, and Postwar Germany* (New York: Columbia University Press, 2011). Eine wichtige Ausnahme angesichts der allgemeinen Vernachlässigung der SPD in der Forschung ist Andrew Zimmermans *Alabama in Africa*. Dieses Buch beinhaltet eine kurze, aber klare Zusammenfassung des sozialdemokratischen Antikolonialismus: Andrew Zimmerman, *Alabama in Africa: Booker T. Washington, the German Empire, and the Globalization of the New South* (Princeton, NJ: Princeton University Press, 2010), 197–98. In Shelley Baranowskis neuer zusammenfassender Abhandlung über den deutschen Kolonialismus wird der Antikolonialismus der SPD (verständlicherweise, aufgrund der Ausrichtung der Studie) nur kurz angesprochen.Trotzdem argumentiert Baranowski wie Wehler und zeigt auf, dass die Partei eine wichtige „anti-establishment" Rolle vor dem Ersten Weltkrieg spielte: Shelley Baranowski, *Nazi Empire: German Colonialism and Imperialism from Bismarck to Hitler* (New York: Cambridge University Press, 2011).

alrevolutionären Bedrohung zu retten, wurde die alte sozialdemokratische Partei schnell aus ihrer Vormachtstellung innerhalb der politischen Vorgänge der Republik verdrängt".[4]

Für den Schwerpunkt dieses Essays ist vor allem von Belang, dass Schorskes Werk die Spaltung der Partei bis zu den Jahren 1905 bis1907 zurückverfolgt, Jahre, die seiner Ansicht nach vom Aufstieg des Revisionismus geprägt waren, dessen endgültiger Durchbruch, laut Schorske, auf der Konferenz der Zweiten Internationale in Stuttgart im Jahr 1907 erfolgen sollte, als die Partei „sich als Führer der konservativen Kräfte innerhalb der Internationale offenbarte". Laut Schorske wurde diese „Offenbarung" von einer „wichtigen Veränderung des politischen Standpunktes der Partei" begleitet, nämlich von der Akzeptanz des Kolonialismus durch die SPD. Schorskes Herausstreichen der kolonialen Wende der Partei war moralisch aufgeladen: Immerhin sah er das Jahr 1907 als die Zeit an, in der sich die Spaltung von 1917 zuerst anzukündigen begann. Daraus ergab sich wiederum die Schlussfolgerung, dass sich sowohl das Scheitern von Weimar als auch der Erfolg der Nationalsozialisten zumindest indirekt zu diesem Moment zurückverfolgen ließen. Ironischerweise schrieb Schorske dadurch die Gründe des Scheiterns der ersten deutschen Demokratie in die Geschichte der einzigen politischen Partei hinein, die vor 1914 die Demokratisierung Deutschlands auf ihre Fahnen geschrieben hatte. Schorskes Versuch, langfristige Entwicklungslinien, die schließlich zur Machtergreifung der Nazis führten, kenntlich zu machen, verleitete ihn auch dazu, die Tatsache zu ignorieren, dass die SPD-Delegation in Stuttgart im Jahr 1907 überhaupt nicht gegen die endgültige Fassung der antikolonialistischen Resolution der Zweiten Internationale stimmte, sondern dafür.[5]

Genau wie Heidegger verstand Schorske den Erfolg der Nazis im Jahr 1933 als zumindest partiell durch die Fehler verursacht, die die Sozialdemokraten in den Jahren 1918 und 1919 gemacht hatten. Diese einflussreiche Teleologie reflektierte auch die linksdemokratische SPD-Kritik der 1920er Jahre von, unter anderen, Carl von Ossietzky, Kurt Tucholsky und später auch Sebastian Haffner. Von diesem Standpunkt aus betrachtet war das Image der SPD selbst noch nach 1945 befleckt. Wie bereits erwähnt, kritisierten Wehlers erste Arbeiten gerade diese Sichtweise auf die SPD, obwohl seine Analyse der Partei als eines wichtigen progressiven Störfaktors im Kaiserreich natürlich auch als Versuch gesehen werden kann, die Anziehungskraft der SPD in der Bundesrepublik der 1960er Jahre zu stärken. Wehler war mit dieser Herangehensweise nicht allein: Laut Wolfgang Mommsen hatte die erste Generation westdeutscher Historiker, von der Wehler sicherlich einer der prominentesten Vertreter ist, „keinen Zweifel, dass die Geschichtswissenschaft eine klare politische Funktion zu erfüllen hatte, und dass es nicht möglich war, sich in eine vermeintlich objektive Wissenschaft zu flüchten, die über der Tagespolitik stand".[6] Wehlers positive Bewertung

---

4 Hermann Heidegger, *Die deutsche Sozialdemokratie und der nationale Staat, 1870-1920* (Göttingen: Musterschmidt-Verlag, 1956), 67, 379; Carl Schorske, *German Social Democracy, 1905-1917: The Development of the Great Schism* (Cambridge, Mass.: Harvard University Press, 1955), 85, 328.

5 Heidegger, *Deutsche Sozialdemokratie*, 67, 379; Schorske, *Social Democracy*, 85, 328.

6 Mommsen zitiert in Matthew P. Fitzpatrick, *Liberal Imperialism in Germany. Expansionism and Nationalism, 1848-1884* (New York: Berghahn Books, 2008), 20 (note 30). Über Wehlers politi-

der Rolle der SPD im Kaiserreich kann daher auch als politische Reaktion auf die bis 1962 anhaltende Dominanz der konservativen Christdemokraten in der westdeutschen Politik verstanden werden; ein politisches Phänomen, das es unter anderem einstigen Nationalsozialisten wie zum Beispiel Hans Globke und Theodor Oberländer ermöglichte, hohe administrative Positionen in der jungen Bundesrepublik zu bekleiden.

Sowohl die auf Wehler als auch die auf Schorske zurückgehenden Sichtweisen auf die geschichtliche Rolle und Funktion der SPD gibt es immer noch, wobei allerdings Schorskes Perspektive weiter verbreitet ist. Während der 1980er Jahre, einer Dekade, die auch die Rückkehr der CDU zur nationalen politischen Dominanz mit sich brachte, schenkte man Wehlers Analysen immer weniger Aufmerksamkeit, was sicher unter anderem auch ein Ergebnis der tiefgreifenden Kritik an Wehlers Thesen durch David Blackbourn und Geoff Eley war. Im Jahr 1986 erschien dann Markku Hyrkkänens *Sozialistische Kolonialpolitik*, ein Buch, das Schorskes Ansicht von der kolonialistischen Wende der SPD im Jahr 1907 von einer Nebenrolle im Drama um die Spaltung der Partei am Ende des Ersten Weltkriegs in eine Hauptrolle umschrieb. Hyrkkänens Analyse beinhaltete die zentrale These von der Wichtigkeit kolonialistischer Positionen innerhalb der SPD vor 1914 und argumentierte außerdem, dass „obwohl die Geschichte des deutschen Kolonialismus relativ kurz war, sie trotzdem lange genug dauerte, um unter Sozialdemokraten das Gefühl aufkommen zu lassen, dass die Kolonien auch ihnen gehörten." Basierend auf dieser Interpretation hat Sebastian Conrad in seinem relativ neuen Werk *Globalisierung und Nation*, eine der wohl wichtigsten Veröffentlichungen der „new wave" von transnational ausgerichteten Forschungsarbeiten über das deutsche Kaiserreich, argumentiert, dass die prokolonialen Ansichten der SPD als Ganzes, „nicht nur des revisionistischen Flügels, darüber Zeugnis ablegten, wie das gesamte politische Spektrum im Kaiserreich das Modell der europäischen Zivilisation verinnerlicht hatte."[7]

---

sche Ansichten siehe auch Alexander Camman, „Porträt Hans-Ulrich Wehler", *Frankfurter Allgemeine Zeitung*, 9. Oktober 2011. Ein Beispiel einer marxistischen Kritik an den Vorkriegspositionen der SPD ist Kurt Mandelbaums *Die Erörterung innerhalb der deutschen Sozialdemokratie über das Problem des Imperialismus (1895-1914)* (Universität Frankfurt am Main: 1926).

7 Schorskes Ansichten wurden wiederholt als Referenzpunkte angegeben, gerade in englischsprachigen Werken, darunter zum Beispiel Beverly Heckart's *From Bassermann to Bebel* (Heckart wiederholt Schorskes problematische Interpretation der Stuttgart Konferenz fast wortwörtlich) und Gary Steensons *Not One Man! Not One Penny!*. Beverly Heckart, *From Bassermann to Bebel* (New Haven: Yale University Press, 1974), 72; Gary Steenson, *„Not One Man! Not One Penny!"*: *German Social Democracy, 1863-1914* (Pittsburgh: University of Pittsburgh Press, 1981), 73. Hans-Christoph Schröders *Sozialismus und Imperialismus* (1968) argumentiert ähnlich, allerdings auf sehr differenzierte Weise. Das letzte Kapitel von Schröders Buch über die „Annäherung" der SPD an den deutschen Kolonialismus nach 1907 richtet viel Aufmerksamkeit auf Gustav Noskes Rede vom April 1907 über den Wehrhaushalt (also drei Monate nach den „Hottentottenwahlen") und interpretiert sie als das erste Anzeichen für die koloniale Wende der SPD. Allerdings enthält dieses Kapital auch viele Informationen, die seinem Titel widersprechen: So zeigt Schröder unter anderem sehr detailreich auf, wie während der 1890er Jahre und selbst während des Kriegs in Südwestafrika zumindest einige Sozialdemokraten immer auch einen akzeptierenden, oder zumindest konstruktiv-kritischen Standpunkt gegenüber Deutschlands Kolonialpolitik einnahmen. Vor diesem Hintergrund erscheint das Herausstreichen des Jahres 1907 als Wendepunkt der SPD-Politik in Bezug auf den Kolonialismus als wenig überzeugend. Es ist auch

„Amerika" auf der Konferenz der Zweiten Internationale in Stuttgart

Allerdings zeigt schon ein Blick auf die in Stuttgart 1907 gehaltenen Reden und Auseinandersetzungen zwischen pro- und antikolonialen Sozialisten, dass von einer allgemeinen Akzeptanz des Kolonialismus unter deutschen Sozialdemokraten nicht die Rede sein kann. Am 18. August 1907 begann der Kongress der Zweiten Internationale in Stuttgart, und die sozialdemokratischen Organisatoren ließen sich die Gelegenheit nicht nehmen, nach der für die SPD enttäuschenden Reichstagswahl im Januar desselben Jahres den nationalen und internationalen Beobachtern zu zeigen, dass die SPD dazu in der Lage war, eine so in Deutschland noch nicht dagewesene Massenveranstaltung auf die Beine zu stellen: So versammelten sich am 18. August 60000 Genossen und ihre Familien auf der Cannstatter Wasen, einem Veranstaltungsgelände am Ufer des Neckar in Bad Cannstatt, um die Konferenzteilnehmer, die aus aller Welt nach Stuttgart gekommen waren, zu begrüßen.[8]

Sich für diesen großartigen Empfang erkenntlich zeigend, bedankten sich viele Delegierte bei den sie willkommen heißenden Menschen mit einer kurzen Ansprache. So überbrachte Morris Hillquit, der Gründer und Vorsitzende der Sozialistischen Partei Amerikas, Grüße an die deutschen Sozialdemokraten von seinen amerikanischen Genossen. In Anbetracht der Tatsache, dass das Deutsche Reich eine Monarchie war, und der Hoffnung vieler deutscher Sozialdemokraten, dass Deutschland auch einmal eine

---

auffällig, dass Schröder in seiner Analyse kaum auf die Reichstagsreden von SPD-Abgeordneten eingeht, also genau auf die Äußerungen der Partei über Kolonialismus und Imperialismus, die die größte Öffentlichkeit erreichten, darunter zum Beispiel so fundamental-kritische Reden wie die von Bebel zwischen 1904 und 1906, oder von Ledebour, Alfred Henke oder Wilhelm Dittmann in den Jahren 1912 und 1914. Trotzdem lässt auch Schröder keinen Zweifel daran, dass prokoloniale Positionen, die tatsächlich den Standpunkt der Partei als Ganzes wiedergeben (mehr oder weniger), erst *nach* der Spaltung der Partei und auch nur innerhalb der MSPD und wie ironischerweise auch erst nach dem Ende des deutschen Kolonialreichs) ausgemacht werden können. Die Arbeiten von Roger Fletcher, die oft von zum Beispiel Sebastian Conrad als Beweis für das Vorherrschen von prokolonialen Positionen innerhalb der SPD zitiert werden, schwächen in Wirklichkeit die Position von Historikern, die zum Beispiel annehmen, dass Eduard Bernsteins kolonialistische Standpunkte vor 1914 eine Mehrheit innerhalb der Partei gehabt hätten. Fletcher zufolge nahm die „offizielle Ideologie der SPD die Form eines revolutionären *attentisme* an, der zwischen der Jahrhundertwende und dem Ersten Weltkrieg eine dominierende Rolle im Leben der Partei spielte (…)." In seinen kurzen Ausführungen über die Beziehung zwischen SPD und Kolonialismus in seinem Buch *Forging Democracy* (2002) bezieht sich so zum Beispiel auch Geoff Eley hauptsächlich auf Schröder und Fletcher. Hans-Christoph Schröder, *Sozialismus und Imperialismus* (Hannover: Verlag für Literatur und Zeitgeschehen, 1968), 84-85 (note 13), 86 (note 20), 89 (note 41), 183-98; Roger Fletcher, *Revisionism and Empire: Socialist Imperialism in Germany 1897-1914* (London: George Allen & Unwin, 1984), 18-19, 183-88; „Revisionism and Wilhelmine Imperialism", *Journal of Contemporary History* 23, no. 3 (1988); Markku Hyrkkänen, *Sozialistische Kolonialpolitik: Eduard Bernsteins Stellung zur Kolonialpolitik und zum Imperialismus 1882-1914. Ein Beitrag zur Geschichte des Revisionismus* (Helsinki: SHS, 1986), 240-43, 54; Sebastian Conrad, *Globalisierung und Nation im Deutschen Kaiserreich* (München: C. H. Beck, 2006), 85; Geoff Eley, *Forging Democracy: The History of the Left in Europe, 1850-2000* (Oxford: Oxford University Press, 2002), 91, 112.

8   *Internationaler Sozialisten-Kongreß zu Stuttgart. 18. bis 24. August 1907*, (Berlin: Buchhandlung Vorwärts, 1907), 3; George Crothers, *The German Elections of 1907* (London 1941).

Republik werden würde, mahnte Hillquit seine Zuhörer zur Vorsicht im Hinblick auf ihre Erwartungen an ein zukünftig republikanisches Deutschland: „Wir [die USA] haben nun den Höhepunkt der Zivilisation erreicht. Wir haben Trusts, die das Weltall umspannen, wir haben Milliardäre – aber wir haben auch Elend, Hunger und Verbrechen. Wir haben eine Republik, die fast schrankenlose Freiheiten garantiert, aber unsere Republik ist noch keine Demokratie, sondern repräsentiert nur die Hegemonie des Kapitals. Wir haben eine Regierung, die vom Volk gewählt wird, aber es regiert der Geldsack. Unsere Bourgeoisie herrscht unbeschränkter als der russische Zar oder der Sultan der Türkei."[9]

Hillquits beißende Kritik an den USA wurde von den Zuhörern mit großem Applaus aufgenommen, ganz anders als Eduard Bernsteins Rede drei Tage später. Bernstein, womöglich der prominenteste Prokolonialist der SPD, hielt eine Rede während der Debatte der Zweiten Internationale über den Kolonialismus und Imperialismus der westlichen Staaten. Wie Hillquit bezog sich Bernstein auch auf die USA, aber er tat dies mit einer sehr anderen Sichtweise. Für Bernstein gab es nichts, wofür man die USA kritisieren musste, schon gar nicht deren Kolonialismus und Expansionspolitik. Bernstein, der anders als Georg Ledebour und Karl Kautsky, beides prominente sozialdemokratische Antikolonialisten, nicht mit Applaus begrüßt wurde, als er an das Podium trat, nutzte so in seiner Rede die USA als glasklares Beispiel für die Vorteile des Kolonialismus und argumentierte, dass „die letztendliche Konsequenz" des Antikolonialismus seiner Genossen „die Rückgabe der USA an die Indianer" wäre. Diese zynische Bemerkung rief „Aufregung" unter seinen Zuhörern hervor und nachdem Bernstein fertig gesprochen hatte, wurde er mit einigem Applaus, aber auch mit lauten Unmutsbekundungen verabschiedet.[10]

Der Grund für Bernsteins überwiegend unfreundlichen Empfang auf der Zweiten Internationale war auf der einen Seite die Tatsache, dass sein Kolonialismus ihn zu einem Außenseiter in seiner eigenen Partei machte. Auf der anderen (und vielleicht noch wichtigeren) Seite rückte Bernsteins Kolonialismus ihn, einen prominenten SPD-Politiker, (zu) nahe an die politischen Gegner seiner Partei heran, besonders an die bourgeoisen liberalen Parteien. Der entschiedene Antikolonialist Georg Ledebour kommentierte diesen Aspekt auf seine gewohnt zynische Art, als er während seiner eigenen Rede Bernstein heftig attackierte: „Wenn wir seiner [Bernsteins] Methode der Kolonialpolitik folgen würden, würden wir bald in den kapitalistischen Sumpf kommen! Ich erinnere daran, dass Bernstein (…) im Burenkriege auf die Seite der englischen Jingos trat." Ledebours Attacken gegen Bernstein wurden mit lauten Zustimmungsbekundungen begrüßt, besonders als Ledebour auf Bernsteins ideologische Nähe zu den politischen Gegnern der SPD hinwies und Bernstein beschuldigt „imperialistischer als die englischen Liberalen" zu sein.[11]

Bernstein als Liberalen hinzustellen war eine verbreitete Form der Kritik an dem sozialdemokratischen Prokolonialisten während der Konferenz in Stuttgart. Oft unter großem Applaus und Heiterkeit beim Publikum wurde Bernsteins sozialistische Ge-

---

9 *Internationaler Sozialisten-Kongreß zu Stuttgart. 18. bis 24. August 1907*, 8.
10 *Internationaler Sozialisten-Kongreß zu Stuttgart. 18. bis 24. August 1907*, 28.
11 *Internationaler Sozialisten-Kongreß zu Stuttgart. 18. bis 24. August 1907*, 30.

sinnung wiederholt in Frage gestellt, einmal sogar durch den Vorwurf (vorgebracht als Witz von Kautsky), dass, wenn Bernstein wirklich ein Sozialist sei, es sogar möglich wäre, dass der politisch liberale Staatssekretär für die Kolonien, Bernhard Dernburg, auch bald Genosse würde. Wie so oft während der vielen Verbalattacken auf Bernstein wurde dieser Witz vom Publikum mit Gelächter aufgenommen. Aber genauso wie der viel gescholtene Bernstein die USA bemühte, um für die Notwendigkeit von Kolonialismus und Imperialismus zu argumentieren, benutzte Karl Kautsky, der zusammen mit August Bebel den marxistischen „mainstream" der Führungskader der SPD repräsentierte, amerikanische Beispiele, um Bernstein zu attackieren. Wie alle anderen antiimperialistischen Redner wurde auch Kautsky auf dem Weg zum Podium mit Bravorufen und Applaus begleitet. Dieser Empfang macht klar, dass das Publikum von Kautsky, der nach Bernstein sprach, eine sehr anders geartete Rede erwartete. Kautsky enttäuschte die Delegierten nicht. Nicht nur, dass er alle prokolonialistischen Redner angriff (also auch den Holländer van Kol und den Briten Ramsay MacDonald). Nein, Kautsky sparte sich seine schärfste Munition für Bernstein auf: „Bernstein wollte uns einreden, dass diese Politik der Eroberung eine Naturnotwendigkeit sei. Ich war sehr erstaunt, dass er hier die Theorie verfochten hat von den zwei Gruppen von Völkern, von denen die einen zum Herrschen, die anderen zum Beherrschtwerden bestimmt seien, dass es Völker gäbe, die Kinder seien und nicht imstande seien, sich selbst zu verwalten. (…) das war auch die Argumentation des amerikanischen Sklavenhalters im amerikanischen Süden, der sagte, die Kultur beruhe auf der Zwangsarbeit der Sklaven, und das Land würde in die Barbarei zurückfallen, wenn die Sklaverei beseitigt würde. Diese Argumentation dürfen wir uns nicht aneignen!"[12]

„Amerika" und Kolonialismus im Deutschen Reichstag

Hillquits, Ledebours und Kautskys Redebeiträge zeigen das Spannungsfeld auf, in dem die USA-Perzeption der SPD in den Jahren vor dem Ersten Weltkrieg existierte. Auf der einen Seite war klar: Die USA waren eine Republik, ein Faktum, das Sozialdemokraten wie zum Beispiel August Bebel in ihren Reichstagsreden lobten. So benutzte der SPD-Vorsitzende im Dezember des Jahres 1903, kurz vor dem Ausbruch der Rebellion in Südwestafrika, während der Reichstagsdebatten über die neuen Budgetzuteilungen für die deutschen Kolonien die USA als Beispiel dafür, dass in einer starken Republik wie den USA nicht dieselben Klassenschranken und Übervorteilungen von privilegierten Individuen existierten wie im Deutschen Reich: „Meine Herren, dass man, um Gesandter … oder Präsident einer großen Republik zu sein, nicht Akademiker zu sein braucht, das zeigt die Schweiz, das zeigt vor allem Nordamerika, und ich glaube die nordamerikanische Republik nimmt eine Stelle in den Weltgeschicken ein, gegenüber der die Stellung des Deutschen Reiches allmählich heruntersinken dürfte. Jedenfalls ist es … in Amerika nicht Gebrauch, dass man zu einem Botschafterposten gerade einen Akademiker braucht …" Andere SPD-Parlamentarier nahmen den glei-

---
12 *Internationaler Sozialisten-Kongreß zu Stuttgart. 18. bis 24. August 1907*, 35.

chen Standpunkt ein und argumentierten, dass selbst eine Republik mit kapitalistischem Wirtschaftssystem wie die USA ihrer Arbeiterklasse mehr Rechte garantierte als das Deutsche Reich, obwohl zeitgleich amerikanische Produkte sehr erfolgreich mit deutschen auf dem Weltmarkt konkurrierten: „Und meine Herren, gehen wir nach Amerika, wo in verschiedenen Staatsbetrieben schon die achtstündige Arbeitszeit eingeführt ist, und dabei fürchten wir die amerikanische Konkurrenz auf dem Weltmarkte!" Außerdem machten SPD-Abgeordnete wiederholt darauf aufmerksam, dass Arbeiter in den USA (und anderen Republiken) das Wahlrecht hatten – zwar galt dies für den Reichstag auch in Deutschland, aber eben nicht für Preußen: „In der Schweiz, in Frankreich, in Nordamerika, wo immer moderne bürgerliche Republiken vorhanden sind, haben die Arbeiter das allgemeine gleiche und direkte Wahlrecht für alle gesetzgebenden Körperschaften und sogar vom 20. oder 21. Lebensjahre an."[13]

Aber auf der anderen Seite wurde es in den Jahren vor Ausbruch des Ersten Weltkrieges auch immer deutlicher, dass verschiedene Aspekte der amerikanischen Kultur und Politik, trotz der Tatsache, dass die USA eine Republik waren, sowohl von deutschen Nationalisten und Konservativen als auch (und gerade) von deutschen Liberalen beobachtet, bewundert und kopiert wurden. Noch schlimmer war aber die Tatsache, zumindest aus Ledebours und Kautskys Sicht, dass sozialdemokratische Intellektuelle wie Bernstein darauf aus waren, die SPD, immerhin die größte sozialistische Partei der Welt, an diese liberalen und bourgeoisen Standpunkte anzunähern. Für Kautsky, und angesichts Bernsteins wenig freundlichem Empfang in Stuttgart wahrscheinlich auch für eine Mehrheit der weniger prominenten Parteimitglieder, klangen Bernsteins prokolonialistische Ideen einfach zu sehr nach den kolonialpolitischen Vorstellungen von beispielsweise dem liberalen deutschen Kolonialstaatssekretär Bernhard Dernburg oder vielen anderen deutschen Kolonialbeamten, wie Wilhelm Solf oder Albert Hahl, die, wie Dernburg, oft auch Liberale waren. Diese liberalen Kolonialisten priesen sowohl die Westausdehnung der USA als auch die Rassegesetzgebung und das Naturalpachtsystem im amerikanischen Süden. Tatsächlich hatten beide Regionen Modellcharakter sowohl für die deutschen Kolonien als auch für den Zuckerrübenanbau im Osten Preußens.[14]

August Bebel kritisierte deshalb in seinen Parlamentsreden den amerikanischen Imperialismus und zeigte auf, dass die Vereinigten Staaten und das Deutsche Reich oft, zumindest wenn es um die Ausbeutung von Minderheiten, Nichtdeutschen und Nichtweißen ging, gleiche Interessen hatten und gleiche Methoden anwandten. Im Dezember 1903 attackierte Bebel so nicht nur erneut die deutsche Beteiligung an der Niederschlagung des Boxeraufstands in China, sondern verurteilte auch andere imperialistische Mächte scharf, darunter an prominenter Stelle die USA: „Nordamerika tritt dort in der Mandschurei für die Politik der offenen Tür ein und … dasselbe Interesse hat Deutschland." Aber auch bei den Themen Imperialismus und Kolonialismus zeigte

---

13 *Reichstagsdebatte (14. Dezember 1903)*, 138, 40.
14 Ulrich van der Heyden, „Georg Albrecht von Rechenberg", in *Allgemeine deutsche Biographie & Neue deutsche Biographie* (Berlin: Pütter–Rohlfs, 2003), 231–32; Jens-Uwe Guettel, *German Expansionism, Imperial Liberalism, and the United States, 1776-1945* (New York: Cambridge University Press, 2012), 140.

sich, dass SPD-Abgeordnete wie Bebel sehr wohl in der Lage waren, trotz ihrer Kritik an der offiziellen Eroberungs- und Kolonialpolitik Amerikas auf die Vorzüge des republikanischen Systems des Landes zu verweisen. So lobte Bebel neben seiner Kritik an der brutalen Eroberung der Philippinen durch die USA auch die scharfen Verurteilungen dieses Geschehens durch oppositionelle Kongressabgeordnete, deren freimütige Äußerungen eben auch zeigten, dass in den USA weitaus offenere Meinungsäußerungen möglich waren als im Kaiserreich: „Und wie ist die Politik und die Kriegführung der Vereinigten Staaten auf den Philippinen in der amerikanischen Volksvertretung in Washington verurteilt worden! Ich habe vor einem Jahr Gelegenheit genommen, die Äußerungen der betreffenden Deputierten dem Hause vorzuführen. Auch was damals der amerikanischen Regierung von oppositionellen Abgeordneten über diese Kriegführung gesagt worden ist, übersteigt bei weitem alles, was an kritischen Äußerungen von der Sozialdemokratie der deutschen Regierung gegenüber laut geworden ist."[15]

Es war den sozialdemokratischen Kritikern der deutschen Kolonialpolitik eben auch klar, dass sie ihre Argumente und Kritik gerade aufgrund des Modellcharakters der Vereinigten Staaten für deutsche Kolonialadministratoren und liberale, nationalistische und konservative Kolonialpolitiker sehr effektiv mit Hinweisen auf die USA untermauern konnten. Georg Ledebour, einer der aktivsten Gegner des deutschen Kolonialismus, baute so seine Kritik an der grausamen Behandlung der Herero und Nama während des Krieges in Südwestafrika (1904-1907) auf zwei amerikabezogene argumentative Pfeiler auf: Auf der einen Seite war bereits seine Miteinbeziehung von amerikanischen Beispielen ein geschickter Schachzug an sich, auf der anderen bezog sich Ledebour speziell auf den amerikanischen Süden, also auf den Teil der USA, der für Kolonialisten besonders beispielhaft und attraktiv war:

„Der Herr Abgeordnete Freiherr von Richthofen [von der Nationalliberalen Partei] hat den Abgeordneten Arendt [Zentrum] unterstützt, indem er sagte, auf den Aufstand der Herero könnte das Völkerrecht nicht angewendet werden, ihnen gegenüber wäre es Pflicht, die größte Strenge und Härte walten zu lassen, man dürfe sich nicht darauf berufen, daß im Kriege zwischen zivilisierten Menschen andere Grundsätze der Humanität geltend wären, da es sich hier um Aufständische handle. Da weise ich auf eine geschichtliche Erfahrung hin, die zeigt, daß gerade die entgegengesetzte Handlung, indem man auch einen Aufständischen möglichst human behandelt, die allergünstigsten Folgen für ein Land hat. Im amerikanischen Sezessionskrieg ist es vier Jahre lang zu einem blutigen, menschenverheerenden Aufstand gekommen. Nach dessen Beendigung ist den Besiegten aber nicht ein Haar gekrümmt worden. Man hat ihnen gegenüber gerade die Grundsätze äußerster Humanität walten lassen in der richtigen Erwägung, daß auf diese Weise am ersten ein Ausgleich der Gegensätze herbeigeführt werden kann. Das hat sich so ausgezeichnet bewährt, daß man überall dies Beispiel nachahmen sollte. Gerade durch die geschichtliche Erfahrung also werden die Ausführungen des Herrn Abgeordneten von Richthofen vollkommen über den Haufen geworfen. Eine zivilisierte Nation soll nicht bloß formal demjenigen gegenüber, der ihm völkerrechtlich als staatlich organisierter Feind entgegentritt, die Grundsätze der Humanität walten lassen, sondern auch dann, wenn sich für diese formale Auffassung in einer staatlich organisierten

---

15 *Reichstagsdebatte (14. Dezember 1903)*, 139.

Organisation des Gegners keine Grundlage findet. Mag der Gegner als Aufständischer aufgefaßt werden oder als kriegsführende Macht, das muß für einen zivilisierten Staat vollkommen gleich sein; man muß die Grundsätze der Humanität unter allen Umständen aufrecht erhalten."[16]

Hier zeigt sich wieder die Ambivalenz des Themas Amerika innerhalb sozialdemokratischer Argumentationen. Letztlich standen Positives und Negatives dicht beieinander: Man konnte die Behandlung der Südstaaten nach Ende des Amerikanischen Bürgerkriegs loben, was natürlich (vielleicht sogar absichtlich von Ledebours Seite aus) einer gewissen rassisch-aufgeladenen Ironie nicht entbehrte, da so weiße Sklavenhalter mit den afrikanischen Herero gleichgesetzt wurden, während andere Eigenschaften (und Eigenheiten) des Lebens in den USA abgelehnt wurden. Trotz der Tatsache, dass so zum Beispiel SPD-Reichstagsabgeordnete die Gesetzgebung der USA priesen (u.a. wenn es um den Schutz von Individualrechten ging), zeigten SPD-Parlamentarier auch auf, dass in den kapitalistischen USA, genau wie im Deutschen Reich, die Macht des Staates auch immer wieder gegen Arbeiterbewegung und Gewerkschaften eingesetzt wurde: „Der Herr Staatssekretär weist dann darauf hin, daß die Monarchie bedeutend besser wäre als die Republik. Gewiss, auch in der Republik, wie in Frankreich und Amerika, steht das Militär zum Schutz des Kapitalismus bereit, und es braucht dort erst gar nicht gesagt werden, daß der Soldat auf Vater und Mutter schießen solle. Es geschieht dort, die Miliz ist in Amerika herbeigeholt, der Soldat ist in Frankeich herbeigeholt – gewiß, das ist ganz dasselbe (...)." Nach Meinung des SPD-Abgeordneten Emanuel Wurm, der dem linken Parteiflügel um Karl Liebknecht angehörte, zeigte gerade die Tatsache, dass auch in den USA staatliche Gewalt gegen Arbeiter eingesetzt wurde, dass „amerikanische Arbeiter nicht auf dem rechten Weg sind ..., wenn sie sich nur in Gewerkschaften organisieren". Eine starke sozialistische Partei als politische Führung der Arbeiterklasse war für Wurm auch in den USA unerlässlich.[17]

Obwohl Bebel nicht so weit links stand wie Wurm, wählte er doch ähnliche Argumente, wenn es um seine Analysen Amerikas ging. Die Spannung zwischen demokratischer politischer Ordnung und kapitalistisch-imperialistischer Wirtschaftsordnung wurde von ihm und anderen SPD-Politikern häufig thematisiert. Im Jahr 1904 kommentierte er so die Avancen des amerikanischen Präsidenten Theodore Roosevelt als zynisch, eine zweite Haager Friedenskonferenz einzuberufen:

„Allerdings hat Herr Roosevelt, der Präsident der Vereinigten Staaten, neuerdings wieder eine Einladung erlassen zu einer Haager Konferenz mit sehr erweitertem Programm. Die meisten Nationen sollen zugesagt haben. Es ist anlässlich dieser Angelegenheit auch zu lebhaften telegraphischen Begrüßungen zwischen Deutschland und Nordamerika gekommen. Aber seltsam ist doch, dass Herr Roosevelt vielleicht mit demselben Tropfen Tinte, mit dem er das Dokument der Einladung zu einer zweiten internationalen Friedenskonferenz unterzeichnete, auch eine Flottenvorlage unterzeichnet hat, die darauf ausgeht, die amerikanische Flotte gewaltig zu verstärken."[18]

---

16 *Reichstagsdebatte (6. April 1905)*, 5888.
17 *Reichstagsdebatte (28. Januar 1904)*, 553, 57.
18 *Reichstagsdebatte (5. Dezember 1904)*, 3366.

Tatsächlich verwiesen auch liberale, nationalistische und konservative Redner immer wieder auf die ihrer Meinung nach bestehenden Diskrepanzen zwischen friedlichem Anspruch und der Wirklichkeit militärischer Aufrüstung in England, Frankreich und den USA. Sie taten dies aber, um die deutsche Rüstungspolitik als bloße (und notwendige) Reaktion auf die Aktivitäten anderer Staaten hinzustellen. Dies war nicht Bebels Ziel. Vielmehr war Bebel darauf aus, die Ähnlichkeiten zwischen dem monarchischen Deutschland und den republikanischen USA aufzuzeigen. Da er im nächsten Teil seiner Rede nahtlos von „den USA" zu „unserem Staatssystem" wechselte, machte Bebel klar, dass trotz der unterschiedlichen Verfassungen Deutschlands und der USA große (und zwar aggressiv-imperialistische) Gemeinsamkeiten zwischen beiden Staaten bestanden:

> „Das sind unlösbare Widersprüche, die in unserem gegenwärtigen Staats- und Gesellschaftssystem bestehen: auf der einen Seite der Mund voll Friedensversicherungen, Friedenskonferenzen, von Menschheitsrechten und brüderlicher Liebe – Worte, wie sie schöner nicht gedacht werden können, und auf der anderen Seite Rüstungen und abermals Rüstungen und Massenvernichtung. Und dabei wird Roosevelt gefeiert als ein moderner internationaler Heiland, – derselbe Roosevelt, der seiner Gesinnung nach Imperialist und Hochschutzzöllner ist."[19]

Für Bebel waren sowohl die deutsche als auch die amerikanische Außen-, Wirtschafts- und Rüstungspolitik Ausdruck derselben unauflöslichen Grundspannungen:

> „Meine Herren, solche Widersprüche sind allerdings in der bürgerlichen Gesellschaft unvermeidlich, sie sind der bürgerlichen Gesellschaft sozusagen immanent. Man ist in Worten herrlich, schön, wunderbar. Nicht die Sozialdemokratie hat die schöne Parole erfunden: Freiheit, Gleichheit, Brüderlichkeit! – sie ist das Erzeugnis der großen bürgerlichen Revolution in Frankreich. (...) Diese Worte haben einstmals das Bürgertum der ganzen Welt begeistert, auch uns Deutsche. Man glaubte auch daran, man kannte sich selber eben noch nicht. Diese bürgerliche Gesellschaft kennt sich überhaupt nicht, und wenn sie sich erkennt, kommt sie notwendig in Widerspruch mit dem, was sie sein will, und dem, was sie in Wirklichkeit ist. So wird sie gezwungen zu heucheln, wie niemals eine Gesellschaft vor ihr geheuchelt hat."[20]

Für viele SPD-Politiker hatten die USA deshalb sowohl gute als auch schlechte Seiten. Es kam letztlich immer darauf an, wohin man schaute. So argumentierte Hermann Molkenbuhr, der im Zuge der Sozialistenverfolgung 1881 aus Deutschland ausgewiesen worden war und daraufhin drei Jahre in den USA verbracht hatte, dass jeder, der in Amerika war, sich dessen bewusst sei, dass amerikanische Arbeiter durchschnittlich schneller arbeiteten als deutsche. Molkenbuhr schränkte dieses Lob aber dahingehend ein, dass diese Tatsache lediglich eine Konsequenz des besseren Gesundheitszustands und der besseren Ernährung der amerikanischen Arbeiter sei. Deutsche Arbeiter, die nach Amerika gingen, bräuchten zwar etwas Zeit, sich umzustellen, dann aber arbeiteten sie genauso gut wie die amerikanischen, eine Folge sowohl der besseren Ernährung und der kürzeren Arbeitszeit in den USA. Molkenbuhr, der in seiner Jugend zeitweise 60 Wochenstunden in einer Lebensmittelfabrik gearbeitet hatte, nutzte so seine Ame-

---

19 Ibid.
20 Ibid.

rikaerfahrung, um die zu lange Wochenarbeitszeit in Deutschland zu kritisieren. Im Deutschen Reich, so Molkenbuhr, würden Verträge gemacht, die die Leistungsfähigkeit der Arbeiter herabsetzten.[21]

Aus sozialdemokratischer Sicht boten so die Vereinigten Staaten im Inneren einen besseren Schutz der Individualrechte ihrer Bürger, aber auch ein allgemeines Wahlrecht und, zumindest auf der Einzelstaatsebene, auch zum Teil beispielhafte Arbeitsschutzbestimmungen. Auf der anderen Seite bewirkte die kapitalistische Wirtschaftsordnung Amerikas aber auch, dass, wenn es hart auf hart kam, die amerikanische Regierung sich nicht scheute, rohe Gewalt gegen Arbeiter einzusetzen, gerade um den amerikanischen Kapitalismus zu schützen. Innenpolitisch hatte Amerika daher, zum Beispiel vom Blickwinkel Emanuel Wurms aus gesehen, einige Vorzüge. Wurms Ansichten wurden von anderen SPD-Politikern geteilt, und es ist wichtig zu erwähnen, dass nicht nur Vertreter des linken Parteiflügels wie eben Wurm ein ambivalentes Amerikabild hatten. Georg von Vollmar, seit den 1890er Jahren ein Anhänger des Bernstein'schen Revisionismus, hegte sehr ähnliche Auffassungen über die USA und vertrat diese auch in seinen Reichstagsreden:

> „Nun sehen wir Sozialdemokraten zwar in den Zuständen der Vereinigten Staaten selbstverständlich keineswegs unser Ideal, weil uns der republikanische Kapitalismus um nichts besser ist als der monarchische. Aber zum Wesen jenes großen, aufrichtig bewunderten Landes und seines Volkes gehört vor allem auch, dass es politische Freiheit und Selbstbestimmung hat, dass der Wille des Volkes ausschlaggebend ist; dass es keine erbliche und angeblich von Gottes Gnaden kommende Regierungsmacht gibt, sondern dass das Volk seine Regierenden selbst wählt und ihr Mandat nach kurzer Zeit wieder zurücknimmt, und dass die ganzen politischen Verhältnisse dort derart sind, dass es nicht erst eines Gesetzes bedarf, um Schutz gegen eigenmächtige Eingriffe von oben in Volks- und Parlamentsrechte zu schaffen, wie wir Sozialdemokraten es hier durch unser Verantwortlichkeitsgesetz versuchen müssen [Dieses Gesetz forderte die Verantwortlichkeit des Reichskanzlers gegenüber dem Reichstag ein; eine Forderung, die bis zum Oktober 1918 nicht verwirklicht wurde.] Da es nun unmöglich für Deutschland und für Nordamerika zwei verschiedene göttliche Gesetze geben kann, so kann aus der ganzen Betrachtung der Dinge auch der loyalste Deutsche – wir Sozialdemokraten wissen es ohnehin schon – die Lehre ziehen, dass es in der Ordnung der Staaten und der Gesellschaft nichts Absolutes und Unveränderliches gibt, sondern dass alles der geschichtlichen Entwicklung unterworfen ist und geändert werden kann, sobald das bis dahin Gewesene sich als überflüssig und schädlich herausstellt. Und der Schluss daraus muss sein, dass das deutsche Volk, das doch nicht weniger gebildet ist und kein minderes Anrecht auf Mündigkeit hat als das amerikanische, – dass dieses deutsche Volk von den Amerikanern wenigstens das lernen kann: dass es nicht in den gegenwärtigen zurückgebliebenen, unfreien, verworrenen und gefahrdrohenden politischen Verhältnissen stecken bleiben, sondern sich endlich ermannen und zu besseren, freieren Verhältnissen emporarbeiten soll!"[22]

Vollmar, genauso wie andere SPD-Reichstagsabgeordnete, bewunderte und pries also die politische Organisation der USA, ohne dabei aber die Wirtschaftsordnung Amerikas mit in sein Lob einzubeziehen. Diesem Lob der inneren amerikanischen Verhält-

---

21 *Reichstagsdebatte (22. Februar 1905)*, 4681.
22 *Reichstagsdebatte (9. Dezember 1904)*, 3445.

nisse stand allerdings immer eine klare außenpolitische Kritik gegenüber: Nicht nur, dass die USA auf außenpolitischer Ebene wenig Beispielhaftes boten. Nein, die USA zeigten außenpolitisch, und zwar gerade, wenn es um die globale imperialistische Projektion der Macht der Vereinigten Staaten ging, viel zu viele besorgniserregende Ähnlichkeiten mit Deutschlands eigener Kolonialpolitik. Dazu kam dann noch, dass liberale deutsche Imperialisten die USA oft dazu nutzten, sowohl ihre eigenen politischen Ansichten als auch praktische Maßnahmen in den deutschen Kolonien zu rechtfertigen. Da die deutschen Liberalen um das zumindest zum Teil positive Amerikabild der SPD wussten, nutzten liberale Publikationen oft mit offensichtlicher Freude an der Provokation amerikanische Beispiele, gerade wenn es um die Rechtfertigung des deutschen Kolonialismus ging.

So kritisierten kurz vor den Reichstagswahlen von 1907 (den berüchtigten „Hottentottenwahlen") von dem liberalen Gustav Schmoller herausgegebenen prokolonialistische Publikationen die SPD, darunter auf besonders harte Weise der *Kolonialpolitische Führer*. In dieser Schrift argumentierte Schmoller, dass gerade Deutsch-Südwestafrika die gleichen „Kinderkrankheiten" durchlitt wie die jungen amerikanischen Kolonien: „Nach zwanzig Jahren hatte Virginia eine Bevölkerung von nur 1000 Menschen ... Die anderen europäischen Siedlungen auf dem Gebiet der heutigen USA entwickelten sich ähnlich ... [Z]wanzig Jahre nach der ersten Besiedlung Nordamerikas hätte also ein englischer Sozialdemokrat aufgrund der Tatsache, dass nur 1000 oder 2000 Engländer dort wohnten, berechtigterweise die Eignung Amerikas zur Kolonisation in Frage stellen können." Liberale Kolonialisten wie Schmoller, Dernburg und nach 1911 auch Wilhelm Solf benutzen so die USA und das weitverbreitete Bild dieses Landes als progressiv, modern und machtvoll, um ihre eigene Unterstützung der deutschen Expansion nach Übersee zu rechtfertigen. Amerikanische Kolonialbeispiele konnten auch dazu genutzt werden, den antikolonialen Standpunkt der SPD als rückschrittlich und dumm darzustellen – einen Vorwurf, der führende SPD-Politiker ärgerte und von ihnen zurückgewiesen wurde.[23]

Der Historiker Andrew Zimmerman zeigt in seinen neuesten Analysen auf, dass die USA während des Amerikanischen Bürgerkriegs inspirierend auf radikal-liberale und sozialistische 1848er wirkten, egal ob diese aus Deutschland oder anderen europäischen Ländern kamen. Ein halbes Jahrhundert später hatte sich die Sichtweise deutscher Sozialisten auf die USA zwar nicht komplett, aber dennoch merklich verändert: In den ersten Jahren des 20. Jahrhunderts schienen die USA nicht mehr nur für die Verwirklichung von individuellen Freiheitsrechten einzustehen, sondern das Land inspirierte und unterstützte (zumindest ideell) auch Deutschlands halb-autokratisches Regierungssystem und dessen nationalistische und liberale Rechtfertiger, gerade wenn es um die tatsächliche Herrschaftsausübung in den deutschen Kolonien und auch um die grundsätzliche Rechtfertigung deutschen Kolonialbesitzes ging. So schwärmte der national-liberale Kolonialist Carl Peters in den 1890er Jahren von der „freien und libe-

---

23 Gustav Schmoller (et al.), ed. *Kolonialpolitischer Führer* (Berlin: Wedekind, 1907), 12, 13, 16; Jens-Uwe Guettel, „From the Frontier to German South-West Africa: German Colonialism, Indians, and American Westward Expansion", *Modern Intellectual History* 7, no. 3 (2010); *German Expansionism, Imperial Liberalism, and the United States, 1776-1945*.

ralen" Kolonisation des amerikanischen Westens (bei gleichzeitiger Anerkennung, dass dieser Prozess auf der Vertreibung und Vernichtung der verbleibenden Indianer beruhte) und argumentierte, dass amerikanische Kolonialmethoden als Modell für die deutschen Bestrebungen in den Schutzgebieten des Deutschen Reiches benutzt werden sollten. Liberale Kolonialbeamte wie Bernhard Dernburg und Wilhelm Solf teilten Peters Bewunderung des „liberalen Expansionismus" der USA in den Jahren vor 1914.[24]

Dass die politischen Gegner der SPD die USA bewunderten, hieß nicht automatisch, dass gerade moderate und den Gewerkschaften nahestehende SPD-Politiker nicht auch positiv auf die Vereinigten Staaten schauten – und dies nicht nur aufgrund der Tatsache, dass die USA eine Republik waren. Sozialdemokraten waren zum Beispiel auch von dem Konzept des „living wage" angetan, also von Lohnzahlungen, die hoch genug waren, um eine relativ komfortable Existenz zu sichern. Nach dem Ersten Weltkrieg reisten, wie die Historikern Mary Nolan aufgezeigt hat, SPD und Gewerkschaftsführer nach Detroit, um sich dieses Phänomen bei Arbeitern der Ford-Werke selbst anzusehen. Die wichtigste Lektion, die SPD-Beobachter von den Ford-Werken zurück nach Deutschland brachten, war eine nachfrageorientierte Wirtschaftspolitik: „Wenn die Menschen nichts kaufen können, kann die Industrie nichts produzieren."[25]

Allerdings war die SPD nach dem Ersten Weltkrieg auch eine andere Partei als vor Ausbruch des Krieges. Während die Vorkriegs-SPD eine extreme Bandbreite an Sozialismusinterpretationen einschloss, wurde doch ihr Bild in der Öffentlichkeit durch ihr nominell marxistisches Zentrum bestimmt, das am prominentesten von Bebel und Kautsky repräsentiert wurde. Bebel und Kautsky, aber auch Genossen wie Singer und Hugo Haase, achteten auch darauf, dass die nationalen Beschlüsse der SPD die der Zweiten Internationale umsetzten – was auch eine strikte Ablehnung des Kolonialismus bedeutete. Im Ergebnis war daher die antikoloniale Position der Partei eine wirklich transnationale: Auf der einen Seite ausgearbeitet von Sozialisten aus verschiedenen Ländern, auf der anderen national implementiert und repräsentiert von den SPD-Reichstagsabgeordneten. Es ist natürliche richtig, dass die die politische Wirkungskraft der Zweiten Internationale durch die nationalen Interessen ihrer verschiedenen Mitgliedsparteien und Organisationen beeinträchtigt war. Es ist auch richtig, dass die SPD vor 1914 beständig zwischen ihrem Engagement für einen sozialistischen Internationalismus und den vielen exklusiv deutschen Angelegenheiten der Partei hin und her schwankte. Aber bis der Erste Weltkrieg diesen unruhigen Balanceakt auf seine bisher schwerste Probe stellte (eine Probe, die sowohl die SPD als auch die meisten anderen europäischen Arbeiterparteien nicht bestanden), hielt diese Struktur relativ gut. Nur die alles überschattende Herausforderung des Ersten Weltkriegs gab den national orientierten Elementen innerhalb der Partei mehr Gewicht, als sie jemals zuvor gehabt hat-

---

24 Carl Peters, *Carl Peters Gesammelte Schriften*, ed. Walter Frank, 3 vols., vol. 1 (München/Berlin: C. H. Beck'sche Verlagsbuchhandlung, 1943), 393, 406-07; Andrew Zimmerman, „The German Empire, the Atlantic Revolutions of the Nineteenth Century, and the Colonial Construction of the Precolonial" (paper presented at the Conference: German Post-Colonial History in a Global Age, Free University Berlin, 2011); Guettel, *German Expansionism, Imperial Liberalism, and the United States, 1776-1945*, 79-161.
25 Mary Nolan, *Visions of Modernity* (New York: Oxford University Press, 1994).

ten. Außerdem zerstörte er zwei Jahre nach seinem Beginn die „alte" Vorkriegspartei, die die politische Heimat sowohl von radikalen Linken wie Luxemburg, Liebknecht und Thälmann gewesen war, als auch die von moderaten oder sogar eher rechts stehenden Genossen wie Gustav Noske und Eduard David. Die Tatsache, dass es kein geringeres Ereignis als die so genannte Urkatastrophe des 20. Jahrhunderts war, die die SPD auseinanderbrechen ließ, zeugt davon, wie stabil und arbeitsfähig die Vorkriegs-SPD tatsächlich war: Stabil genug, um Individuen mit extrem unterschiedlichen Sozialismusvorstellungen eine gemeinsame politische Heimat zu bieten. Seit 1914 hat eine Anzahl von Geschehnissen und Entwicklungen dazu beigetragen, die Tatsache, dass die SPD vor dem Ersten Weltkrieg eine sehr andere Partei war als danach, zu überschatten. Unter diesen Ereignissen sind zu nennen die Spaltung der Partei im Jahr 1917, die Gründung der KPD 1918/19 und an herausragender Stelle der blutige Konflikt zwischen der von der MSPD und auch (zumindest anfänglich) von der deutschen Armee unterstützten Weimarer Republik auf der einen und verschiedenen kommunistischen Organisationen auf der anderen Seite. Diese Auseinandersetzung bestand unterhalb der Schwelle eines Bürgerkrieges während der ganzen 1920er Jahre fort und zementierte dadurch die Spaltung der deutschen Arbeiterbewegung, deren Tiefe so groß war, dass selbst die Bedrohung durch die erstarkenden Nationalsozialisten sie nicht überbrücken konnte. Für die in diesem Vortrag vertretenen Thesen ist außerdem besonders wichtig, dass nach dem Ersten Weltkrieg, trotz der Tatsache, dass einige SPD-Politiker in den 1920er Jahren in kolonialrevisionistischen Kreisen aktiv waren, die Kolonialfrage ihre Vorkriegsdringlichkeit verloren hatte, zumindest für die meisten Sozialdemokraten.[26]

Schlussbetrachtungen

Vor dem Ersten Weltkrieg war es eben auch das Thema des US-Imperialismus und der USA allgemein, das die Sichtweise prominenter Sozialdemokraten auf die größte Republik der Welt so problembeladen machte. Parteiaußenseiter und de facto liberale Kolonialisten wie Bernstein benutzten die Geschichte der amerikanischen Westexpansion, um ihren eigenen Kolonialismus zu rechtfertigen, obwohl Bernsteins Zuhörer in Stuttgart (und nicht nur sie) diese Position nicht akzeptierten. Vielleicht reagierte Bernsteins Publikum mit Unwillen, weil seine Zuhörer Mitleid mit der amerikanischen Urbevölkerung hatten. Laut Bernstein verdiente diese schließlich das Land nicht, das ihr von weißen Siedlern genommen worden war. Aber vielleicht reagierte Bernsteins Publikum auch deshalb so ablehnend, weil seine Argumente fast deckungsgleich von

---

26 Fletcher, *Revisionism and Empire*, 183-88; „Revisionism and Wilhelmine Imperialism; Guettel, „The Myth of the Pro-Colonialist SPD: German Social Democracy and Imperialism before the First World War", 480-81.

den liberalen Vertretern der bourgeoisen Parteien, unter ihnen Gustav Schmoller, Friedrich Naumann, und Dernburg, benutzt wurden.[27]

Auf der einen Seite wurde die sozialdemokratische Bezugnahme auf Amerika vor 1914 erschwert, weil es mit „dem größten Kolonialunterfangen, das die Welt je gesehen hat", wie Bernhard Dernburg die USA in einer Rede vor Schmollers *Kolonialem Actionskomité* bezeichnete, eine aktive Kooperation durch liberale deutsche Kolonialisten gab; sei es, um amerikanische Naturalpachtmethoden zum Baumwollanbau in Deutsch-Togo einzuführen oder um die Existenz von Rassentrennungsmaßnahmen in den deutschen Kolonien zu rechtfertigen.[28]

Auf der anderen Seite half diese Erkenntnis den deutschen Sozialdemokraten vor 1914 auch dabei, ihren Antikolonialismus beizubehalten, da letztlich klar wurde, dass partiell autokratische Länder wie das Deutsche Reich keinerlei Probleme damit hatten, mit Republiken wie den USA zusammenzuarbeiten, zumindest, wenn es um die Gestaltung der deutschen Kolonialherrschaft ging. Die immer größer werdende Aufmerksamkeit liberaler und imperialistischer Politiker und Intellektueller für die USA, wie zum Beispiel Max Weber und Friedrich Naumann, aber auch von Konservativen und Nationalisten wie Max Sering und Alfred von Tirpitz, schuf Probleme für Sozialisten wie Kautsky, Wurm, Ledebour und viele andere.[29]

Wie Andrew Zimmerman eindrucksvoll aufgezeigt hat, stand gerade der amerikanische Süden Modell für die ökonomische Ausbeutung der deutschen Kolonien, insbesondere für die Baumwollproduktion in Deutsch-Togo. Für die vielen antikolonialen Sozialdemokraten, aber auch für viele andere Parteimitglieder, stellte sich damit schließlich am Vorabend des Ersten Weltkriegs die Frage, wie man zu Hause für eine Republikanisierung und Demokratisierung Deutschlands einstehen konnte, wenn doch gleichzeitig die größte Republik der Welt aufzeigte, dass das Vorhandensein eines allgemeinen Wahlrechts und das Fehlen von aristokratischen Privilegien durchaus mit unterdrückerischen und rassistischen Maßnahmen, sowohl im Inneren wie in den neuerworbenen amerikanischen Kolonien, zusammenpasste.[30]

---

27 *Internationaler Sozialisten-Kongreß zu Stuttgart. 18. bis 24. August 1907*, 28; „The Myth of the Pro-Colonialist SPD: German Social Democracy and Imperialism before the First World War", 478.

28 „From the Frontier to German South-West Africa; *German Expansionism, Imperial Liberalism, and the United States, 1776-1945*"; Andrew Zimmerman, „A German Alabama in Africa: The Tuskegee Expedition to German Togo and the Transnational Origins of West African Cotton Growers", *American Historical Review* 110(2005); *Alabama in Africa: Booker T. Washington, the German Empire, and the Globalization of the New South* (Princeton: Princeton University Press, 2010).

29 Guettel, „From the Frontier to German South-West Africa; *German Expansionism, Imperial Liberalism, and the United States, 1776-1945*"; Zimmerman, „German Alabama"; *Alabama*; Sven Beckert, „From Tuskegee to Togo: The Problem of Freedom in the Empire of Cotton", *The Journal of American History* 92, no. 2 (2005); Guettel, „From the Frontier to German South-West Africa".

30 Zimmerman, „German Alabama"; *Alabama*.

Vom Unwillen zur Macht: SPD und USA – Zwei Zauderer der Hegemonie nach dem Ersten Weltkrieg

Moritz Rudolph

1 Einleitung: Der „zweite Dreißigjährige Krieg"

„Das ist kein Friede. Das ist ein Waffenstillstand für zwanzig Jahre"[1], orakelte der französische Marschall Foch mit erstaunlicher Präzision, als der Große Krieg im Jahre 1919 sein offizielles Ende nahm und der Versailler Vertrag die Nachkriegsordnung in Europa umriss. Kurt Tucholsky stieß ins selbe Horn, als er reimte: „Und nach abermals zwanzig Jahren / kommen neue Kanonen gefahren. Das wär kein Friede / Das wäre Wahn/"[2]

Das vom Marschall und vom Schriftsteller gleichermaßen prognostizierte Unheil nahm auch sogleich seinen Lauf. Eine Brücke nicht enden wollender Krisen führt vom Ersten zum Zweiten Weltkrieg. 1919 und 1939 (oder auch 1914 und 1945) sind derart engmaschig miteinander verwoben, dass bisweilen vom „zweiten Dreißigjährigen Krieg"[3] oder vom „Europäischen Bürgerkrieg 1914-1945"[4] die Rede ist. Am bekanntesten ist wohl Carrs Formulierung von der „Twenty Years' Crisis"[5].

Obschon der historische Zusammenhang zwischen den beiden Ereignissen auf der Hand liegt, und auch wenn es wohl stimmt, dass tiefe strukturelle Verwerfungen zu einer „allgemeinen Krise"[6] führten und deren Steuerung erheblich erschwerten, sollte die Offenheit des historischen Prozesses zu keinem Zeitpunkt außer Acht gelassen werden. Weder wälzte sich der metaphysische *Weltgeist* durch die Geschichte, noch war hier eine materialistisch gewendete *List der Vernunft* am Werk. Eine strukturalistische Analyse, deren gesellschaftsbasierter Ansatz wertvolle Erkenntnisse in Hinblick auf die Frage „Wie ist es gewesen?" liefern kann, muss um einen Faktor der Kontingenz ergänzt werden und ebenso die Frage „Was wäre möglich gewesen, wenn...?" berücksichtigen.

Der vorliegende Beitrag versucht, beide Ansätze miteinander zu verbinden: Eine politökonomische, aber auch soziologisch und kulturell-ideologisch inspirierte Analyse der Krisenhaftigkeit der Zwischenkriegszeit soll einige Ursachen für die Instabilität

---

1 Zit. nach: Churchill, W. (1952): Der Zweite Weltkrieg, Bern / München / Wien, S. 17.
2 Raddatz, F. J. (1975): Kurt Tucholskys Gesammelte Werke, Bd. 2. Hamburg, S. 113.
3 Vgl. Stern, F. (2008): Der Westen im 20. Jahrhundert: Selbstzerstörung, Wiederaufbau, Gefährdungen der Gegenwart, Göttingen, S. 9.; Mayer, A. J. (1989): Der Krieg als Kreuzzug. Das Deutsche Reich, Hitlers Wehrmacht und die „Endlösung", Reinbek.
4 Traverso, E. (2008): Im Bann der Gewalt. Der europäische Bürgerkrieg 1914-1945. München.
5 Carr, E. H. (2001): The Twenty Years' Crisis 1919-1939: An Introduction to the Study of International Relations, New York.
6 Mayer 1989, S. 65.

in Europa beleuchten. Anschließend wird – der historischen Kontingenz Rechnung tragend – das Stabilisierungspotenzial entscheidender Akteure diskutiert.

Zwei Akteure, so die hier zu untersuchende These, die entscheidende Stabilisierungsbeiträge hätten leisten können, sind die Vereinigten Staaten von Amerika und die Sozialdemokratische Partei Deutschlands. Trotz aller Unterschiede hinsichtlich ihres Wesens, Charakters, Aufbaus, Interesses und obwohl sich nur schwerlich eine (konkrete) gemeinsame Kategorie finden lässt, die eine Gegenüberstellung erlaubt, teilen sie auf einer etwas abstrakter gefassten Ebene doch eine entscheidende Gemeinsamkeit: Beide waren politische Entitäten, die als potenzielle Hegemonen in Erscheinung traten und ihren jeweiligen Raum politischen Handelns (das internationale Staatensystem beziehungsweise Deutschland) nach 1918/19 hätten stabilisieren können, dies jedoch versäumten.

Das hier vorgeschlagene Analysemodell liefert lediglich einen theoretischen Rahmen, dessen konkret-historische Unterfütterung nicht im Zentrum der Untersuchung steht.

Zunächst wird der krisenhafte Charakter der Zwischenkriegsjahre beschrieben. Anschließend wird diese konkrete Sphäre verlassen, um das Konzept der Hegemonie in den Beitrag einzuführen. In einem nächsten Schritt werden die beiden vorgeschlagenen Hegemonieaspiranten vorgestellt. Schließlich wird das Erarbeitete im Hinblick auf die Ausgangsthese zusammengeführt.

2 „The Twenty Years' Crisis 1919-1939"

2.1 International

Die politischen Probleme einer Zeit treten nicht isoliert von den sie umgebenden Sphären auf. Auch in anderen Bereichen werden sie deutlich oder haben hier sogar ihren Ursprung. Antonio Gramsci, von dem später noch ausführlicher die Rede sein wird, betrachtete gesellschaftliche Phänomene im Wechselspiel zwischen Ökonomie, Politik und Kultur oder Ideologie, begann jedoch – und da war er ganz Materialist – stets in der ökonomischen Sphäre. Diesem Gedanken folgend, sollen hier einige wirtschaftliche Verwerfungen skizziert werden, die seinerzeit krisentreibend wirkten. Als deren Chiffre kommt „1929" in den Sinn. Die infolge des Schwarzen Donnerstags hier ihren Ausgang nehmende Weltwirtschaftskrise hat wohl maßgeblich dazu beigetragen, dass die Dreißiger taumelten, während man die Zwanziger noch als „golden", „roaring" oder „folles" bezeichnete. Doch der Krach selbst hat seine Wurzeln in der realökonomischen Sphäre.

Zu den entscheidenden Ursachen gehörte eine massive Zunahme der gesellschaftlich-ökonomischen Ungleichheit in der vorangegangenen Dekade.[7] Die Einkommens-

---

7   Piketty, T. / Saez, E. (2003): Income Inequality in the United States, 1913-1998, in: Quarterly Journal of Economics, 118/1, S. 1-39.

und Vermögenspolarisierung erhöht die gesamtgesellschaftliche Sparquote. Während untere Einkommensgruppen eine höhere Konsumquote aufweisen, flüchten sich die Begüterten in Vermögenswerte und Finanzprodukte. Dies destabilisiert die Nachfrageseite und heizt Spekulation an. Eine konsequente Umverteilungspolitik hätte gegensteuern können; nicht nur im Sinne normativer Gerechtigkeitsvorstellungen, sondern vor allem im Dienste ökonomischer Effizienz. Nur so ließe sich der von John Maynard Keynes geforderte „sanfte Tod des Rentiers" einleiten. Dies gehört zum keynesianisches Standardrepertoire und seit einigen Jahrzehnten ebenso zum sozialdemokratischen Reformprogramm. Doch schrieb Keynes seine bahnbrechende „Allgemeine Theorie der Beschäftigung, des Zinses und des Geldes" erst 1936 – zu spät also, um den Crash zu verhindern?

Nicht unbedingt, denn bereits in den Jahrzehnten zuvor formierte sich allmählich ein keynesianisches Programm, in Theorie und Praxis. John Hobson formulierte bereits 1902 in seinem Werk „Imperialism – A Study" eine präkeynesianische Unterkonsumtionstheorie, als deren praktische Konsequenz die berühmte produktivitätsorientierte Lohnpolitik zwingend erscheint.[8] Marxisten wie Rosa Luxemburg und Lenin brachten ebenfalls das Problem des Nachfragemangels ins Spiel, freilich ohne von der Reformierbarkeit des Kapitalismus überzeugt zu sein.

Auch auf praktisch-politischer Ebene mehrten sich die Versuche makroökonomischer Globalsteuerung, noch bevor die General Theory erschien. Das bekannteste Beispiel sind wohl die USA Franklin D. Roosevelts, die 1933 mit ihrem nachfrageorientierten „New Deal" ein neues Kapitel staatlicher Konjunktursteuerung aufschlugen. Auch in Schweden legte die sozialdemokratische Regierung ab 1932 öffentliche Beschäftigungsprogramme zur wirtschaftlichen Gesundung auf. Während derlei Maßnahmen in Reaktion auf die schwelende Krise ergriffen wurden, keimten jedoch bereits in der Vorkrisenzeit Debattenstränge, die die keynesianische Ökonomik vorwegnahmen. Zu nennen ist hier etwa die „Kieler Schule" um Adolph Löwe, Gerhard Colm und andere, die eine aktive Konjunkturpolitik befürwortete, um die chronisch hohe Arbeitslosigkeit der Weimarer Republik zu bekämpfen. Und zu denken ist an das Arbeitsbeschaffungs-Programm der Freien Gewerkschaften aus dem Jahre 1932.[9]

Doch blieben derlei Vorstellungen Randphänomene, hegemonial wurden sie nicht. Im Gegenteil: Entscheidende Akteure jener Zeit folgten eher neoklassischen Paradigmen – der amerikanische Präsident Hoover etwa oder Heinrich Brüning in Deutschland zogen ausgeglichene Staatshaushalte einer aktiven Konjunkturpolitik vor.

Eine internationale keynesianische Reformpolitik, wie sie ansatzweise nach dem Zweiten Weltkrieg entstand – mit aktiven Bretton-Woods-Institutionen wie Internationalem Währungsfonds und Weltbank –, hätte wohl ebenfalls zur Stabilisierung beitragen können. Hierfür wäre allerdings eine höhere Regelungsdichte auf internationaler Ebene nötig gewesen. Gleiches gilt für den Welthandel. Bereits vor dem Ersten Weltkrieg, in einer Phase der ersten Globalisierung, jagten Waren, Kapital und Arbeit immer freier über den Erdball. Die zunehmende ökonomische Vernetzung und Globali-

---

8 Hobson, J. (1902): Imperialism – A Study, London.
9 Schneider, M. (1975): Das Arbeitsbeschaffungsprogramm des ADGB, Bonn.

sierung der Arbeitsteilung fand 1914 ein jähes Ende und konnte nach Ende des Kriegs nicht ohne weiteres wiederhergestellt werden. Als sich die Industrieländer dann von 1929 bis 1933 einen protektionistischen Wettlauf um Zollerhöhungen lieferten und Abwertungsspiralen der nationalen Währungen in Gang setzten, um die Exporte anzukurbeln, schrumpfte das Welthandelsvolumen erneut um ein Vielfaches. *Beggar thy neighbour*, nicht Kooperation war das Gebot der Stunde. Die zusammenbrechende Kooperation wiederherzustellen, hätte die Aufgabe der beteiligten Akteure sein müssen. Die Möglichkeit einer konzertierten wirtschaftspolitischen Aktion ist jedoch an die systemische Bedingung geknüpft, allgemein kooperationsfähig zu sein. Hier kommt internationale Politik ins Spiel.

Wie lässt sich die nach dem Ersten Weltkrieg entstandene internationale Ordnung beschreiben?[10] Mit dem Krieg fand auch die Pax Britannica, die das internationale System zuvor jahrzehntelang strukturiert hatte, ein Ende. Der Hegemon der ersten Globalisierung war nun materiell nicht mehr in der Lage, den Rahmen des politischen, ökonomischen und kulturellen Austauschs abzustecken. Freilich ist auch dies nur eine Abstraktion und wird der tatsächlichen Funktionsweise des Mächtesystems nicht umfassend gerecht. England herrschte nicht über die Welt, organisierte aber den Austausch, wenn auch mit schwindender Macht, die – in Anlehnung an Susan Strange[11] – struktureller Natur war. Im Schatten des Großen Krieges festigten stattdessen die USA ihren Rang als militärisch und ökonomisch führende Macht, ohne jedoch die Rolle des Hegemon anzunehmen, worauf später noch einmal umfassender eingegangen wird.

Edward Carr charakterisierte die zwanzig Jahre zwischen 1919 und 1939 als doppelt instabil. Sowohl international als auch in den einzelnen Nationalstaaten standen sich konkurrierende Ordnungsmodelle gegenüber, ohne eine Entscheidung herbeizuführen. Auf globaler Ebene setzte sich weder Wilsons noch Lenins Internationalismus durch. Verschärft wurde der Weltordnungskampf durch die anfängliche Isolierung Deutschlands, die die politische Spaltung Europas zur Dreiteilung verschärfte.

In den westlichen Zivilgesellschaften – und hier vor allem in Deutschland – war zudem der Vorkriegskompromiss zwischen Bürgertum und Aristokratie erschüttert. Der Aufstieg der Arbeiterbewegung war so gewaltig, dass der bislang gültige Konsens aufgelöst wurde und nach politischer Neuordnung verlangte. Da auch dies nicht gelang, verschärften sich nationalstaatliche und internationale Desorganisation wechselseitig.

Die Ordnungsprobleme setzten sich im Völkerrecht fort. Die Machtrelationen und Interessen der entscheidenden Akteure berücksichtigend, wird deutlich, dass die juristischen Konstruktionen – etwa die Pariser Vorortverträge oder der Völkerbund – nicht der darunter liegenden und sie stützenden Struktur, der „konkreten Ordnung", entsprachen. Die Rechtsetzung, die zumindest in nicht-imperialen Gebilden im Kern intergouvernemental erfolgt, braucht einen Minimalkonsens der Akteure, um bestehen zu können. Dieser Minimalkonsens war jedoch im Nachkriegseuropa äußerst schwer herzustellen, da sich kaum zu überbrückende Widersprüche zwischen tragenden Säulen

---

10 Zur Abfolge imperialer Systeme vgl. Münkler, H. (2005): Imperien. Die Logik der Weltherrschaft – vom Alten Rom bis zu den Vereinigten Staaten, Berlin.
11 Strange, S. (1984): Paths to international political economy, London / Boston.

der Rechtsordnung auftaten. Einerseits zielten etwa französische Sicherheitsinteressen auf eine Bändigung des noch immer kräftigeren Nachbarn im Osten, andererseits sah sich dieser bereits durch den Versailler Vertrag zu Unrecht gegängelt. Während Paris nach einer Verschärfung der Ordnung trachtete, suchte Berlin deren Revision. Graml zufolge war Europa gespalten in Anhänger des Status quo – wie etwa Frankreich, Großbritannien oder Polen – und Revisionsstaaten, zu denen Deutschland, Italien, Österreich und Ungarn zählten.[12] Ein stabiles Gleichgewicht ließ sich so kaum herstellen. So sind die türkischen Befreiungskriege, der Krieg zwischen Polen und der Sowjetunion, der Übergriff Mussolinis auf Korfu oder die Besetzung des Rheinlandes nur einige Beispiele, die die Instabilität jener Zeit vor Augen führen.

Der Völkerbund selbst trat ohne die Einbindung dreier wichtiger Akteure in Kraft: die USA, Russland und anfangs auch Deutschland blieben außen vor. Ein der konkreten Ordnung widersprechendes Rechtssystem degeneriert jedoch zum jenseitigen Apparat, anstatt eine notwendige Arena der politischen Verhandlung bereitzustellen. Lüdicke beschreibt die Versailler Ordnung als Verlängerung der Kriegsordnung in die Nachkriegszeit hinein.[13] Die dabei waltende Kontinuität nationalstaatlichen Machtdenkens trifft auf alle beteiligten Akteure zu. Dies wird dann zum Problem, wenn sich (kurzfristige) nationalstaatliche Interessen nicht mehr mit den (langfristigen) systemischen Stabilisierungsinteressen decken. Kooperationsverweigerung und die Gefährdung der Bereitstellung öffentlicher Güter waren die Konsequenz.

2.2 Deutschland

Die Geschichte der Krisenhaftigkeit in Deutschland ist hinlänglich bekannt und schnell mit einigen Schlaglichtern verdeutlicht. Sie beginnt bei den Unruhen und Aufständen 1918/19 und führt in ihrer ersten Phase über den Kapp-Lütwitz-Putsch 1920 bis zum Krisenjahr 1923 mit seiner Hyperinflation und der Besetzung des Rheinlandes, den Arbeiteraufständen in Sachsen und Thüringen und dem Hitler-Ludendorff-Putsch im November. Nach einer Phase der Entspannung bis etwa 1929 schlug die Republik gegen Ende des Jahrzehnts erneut einen krisenhaften Kurs ein; diesmal auf höherer, schärferer Ebene; an dessen Ende stand die Machtübertragung an die Nationalsozialisten.

Diese politischen Ereignisse beruhen auf allgemeineren Verwerfungen als Quellen der Instabilität. Die angesprochene wachsende Ungleichheit ist eine davon. Strukturell verschärft wurde dies durch den fortdauernden Einfluss alter Eliten in Verwaltung, Justiz oder Militär, die der Republik nicht eben wohlwollend gegenüberstanden. Auch der ungebrochene politische und kulturelle Einfluss der ostelbischen Junker und die

---

12 Graml, H. (2001): Zwischen Stresemann und Hitler. Die Außenpolitik der Präsidialkabinette Brüning, Papen, Schleicher, München, S. 15.
13 Lüdicke, L. (2008): Die neue Staatenwelt nach 1918, in: Aus Politik und Zeitgeschichte 50-51, S. 25-31.

antidemokratische Gesinnung einiger Industrieller – etwa im Steinkohlebergbau – erschwerten die politische Stabilisierung.

All dies formte und verschärfte eines der Hauptfelder, auf dem die Ursachen gesellschaftlicher Instabilität zu suchen sind: die politische Kultur einer Gesellschaft, also jener Ort, wo hegemoniale Interpretationsmuster politischer Prozesse festgelegt werden.

Die Demokratisierung ging man 1918/19 auch in der festen Überzeugung an, eine parlamentarische Demokratie erleichtere einen milderen Wilson'schen anstelle eines härter zu erwartenden französischen Friedens à la Clemenceau. Als sich jedoch die USA zurückzogen, wirkte sich dies nicht eben positiv auf die Haltung der Deutschen ihrem Parlament gegenüber aus; und auch Amerika hatte ein Stückchen *soft power* aus der Hand gegeben.

Dass es das Reich durchaus härter hätte treffen können, änderte kaum etwas an der allgemeinen Auffassung, man sei zu hart bestraft worden. Nahezu alle Parteien trugen diesen Konsens mit; auch die Sozialdemokratie scheute sich, allzu deutlich von deutscher Mitverantwortung für den Ausbruch des Krieges zu sprechen.

Ulrich Heinemann bezeichnete die „Kriegsschuldlüge" als „Integrationsklammer der politischen Kultur der Weimarer Republik".[14]

Dass diese diskursive Struktur einen Einfluss auf den Handlungsspielraum deutscher Regierungen hatte, lag auf der Hand. Die Grenzen des Sag- und Machbaren waren sehr schnell sehr deutlich und im allgemeinen Einvernehmen abgesteckt worden. Da kaum eine entscheidende Kraft an einer Gegenerzählung arbeitete, die zum Kern einer Gegenhegemonie taugte, verfestigten sich die hegemonialen Interpretationsmuster rasch. Wer nun Politik machen wollte, musste dies auf Grundlage der vorgefundenen – und dennoch konstruierten – diskursiven Struktur tun.

Inwieweit die Weimarer Außenpolitik selbst davon betroffen war und in Kontinuität zu ihrer staatlichen Vorgängerformation, dem Deutschen Kaiserreich, stand, ist umstritten. Fischer etwa sprach von einem „Bündnis der Eliten"[15], die in der Tradition des Kaiserreichs standen und die Außenpolitik formten. Schwabe betonte ebenfalls fortwirkende Elemente, wenn er festhielt, dass der Nationalstaat großdeutscher, zumindest aber kleindeutscher Prägung selbstverständlicher Bezugspunkt aller politischen Kräfte war.[16] Auch Grupp konstatierte „Kontinuität Deutscher Politik hinsichtlich des Ziels wie der Methoden".[17] Die Ernennung Brockdorff-Rantzaus zum Reichsaußenminister ist augenfälliger Kulminationspunkt dieser Entwicklung. Insbesondere den Sozialde-

---

14 Heinemann, U. (1987): Die Last der Vergangenheit. Zur politischen Bedeutung der Kriegsschuld- und Dolchstoßdiskussion, in: Bracher, K. / Funke, M. / Jacobsen, H.-A. (Hg.): Die Weimarer Republik 1918-1933, Bonn, S. 385.
15 Fischer, F. (1979): Bündnis der Eliten. Zur Kontinuität der Machtstrukturen in Deutschland 1871–1945, Düsseldorf, S. 47.
16 Vgl. Schwabe, K. (1979): Versailles – nach 60 Jahren. Internationale Beziehungen nach dem Ersten Weltkrieg, in: Neue Politische Literatur, 24, S. 453f.
17 Vgl. Grupp, P. (1988): Deutsche Außenpolitik im Schatten von Versailles 1918-1920, Paderborn, S. 289.

mokraten wirft er vor, dass sie „mangelndes Interesse" an auswärtigen Angelegenheiten zeigten und es den „alten Kräften" leicht machten, ihre Stellung zu wahren.

Auf der anderen Seite argumentiert Krüger für die Diskontinuitätsthese und hebt die „eigenständige republikanische Außenpolitik" von SPD, DDP und Zentrum hervor.[18] Dennoch gesteht auch er ein, dass die Weimarer Außenpolitik selbst in ihren kooperativen Momenten unter Stresemann negative, nationalstaatlich-revisionistische Ziele verfolgte, jedoch nicht gewillt war, umfassende Konzeptionen für eine Ordnung des internationalen Systems vorzulegen, die andere Staaten miteinbezog. Die Ordnung der Erde wollte man anderen überlassen, selbst wenn diese nicht bereitstanden.

Klaus Hildebrand hebt die den außenpolitischen Kurs Weimars festlegenden widerstreitenden Elemente hervor.[19] Die republikanische Außenpolitik versuchte, deutsche Großmachtpolitik und europäische Friedensordnung zu versöhnen. Jedoch entdeckt er auch einflussreiche Traditionselemente in der Außenpolitik. Zwischen beiden Polen entbrannte ein Kampf um die Durchsetzung der außenpolitischen Konzeption, um Hegemonie.

Dass diese widerstreitenden Elemente existierten, unterstreicht die prinzipielle Offenheit des historischen Prozesses. Die Festlegung des außenpolitischen Kurses erfolgte diskursiv vermittelt und selbst scheinbar unumstößliche Größen wie etwa der Glaube an eine antideutsche „Kriegsschuldlüge" sind Ausdruck geronnener Interpretationskämpfe, also hegemonial konstruiert.

Nun war bereits viel von Hegemonie, Diskurs oder Konstruktion von Realität die Rede. Im folgenden Kapitel sollen einige theoretische Konzepte vorgestellt werden, die helfen können, das Stabilisierungspotenzial der skizzierten krisenhaften Nachkriegsordnung auszuloten. Im Zentrum steht dabei der Begriff der Hegemonie.

3 Eine Theorie der Hegemonie

3.1 Hegemoniale Stabilität

Instabile Systeme brauchen einen Hegemon. Sobald ein Gleichgewicht abhandenkommt, muss ein Akteur einspringen, um es wiederherzustellen. Das ist in der Ökonomie nicht anders als in der Politik. Die Weimarer Republik und das internationale System der Zwischenkriegszeit waren solche hegemoniebedürftigen, da zum Ungleichgewicht tendierenden Systeme.

Gleichgewichtszustände mögen der Normalzustand sein, auf den sich Theorie und Analyse vornehmlich konzentrieren. Doch vor allem im Ausnahmezustand zeigt sich der wahre Charakter einer Ordnung; hier wird er entschieden.

---

18 Krüger, P. (1985): Die Außenpolitik der Weimarer Republik, Darmstadt, S. 16.
19 Vgl. Hildebrand, K. (2008): Das vergangene Reich: Deutsche Außenpolitik von Bismarck bis Hitler, München, S. 383-561.

Charles Kindleberger legte mit seinem 1973 erschienenen Werk „The World in Depression 1929-1939" eine umfassende Studie des Ausnahmezustandes vor.[20] Er zeichnete die Genese der ökonomischen Krise nach und vertrat die These, dass das Fehlen eines Hegemons die Entstehung, Ausbreitung und Beschleunigung eines Ungleichgewichts begünstigte. Der nach dem Ende des Ersten Weltkriegs vollzogene Strukturbruch im internationalen System brachte Großbritannien um seine hegemoniale Position, während die USA sich an die Spitze der Staaten schoben. Doch Großbritannien, das nun nicht mehr konnte, wurde in seiner hegemonialen Rolle nicht von den USA abgelöst, die (noch) nicht wollten. In der Folge entstand eine Lücke, ein hegemoniales Vakuum, das bestehen konnte, solange der Normalzustand herrschte.

Als die Ordnung aus den Fugen geriet, gab es keinen mehr, der öffentliche Güter bereitstellte. An ihnen ermisst sich die Bedeutung des Hegemons. Öffentliche Güter wie Sicherheit, stabile Wechselkurse, Freihandel oder Finanzmarktstabilität geraten in autonomen kooperativen Systemen in Gefahr, sobald die entscheidenden Akteure die Zusammenarbeit verweigern: „For the world economy to be stablized, there has to be a stabilizer, one stabilizer."[21] Dies kann kurzfristig die Ressourcen des Hegemons strapazieren, weshalb für Kindleberger ein gewisses Maß an Wohlwollen oder gar Altruismus erforderlich ist.

Für Robert Gilpin, der einem neorealistischen Ansatz folgt, ist ein internationales Staatensystem stabil, wenn kein entscheidender Staat der Auffassung ist, dass es sich lohnt, das System zu verändern.[22] Die Stabilitäts- und Friedensdividende streichen alle Akteure ein. Er geht – anders als Kindleberger – nicht vom notwendigen Altruismus eines Hegemons aus, sondern hebt dessen „wohlverstandenes Eigeninteresse"[23] hervor.

Robert Keohane geht hingegen davon aus, dass internationale Regime auch ohne einen permanent strukturierenden Hegemon Bestand haben und einem ungestörten kooperativen Modus folgen können.[24] Seine neoliberal-institutionalistische Version der Theorie hegemonialer Stabilität wendet sich gegen die realistischen beziehungsweise neorealistischen Modelle Kindlebergers und Gilpins, die einen Hegemon zur unbedingten Voraussetzung für Stabilität machen. Keohanes Ansatz ist jedoch mit ihnen vereinbar, wenn er eingesteht, dass ein Hegemon „in particular circumstances"[25] seinen Beitrag zur Stabilisierung leisten kann. Dies ist genau dann der Fall, wenn Strukturbrüche eintreten, alte Ordnungen ins Wanken geraten und neue entstehen. Da in solchen Phasen des Umbruchs die Gefahr der Kooperationsverweigerung der beteiligten Akteure steigt und somit die kollektive Bereitstellung öffentlicher Güter gefährdet ist, fällt dem Hegemon die entscheidende Restrukturierungsaufgabe zu. Ist diese aber erfüllt, kann und sollte er sich jedoch wieder zurückziehen. Dies ist vor allem dann notwendig, wenn der Hegemon selbst nur über beschränkte Machtressourcen ver-

---

20 Kindleberger, C. (1986): The World in Depression 1929-1939, Berkeley / Los Angeles.
21 Ebd., S. 304.
22 Gilpin, R. (1981): War and Change in World Politics, Cambridge / New York.
23 Ebd., S. 10.
24 Keohane, R O. (1984): After Hegemony. Cooperation and Discord in the World Political Economy, New Jersey.
25 Ebd., S. 46.

fügt, was ihn aber bereits per definitionem ausmacht und vom Imperium unterscheidet. Die Verteilung der Gestaltungsmöglichkeiten auf mehreren Schultern erleichtert erstens die Bereitstellung öffentlicher Güter, da kollektiv mehr Ressourcen aufgebracht werden können. Zudem werden die beteiligten Akteure zu Stakeholdern der geschaffenen Ordnung, was dieser zusätzliche Stabilität verleiht und Interdependenzen verstärkt. Die Beteiligten haben nun ein erhöhtes Eigeninteresse am Systemerhalt.

Der geordnete Rückzug des Hegemons nach Schaffung und Stabilisierung einer Ordnung erlaubt die Verknüpfung beider Theoriestränge. Während der Ausnahmezustand mit Kindleberger und Gilpin zu denken ist, liefert Keohane wertvolle Einsichten in den Normalzustand.

In einem nächsten Schritt soll nun der Hegemoniebegriff ein wenig schärfer umrissen werden.

3.2 Hegemonie nach Gramsci

Der wohl bekannteste und in den Sozialwissenschaften wirkmächtigste Hegemonieansatz geht auf den italienischen Philosophen Antonio Gramsci zurück.[26] Er begreift Macht in Anlehnung an Machiavelli als einen Zentauren, halb Mensch, halb Biest, weshalb er Herrschaft als „Konsens, gepanzert mit Zwang"[27] definiert. Den Staat brachte er auf folgende Formel: „Staat = politische Gesellschaft und Zivilgesellschaft, das heißt Hegemonie, gepanzert mit Zwang."[28]

Seiner unorthodoxen Lesart des historischen Materialismus zufolge setzt sich Macht aus Elementen der Ökonomie, Politik und Kultur/Ideologie zusammen. Eine bloße Ableitung der Interessenlage eines Akteurs aus dessen objektiver Stellung im Produktionsprozess weist Gramsci zurück. Obschon im Kern Materialist, betont er die Bedeutung von Politik und Ideologie, die den Prozess der Artikulation von Interessen und Klassenformierung vorantreiben und kontingent, statt geschichtsphilosophisch vorgezeichnet erscheinen. Gramsci ist somit ein Denker des Politischen gegen jeden orthodoxen Determinismus.

Gerade in entwickelten kapitalistischen Formationen ist es schwer möglich, die Produktionsmittel und den Staatsapparat durch einen revolutionären Akt unter Kontrolle zu bringen. Anders als im Russland Lenins erwiesen sich die entwickelten Zivilgesellschaften Westeuropas, wo der langfristige Konsens organisiert und verankert wird, als zu zäh und widerspenstig für einen revolutionären Umsturz. Stattdessen komme es auf einen „Stellungskrieg" an, um die ideologische Struktur langfristig umzugestalten. Der potenzielle Hegemon muss es schaffen, „Subalterne" in seinen „historischen Block" zu integrieren. Dies gelingt durch Artikulation von Interessen, materielle Zugeständnisse, aber auch ideologische Einbindung.

---

26 Gramsci, A. (1991ff.): Gefängnishefte Kritische Gesamtausgabe, 10 Bände, herausgegeben von Klaus Bochmann und Wolfgang Fritz Haug, Hamburg.
27 Ebd., S. 2232.
28 Ebd., S. 783.

Deutlich wird hier zweierlei: Erstens reicht eine bloße Besetzung der Staatsapparate nicht aus, um Herrschaft zu etablieren. Die Berücksichtigung einer ideologischen Dimension hebt die strikte Trennung zwischen Staat und Zivilgesellschaft auf. Da eine ideologische Einbindung gegnerischer Elemente durch konsensuelle Verankerung der eigenen Position (Universalisierung des Partikularen) und materielle Zugeständnisse notwendig ist, wird zweitens die strikte Trennung von hegemonialer Herrschaft und Multilateralismus ebenfalls hinfällig. Politik, das Gerangel um Macht und Einfluss, etwa zwischen Parteien oder Staaten, findet auch in hegemonial definierten Systemen noch statt.

Um einem gängigen Missverständnis vorzubeugen: Hegemonie meint nicht etwa die Herstellung eines allgemeinen Konsens, der alle Teile der Gesellschaft umfasst. Konfliktivität verschwindet auch aus hegemonialen Konstellationen nicht. Im Gegenteil: Sie schließen andere Möglichkeiten der Organisation von Macht und Durchsetzung von Interessen aus. Gegnerische Elemente werden inkorporiert, doch stößt diese Integration widerstreitender Interessen nur in den Rand, nicht zum Kern eines hegemonialen Paradigmas vor. Subalterne, vom Kern der Macht Ausgeschlossene werden deshalb stets bemüht sein, die hegemoniale Konstellation infrage zu stellen. Kanalisierter Multilateralismus ist daher nicht unvereinbar mit hegemonialen Systemen.

Ebensowenig ist Hegemonie selbst dauerhaft und stabil; sie mag auf die Sphären des Gesellschaftlichen, Politischen und Ökonomischen eine stabilisierende Wirkung entfalten, doch selbst ist sie fragil. Hegemonie organisiert einen kurzfristig möglichen Gleichgewichtszustand, der bei Verschiebung der Kräfteverhältnisse neu verhandelt werden muss. Stets liegt ihr eine konkrete Ordnung zugrunde, die ständig in Bewegung ist und bei hinreichender Verschiebung das darüber liegende hegemoniale Korsett sprengt.

Weil Hegemonie erstens nicht total und zweitens nicht dauerhaft ist, verschwindet das Politische auch in hegemonialen Konstellationen nicht; das Ringen um Einfluss, um Kolonisierung des paradigmatischen Kerns ist ein ständiges Ziehen und Zerren aller Akteure; Hegemon sein ist daher anstrengend und setzt eine gehörige Portion politischen Willens voraus.

3.3 Politischer Wille

Jedes politische Projekt, das Ringen um die Macht, benötigt einen politischen Willen. Wer Hegemoniepotenziale auslotet, muss diesen Willen berücksichtigen, ist er doch Schlüssel zur Durchsetzbarkeit einer Idee.

Der Wille ist, dies legt eine unorthodox materialistische Lesart nach Gramsci nahe, im Kern abhängig von materiellen Interessen, die sich aus der Klassenposition ableiten lassen. Doch gibt es auch, und dies ist die gramscische Innovation, Raum für offenen Ausgang, für das Unbestimmte, für historische Kontingenz eben. Ideologie ist dabei das Schlüsselelement eines partiell gegen objektive Interessen gerichteten Konsenses.

„C'est par le malentendu universel que tout le monde s'accorde"[29]. Dieser Vers Baudelaires beschreibt treffend die Funktionsweise hegemonialer Artikulation. Nicht unbedingte Rationalitäten der beteiligten Akteure, sondern Missverständnisse und ideologische Absicherungen werden zu Schlüsselelementen der Herrschaft. Die in dieser Verszeile zum Ausdruck gebrachte Möglichkeit allgemeiner Einbindung bei entsprechender Formulierung eines konsensuellen Projekts räumt den politischen Akteuren einen beträchtlichen Handlungsspielraum ein. Nicht zum Zaudern verleitender Determinismus, sondern konkrete historische Praxis rückt folglich in den Fokus.

Wer ist nun der potenzielle Organisator der Hegemonie, dem die Aufgabe zufällt, den Alltagsverstand zu formen und das ihm Partikulare zu universalisieren? Diese Frage ruft konkrete Akteure auf den Plan.

Nun, da in einem ersten Schritt eine systemische Analyse vorgenommen und in einem zweiten theoretische Konzepte vorgestellt wurden, wird das dritte Kapitel auf zwei konkrete Akteure eingehen, die Strukturen und abstrakte Konzeptionen mit Leben zu füllen in der Lage sind.

4 USA und SPD – Demiurgen ihres Kosmos?

Die oben vorgeschlagenen potenziellen Hegemonen sollen im Folgenden auf ihr politisches Stabilisierungspotenzial hin untersucht werden.

4.1 USA

Der Große Krieg katapultierte die USA in eine Schlüsselstellung im globalen Mächtesystem. Amerika war – und dies deutete sich in Anbetracht der fulminanten wirtschaftlichen Wachstumsraten bereits einige Jahre zuvor an – zur unverzichtbaren Nation aufgestiegen. Die größte Gläubigernation war zugleich die mit Abstand größte Industrienation und als Verbindungselement zwischen dem Versailler System in Europa und dem Washingtoner System Südostasiens globale „Scharnier-Macht".[30] Militärisch, ökonomisch und demografisch waren sie dem alten Kontinent überlegen. Verstärkt wurde die absolute Macht Amerikas durch eine relative Verschiebung zugunsten der Neuen Welt. Frankreich, England, Deutschland und Russland waren durch den Krieg geschwächt; England büßte seine Vormachtstellung im globalen System ein. Anfangs hatte es noch den Anschein, als wollten die USA die ihnen nun zufallende Führungsrolle annehmen. Präsident Wilson versprach noch während des Kriegs, die Welt „safe for democracy" zu machen. Das Selbstbestimmungsrecht der Völker und die Garantie der internationalen Zusammenarbeit durch das Mittel des Völkerbundes sollten die Grundpfeiler einer

---

29 Baudelaire, C. (1961): Mon cœur mis à nu, XLII, Œuvres complètes, Paris. S. 1297.
30 Ziebura, G. (1984): Weltwirtschaft und Weltpolitik 1922/24–1931. Zwischen Rekonstruktion und Zusammenbruch, Frankfurt a.M, S. 32.

neuen Ordnung sein. Am 8. Januar 1918 formulierte er seinen berühmten 14-Punkte-Plan, der zu einem demokratisch verfassten Europa als Alternative zu Lenins proletarischer Weltrevolution führen sollte. Er erkannte dabei die Schlüsselstellung Deutschlands, das ökonomisch, demografisch und geostrategisch noch immer von besonderer Bedeutung war.

Jedoch zogen sich die USA alsbald wieder zurück und beteiligten sich nach Ablehnung durch den Senat nicht einmal am Völkerbund. Paradox mutet die Attitüde der USA an, die in den Krieg eintraten, um Europa zu stabilisieren, und zurückschreckten, als es nach getaner Arbeit darum ging, eine langfristige und stabile Ordnung zu errichten. Eine charakteristische Bewegung der amerikanischen Außenpolitik wird hier deutlich: das Oszillieren zwischen Isolationismus und Intervention.[31]

Schwerer noch als die Nichtbeteiligung am Völkerbund wiegt die Haltung Washingtons bei den Verhandlungen um den Versailler Vertrag. Die USA hätten wohl beides zusammenbringen müssen, um Stabilität zu wahren: Eine Milderung der Friedensbedingungen für Deutschland und ein Eingehen auf das Sicherheitsverlangens Frankreichs, das nicht etwa imperialistisch oder expansiv agierte, als es Berlin harte Bedingungen auferlegen wollte, sondern nach Sicherheit vor dem Nachbarn im Osten strebte. Möglicherweise hätte eine amerikanische Sicherheitsgarantie im Verbund mit der schrittweisen Etablierung eines Systems internationaler Kooperation stabilisierend wirken können. Das gilt auch und vor allem für die wirtschafts- und finanzpolitische Zusammenarbeit; die Bretton-Woods-Institutionen IWF und Weltbank hätten auch bereits in den 1920er und 30er Jahren ihre Arbeit aufnehmen können. Dies ist der Weg, der von Versailles zum Völkerbund und dessen Ausbau führt. Doch auch und vor allem im Ausnahmezustand, der neben 1918/19 auch ab 1929 eintrat, hätte der Hegemon tätig werden können. Als Offenhalter der wirtschaftlichen Grenzen und Gegner des Protektionismus hätte Washington der Weltwirtschaftskrise entgegenwirken können. Die globale politische und ökonomische Stabilisierung barg enormes US-Hegemonialpotenzial, das einen Modus politischer Gefolgschaft von mitunter konkurrierenden Staaten – wie er sich nach 1945 herausbildete – begünstigt hätte.

Offenkundig erkannte Washington die entscheidende Rolle Deutschlands für das europäische System. Wer konnte den Schlüsselstaat stabilisieren? Gab es einen Hegemonieaspiranten, der für die Weimarer Republik leisten konnte, was die Vereinigten Staaten im globalen Maßstab bedeuteten?

4.2 SPD

Der rasante Aufstieg der Sozialdemokratischen Partei Deutschlands kulminierte vorläufig in den 34,8 Prozent der Stimmen bei den Reichstagswahlen 1912, die ihr erstmals den Rang der stärksten Fraktion im Parlament einbrachten. Den Kriegswirren und

---

31 Weiter aufgefächert und ausführlicher dazu: Mead, W. R. (2002): Special Providence: American Foreign Policy and How It Changed the World, New York.

schweren innerparteilichen Kontroversen in den Kriegsjahren zum Trotz, die bis zur Abspaltung der USPD und später zur Gründung der KPD führten, setzte die Partei ihren Siegeszug fort und wurde spätestens ab 1918 zum Schlüsselelement der politischen Landschaft Deutschlands. Das von Carr beschriebene Ende des Vorkriegskompromisses zwischen Aristokratie und Bürgertum durch die wachsende Bedeutung der Arbeiterbewegung musste der politischen Landschaft ein bedeutendes proletarisches Element hinzufügen.

Wer hätte diese Rolle besser ausfüllen können als die angestammte Partei der Arbeiterklasse? Zumal sich – und hier kommt die Möglichkeit konsensueller Verankerung eines paradigmatischen Kerns ins Spiel – ein erhebliches Hegemonialpotenzial für die Sozialdemokratie aus dem politischen Kräftefeld ergab. Auch andere Parteien waren bereits sozialdemokratisiert und mitunter offen für Verstaatlichungen. Doch zunächst muss die Hegemonie in staatlichen Formationen vom Anfang her untersucht werden.

Heinrich-August Winkler betonte, dass sich zwischen dem Sturz der Monarchie am 9. November 1918 und den Wahlen zur Nationalversammlung am 19. Januar 1919 ein Korridor auftat, der die politische Chance bot, Erblasten des Kaiserreichs abzutragen.[32] Sozialdemokraten stellten die Mehrheit in den Arbeiter- und Soldatenräten und hätten auf eine Umgestaltung des Staatsapparats hinwirken können. Doch blieben ernsthafte Versuche aus, eine Demokratisierung der inneren Verwaltung, den Aufbau eines republikloyalen Militärwesens oder die Vergesellschaftung des Steinkohlebergbaus, wo scharfe Gegner der Demokratie lauerten, voranzutreiben. Es konnte dabei nicht um eine Revolution im klassischen Sinne gehen. Die Revolutionen von 1789 oder 1917 konnten in entwickelten kapitalistischen Zivilgesellschaften mit enger struktureller Kopplung an den Staatsapparat nicht als Vorbild dienen. Richard Löwenthal brachte dies auf die Formel vom „Anti-Chaos-Reflex" gegen eine totale Umgestaltung des eng mit der Gesellschaft vernetzten Staates.[33] Auch Gramsci sieht in der entwickelten Zivilgesellschaft des Westens den Hauptgrund für das Misslingen der Revolution, während sie im weniger entwickelten Russland (vorerst) Erfolg zu haben schien. Die zähen anti- und vorrevolutionären Sedimente machten eine langwierige, aber dennoch grundlegende Umgestaltung der gesellschaftlichen und staatlichen Strukturen nötig, an deren Ende ein transformatorischer Reformismus hätte stehen können.

Arthur Rosenberg argumentierte, dass die Alternative nicht in einem Bündnis mit den alten Mächten oder dem Bolschewismus bestand; vielmehr wäre eine Umgestaltung des Staatsapparates nötig gewesen.[34] Gerade, weil der Staat als „materielle Verdichtung von Kräfteverhältnissen"[35] erscheint und dennoch kein bloßes Instrument der herrschenden Klasse ist, sondern relative Autonomie gegenüber der Zivilgesellschaft

---

32 Winkler, H. A. (1990): Deutschland vor Hitler, in: Pehle, W. (Hg.): Der historische Ort des Nationalsozialismus. Annäherungen. Frankfurt a.M, S. 7ff.
33 Löwenthal, R. (1981): Vom Ausbleiben der Revolution in den Industriegesellschaften, in: Historische Zeitschrift, 232, S. 1-24.
34 Rosenberg, A. (1935): Entstehung und Geschichte der Weimarer Republik, Frankfurt a.M.
35 Poulantzas, N. (2002): Staatstheorie. Politischer Überbau, Ideologie, Autoritärer Etatismus, Hamburg, S. 154.

genießt, ist er von seiner Gründung her zu begreifen. Einmal festgelegte Strukturen lassen sich nicht mehr ohne weiteres korrigieren.

Die Brechung der antidemokratischen Hegemonie hätte allerdings, wie oben theoretisch skizziert, den entsprechenden Willen vorausgesetzt. Diesem stand jedoch, wie Winkler zeigte, das in der SPD vorherrschende deterministische Geschichtsverständnis entgegen. Man wartete auf den Sozialismus; Kautskys Diktum von der SPD als „revolutionäre, nicht aber eine Revolution machende"[36] Partei hatte noch immer seine Gültigkeit und band der Partei die Hände.

Auch Kolb argumentierte, dass die Dichotomie zwischen Bolschewismus oder Zusammenarbeit mit den alten Mächten überzeichnet und das Potenzial der Arbeiter- und Soldatenräte nicht genutzt wurde. In der Beurteilung der Stärke der radikalen Linken waren sich – welche Ironie – die liberale und konservative mit der marxistischen Geschichtsschreibung lange Zeit einig; beide überschätzten die Stärke der revolutionären Kräfte und nährten somit maßgeblich die Vorstellung, es habe keine Alternative jenseits von Rätediktatur und einem Bund mit den alten Eliten gegeben. Dass die objektive Stärke der radikalen Linken nicht der subjektiven Einschätzung durch die MSPD entsprach, verhinderte ein konsequenteres Vorgehen bis hin zur Demokratisierung von Verwaltung, Gesellschaft und Militär.[37]

Winkler hält fest: „Die Sozialdemokraten hätten bei stärkerem politischem Gestaltungswillen mehr verändern können und weniger bewahren müssen."[38] Er leugnet nicht, dass eine punktuelle Zusammenarbeit mit Trägern des alten Systems notwendig war, doch war „das Ausmaß dieser Zusammenarbeit und damit der politischen und sozialen Kontinuität […] erheblich größer, als es die Situation erforderte."[39]

Er bilanziert: „Die sozialdemokratische Machtscheu schwächte die parlamentarische Demokratie und gab so den ohnehin starken antiparlamentarischen Kräften im Bürgertum zusätzlichen Auftrieb."[40]

Schließlich wahrte die SPD nicht nur institutionelle, sondern auch ideologische Kontinuität. Deutlich wird dies an einem Beispiel aus der Anfangszeit: Karl Kautsky sammelte Akten über den Kriegsausbruch, aus denen deutlich hervorging, dass das Reich Österreich-Ungarn zum Krieg gegen Serbien ermunterte, sich des Kriegsausbruchs also entscheidend mitschuldig (wenn auch nicht allein schuldig) gemacht hatte. Aber anders als Ebert und einige Minister entschied sich die Mehrheit der Koalitionsregierung Scheidemann gegen eine Offenlegung der deutschen Kriegsschuld im März 1919. Zur Dolchstoßlegende gesellte sich die Unschuldslegende; auch genährt von den Sozialdemokraten, die zu sehr in alten Vorkriegsmustern verhaftet blieben und keinen

---

36 Kautsky, K. (1987): Der Weg zur Macht. Anhang: Kautskys Kontroverse mit dem Parteivorstand. Hamburg, S.52.
37 Vgl. Kolb, E. (2002): Die Weimarer Republik, München, S. 143-162.
38 Winkler, H. A. (1982): Vorbemerkungen, in: Ders. (Hg.): Die Arbeiterbewegung im gesellschaftlichen System der Weimarer Republik, Geschichte und Gesellschaft, Göttingen. 8. S. 5.
39 Ebd., S. 5.
40 Winkler, H. A. (1990): Der Weg in die Katastrophe. Arbeiter und Arbeiterbewegung in der Weimarer Republik 1930-1933, Berlin, S. 952.

entschiedenen Bruch wagten. Ebert selbst sah seine SPD als „Konkursverwalter des alten Regimes".[41]

5 Fazit: Verpasste Chancen – SPD und USA als stabilisierende Hegemonen?

Beide, sowohl die USA im internationalen System als auch die SPD in Deutschland, verfügten über ein beträchtliches Hegemonialpotenzial. Ihre innere Stärke, aber auch die Stellung im Vergleich zu anderen Akteuren prädestinierten sie für eine Führungsrolle. Doch vor allem am politischen Willen fehlte es beiden; er blieb unterentwickelt und begünstigte das Entstehen eines Machtvakuums, das weniger im Normal-, jedoch vor allem im Ausnahmefall destabilisierend wirkte.

Es hätte einer Hegemonie des Anfangs bedurft, um den Ausnahmezustand der Jahre 1918/19, als der Krieg ein *window of opportunities* aufstieß, für die Gestaltung eines stabilen Systems zu nutzen. Sobald dieser Ausnahmezustand jedoch überwunden und der alten Ordnung eine neue gefolgt war, hätte sich der Hegemon zurückziehen sollen, um multilaterale Kooperation aller Akteure zu ermöglichen, um diese konsensuell einzubinden und an den Lasten der Bereitstellung öffentlicher Güter zu beteiligen. Diese paradoxe Bewegung eines Hegemonen, der erst zur Macht drängt, um sie dann zu verteilen, ist kein einfacher Schritt, doch er wäre wohl möglich gewesen.

---

41 Ebert, F. (1926): Schriften, Aufzeichnungen, Reden. Mit unveröffentlichten Erinnerungen aus dem Nachlaß (Bd.2), Dresden, S. 154.

„Freiheit ist ein Wert für sich – und Demokratie bedeutet mehr als alles andere."

Deutsche Sozialdemokraten im US-amerikanischen Exil: Aspekte ihres politischen Denkens vor und nach 1945

Rainer Behring

„Hoch hielt die Freiheitsstatue die brennende Fackel in die Luft. Ihr Blick ist denen zugewendet, die, um Verfolgung und Tod zu entrinnen, zu den Ufern des Landes kommen, wo ihr Geist weilt." Mit diesen Worten beschrieb die gerade siebzehnjährige Marianne Stampfer im Sommer 1941 die Erinnerung an ihre Eindrücke während der frühmorgendlichen Einfahrt in den Hafen von New York im Oktober des Vorjahres. „Plötzlich hatte ich keine Furcht mehr vor Amerika." Die Lichter New Yorks „waren da, um uns zu helfen, uns zu schützen. Sie waren nicht dazu bestimmt, zu zerstören und zu vernichten." Die Tochter des sozialdemokratischen Journalisten, Politikers und langjährigen Reichstagsabgeordneten Friedrich Stampfer brachte ihre Empfindungen und ihre Hoffnungen in geradezu lyrischem Überschwang zu Papier: „O Freiheit, erhabene Göttin, möge dein Lächeln wieder den Kontinent erhellen, der jetzt in den Nebeln der Sklaverei begraben liegt!"[1]

In seinen 1957 erschienenen Erinnerungen griff Friedrich Stampfer die Szene auf: „Oktober 1940. Wieder Amerika. Freiheit und Sicherheit. Geborgenheit mit Frau und Kind. Hilfsbereite Freunde."[2] Für Stampfer war es bereits die dritte Reise in die USA während der Zeit seines Exils mit dem SPD-Parteivorstand, für dessen Kampf gegen die nationalsozialistische Diktatur er jeweils im Winter 1939 und 1940 moralische und finanzielle Unterstützung jenseits des Atlantiks einzuwerben bemüht gewesen war. Die Berufung auf Freiheit und Demokratie hatte in seinen Reden und Ansprachen vor den Repräsentanten gewerkschaftlicher, jüdischer oder wissenschaftlicher Einrichtungen eine zentrale, die gemeinsame Zielrichtung von deutscher Sozialdemokratie und den Idealen des US-amerikanischen politischen und gesellschaftlichen Systems betonende Rolle gespielt. So führte Stampfer anlässlich eines „Farewell Luncheon" in New York vor seiner zweiten Rückreise Anfang April 1940 aus:

> "We are fighting to destroy Hitlerism and to reconstruct a free German Republic. It is not so much the military victory of the Allies but our political victory within Germany which will bring liberty to the German people and peace to the world. The German Labor Movement represented by the Social Democratic Party and the Free Trade Unions has always been a liberal one. In the period of the monarchy we fought for free press and free speech, for the right of the working people to organize for freedom and good will among the nations. As long as we had influence on the policy in

---

1   Marianne Loring [geb. Stampfer], Flucht aus Frankreich 1940. Die Vertreibung deutscher Sozialdemokraten aus dem Exil. Frankfurt am Main 1996, S. 131 f.
2   Friedrich Stampfer, Erfahrungen und Erkenntnisse. Aufzeichnungen aus meinem Leben. Köln 1957, S. 280.

Germany, in the days of the Republic the German people enjoyed as much freedom as the Americans. [...] The ideals of American democracy are our ideals too."[3]

Tatsächlich hatten die Ideale von Freiheit und Demokratie und das aktive gesellschaftliche und politische Eintreten für die Verwirklichung dieser Ideale in der deutschen Sozialdemokratie ebenso eine lange Tradition wie ein gewisses Maß an Orientierung am politischen System der Vereinigten Staaten.[4] Die Rede von „jenem Geist der Freiheit, der das unverzichtbare Lebenselixier aller Kulturnationen bildet"[5], gehörte in Abgrenzung gegen die Vergangenheit des wilhelminischen Kaiserreichs, gegen bolschewistische, faschistische und nationalsozialistische Weltanschauungsdiktaturen zum Gemeingut aller Sozialdemokraten, die sich aus ihrem Wirken für die Weimarer Demokratie heraus unversehens in die Unwägbarkeit und Ungewissheit des politischen Exils getrieben sahen.

In den Vereinigten Staaten steigerte sich diese freiheitlich-demokratische Grundüberzeugung sozialdemokratischer Exilpolitiker mitunter zu emphatischen Bekenntnissen zu dem Gastland und seiner politischen Ordnung. Der 1933 aus seinem Amt vertriebene ehemalige Oberbürgermeister von Altona, Max Brauer, der sich seit 1936 durch andauernde Vortragsreisen in den USA zu einem „outstanding speaker on Germany" entwickelt hatte, bezeugte die „große Dankbarkeit" deutscher Flüchtlinge in den Vereinigten Staaten, erhielten sie doch nicht nur Asyl und „die Chance, noch einmal von vorn anfangen zu können", sondern sie kämen „durch den Aufenthalt in diesem Land in den Genuß demokratischer Freiheit". „Freiheit ist ein Wert für sich"; „Amerika ist gleichbedeutend mit Demokratie – und Demokratie bedeutet mehr als alles andere."[6] Diese Gleichsetzung von Amerika, Freiheit und Demokratie sollte das politische Denken deutscher Sozialdemokraten im US-amerikanischen Exil nachhaltig und auch über ihre Rückkehr nach Deutschland nach 1945 hinaus prägen, sofern sie sich nicht ohnehin für einen dauerhaften Verbleib im einstigen Gastland entschieden. Demgegenüber blieb im Banne der Begeisterung für die freiheitliche und lebendige Demokratie eine kritische Auseinandersetzung mit den nicht zuletzt aus der liberalkapitalistischen Wirtschaftsordnung der USA resultierenden sozialen Problemen des Gastlandes weitgehend aus.

---

3 Rede Stampfers anlässlich des „Stampfer Farewell Luncheon" in New York, 2. April 1940. In: Mit dem Gesicht nach Deutschland. Eine Dokumentation über die sozialdemokratische Emigration. Aus dem Nachlaß von Friedrich Stampfer ergänzt durch andere Überlieferungen. Hrsg. von Erich Matthias. Bearbeitet von Werner Link. Düsseldorf 1968, Dok. Nr. 97, S. 460-462, hier S. 460 f.

4 Dazu umfassend Werner Kremp, In Deutschland liegt unser Amerika. Das sozialdemokratische Amerikabild von den Anfängen der SPD bis zur Weimarer Republik. Münster/ Hamburg 1993.

5 Max Brauer, Rede vor dem American Jewish Congress in New York am 16. März 1936. In: Christa Fladhammer/Michael Wildt (Hrsg.), Max Brauer im Exil. Briefe und Reden aus den Jahren 1933-1946. Hamburg 1994, Dok. Nr. 127, S. 264-275, hier S. 268.

6 Max Brauer, Rede „Die Demokratie und das Schicksal Deutschlands", 1938. In: Ebd., Dok. Nr. 131, S. 288-292, hier S. 292. Das vorherige englischsprachige Zitat aus dem ebd., S. 287, faksimilierten Flugblatt.

Politisches Wirken unter prekären Lebensumständen

Dabei stellten die Vereinigten Staaten 1933 kein „geborenes" Ziel für die deutschen Sozialdemokraten dar, die aus politischen Gründen das Deutsche Reich verließen oder es unter Lebensgefahr verlassen mussten, um vom Ausland aus die nationalsozialistische Diktatur zu bekämpfen. Bei der Mehrzahl der führenden SPD-Politiker und erst recht der einfachen Parteigenossen handelte es sich nicht um weltläufige Persönlichkeiten mit größeren Erfahrungen im Ausland. Nicht zufällig etablierte sich der Exil-Parteivorstand im partiell deutschsprachigen, kulturell vertrauten und reichsnahen Prag, um später aufgrund der deutschen Expansionspolitik nach Paris und dann teilweise nach London auszuweichen. Bei den prominenten Sozialdemokraten im US-amerikanischen Exil handelte es sich zunächst eher um Ausnahmen wie den ehemaligen Reichstagsabgeordneten Gerhart Seger, der bereits Ende 1934 in die Vereinigten Staaten übersiedelte und dort wie zuvor schon in Europa mit Vorträgen über seine Erfahrungen im Konzentrationslager Oranienburg für einiges Aufsehen sorgte, oder wie Max Brauer, der sich ebenfalls bemühte, die amerikanische Öffentlichkeit über das nationalsozialistische Herrschaftssystem und seine Ideologie aufzuklären.[7]

Auch war es nicht so, dass die politische Klasse und die Öffentlichkeit der Vereinigten Staaten geradezu begeistert auf einen Zustrom von politischen Flüchtlingen aus dem Deutschen Reich gewartet hätten.[8] Die materiellen Lebensumstände in den von der Großen Depression tief verunsicherten USA waren selbst für ehemals führende Sozialdemokraten oft bedrückend. Der ehemalige Berliner Polizeipräsident und preußische Innenminister Albert Grzesinski etwa arbeitete in New York wieder in seinem erlernten Beruf als Metalldrücker. Friedrich Stampfer befand sich 1941/42 in steter Sorge um den Lebensunterhalt seiner Familie. „Was weiter wird, ist ungewiß, und jede Nebenausgabe – Subway, Porto – ist ein Problem", lautete eine Momentaufnahme aus dem Juni 1941. Es gebe fast niemanden aus seinem Emigrantenumfeld, um den er sich keine Sorgen mache.[9]

---

7 Vgl. für biographische Details zu den hier behandelten Personen: Biographisches Handbuch der deutschsprachigen Emigration nach 1933. Hrsg. vom Institut für Zeitgeschichte, München, und der Research Foundation for Jewish Immigration, New York. Bd. I: Politik, Wirtschaft, Öffentliches Leben. München/New York/London/Paris 1980, sowie Martin Schumacher (Hrsg.), M. d. R. Die Reichstagsabgeordneten der Weimarer Republik in der Zeit des Nationalsozialismus. Politische Verfolgung, Emigration und Ausbürgerung 1933-1945. Eine biographische Dokumentation. Dritte, erheblich erweiterte und überarbeitete Aufl. Düsseldorf 1994.

8 Vgl. zur Flüchtlings- und Immigrationspolitik der US-Administration in den dreißiger Jahren speziell in bezug auf die Exilsuchenden aus Deutschland Walter F. Peterson, Das Umfeld: Die Vereinigten Staaten und die deutschen Emigranten. In: Ursula Langkau-Alex/Thomas M. Ruprecht (Hrsg.), Was soll aus Deutschland werden? Der Council for a Democratic Germany in New York 1944-1945. Aufsätze und Dokumente. Frankfurt/New York 1995, S. 49-73, hier bes. S. 49-59; sowie zusammenfassend Claus-Dieter Krohn, Vereinigte Staaten von Amerika. In: Handbuch der deutschsprachigen Emigration 1933-1945. Hrsg. von Claus-Dieter Krohn, Patrik von zur Mühlen, Gerhard Paul und Lutz Winckler. Darmstadt 1998, Sp. 446-466.

9 Stampfer an Hans Vogel, 10. Juni 1941. In: Mit dem Gesicht nach Deutschland, Dok. Nr. 115, S. 507-509, hier S. 508. Vgl. auch die Impressionen in den Erinnerungen von Elsbeth Weichmann, Zuflucht. Jahre des Exils. Hamburg 1983, bes. S. 153-170.

Den Kontrast, der zwischen einer unermüdlichen und in Grenzen auch erfolgreichen öffentlichen Tätigkeit im Sinne einer demokratischen deutschen Opposition gegen das NS-Regime und der persönlichen wirtschaftlichen Misere der Emigranten bestehen konnte, demonstriert das Beispiel des ebenfalls langjährigen Reichstagsabgeordneten und zeitweiligen Reichsministers des Innern Wilhelm Sollmann. Er begann 1937 eine emsige Vortragstätigkeit in den Vereinigten Staaten und brachte es rasch – wie er Paul Hertz berichtete – zu Einladungen „etwa bei den Universitäten Philadelphia, Haverford, Swarthmore, Bryn Mawr, Amherst, Harvard, Yale (die besten im Lande) und bei hohen Staatsfunktionären in Washington". Im Sommer 1937 gab ihm

> „eine Gruppe von angesehenen Bürgern Washingtons [...] im Hotel Carlton ein Dinner [...], das man wohl als eine Ehrung der deutschen Emigration und der illegalen Bewegung ansprechen darf. Es waren anwesend: Abgeordnete und Senatoren, Vertreter der Armee und der Flotte, hohe Regierungsbeamte, Präsidenten wirtschaftlicher Organisationen, Vertreter der Universitäten, der Kirchen und der Synagogen, Industrielle, Kaufleute und Bankiers, Rechtsanwälte und Arbeitervertreter. Den Vorsitz führte Colonel Peiser, einer der größten und angesehensten Rechtsanwälte Nordamerikas."

Sollmann sprach über das Hitlersystem und die Probleme der zahlenmäßig ohnehin geringen illegalen Arbeit in Deutschland, über Möglichkeiten des Zusammenwirkens der deutschen Oppositionsgruppen, und er gab einen Ausblick auf ein neues Deutschland. „Nach dem üblichen Beifall ehrte die Versammlung spontan die deutschen Illegalen und die deutsche Emigration durch Erheben von den Sitzen, was bei der sehr verschiedenartigen Zusammensetzung der Gesellschaft als eine sehr erfreuliche Sympathiekundgebung gedeutet werden darf." Doch: „Meine Situation ist ganz ehrlich die: wachsendes, zum Teil großes Ansehen in führenden amerikanischen Kreisen, aber finanziell bankrott."[10]

Geistiges Vermächtnis des sozialdemokratischen Widerstands im Exil

Eine Sozial-, Alltags- oder Kulturgeschichte des sozialdemokratischen Exils der Jahre 1933 bis 1945 ist bislang nicht geschrieben worden, auch nicht mit Blick auf die in die Vereinigten Staaten geflohenen deutschen Sozialdemokraten und Gewerkschafter. Sie könnte sich den individuellen, typischen oder gruppenspezifischen Schicksalen und Erfahrungen nicht bloß der bekannteren Funktionäre und Parteipolitiker, sondern auch ihrer Familienangehörigen sowie der unbekannten, einfachen Parteigenossen widmen, die die Flucht über den Atlantik dem Leben unter der NS-Herrschaft vorzogen, und sie könnte sich mit deren Bemühungen um gesellschaftliche und berufliche Integration im amerikanischen Gastland bis hin zur Einbürgerung und dauernden Niederlassung sowie mit Erscheinungen der Akkulturation und des kulturellen Transfers über das Jahr 1945 hinaus beschäftigen.

---

10 Wilhelm Sollmann an Paul Hertz, 4. November 1937. Historisches Archiv der Stadt Köln, Bestand 1120 (Nachlaß Wilhelm Sollmann), Nr. 420; Sollmann, Bericht für Curt Geyer o. D. [Sommer/Herbst 1937], ebd., Nr. 644.

In der zeitgenössischen öffentlichen Wahrnehmung des sozialdemokratischen Exils in den USA wie auch in der historischen Forschung wurde das Bild lange Zeit von den mitunter polemisch geführten Auseinandersetzungen des der Weimarer Demokratie und den politischen Traditionen des Westens verpflichteten Flügels der Exil-Sozialdemokratie mit den im Ursprung linkssozialistisch-revolutionären Strömungen im Umkreis des aktivistischen Funktionärs der Gruppe Neu Beginnen Karl Frank alias Paul Hagen dominiert.[11] Dabei ging es um die für jedes Exil kennzeichnenden Streitigkeiten verschiedener Gruppen und Grüppchen, die auch die 1944 erfolgte Gründung des Council for a Democratic Germany nur scheinbar vorübergehend und partiell zu überdecken vermochte[12], und es ging gewiss auch um den Zugriff auf die knappen Fördergelder im Dschungel US-amerikanischer Interessengruppen und Institutionen[13].

Im Kern jedoch trennten die Kontrahenten tiefgreifende Auffassungsunterschiede in zentralen politischen Fragen. Das politische Denken Karl Franks/Paul Hagens und seine Vorstellungen von einem Deutschland nach Hitler wurden trotz einer partiellen Annäherung an die Werte von Freiheit und Demokratie weiterhin von dem Ziel einer sozialrevolutionären Umgestaltung beherrscht, die in eine sozialistische Gesellschaft und in ein System der Planwirtschaft einmünden würde. Dieses alternativlos sozialistische Deutschland eines Dritten Weges würde außenpolitisch in Äquidistanz zum ungeliebten kapitalistischen Westen und zur diktatorischen, doch gesellschaftspolitisch als fortschrittlich verstandenen Sowjetmacht im Osten verharren. Der Fall eines Konfliktes zwischen Ost und West, in dem sich ein Deutschland nach Hitler würde positionieren müssen, war in Hagens illusionsbehafteten Überlegungen nicht vorgesehen.[14]

Demgegenüber standen die der westlichen Demokratie und dem gesellschaftlichen Pluralismus verpflichteten SPD-Politiker in den Vereinigten Staaten, die sich gegen Ende der dreißiger Jahre organisatorisch um die deutsche Gruppe der Social Democratic Federation, die German Labor Delegation und die New Yorker „Neue Volkszeitung" gruppierten – Persönlichkeiten wie Stampfer, Seger, Brauer, Grzesinski, Sollmann oder der ehemalige Stadtverordnetenvorsteher von Altona, Rudolf Katz, spielten hier bei mancherlei personellen Fluktuationen und auch internen Streitigkeiten die wesentliche Rolle[15] – unverändert zu den politischen Werten, die sie bereits in der Weimarer Demokratie verfochten hatten und die die Grundlage ihres Kampfes gegen die nationalsozialistische Weltanschauungsdiktatur bildeten. Ihre im US-amerikanischen Exil entwickelten und öffentlich vertretenen politischen Überlegungen und Zukunfts-

---

11 Vgl. die beiden grundlegenden Darstellungen von Joachim Radkau, Die deutsche Emigration in den USA. Ihr Einfluß auf die amerikanische Europapolitik 1933-1945. Düsseldorf 1971, und Albrecht Ragg, The German Socialist Emigration in the United States, 1933 to 1945. Diss. Chicago 1977, Ann Arbor, Michigan 1977.
12 Vgl. dazu Langkau-Alex/Ruprecht (Hrsg.), Was soll aus Deutschland werden?
13 Claus-Dieter Krohn, Der Council for a Democratic Germany. In: Ebd., S. 17-48, hier S. 24.
14 Siehe zur Entwicklung von Karl Franks Denken in den USA seit 1940 und seinem Einfluss auf die Programmatik des Council for a Democratic Germany ausführlich Rainer Behring, Demokratische Außenpolitik für Deutschland. Die außenpolitischen Vorstellungen deutscher Sozialdemokraten im Exil 1933-1945. Düsseldorf 1999, S. 544-558.
15 Vgl. zu Personen und Gruppierungen Friedrich Stampfer, Die dritte Emigration. Ein Beitrag zu ihrer Geschichte. In: Mit dem Gesicht nach Deutschland, S. 61-169, hier S. 146-153.

vorstellungen sollen im vorliegenden Beitrag skizziert werden.[16] Besondere Beachtung wird dabei der Rolle zukommen, die den Vereinigten Staaten bei der Entstehung und Entwicklung einer erneuerten deutschen Demokratie zugedacht war.

Gerade die Ideen zu einem der westlichen Demokratie, einer pluralistischen Staats- und Gesellschaftsordnung und der Rechtsstaatlichkeit verpflichteten künftigen deutschen Staatswesen, das in einem transatlantischen Verbund innergesellschaftlich und verfassungspolitisch ähnlich organisierter Staaten einschließlich der USA fest integriert sein würde, Ideen, die von der Exil-SPD in der geistigen Auseinandersetzung mit der nationalsozialistischen Herrschaft und ihrer Kriegspolitik wie in Abgrenzung sowohl zum totalitären Sowjetkommunismus als auch zu den vagen Vorstellungen linkssozialistischer Provenienz von einem revolutionär-sozialistischen Deutschland und Europa des dritten Weges erarbeitet wurden, bilden ein eminent wichtiges Element einer Geschichte der transatlantischen Traditionen der deutschen Sozialdemokratie. Die Westbindung und -integration eines – nach Möglichkeit ungeteilten – Nachkriegsdeutschlands über den Atlantik hinweg wurde hier in den Grundzügen vorausgedacht.

Diese Überlegungen grundsätzlicher Art stellen das eigentliche und bleibende Vermächtnis des sozialdemokratischen Exils in den USA dar. An sie zu erinnern und daran zu arbeiten, sie im kollektiven Gedächtnis der deutschen Öffentlichkeit zu verankern, erscheint umso wichtiger, als in den landläufigen Darstellungen zur Geschichte des deutschen Widerstands gegen die NS-Diktatur diese geistige Vermächtnis des sozialdemokratischen Widerstands im Exil keinen Platz findet: Dort stehen, sofern es um Fragen des politischen Denkens der Widerstandskreise und ihrer Zukunftsvorstellungen für ein Deutschland nach Hitler geht, seit je die Erwägungen und Planungen etwa des Kreisauer Kreises und der konservativen Opposition um Carl Friedrich Goerdeler im Zentrum des Interesses, an die die Bundesrepublik Deutschland inhaltlich nicht anknüpfen konnte.[17] Erstaunlicher ist es, dass auch die „orthodoxe" sozialdemokratische Geschichtsschreibung das Potential an westlich-demokratischer und pluralistischer Traditionsbildung, welches das politische Denken der SPD im Exil bereitstellt, bis in die Gegenwart hinein nicht zu würdigen weiß.[18]

---

16 Vgl. ausführlich und in größere Zusammenhänge eingebettet Behring, Demokratische Außenpolitik für Deutschland, bes. S. 492-544.

17 Vgl. exemplarisch Gerd R. Ueberschär, Für ein anderes Deutschland. Der deutsche Widerstand gegen den NS-Staat 1933-1945. Frankfurt am Main 2006, bes. S. 187-199; Hartmut Mehringer, Widerstand und Emigration. Das NS-Regime und seine Gegner. München 1997; Wolfgang Benz/Walter H. Pehle (Hrsg.), Lexikon des deutschen Widerstandes. Frankfurt am Main 2001.

18 Vgl. etwa die einschlägigen Abschnitte bei Heinrich August Winkler, Der lange Weg nach Westen II. Deutsche Geschichte 1933-1990. München 2000, S. 40-46 um S. 98-106, sowie jüngst Bernd Faulenbach, Geschichte der SPD. Von den Anfängen bis zur Gegenwart. München 2012, S. 57-61; Mike Schmeitzner, Erneuerung und Wandel im Exil. Zur Politik der sozialdemokratischen Organisationen 1933-1945. In: Anja Kruke/Meik Woyke (Hrsg.), Deutsche Sozialdemokratie in Bewegung. 1848 – 1863 – 2013. Bonn 2012, S. 168-175; Peter Brandt/Detlef Lehnert, „Mehr Demokratie wagen". Geschichte der Sozialdemokratie 1830-2010. Berlin 2013, S. 150-160.

Demokratie als unbedingter Maßstab

Die der Weimarer Demokratie entstammenden SPD-Politiker, die seit der Mitte der dreißiger Jahre in den Vereinigten Staaten Zuflucht suchten, bildeten eine in ihrem politischen Denken weitgehend homogene Gruppe. Sie waren allesamt in der Weimarer Republik verwurzelt gewesen und bekämpften Nationalsozialismus wie Kommunismus in gleichermaßen unversöhnlicher Feindschaft. Neben dem antitotalitären Konsens[19] und dem unbeirrten Festhalten an einer an westlichen Maßstäben orientierten Demokratie als innerstaatlichem Ordnungsmodell war es für diese Exilpolitiker kennzeichnend, dass sie auch während des Krieges die nationalen Belange des deutschen Volkes zu vertreten beanspruchten, ohne dass sie deshalb als Nationalisten oder als Vertreter eines imaginären „rechten Flügels" der Sozialdemokratie anzusehen wären. Die Mehrzahl von ihnen war ständig oder doch vorübergehend in der German Labor Delegation oder in der von Albert Grzesinski 1941 ins Leben gerufenen Association of Free Germans organisiert. Die programmatischen Dokumente dieser Organisationen und die redaktionelle Linie der „Neuen Volkszeitung" weisen ein hohes Maß an gedanklicher Kontinuität und Einheitlichkeit auf, die es ermöglichen, unter Einbeziehung weiterer zeitgenössischer Publikationen und unveröffentlichter Zeugnisse das politische Denken der führenden SPD-Politiker im US-amerikanischen Exil gleichsam idealtypisch darzustellen.[20]

Die SPD-Politiker im Umkreis der German Labor Delegation und der „Neuen Volkszeitung" waren überzeugte Demokraten. Die Erfahrung der Freiheit im amerikanischen Exil trug dazu bei, ihr Demokratiebewusstsein noch zu stärken. Folgerichtig konnten sie sich ein neues Deutschland nach Hitler nur als Demokratie vorstellen. Jegliche Abweichung von demokratischen Freiheiten, Verfassungsnormen und Verfahrensweisen musste künftig vermieden werden. Bezeichnend waren die programmatischen Richtlinien der Association of Free Germans vom Oktober 1942, in denen für „das freie Deutschland von morgen" eine „wahre Demokratie" gefordert wurde: „Die zweite deutsche Republik soll die Demokratie in Deutschland auf die Dauer und fest gründen und dafür sorgen, daß es nie wieder einer Diktatur, gleich welcher Richtung und Art, zum Opfer fällt. Sie soll dem deutschen Volk die vier Freiheiten verbürgen: Redefreiheit, Glaubensfreiheit, Freiheit von Furcht und Freiheit von Not."[21]

Nicht nur in der Berufung auf die vier Freiheiten und die Atlantikcharta machte sich der beachtliche Einfluss des Exillandes USA auf das politische Denken und die Zielsetzungen der dort lebenden deutschen Sozialdemokraten bemerkbar. Die politische Kultur der Vereinigten Staaten erschien den SPD-Politikern insgesamt vorbild-

---

19 Vgl. dazu Rainer Behring, Option für den Westen. Rudolf Hilferding, Curt Geyer und der antitotalitäre Konsens. In: Mike Schmeitzner (Hrsg.), Totalitarismuskritik von links. Deutsche Diskurse im 20. Jahrhundert. Göttingen 2007, S. 135-160.
20 Behring, Demokratische Außenpolitik für Deutschland, S. 492 f. Das folgende in enger Anlehnung an ebd., S. 494-544.
21 Für das Freie Deutschland von Morgen. Programmatische Richtlinien der Association of Free Germans, Oktober 1942. In: Mit dem Gesicht nach Deutschland, Dok. Nr. 135, S. 567-569, hier S. 567 f.

lich. Wilhelm Sollmann plädierte gerade in diesem Bereich für eine nachhaltige Veränderung der Zustände im künftigen Deutschland, für eine Atmosphäre der Toleranz, die einzig im Schutz der Demokratie ihre Grenzen finden dürfe: „Weitgehende Freiheit wird im Reiche der Ideen gelten, der politischen, sozialen und kulturellen Gedanken. Möchten da allerdings die Deutschen bald von den Briten und Amerikanern lernen, daß Diskussion mehr ist als Streit, vielmehr eine Methode, um aus dem Abwägen verschiedener Meinungen sich gegenseitig zu belehren und zu verständigen."[22]

Bei aller vielfach zum Ausdruck gebrachten Bewunderung für die *politische* Freiheit im amerikanischen Gastland waren die SPD-Politiker gleichwohl durchweg nicht bereit, die gesellschaftliche und wirtschaftliche Ordnung der Vereinigten Staaten als Modell für die Entwicklung Deutschlands nach dem Krieg zu akzeptieren. Ziel der deutschen Sozialdemokraten war es vielmehr, in Anknüpfung an ihre Bemühungen und Erfahrungen zur Zeit der Weimarer Republik, die politische zur *sozialen Demokratie* auszubauen. „Demokratie – auch in der Wirtschaft", lautete eine weitverbreitete Parole, mit der man zum Ausdruck brachte, dass künftig auch die Masse der Arbeiter und Angestellten in geregelter Weise auf die ökonomischen Entscheidungen Einfluss nehmen sollte. Und wenn man schon nicht für die generelle Abschaffung des privaten Unternehmertums plädierte, erhob man doch die für das sozialdemokratische Exil insgesamt charakteristischen Forderungen nach politischer Entmachtung der „Träger des alldeutschen Militarismus und Imperialismus", nach Enteignung von Schwerindustrie, „sonstige[n] monopolistische[n] Wirtschaftszweige[n] (wie IG-Farben-Industrie usw.)" und Großgrundbesitz.[23]

Das Leitbild einer demokratischen Wirtschaftsordnung verband man vielfach mit planwirtschaftlichen Überlegungen: „In dem kommenden Deutschland bitterer Armut für die allermeisten wird keine liberale Wirtschaft möglich sein", meine Wilhelm Sollmann. Die allgemeine Not werde „auf Unternehmer und Arbeiter den Zwang zur Planung und Disziplin ausüben".[24] Durch Sozialisierungen und die Durchsetzung planwirtschaftlicher Elemente werde Deutschland nach dem Krieg „aller Wahrscheinlichkeit nach auf dem Weg des demokratischen Sozialismus ein gewaltiges Stück vorwärtsschreiten." Dieser „demokratische Sozialismus" habe aber, wie Friedrich Stampfer nachdrücklich feststellte, nichts mit einem kommunistischen Zwangssystem zu tun: „Er ist nicht antidemokratisch, sondern, wenn der Ausdruck erlaubt ist, überdemokratisch, er will die Ideale der Demokratie auch auf wirtschaftlichem Gebiet verwirklichen."[25]

Die Demokratie blieb für den Kreis um die „Neue Volkszeitung" stets ein absoluter Wert an sich, die politische Freiheit wurde allen wirtschafts- und gesellschaftspoli-

---

22 W. F. Sollmann, Deutschlands politische Wiedergeburt. In: Deutsche Blätter für ein europäisches Deutschland / gegen ein deutsches Europa. Heft 6/1944, S. 17-19, hier S. 19. Historisches Archiv der Stadt Köln, Bestand 1120, Nr. 16.
23 Für das Freie Deutschland von Morgen. In: Mit dem Gesicht nach Deutschland, S. 568.
24 Sollmann, Deutschlands politische Wiedergeburt, S. 19. Historisches Archiv der Stadt Köln, Bestand 1120, Nr. 16.
25 Friedrich Stampfer, Der Kampf um Deutschland. Typoskript o. D. [1943], S. 217. Archiv der sozialen Demokratie, Nachlaß Friedrich Stampfer, Mappe 44.

tischen Zielsetzungen übergeordnet. Demokratie biete „einen sehr breiten Rahmen für sehr verschiedene Gedankenrichtungen"; sie könne „kapitalistisch oder sozialistisch sein".[26] Auf der Grundlage der Demokratie könnten, so Stampfers Überzeugung, auch Staaten mit unterschiedlicher Gesellschaftsordnung konstruktiv zusammenarbeiten. Und das werde auch notwendig sein, zumal nicht zu erwarten sei, „daß der Zweite Weltkrieg eine endgültige und allgemeine Entscheidung zwischen Kapitalismus und Sozialismus bringen wird":

> „Sozialismus und Kapitalismus sind zwar theoretisch unvereinbare Gegensätze, praktisch wirken sie aber heute wie zwei Zahnräder, die ineinander greifen. So wie innerhalb eines Staates ein Zusammenwirken privatwirtschaftlicher und gemeinwirtschaftlicher Faktoren möglich ist, so auch ein Zusammenwirken vorwiegend sozialistischer und fast rein kapitalistischer Länder mit dem Ziel, daß die Rohstoffquellen der Welt künftig dem Wohl der Menschen dienen sollen und nicht ihrer gegenseitigen Vernichtung."[27]

Orientierung an den westlichen Demokratien

Während ein solches Miteinander kapitalistischer und sozialistischer Demokratien sowie solcher mit einer gemischten Wirtschaftsordnung als möglich und selbstverständlich galt, blieb die Dichotomie Demokratie-Diktatur für die Mehrzahl der SPD-Politiker in den USA auch im Bereich der internationalen Politik unüberwindlich. Gerhart Seger schrieb nach dem deutschen Überfall auf die Sowjetunion, man werde in der „Neuen Volkszeitung" „fortfahren, diesen Krieg als einen Krieg der Demokratien gegen die Diktaturen zu bezeichnen"; die UdSSR sei „unter Stalin ein Diktaturland und hat mit den Demokratien nicht das mindeste gemein".[28]

An diesem Weltbild hielten die führenden Sozialdemokraten in den Vereinigten Staaten auch in ihren öffentlichen Bekundungen ohne Abstriche oder Konzessionen fest. Aus der Unvereinbarkeit von Demokratie und Diktatur und dem Primat der Demokratie in allen Fragen der inneren und auswärtigen Politik folgte, dass nur von den demokratischen Westmächten eine zukunftweisende Neuordnung der internationalen Beziehungen ausgehen könne und dass Deutschlands Zukunft allein in einer Orientierung auf diese westlichen Demokratien liege. So betonte Friedrich Stampfer 1943, ein demokratisches Deutschland dürfe sich „von seiner inneren Verbundenheit mit dem demokratischen Westen nicht abbringen" lassen: Nur dann werde „Amerika den zweiten Weltkrieg gewonnen haben und der Frieden wird für absehbare Zeit gesichert sein". Stampfer sprach von einem über Jahrzehnte hinweg wirksamen „Gefühl" der deutschen Sozialdemokraten „für die Verbundenheit Deutschlands mit der westlichen Kultur". Die gesamte europäische Sozialdemokratie sei in diesem Sinne „westorien-

---

26 Friedrich Stampfer, Über den Sinn dieses Krieges: Wir dürfen nicht schweigen. In: Neue Volkszeitung vom 15. Februar 1941.
27 Stampfer, Der Kampf um Deutschland, S. 217. Archiv der sozialen Demokratie, Nachlaß Stampfer, Mappe 44.
28 Gerhart Seger, The American Scene. In: Neue Volkszeitung vom 23. August 1941.

tiert" gewesen. Europäische Sozialdemokratie und westliche Demokratie verschmolzen in dieser Perspektive unlöslich miteinander: Die vom NS-Terrorapparat ermordeten europäischen Sozialdemokraten hätten es verdient, „in Amerika als Märtyrer verehrt zu werden. Denn sie sind für die Sache gefallen, für die Amerika kämpft."[29]

Trotz mancher verbaler Bemühungen um einen Ausgleich mit der Sowjetunion ließen die SPD-Politiker in den USA erkennen, dass für sie eine für Deutschland akzeptable Lösung der Nachkriegsproblematik nur in der einseitigen Anlehnung an die westlichen Demokratien unter Ausschaltung jeder direkten Einmischung der Sowjetdiktatur in die deutschen Angelegenheiten liegen konnte, dass das neue Deutschland im Zweifel eher in einer Konfrontation mit sowjetischen Herrschaftsansprüchen entstehen würde als in einem Kompromiss, der unter äußerlicher Wahrung des globalen Friedens den Deutschen Zugeständnisse abverlangen würde, die mit dem Leitbild der Demokratie nicht zu vereinbaren waren. Nicht zufällig beriefen sich die SPD-Politiker im Umkreis der Neuen Volkszeitung immer wieder auf die Atlantikcharta, die sie als Modell für eine Neuordnung der internationalen Beziehungen nach westlichen Maßstäben und in demokratischer Manier interpretierten und in der sie zugleich eine Garantie gegen unerwünschte sowjetische Interventionen in Deutschland zu finden hofften. Die Westmächte betrachtete man primär als potentielle politische Partner des neuen demokratischen Deutschlands, auf deren Unterstützung es angewiesen sein würde, wollte es nicht sowjetischem Expansionismus schutzlos ausgeliefert sein.

Den westlichen Demokratien fühlten sich die Sozialdemokraten im US-amerikanischen Exil nicht nur politisch und kulturell verbunden, sie zeigten sich vielmehr überzeugt, dass die USA und Großbritannien als Siegermächte auf längere Sicht auch den Deutschen Gerechtigkeit widerfahren lassen und sie, anders als die Sowjetherrscher, zu politischer Selbstbestimmung führen würden. Gewiss erwies sich in der zweiten Kriegshälfte ihr Einsatz für das Selbstbestimmungsrecht der Deutschen, gegen kollektive Schuldzuweisungen und für die territoriale Integrität des Deutschen Reiches in den Grenzen von 1937 zunehmend als aussichtslos; spätestens gegen Ende des Krieges war es klar, dass Deutschland bis auf weiteres nur ein Objekt der Politik der Siegermächte sein würde. Doch fanden sich selbst dezidiert nationalbewusste Sozialdemokraten wie Stampfer und Sollmann nicht nur mit der einstweiligen einseitigen Entwaffnung, sondern schließlich auch mit der zu erwartenden Besetzung Deutschlands durch die Siegermächte ab.

Voraussetzung dafür war in Antizipation eines verschärften Ost-West-Konfliktes wiederum eine Besetzung durch die Westmächte, in erster Linie durch die Truppen der Vereinigten Staaten. Stampfer konnte sich bereits 1943 vorstellen, „daß die amerikanischen Okkupationsbehörden durch ihr humanes und liberales Verhalten der Bevölkerung gegenüber eine Atmosphäre der Beruhigung schaffen könnten".[30] Der Einfluss der westlichen Militärbehörden mochte sich sogar zugunsten der von Stampfer und vielen seiner Parteigenossen im Exil geforderten politischen und kulturellen Ver-

---

29 Friedrich Stampfer, Deutschlands „West-Orientierung". Westphal, Künstler, Ehrlich, Alter – und der „Dritte Weltkrieg". In: Neue Volkszeitung vom 13. März 1943.

30 Stampfer, Der Kampf um Deutschland, S. 197. Archiv der sozialen Demokratie, Nachlaß Stampfer, Mappe 44.

westlichung der Deutschen auswirken. In diesem Sinne warb Stampfer „für den Gedanken, daß die geistige und moralische ‚Okkupation' Deutschlands durch Amerika und England wichtiger ist als die militärische".[31] In ähnlicher Weise sprachen sich Gerhart Seger und der sozialdemokratische Philosophieprofessor Siegfried Marck in einer 1943 zur Aufklärung der amerikanischen Öffentlichkeit publizierten Schrift für eine Besatzungsarmee der Vereinten Nationen unter US-amerikanischem Kommando aus und entwarfen das Idealbild einer Besetzung Deutschlands unter dem dominierenden Einfluss der Amerikaner, denen die nicht zuletzt wirtschaftliche und ideologische Entmilitarisierung sowie die Bestrafung der NS-Verbrecher obliegen sowie die Kontrolle und Überwachung von Umerziehung und Demokratisierung der Deutschen zufallen würde. Die Besetzung müsse von der Absicht geleitet sein, Deutschland noch einmal eine Chance für die Errichtung einer Demokratie zu geben, ihm zu helfen, sich selbst von der Last seiner Vergangenheit zu befreien und seine eigene Würde zurückzugewinnen. Wenn die Deutschen von vornherein wüssten, dass sie ihrer Selbstbestimmung allein zu diesen Zwecken und nur über einen vernünftigen Zeitraum hinweg beraubt würden, dann könnten sie sich mit einer solchen Besetzung einverstanden zeigen.[32]

Insgesamt gelangten die SPD-Politiker im Umkreis der „Neuen Volkszeitung" und der German Labor Delegation gegen Ende des Krieges zu der Einsicht, eine vorübergehende Militärherrschaft der Vereinigten Staaten und Großbritanniens über Deutschland würde den Deutschen nicht nachhaltig schaden, sie könne vielmehr deren Demokratisierung und die erwünschte Westorientierung der künftigen deutschen Republik fördern. Man hielt es für ausgeschlossen, dass die beiden atlantischen Demokratien auf die Dauer eine unvernünftige Politik der kollektiven Bestrafung, Unterwerfung und Entrechtung der Deutschen verfolgen würden, und rechnete im Gegenteil damit, dass sie die demokratischen Bestrebungen in der Bevölkerung unterstützen und die Deutschen letztlich zu freiheitlicher Selbstbestimmung führen würden.

Europäische Einigung unter anglo-amerikanischer Führung

Einen solchen freiheitlichen und selbstbestimmten deutschen Staat setzten letztlich die Überlegungen zur künftigen Rolle Deutschlands in Europa und der Welt voraus, die im sozialdemokratischen Exil entstanden. Wilhelm Sollmann betätigte sich seit seiner 1937 erfolgten Übersiedlung in die USA als Vorkämpfer für den Gedanken der europäischen Einigung. In einer Zwischenbilanz seiner Bemühungen resümierte er 1941, er habe in allen Versammlungen seit Kriegsbeginn „eine Einigung Europas unter britischer Führung und unter Patenschaft Amerikas vorgeschlagen", eine Arbeit, die er fortzusetzen gedenke.[33] Das alte Europa rivalisierender Großmachtsysteme dürfe nicht

---

31 Stampfer an Sollmann, 29. März 1942. Historisches Archiv der Stadt Köln, Bestand 1120, Nr. 584.

32 Gerhart Seger/Siegfried Marck, Germany: To Be or Not To Be? New York 1943, hier zusammengefaßt nach Behring, Demokratische Außenpolitik für Deutschland, S. 509 f.

33 Sollmann an Stampfer, 3. April 1941. Archiv der sozialen Demokratie, Nachlaß Stampfer, Mappe 13.

mehr wiederkehren. Vielmehr müsse man, so Sollmann im September 1939, „große europäische Ziele aufstellen".

„Seit langem wissen und verkünden wir deutschen Sozialdemokraten: Europäische Föderation, die Vereinigten Staaten von Europa sind das einzige Mittel, europäische Kriege zu vermeiden. Die Vereinigten Staaten von Europa sind auch die Voraussetzung für einen ökonomischen und sozialen Wiederaufbau Europas. [...] Wir verlangen Gerechtigkeit und Frieden und Freiheit für alle europäischen Nationen, auch für die Deutschen. Die Grundlage einer neuen europäischen Zivilisation ist ein Bund freier europäischer Völker mit einer neuen Gesellschaftsordnung im Geiste sozialer Demokratie."[34]

In einer europäischen Föderation konnte sich Sollmann ein Deutschland nach Hitler nur als gleichberechtigtes Mitglied vorstellen. Kein Europäer dürfe „einen neuen Gewaltfrieden, die Unterdrückung irgendeiner Nation wollen"[35]; in Deutschland habe nie eine politische Gruppierung existiert, die nicht das Recht auf nationale Einheit beansprucht hätte. Außerdem gebe es im Reich keinen Gegner Hitlers, der den Deutschen nicht dieselben Souveränitätsrechte zuspreche, die man auch allen anderen Nationen zu gewähren bereit sei. Vor allem müsse die Begrenzung und schließliche Aufgabe der nationalstaatlichen Souveränität in einem künftigen vereinten Europa auf dem gleichen Recht für alle Nationen beruhen.[36] Sollmann betrachtete die Wiederherstellung der einzelstaatlichen Souveränität, verstanden als freie politische Selbstbestimmung der Völker, als unentbehrliche Voraussetzung für die freiwillige Abgabe von Souveränitätsrechten im Rahmen einer europäischen Föderation.

Nur in einer solchen Föderation sei eine dauerhafte Lösung der deutschen Frage zu finden. Nach der Beendigung der Kämpfe werde es ein Hauptproblem der künftigen Friedensregelung sein, „ein so großes und tüchtiges Volk wie die Deutschen positiv in die Weltwirtschaft und die Völkerfamilie einzugliedern, ohne die Deutschen wieder zu einer Friedensgefahr werden zu lassen". Das werde nach Sollmanns Auffassung „nur durch eine wirtschaftliche und politische Einigung Europas erreicht werden können".[37] Eine solche gesamteuropäische Neuordnung auf demokratischer Basis würde die Aggressornationen einschließen und ihnen die Möglichkeit verschaffen, ihre gegenwärtige Angriffsmentalität in einer Entwicklung hin zu europäischer Solidarität abzulegen. Besonders „Deutschlands aggressiver und arroganter Nationalismus" könne überwunden werden durch die Kombination einer neuen sozialen Ordnung im Innern mit einer neuen europäischen Ordnung, die eine Hegemonie Deutschlands ausschließen und die Entstehung jeglicher anderen Hegemonie auf dem europäischen Kontinent verhindern würde. Deutschland selbst würde im Rahmen eines vereinten Europas alle militäri-

---

34 Wilhelm Sollmann, Kriegsursachen und Kriegsziele. Vortrag im Yorkville Casino, New York, 15. September 1939. Historisches Archiv der Stadt Köln, Bestand 1120, Nr. 644.
35 Ebd.
36 Wilhelm Sollmann, German Unrest Said to Be Growing. Leserbrief in der New York Times vom 4. Februar 1940. Historisches Archiv der Stadt Köln, Bestand 1120, Nr. 213.
37 F. W. Sollmann, Deutschlands Platz nach Hitlers Niederlage. Manuskript für eine Rundfunkansprache, o. D. [ca. Sommer/Herbst 1942], S. 5. Historisches Archiv der Stadt Köln, Bestand 1120, Nr. 647.

schen und wirtschaftlichen Garantien gegen einen Missbrauch seines großen ökonomischen und demographischen Potentials bieten.[38]

Während Sollmann die Sowjetunion grundsätzlich außerhalb der von ihm anvisierten europäischen Föderation ansiedelte, kam er seit 1942 auch von einer Einbeziehung Großbritanniens ab, das er als künftige Sieger- und ungebrochen scheinende Weltmacht wohl nicht mehr auf einer Stufe mit den kontinentaleuropäischen Staaten sah. Spätestens 1944 gab er auch den östlichen Teil des Kontinents, der durch die Rote Armee von der deutschen Herrschaft befreit werden würde, für das demokratische Europa verloren und sprach allein von einer Einigung Westeuropas. Diese pragmatische Haltung war kennzeichnend für viele SPD-Politiker in den USA, die es nicht für möglich hielten, eine befriedigende gesamteuropäische Regelung auf der Basis von Demokratie und Selbstbestimmung in friedlicher Kooperation mit der Sowjetregierung zu gestalten: Ein freies Europa schien fortan nur noch westlich des sowjetischen Herrschaftsbereichs vorstellbar.

Von Wilhelm Sollmann ist eine Fülle von Überlegungen zur Ausgestaltung einer europäischen Föderation überliefert.[39] Als Fernziel schwebte ihm offensichtlich eine politische Organisation nach dem Vorbild der Vereinigten Staaten von Amerika vor: Wenn auch die europäischen Nationen als autonome kulturelle Einheiten fortbestehen würden, so sollten doch die politischen Institutionen einer europäischen Föderation nach US-amerikanischem Muster gestaltet werden: „a United States of Europe, modeled largely after the United States of America"[40].

Solche Gedanken reichten weit in die Zukunft, und Wilhelm Sollmann war sich darüber klar, dass an ihre Verwirklichung nur über Jahrzehnte hinweg zu denken war. Seine im November 1944 veröffentlichten Überlegungen zu einem möglichen ersten Schritt auf dem Weg zur Integration *West*europas nach den Verheerungen des Krieges unter Berücksichtigung der Notwendigkeit, Deutschlands ökonomisches Potential einer internationalen Kontrolle zu unterwerfen, demonstrieren jedoch Sollmanns Fähigkeit, sein Denken an den Realitäten auszurichten, ebenso wie seine Weitsicht:

> "As the economic unification of Western Europe through customs union is not under consideration at present, we should strive for the internationalization of the coal and iron districts of Eastern France, Belgium, Luxembourg, Saar and Ruhr across the political frontiers that remain. Germans may be prevented from having any decisive influence in the administration. It may well be that this powerful economic bloc will develop into the nucleus of a general European system of cooperation."[41]

Friedrich Stampfer war der andere unermüdliche Verfechter des Europagedankens unter den führenden SPD-Politikern in den USA. In seinem Konzept war die Unterstüt-

---

38 F. W. Sollmann, How to Deal With Germany. World Affairs, vol. 105/2, June 1942, S. 82-86, hier S. 85 f. Historisches Archiv der Stadt Köln, Bestand 1120, Nr. 227.
39 Vgl. Behring, Demokratische Außenpolitik für Deutschland, S. 518 f.
40 Former Reich Cabinet Officer In Favor of European Union. In: The Sun, Baltimore, vom 31. Dezember 1939. Historisches Archiv der Stadt Köln, Bestand 1120, Nr. 223.
41 William F. Sollmann, Essentials for a Democratic Germany. Worldover Press, vol. XIII, No. 9, 15. November 1944, S. 3-5, hier S. 4 f. Historisches Archiv der Stadt Köln, Bestand 1120, Nr. 228.

zung der europäischen Einigung durch die Vereinigten Staaten von Amerika von eminenter Bedeutung. Schon Anfang 1941 deutete Stampfer dies an, wenn er von der gemeinsamen Überzeugung aller „wirklichen Demokraten jenseits und diesseits der militärischen Fronten" sprach, „daß am Ende dieses Krieges das Schicksal Europas [...] in der Hand des amerikanischen Volkes liegen wird".[42] Im folgenden Jahr propagierte Stampfer „Amerikas europäische Sendung": Eine Erneuerung im Geiste der amerikanischen Revolution müsse „dem todkranken alten Kontinent" die Heilung bringen. „Es gibt für Europa aus der Krise, von der es jetzt geschüttelt wird, keine Rettung ohne die tatkräftige Hilfe Amerikas." Auf keinen Fall dürfe es für die Vereinigten Staaten „aus diesem neuen Weltkrieg einen zweiten Rückzug in die Isolierung" geben.[43]

Seit 1943 forderte Stampfer konsequent einen Bund der kontinentaleuropäischen Völker „unter anglo-amerikanischer Führung".[44] Die Vereinigten Staaten und Großbritannien seien zu externen Führungs- und Schiedsmächten eines vereinten Europas aus einer ganzen Reihe von Gründen berufen: Demokratien seien von Natur aus friedlicher als Diktaturen, von den demokratischen Großmächten sei ein Missbrauch ihrer Macht weniger zu befürchten als von diktatorisch regierten – auch Stampfer zufolge würde das neue Europa ohne und tendenziell gegen die Sowjetunion geschaffen werden müssen. In beiden atlantischen Demokratien stelle eine freie Arbeiterbewegung einen an Bedeutung wachsenden Faktor dar. Die „in Amerika und England vorherrschende Ideologie", wie sie in der Erklärung der vier Freiheiten und der Atlantikcharta zum Ausdruck gelange, werde von den Massen in der ganzen Welt anerkannt und biete „ein einigendes Band über alle Grenzen hinweg". Amerika und Europa bildeten eine Kulturgemeinschaft. Außerdem erhöben die USA und Großbritannien keine territorialen Ansprüche auf dem europäischen Kontinent – sie seien daher die idealen Schlichter in innereuropäischen Streitigkeiten und Grenzfragen. Nach menschlichem Ermessen werde es zwischen diesen beiden Großmächten nie wieder Krieg geben: Diese Einigkeit werde gewiss dem europäischen Frieden förderlich sein. Schließlich sei

> „ein Europabund unter anglo-amerikanischer Führung [...] auch deshalb eine demokratische Lösung, weil er sicherlich dem Willen der Völker Europas entspricht. Würde darüber abgestimmt werden, ob England-Amerika oder eine andere Macht die Führung haben soll, so würde zweifellos in jedem Lande eine erdrückende Mehrheit für England-Amerika stimmen. Denn die anglo-amerikanische Führung würde den Völkern Europas die Sicherheit gewähren, daß ihr Bund nicht unter die Herrschaft einer kontinentaleuropäischen Militärmacht geraten kann; sie würde aber auch auf der anderen Seite ein neues Deutschland vor den Ausschreitungen blinder Rachsucht schützen. Die beiden englisch sprechenden Demokratien werden nach dem Kriege vereint nicht nur die ungeheuerlichste wirtschaftliche Macht der Erde darstellen, sondern auch eine gewaltige moralische Autorität. An ihnen wird es liegen, ob sie noch einmal, wie 1918, diese Autorität verwirtschaften oder ob sie sie diesmal festigen werden durch eine Friedenspolitik entschlossener Gerechtigkeit zum Segen der ganzen Welt."

---

42 Friedrich Stampfer, Wir dürfen nicht schweigen. In: Neue Volkszeitung vom 15. Februar 1941.
43 Friedrich Stampfer, Amerikas europäische Sendung. In: Neue Volkszeitung vom 9. Mai 1942.
44 Stampfer, Der Kampf um Deutschland, S. 204-206. Archiv der sozialen Demokratie, Nachlaß Stampfer, Mappe 44. Daraus auch die folgenden Zitate.

So plädierte Stampfer als „einen ersten Schritt auf dem Wege zu den ‚Vereinigten Staaten von Europa'" für „einen Europa-Bund zur Förderung der gemeinsamen Wohlfahrt und des gemeinsamen Friedens". Die darin zusammengeschlossenen Staaten „ersuchen England und Amerika, in diesem Bunde gemeinsam den Vorsitz zu übernehmen. Im Falle von Streitigkeiten zwischen den Bundesmitgliedern entscheiden, wenn alle anderen Mittel der Einigung erschöpft sind, die Präsidialmächte unwiderruflich und endgültig."

Diese Ideen verweisen auf die übergeordnete Zielsetzung Stampfers, „die Wiederherstellung einer westländischen Kulturgemeinschaft mit Einschluß eines gründlich geänderten Deutschland".[45] Stampfer visierte eine über den Atlantik reichende politische Gemeinschaft der Völker westlicher Kulturtradition an. Der zentrale politische Bezugspunkt dieser Gemeinschaft würde die Demokratie westlicher Prägung sein, die in der künftigen Friedensordnung alle europäischen Länder als innerstaatliches Ordnungsmodell übernehmen müssten. Für die drei „einstigen Großmächte" des Kontinents, Deutschland, Frankreich und Italien, könne es „in der Zukunft keine andere Lebensform geben als die der Demokratie und keine andere Außenpolitik als die des Friedens". Der englisch-amerikanischen Politik falle die Aufgabe zu, bei dieser Neuordnung Europas „den Geburtshelfer zu spielen".[46]

Transatlantische Gemeinschaft im Zeichen von Freiheit und Demokratie

Keiner der Verfechter des Europagedankens unter den führenden SPD-Politikern im US-amerikanischen Exil betrachtete das Ziel der europäischen Einigung als ein von der Weltpolitik isoliertes Problem. Niemand trachtete nach einem in sich ruhenden Europa, das sich von den globalen politischen und wirtschaftlichen Zusammenhängen und Verflechtungen fernhalten würde. Vor allem die überragende Rolle, die die für unabdingbar erklärten engen Beziehungen einer demokratischen europäischen Föderation zu den Vereinigten Staaten von Amerika nicht allein in den Konzeptionen Sollmanns und Stampfers spielten, wiesen deutlich darauf hin: Das vereinte Europa würde sich nach Westen hin der Welt öffnen, es würde über den Atlantik hinweg mit Amerika sowie über die Außenbesitzungen der europäischen Kolonialmächte auch mit den anderen Kontinenten verbunden bleiben. Nicht Abschottung, sondern globale wirtschaftliche Verflechtung und interkontinentale Kooperation – zumindest so weit wie Rechtsstaatlichkeit und Demokratie reichten – würden das Verhältnis Europas zur Welt prägen.

Einer der Entwürfe zu einer globalen Neuordnung der internationalen Beziehungen, die im sozialdemokratischen Exil in den USA entstanden sind, soll noch exemplarisch erörtert werden: Es handelt sich um die „Gedanken über die Zusammenarbeit der

---

45 Stampfer an Victor Schiff, 13. Mai 1943. Archiv der sozialen Demokratie, Nachlaß Stampfer, Mappe 14.
46 Friedrich Stampfer, Schafft das neue Europa! Amerikas und Englands Mission in der alten Welt. In: Neue Volkszeitung vom 18. September 1943.

Nationen nach dem Siege der demokratischen Mächte", die Albert Grzesinski Anfang März 1941 niederschrieb.[47] Grzesinski forderte darin eine „Bund demokratischer Nationen", den diese nach dem Krieg „zur Förderung der Zusammenarbeit unter den Nationen und zur Gewährleistung des internationalen Friedens und der internationalen Sicherheit" ins Leben rufen sollten. Weitere Nationen würden ihm erst dann beitreten dürfen, wenn sie „die demokratische Regierungsform bei sich eingeführt und die Regeln des Bundes als für sich bindend anerkannt haben". Für totalitäre Diktaturen und andere undemokratische Regime war in einer solchen Organisation kein Platz, dagegen lag die transatlantische Dimension eines solchen Bündnisses der Demokratien auf der Hand. Autoritäre und totalitäre Staaten konnten nach Grzesinskis Auffassung nicht in ein tendenziell supranationales Vertragswerk eingebunden werden, weil ihre Regierungen nicht zu dem für die Friedenswahrung nötigen dauerhaften Verzicht auf Souveränitätsrechte und zur Anerkennung bindender Regeln im Bereich der internationalen Politik zu bewegen sein würden; allein die demokratisch verfassten Nationen könnten diese Bedingungen erfüllen.

Grzesinski propagierte einen Weltbund der Demokratien und visierte letztlich den globalen Sieg der Demokratie und die Auslöschung der totalitären Diktaturen oder zumindest deren Zurückdrängung auf Randpositionen an. Gleichzeitig bildete die Demokratie das einzige Kriterium für die Teilnahme an der neuen Weltorganisation – von Planwirtschaft, Sozialismus oder auch nur sozialer Demokratie war nicht die Rede. Stattdessen setzte sich Grzesinski für eine Liberalisierung der Weltwirtschaft ein. Im Zentrum seiner Überlegungen stand jedoch eindeutig das Problem der Friedenswahrung. Die Bundesmitglieder müssten sich verpflichten, nicht zum Kriege zu schreiten, ihre Beziehungen untereinander „in aller Öffentlichkeit" zu unterhalten, die Vorschriften des internationalen Rechts genau zu beachten und „den Beschlüssen der zuständigen Bundesorgane unbedingt und unverzüglich Folge zu leisten". Im Falle von Streitigkeiten zwischen Mitgliedsstaaten oder zwischen „diesen und außerhalb des Bundes stehenden Nationen" entscheide ein vom Bund eingesetztes Schiedsgericht, dessen Urteil für alle Bundesmitglieder bindend sei.

Grzesinski ließ keine Zweifel daran, dass Aggressoren in- und außerhalb der Gemeinschaft demokratischer Nationen äußerstenfalls auch mit Gewalt zur Bewahrung des Friedens gezwungen werden sollten. Die Rüstungen aller Mitgliedsstaaten seien „auf das Mindestmaß herabzusetzen, das mit der nationalen Sicherheit und der Durchführung der durch ein gemeinsames Handeln der demokratischen Mächte des Bundes auferlegten internationalen Verpflichtungen vereinbar ist". Die einzelstaatlichen Streitkräfte sollten also ein der Bundesexekutive zur Verfügung stehendes Gewaltinstrument bilden. Dieses supranationale, über einen reinen Staatenbund hinausweisende Element wurde ergänzt durch einen Passus, demzufolge Verstöße gegen die Pflicht zur

---

47 Albert C. Grzesinski, Gedanken über die Zusammenarbeit der Nationen nach dem Siege der demokratischen Mächte, 2. März 1941. In: Klaus Voigt (Hrsg.), Friedenssicherung und europäische Einigung. Ideen des deutschen Exils 1939-1945. Frankfurt am Main 1988, Dok. Nr. 6, S. 70-73. Daraus die folgenden Zitate. – Dieses Dokument ist inhaltlich in engem Zusammenhang zu betrachten mit der nahezu gleichzeitigen „Skizze über den kommenden Frieden", die Curt Geyer im April 1941 in einem Hotel in Lissabon niederschrieb: Vgl. dazu Behring, Demokratische Außenpolitik für Deutschland, S. 407-410.

militärischen und psychologischen Abrüstung – Erziehung im Sinne von Frieden und Völkerverständigung – den zuständigen Organen des Bundes das Recht geben würden, „Maßnahmen zur Abstellung solcher Verstöße zu ergreifen": Eingriffe in die inneren Angelegenheiten und damit in die einzelstaatliche Souveränität der Bundesmitglieder würden also möglich sein. Auch das Ziel der kollektiven Verteidigung als Zweck des Bundes führte über die Bahnen der traditionellen Außenpolitik souveräner Staaten hinaus. Gegenüber aggressiven Nichtmitgliedern, die sich einem Schiedsspruch des Bundes nicht beugten, „verpflichtet sich der Bund mit allen seinen Kräften zur Wahrnehmung der Interessen seiner Mitglieder". Sollte, mit anderen Worten, ein Mitgliedsland von außen her bedroht oder angegriffen werden, dann würden sämtliche Bundesmitglieder zu seiner Verteidigung bereitstehen. Es konnte kein Zweifel daran bestehen, dass in einem solchen Fall den Vereinigten Staaten von Amerika die Hauptlast zufallen würde.

Die Kooperation der Demokratien über den Atlantik hinweg, eine europäisch-britisch-amerikanische Allianz im politischen, militärischen, wirtschaftlichen und kulturellen Bereich stellte in den Zukunftsvorstellungen der Europaföderalisten wie der Vordenker eines Weltbundes demokratischer Nationen unter den Sozialdemokraten im US-Exil einen unverrückbaren Fixpunkt dar. Den Vereinigten Staaten kam in dieser Vision schon früh die Rolle einer Supermacht zu, neben der auch das britische Weltreich nicht mehr gleichrangig stand. Rudolf Katz pries die USA bereits 1940 als das Land, „das durch Tradition, Erziehung, geographische Lage und Machtposition sozusagen von der Vorsehung dazu berufen ist, zum Retter der bedrohten großen Menschheitsideen der Freiheit und der Demokratie zu werden".[48] Zu der Überzeugung, dass die Vereinigten Staaten durch das ideelle Moment ihrer Innen- und Außenpolitik für die Rolle der Vormacht der Demokratie prädestiniert seien, kam das Wissen um die wirtschaftliche Leistungsfähigkeit der aufsteigenden Weltmacht im Westen. Die mit der Atlantikcharta eröffnete Perspektive einer unbeschränkten wirtschaftlichen Zusammenarbeit der USA „mit allen Völkern der Welt bedeutet ökonomisch und politisch enorm viel. Sie kann das Ende der Isolation bedeuten, den Beginn eines neuen Zeitalters, in dem den USA eine führende Rolle zufällt."[49] Die deutschen Sozialdemokraten erkannten sehr genau, dass das Wirtschaftspotential der Vereinigten Staaten nicht zuletzt ein Machtmittel darstellte, das zur Neuordnung Europas im Sinne der Demokratie und im Interesse einer freien Weltwirtschaft nach amerikanischen Vorstellungen gezielt eingesetzt werden konnte.

---

48 Rudolf Katz, Frankreichs Katastrophe und die USA. In: Neue Volkszeitung vom 22. Juni 1940.
49 Rudolf Katz, Das Roosevelt-Churchill-Programm. In: Neue Volkszeitung vom 23. August 1941.

Wilhelm Sollmann bezeichnete die USA im Januar 1942 als

"the leading nation after this war. As a matter of fact it has this leadership already. Washington, D. C. is growing fast into the world capital. The United States of America is the hope of all the oppressed nations on this globe. It is not only a problem of material leadership. The world after this war needs educational leadership, too. [...] Where is there a country better equipped to help the postwar world than the U.S.A.? If there is hope at all to end this war through a lasting peace this hope can be realized only through the leadership of the U.S.A. in a coming peace conference after the downfall of the European and Asiatic dictators."[50]

Diese Sätze implizierten auch die Führung der Vereinigten Staaten im Kampf um die weltweite Durchsetzung oder wenigstens Verteidigung der Demokratie gegen die mit ihnen verbündete Sowjetdiktatur. Letztere konnten sich Sollmann und Stampfer, Seger und Grzesinski nicht anders vorstellen denn als Aggressor, der anderen Nationen, zumal in Ostmitteleuropa, seine Herrschaft aufzwingen wolle. Die Sowjetunion war aus dieser Perspektive in jedem Fall ein Störfaktor, der die Einrichtung einer effektiven weltweiten Friedensorganisation be- oder gar verhindern würde und mit dem sich die angestrebte transatlantische Allianz der Demokratien würde auseinandersetzen müssen. Die Aussicht auf ein geteiltes Europa und selbst ein geteiltes Deutschland erschien in der Konsequenz am Horizont, je mehr sich der Krieg dem Ende näherte. Sie geriet in dieser Sicht zum kleineren Übel, sofern die Maßstäbe der freiheitlichen Demokratie und der transatlantischen Orientierung nach Westen verbindlich blieben.

Kontinuität des politischen Denkens über 1945 hinaus

Was blieb 1945 und in den Folgejahren übrig von den Überlegungen und Plänen der deutschen Sozialdemokraten im amerikanischen Exil hinsichtlich der Zukunft Deutschlands, Europas und der demokratischen Welt? Zu Ostern 1945 veröffentlichte die German Labor Delegation noch einmal eine gemeinsame Erklärung, die unter anderem von Max Brauer, Rudolf Katz, Gerhart Seger und Friedrich Stampfer unterzeichnet war.[51] Darin wurde erneut auf den jahrzehntelangen Kampf der deutschen Arbeiterbewegung für Demokratie und Frieden verwiesen und ihr Anspruch bekräftigt, nach dem Ende des NS-Regimes erneut die Hauptstütze der Demokratie in Deutschland zu bilden. Die Besetzung Deutschlands durch die Hauptsiegermächte wurde darin ebenso akzeptiert wie die Bestrafung der NS-Verbrecher unter alliierter Kontrolle, die Entwaffnung Deutschlands und die Bereitstellung von Wiedergutmachungsleistungen. Allerdings solle die als notwendig anerkannte vollständige Besetzung des Landes mit der Hoffnung auf Wiederherstellung voller Souveränität eines ungeteilten deutschen Nationalstaats an ihrem Ende verbunden werden: Eine demokratische deutsche Regie-

---

50 F. Wilhelm Sollmann, Conflicts and Synthesis in Politics. Vortragsmanuskript, Pendle Hill, 21. Januar 1942. Historisches Archiv der Stadt Köln, Bestand 1120, Nr. 330.
51 Erklärung der German Labor Delegation, Ostern 1945. In: Mit dem Gesicht nach Deutschland, Dok. Nr. 173, S. 690-695.

rung solle ihr Resultat sein, die dem deutschen Volk die Möglichkeit bieten werde, wieder sein eigenes Schicksal zu gestalten und in einer vereinten Gemeinschaft der europäischen Nationen ebenso wie in der neuen Weltsicherheitsorganisation mitzuarbeiten. Zugleich wandte sich die German Labor Delegation erneut entschieden gegen territoriale Abtretungen von Reichsgebiet ohne die Zustimmung der betroffenen Bevölkerungen und gegen die zwangsweise Deportation der Einwohner.[52] Man verstand sich unverändert als Wahrer nationaler deutscher Interessen, und die Grundzüge des politischen Denkens der SPD-Politiker in den Vereinigten Staaten hatten sich gleichfalls nicht gewandelt.

Die Sozialdemokraten im Umkreis der „Neuen Volkszeitung", der German Labor Delegation und der Association of Free Germans kehrten nicht geschlossen nach Deutschland zurück. Nicht wenige blieben als US-Staatsbürger in den Vereinigten Staaten, unter den bekannteren etwa Wilhelm Sollmann, der als Politikwissenschaftler am Quäker-College Pendle Hill in Pensylvania lehrte und nur gelegentlich zu Besuchs- und Vortragsreisen nach Deutschland kam, oder Gerhart Seger, der sich weiterhin als Publizist und Vortragsredner und auch als Dozent betätigte. Albert Grzesinski starb Ende 1947, als er sich auf die Rückkehr vorbereitete. Politische Karrieren im Nachkriegsdeutschland machten Rudolf Katz, der Justizminister in Schleswig-Holstein wurde, im Parlamentarischen Rat saß und es bis zum Präsidenten des Zweiten Senats des Bundesverfassungsgerichts brachte, und Max Brauer als Erster Bürgermeister der Freien und Hansestadt Hamburg. Brauer hatte stets betont, als einer der ersten wieder nach Deutschland zurückkehren und dort politisch tätig sein zu wollen, doch vergaß er zu keinem Zeitpunkt seine Exilerfahrung in den USA: Bereits in einer seiner ersten öffentlichen Reden in Hamburg würdigte er 1946 in ungebrochener Kontinuität das „Geheimnis der gigantischen Entwicklung" seines langjährigen Asyllandes: „demokratische Freiheit".[53]

Brauer zählte zu den führenden SPD-Politikern der Nachkriegszeit, die an ihrer auch außenpolitischen Westorientierung nie einen Zweifel aufkommen ließen. 1948/49 würdigte er wiederholt den Marshallplan wie auch die Londoner Protokolle zur Weststaatsbildung, in denen „der Geist der Atlantikcharta wieder spürbar geworden" sei.[54] In solchen Ereignissen „von weitreichender Bedeutung für die zukünftige Organisation Europas und seiner Wirtschaft" sei als „ein großes Schauspiel zu sehen, wie das Volk der Vereinigten Staaten aufgebrochen ist, dem mütterlichen Erdteil Europa neue Kraft und neue Zuversicht zu bringen".[55] Brauer setzte sich fortgesetzt weiterhin für die (west)europäische Einigung ein und erkannte die unabdingbare und überragende Rolle

---

52 Zum Kampf der GLD und insbesondere Friedrich Stampfers gegen Abtretungs- und Austreibungspläne der Alliierten siehe Stampfer, Die dritte Emigration. In: Mit dem Gesicht nach Deutschland, S. 155-159, und Fladhammer/Wildt (Hrsg.), Max Brauer im Exil, Einleitung, S. 72 f.

53 Max Brauer, Redemanuskript „Meine Weltreise", 3. August 1946. In: Fladhammer/Wildt (Hrsg.), Max Brauer im Exil, Dok. Nr. 150, S. 341-343, hier S. 343.

54 Max Brauer, Ansprache anläßlich der Eröffnung der Ministerpräsidenten-Konferenz in Hamburg am 11. Februar 1949. In: Max Brauer, Nüchternen Sinnes und heißen Herzens. Reden und Ansprachen. Zweite erweiterte Ausgabe Hamburg 1956, S. 77-84, hier S. 80.

55 Max Brauer, Rede in der Hamburger Bürgerschaft am 28. April 1948. In: Ebd., S. 55-63, hier S. 58.

an, die die Marshallplanhilfe der USA für die Ingangsetzung dieses Prozesses spielte.⁵⁶ Bei all dem blieben für ihn die wesentlichen Ausgangspunkte des politischen Denkens, die für die Sozialdemokraten im Exil verbindlich gewesen waren, von unveränderter Aktualität: „1. Erfüllte Demokratie ist das höchstmögliche Maß von Freiheit und allgemeinem Wohlstand. 2. Sozialismus ohne Freiheit ist kein Sozialismus, sondern Verrat an den sozialistischen Kernideen."⁵⁷

Nicht zufällig verwies Brauer in diesem Zusammenhang auf Friedrich Stampfer und dessen Bemühungen, eine Schwarzweißmalerei von Kapitalismus und Sozialismus zu überwinden. Stampfer zögerte in den ersten Nachkriegsjahren nicht, die westalliierte und speziell die US-amerikanische Politik scharf zu kritisieren, die willkürliche Verschiebung von Staatsgrenzen und die „Massenaustreibung ganzer Bevölkerungen" als dem Frieden nicht dienlich anzuprangern, die Siegermächte dazu aufzufordern, Deutschland gegenüber von einer Politik der anhaltenden Bestrafung zu einer solchen der Verständigung und Versöhnung überzugehen, in deren Zuge auch die Zeit gekommen sei, den demokratischen Kräften im deutschen Volk freie Bahn zu geben.⁵⁸ Insbesondere beklagte Stampfer über das Jahr 1945 hinweg eine zu schwächliche Haltung der US-Regierung angesichts der totalitär-expansiven Bedrohung der westlichen Welt durch die Sowjetunion.

Anlässlich seiner dauerhaften Rückkehr nach Deutschland im August 1948 aber zeigte sich Stampfer angesichts der nunmehr eingeleiteten Umorientierung der US-Politik schon weitgehend versöhnt. Er erkannte „mit tiefer Dankbarkeit den Wandel der Gesinnung" an, „der hier dem deutschen Volke gegenüber in den letzten drei Jahren eingetreten ist". Vieles sei besser geworden. Gleichwohl bleibe „für einen Mann wie mich, der nur in einer engen, verständnisvollen Zusammenarbeit der demokratischen Kräfte Amerikas und Deutschlands eine Möglichkeit der Rettung für Europa sieht, [...] noch manches zu wünschen übrig". Doch insgesamt äußerte Stampfer seine „Überzeugung, daß die jetzt von Amerika Deutschland gegenüber betriebene Politik in ihren Grundlinien richtig ist. [...] Ich meine den Marshall-Plan und die Einbeziehung Deutschlands in ihn, die Förderung engerer wirtschaftlicher Zusammenarbeit und besseren Verstehens zwischen den europäischen Völkern, die Erkenntnis der Notwendigkeit, Deutschland als wirtschaftliche und politische Einheit wieder herzustellen."⁵⁹

So konnten sich die Veteranen des sozialdemokratischen Exils in den USA zumindest ab 1948 in ihren Einschätzungen zur Rolle der demokratischen Weltmacht bei der Neugestaltung der internationalen Beziehungen, bei der nachhaltigen Stabilisie-

---

56 Max Brauer, Die Ergebnisse der Brüsseler Europatagung. Ansprache am 6. März 1949 im NWDR. In: Ebd., S. 85-92, hier bes. S. 88 f.
57 Max Brauer, Zum 2. Jahrestag der Neubildung des Senats der Hansestadt Hamburg. Rundfunkansprache am 22. November 1948. In: Ebd., S. 69-76, hier S. 70.
58 Hier exemplarisch die Erklärung sozialdemokratischer Emigranten in den Vereinigten Staaten von Amerika vom 4. Januar 1947. In: Mit dem Gesicht nach Deutschland, Dok. Nr. 186, S. 726-728. Vgl. auch Friedrich Stampfer, Nach drei Jahren: Wir kapitulieren nicht. Artikel in der Neuen Volkszeitung vom 8. Mai 1948. Abgedruckt in: Ebd., Dok. Nr. 187, S. 728-730.
59 Friedrich Stampfer erklärt die Motive seiner Heimkehr. Interview vom 3. August 1948. In: Ebd., Dok. Nr. 188, S. 730-732, hier S. 731 f.

rung und Demokratisierung Deutschlands und Europas bestätigt fühlen. Und wie Max Brauer machte auch Friedrich Stampfer aus seiner anhaltenden Wertschätzung des einstigen Exillandes keinen Hehl. Hochbetagt würdigte er noch 1954 die USA als „das Land des stärksten Kapitalismus, aber auch der stärksten Demokratie. Die amerikanische Demokratie hat den amerikanischen Kapitalismus reformiert; sie hat ihn gezähmt, den staatlichen Einfluß auf ihn gesteigert, allen ausbeuterischen Tendenzen zum Trotz dem größten Teil des Volkes ein menschenwürdiges Dasein verschafft." Gewiss habe die Demokratie in den Vereinigten Staaten „den Kapitalismus weder beseitigt, noch seiner politischen Macht beraubt". Aber auch dem konnte Stampfer etwas Gutes abgewinnen, denn „diese Macht ist es auch, die heute die Haltung Amerikas gegenüber dem kommunistischen Rußland bestimmt".[60] Und gegenüber diesem kommunistischen Russland blieben die Macht und die Stärke des amerikanischen Partners von überragender Bedeutung, garantierten sie doch das Überdauern und die Zukunft einer transatlantischen Gemeinschaft im Zeichen der zeitlosen Werte von Freiheit und Demokratie.

---

60 Friedrich Stampfer, Grundbegriffe der Politik. 3. Aufl. Hannover 1954, S. 196. – Wenigstens verwiesen sei an dieser Stelle noch auf die tiefschürfende Durchdringung des Phänomens Vereinigte Staaten von Amerika durch einen ehemaligen Sozialdemokraten im US-Exil, der sich zeitweise auch im Umkreis der German Labor Delegation bewegt hatte: Ernst Fraenkel, Gesammelte Schriften. Band 4: Amerikastudien. Hrsg. von Hubertus Buchstein und Rainer Kühn. Baden-Baden 2000.

USA-Bilder am Beispiel von vier SPD-Politikern zweier Generationen nach 1945. Eine biografische und habitushermeneutische Analyse

Max Reinhardt

Einleitung

Am Beispiel von SPD-Politikerinnen und SPD-Politikern habe ich in meiner veröffentlichten Dissertation[1] mit Hilfe von habitushermeneutischen und Lebensweganalysen in Anlehnung an Pierre Bourdieu „latente und manifeste Denk-, Wahrnehmungs- und Handlungsschemata"[2] (Habitus) und unterschiedliche Vorstellungen von Gesellschaftsordnungen herausgearbeitet. Die Heterogenität von Habitus, Lebenswegen und Vorstellungen von Gesellschaftsordnungen der politischen Repräsentanten sind ein wesentlicher Bestandteil des Typus der Volkspartei.[3] Diese Heterogenität lässt sich, so die Hypothese, auch anhand von USA-Bildern veranschaulichen, die zwar nicht im Fokus meiner Dissertation standen, die ich aber in einigen Fallstudien bereits herausgearbeitet hatte und deren Analyse ich für den vorliegenden Beitrag, auch unter Heranziehung weiterer Literatur, vertieft habe.

Die USA scheinen für eine Analyse von Habitus und Gesellschaftsordnungsbildern besonders geeignet zu sein, da sie einerseits nach Hartmut Kaelble eine Projektionsfläche für den Glauben an die Möglichkeit einer egalitären, offenen und demokratischen Gesellschaft[4] und andererseits für eine marktradikale, vergleichsweise unsoziale Gesellschaft sind, die Gøsta Esping-Andersen als wirtschaftsliberalen Pfad bezeichnet.[5]

Im Mittelpunkt der folgenden Analyse steht also „das" Amerikabild von Spitzenpolitikern der SPD, das Teil einer komplexen politischen Vorstellungs- und Handlungswelt ist, deren Voraussetzungen und Bedingungen hier nicht detailliert entfaltet werden können.[6] Vielmehr wird nach der Darstellung der Auswahlkriterien für das

---

1 Max Reinhardt 2011a: Aufstieg und Krise der SPD. Flügel und Repräsentanten einer pluralistischen Volkspartei, Baden-Baden.
2 Helmut Bremer 2001: Zur Theorie und Methodologie der typenbildenden Mentalitätsanalyse, Reflexion und Diskussion zweier empirischer Studien, Dissertation Universität Hannover (http://edok01.tib.uni-hannover.de/edoks/e01dh01/329916602.pdf), S. 53.
3 Zur Heterogenität von Gesellschaftsbildern in Volksparteien vgl. Reinhardt 2011a.
4 Hartmut Kaelble 1992: Soziale Mobilität und Sozialstrukturen der Vereinigten Staaten im 19. und 20. Jahrhundert, in: Knud Krakau (Hg.): Lateinamerika und Nordamerika. Gesellschaft, Politik und Wirtschaft im historischen Vergleich, Frankfurt a. M., S. 107-115.
5 Gøsta Esping-Andersen 1998 [1989]: Die drei Welten des Wohlfahrtskapitalismus. Zur Politischen Ökonomie des Wohlfahrtsstaates, in: Stephan Lessenich/Ilona Ostner (Hg.): Welten des Wohlfahrtskapitalismus. Der Sozialstaat in vergleichender Perspektive, Frankfurt a. M./New York, S. 19-56.
6 Ausführlich dazu siehe Reinhardt 2011a; hier auch ausführliche Hinweise zur Methode, S. 177-196 und Max Reinhardt 2011b: Lebenswege und politisches Feld. Eine Analyse der Machstruktur

Sample in diesem Artikel exemplarisch anhand von vier ausgewählten Beispielen die Bandbreite unterschiedlicher Amerikabilder in der SPD beleuchtet. Ihre Verortung im Raum gesellschaftspolitischer Ordnungsvorstellungen erfolgt unter Rückgriff auf eine historisch-politisch-soziale Analyse der Unterschiede der USA und Europa, analysiert von Jeremy Rifkins[7], um abschließend die USA-Bilder der vier Sozialdemokraten zu vergleichen und ihre Repräsentationsfähigkeit für die SPD herauszuarbeiten.

Sample

Für meine Dissertation habe ich 13 SPD-Politikerinnen und Politiker mit Hilfe von leitfadengestützten, teilstrukturierten Interviews befragt[8] und ihre Lebenswege, Habitus und politischen Einstellungen ausgewertet. Die Auswahl erfolgte explorativ, um nach der Methode eines „typologischen Stichprobenverfahrens"[9] eine größtmögliche Repräsentanz zu erreichen. Zwar war die Auswahl angesichts von insgesamt 13 Politikern nicht repräsentativ. Sie sollte aber die innerparteilichen Machtverschiebung möglichst realistisch abbilden, weshalb bei der jüngeren Generation diejenigen Politiker mehrheitlich vertreten waren, die der *Neue-Mitte*-Politik um Gerhard Schröder nahe stehen. Die Feldanalyse über die Geschichte der SPD-Fraktionen seit 1945 hatte bereits anhand verschiedener Politikfelder – von der Bildungs-, über die Sozial-, bis zur Außenpolitik – verdeutlicht, dass sich die Machtgewichte in der SPD verschoben haben.[10] Ich ziehe den Begriff Faktion dem Begriff Flügel oder Strömung vor, weil er die Heterogenität von Parteien besser ausdrückt. So unterscheiden Patrick Köllner und Matthias Basedau „personalisierte" und „institutionalisierte Strömungen" von politischen Strömungen, um den Grad der Institutionalisierung zu verdeutlichen.[11] Die Analyse der jüngeren Politiker sollte auch aufzeigen, inwiefern sich die Repräsentanten im Generationenvergleich im Hinblick auf ihre Lebenswege, Habitus und politischen Einstellungen gewandelt haben. *Kriterien* für die Auswahl der Interviewpartner waren:

---

    der SPD, in: Forum Qualitative Sozialforschung/Forum: Qualitative Social Research 12/2011, <nbv-resolving.de/urn:de:0114-fqs1102197>, S. 3.

7   Jeremy Rifkins 2006 [2004]: Der europäische Traum. Die Vision einer leisen Supermacht, Frankfurt a. M.

8   Zur Methode siehe Reinhardt 2011a, S. 182-184; zu teilweise biografischen, teilweise themenzentrierten, leitfadengestützten, teilstandardisierten Interviews siehe zum Beispiel Christel Hopf 2008 [2000]: Qualitative Interviews – ein Überblick, in: Uwe Flick/Ernst von Kardorff/Ines Steinke (Hg.) 2008 [2000]: Qualitative Forschung. Ein Handbuch, Hamburg, S. 353.

9   Andrea Lange-Vester 2007: Untersuchungsmethoden. Exploration eines sich wandelnden Feldes, in: Michael Vester/Christel Teiwes-Kügler/Andrea Lange-Vester 2007: Die neuen Arbeitnehmer. Zunehmende Kompetenzen – wachsende Unsicherheit, Hamburg, S. 71.

10 Ausführlich zu den Flügelkämpfen und zur Machtverschiebung in der SPD siehe Reinhardt 2011a, S. 52-176.

11 Zur Definition des Begriffs Faktion und zur Unterscheidung der Faktionen siehe Patrick Köllner/Matthias Basedau 2006: Faktionalismus in politischen Parteien. Eine Einführung, in: dies./Gero Erdmann (Hg.): Innerparteiliche Machtgruppen. Faktionalismus im internationalen Vergleich, Frankfurt a. M./New York, S. 7-37.

- Zugehörigkeit zu einer Generation im Sinne einer „gemeinsamen historischen Erfahrung."[12] Zum einen habe ich mit Ernst Breit, Anke Fuchs, Hans Koschnick, Peter von Oertzen, Hermann Rappe, Hans-Jochen Vogel und Inge Wettig-Danielmeier Politiker der Nachkriegsgeneration (Geburtsjahr zwischen 1924-37) ausgewählt, die den Zweiten Weltkrieg als junge Menschen miterlebt und die Politik der SPD seit den 1960er Jahren mitbestimmt haben, und zum anderen mit Sigmar Gabriel, Andrea Nahles, Thomas Oppermann, Olaf Scholz, Frank-Walter Steinmeier und Brigitte Zypries Politiker der sogenannten Urenkelgeneration (Geburtsjahr zwischen 1953-59; nur Nahles 1970), die insbesondere seit dem Ausscheiden des „Enkels" Gerhard Schröder[13] die SPD-Politik maßgeblich gestalten.[14]
- Spitzenpolitiker der Bundes- und Landesebene wie Parteivorsitzender, Kanzlerkandidat, Bundesminister und/oder Mitglied im Präsidium der SPD oder Ministerpräsident; ich habe mich allerdings auf das Berliner Machtzentrum fokussiert, weil ich vor allem hier einen Repräsentationswandel vermutete. Die Interviews habe ich zwischen 2003 und 2006 geführt. Ich bin bei Andrea Nahles, Peter von Oertzen und Hermann Rappe von der idealtypischen Definition als Spitzenpolitiker im Bonner/ Berliner Machtzentrum abgewichen, weil sie maßgebliche Repräsentanten einer Faktion der SPD waren. Thomas Oppermann war zwar zum Zeitpunkt des Interviews nicht mehr Landesminister. Es war aber wahrscheinlich, dass er durch seine politische und regionale Nähe zu den aus der SPD Niedersachsen stammenden Gerhard Schröder und Frank-Walter Steinmeier in der SPD weiter aufsteigen würde.[15]
- Zugehörigkeit zu einer Faktion wie dem Ende der 1960er gegründeten, die Parteilinke, bestehend aus „Alt-Linken, Jungsozialisten und Gewerkschaftern"[16], bündelnden *Frankfurter Kreis*[17] bzw. dem 2001 gegründeten Nachfolger *Forum Demokratische Linke 21* (DL 21)[18], den ab 1973 in Lahnstein und sich seit 1978 in Seeheim treffenden, konservativen, als Reaktion auf die Gründung der SPD-Linken sich organisierenden *Seeheimern*[19] oder dem 1999 von jungen Abgeordneten gegründeten und sich von der SPD-Linken distanzierenden *Netzwerk Berlin*.

---

12 Reinhardt 2011b, S. 4.
13 Zu den „Enkeln" siehe Matthias Micus: Die „Enkel" Willy Brandts, Aufstieg und Politikstil einer SPD-Generation, Frankfurt a. M./New York.
14 Ausführlich dazu siehe Reinhardt 2011a, S. 33.
15 Zum Kriterium Spitzenpolitiker und zur Auswahl insgesamt siehe Reinhardt 2011b, S. 4-7.
16 Laut Müller-Rommel tagte bereits seit 1960 „eine relativ kleine Gruppe linker Sozialdemokraten [...] in Frankfurt in regelmäßigen Zeitabständen [...] im ‚Arbeitskreis IV' der Gesellschaft für Forschung unter internationaler Kooperation auf dem Gebiet der Publizistik e. V." (GfP). Er war „Herausgeber der Zeitschrift ‚express international', die sich [..] als Forum für ‚Alt-Linke', Jungsozialisten und Gewerkschafter verstand" (Ferdinand Müller-Rommel 1982: Innerparteiliche Gruppierungen in der SPD. Eine empirische Studie über informell-organisierte Gruppierungen von 1969-1980, Opladen, S. 70). Der *Arbeitskreis IV* lud Ende der 1960er Jahre nach dem „deutlichen Anstieg" von linken SPD-Mitgliedern mehr SPD-Mitglieder und Gewerkschafter ein, um durch eine bessere Organisation mehr Einfluss auf die SPD-Politik zu nehmen (siehe ebd., S. 70 f.).
17 Ausführlich zum *Frankfurter Kreis* siehe Reinhardt 2011a, S. 77-79 und Müller-Rommel 1982, S. 70-76.
18 Ausführlich zur Gründung der DL 21 siehe Reinhardt 2011a, S. 124 f.
19 Ausführlich zur Gründung der *Seeheimer* siehe ebd., S. 85-87.

Die *Netzwerker* heben stärker als die *Seeheimer* die Priorität der Bildung in der Politik in Abgrenzung zum traditionellen Sozialstaat hervor und betonen einen eher individualisierten Politikstil in Abgrenzung zu einem eher konservativen Politikstil.[20]
- Das Geschlecht: Die Ungleichverteilung der Geschlechter gilt insbesondere noch für die ältere Generation. Für die jüngere Generation hat sich durch die Einführung der 40%-Quote für Parteiämter die Ungleichverteilung deutlich abgemildert, gilt aber weiterhin für Spitzenämter wie Parteivorsitzender, Kanzlerkandidat oder Außenminister. Insofern ist die Überrepräsentanz der Männer bei der Auswahl auch der tatsächlichen Ungleichverteilung der Geschlechter unter den Spitzenpolitikern geschuldet.[21]

Für meinen Beitrag über USA-Bilder habe ich entlang der Kriterien SPD-Politiker ausgewählt, die sich zu den USA geäußert haben und sich in ihren Lebenswegen, ihren Habitus oder ihren Vorstellungen von einer Gesellschaftsordnung unterscheiden:

- Politiker der Nachkriegsgeneration wie der Faktionsunabhängige Hans Koschnick (*1929) und der *Seeheimer* Hermann Rappe (*1929), die den Zweiten Weltkrieg als Jugendliche miterlebt haben
- und Politiker der so genannten Urenkelgeneration wie die *Netzwerker* und *Seeheimer* Sigmar Gabriel (*1959) und Thomas Oppermann (*1954), die noch von „1968" beeinflusst wurden und seit dem Rückzug von Gerhard Schröder aus der Politik 2005 die Politik der SPD auf Spitzenebene maßgeblich gestaltet haben.

Mit den genannten Politikern habe ich biografische und themenzentrierte Interviews für meine Dissertation geführt und ausgewertet. Für den vorliegenden Beitrag habe ich die Auswertung vertieft. Von SPD-Politikerinnen lagen mir trotz eigener Recherchen keine Äußerungen zu den USA vor, die ich vertiefend hätte auswerten können.

Die Fallstudien wurden anhand von Originalzitaten und biografischen Quellen erstellt, um Lebenswege, Habitus und politische Einstellungen bzw. Vorstellungen von einer Gesellschaftsordnung herauszuarbeiten, die ich in diesem Beitrag zusammenfassend ausführen werde. Mit Hilfe eines Vergleichs werde ich im nächsten Schritt Unterschiede und Gemeinsamkeiten der USA-Bilder herausarbeiten, um einen sozialen Raum von vermutlich heterogenen USA-Bildern vor dem Hintergrund der Lebenswege, Habitus und politischen Einstellungen aufzuspannen und in die Feldanalyse nach Jeremy Rifkins über die USA und Europa einzubetten.

---

20 Ausführlich zu den drei SPD-Faktionen und ihren Politikstilen siehe ebd., S. 120-122; ausführlich zum *Netzwerk Berlin* und seinem Politikstil siehe Daniela Forkmann 2007: Konsens statt Konflikt. Das sozialdemokratische „Netzwerk junger Abgeordneter Berlin", in: vorgänge 4/2007, S. 67-75.

21 Ausführlich zur Geschlechterverteilung auf der Ebene der Spitzenpolitik in der SPD siehe Reinhardt 2011a, S. 182 und Reinhardt 2011b, S. 7.

Hans Koschnick

Hans Koschnick, Jahrgang 1929, stammt aus einer Familie mit einer Tradition der organisierten Arbeiterschaft. Seine Eltern engagierten sich als kommunistische Gewerkschafter in der *Revolutionären Gewerkschaftsopposition* (RGO) und wurden deshalb von der *Geheimen Staatspolizei* während der Diktatur der Nationalsozialisten verhaftet und eingesperrt. Hans Koschnick lebte deshalb bei seinen Großeltern mütterlicherseits und wurde später über die Kinderlandverschickung nach Sachsen verschickt. Er war sich seiner sozialen Herkunft bewusst, zumal seine Eltern ihm keine Uniform für *Jungvolk* und *Hitlerjugend* kauften. Seine Eltern brachen mit dem Kommunismus nach dem *Hitler-Stalin-Pakt* 1939, weil befreundete Kommunisten, die nach Moskau ausgewandert waren, nach Deutschland zurückgeschickt worden waren.[22]

Seine Mutter riet ihm nach 1945, sich gewerkschaftlich zu organisieren, um die Interessen der Arbeiter zu vertreten, riet ihm aber von einem Beitritt zu einer Partei aufgrund ihrer Erfahrungen ab. Sein Vater gab seinem Sohn während seines letzten Fronturlaubs sein politisches Erbe mit auf den Weg, „die Dinge gemeinsam zu lösen, bevor extreme Kräfte von beiden Seiten kommen"[23]. Hans Koschnick übernahm und lebte das politische Erbe seiner Familie, „das Trennende zu überwinden" und Konflikte gemeinsam zu lösen und ‚Solange du stark bist, hilf den Schwächeren'".[24]

Hans Koschnick war in „seinen Anfangsjahren" ein Suchender:

> „Den Weg von Moskau wollte ich nie mitgehen, nicht einmal in Gedanken. Den Weg von Washington wollte ich aber möglichst auch nicht mitgehen, höchstens teilweise. Uns Jungen hat damals die Hoffnung auf einen Dritten Weg sehr bewegt. Neuaufbau statt Wiederaufbau. Und deswegen waren wir in Schweden, in Dänemark und haben uns auch in Finnland gerne umgesehen.
>
> *Das waren für Sie Hoffnungsländer?*
>
> Ja, auf jeden Fall. Gut, man muss natürlich wissen, dass diese Länder auch sozialdemokratisch geprägt waren. Hier gab es Vorbilder für die praktische Regierungsarbeit. Gleichzeitig war klar: Israel, die Kibbuz-Bewegung, das war etwas ganz anderes. Was mich interessierte, war natürlich die Arbeiterselbstverwaltung in Jugoslawien, das schien etwas zu sein, was von dem alten Marxismus à la Moskauer Prägung wegführt, aber auch nicht das war, was wir hatten und als zu einfach und nicht ganz befriedigend ansahen. Sicher, wir wissen heute, dass der von uns angestrebte Dritte Weg eher nur Veränderungen und Abweichungen bedeutete. Die Falle der Hoffnung war am Anfang größer als die Realität. Wir haben uns da sicher etwas übernommen. Wenn ich mir heute vorstelle, was wir an theoretischen Vorstellungen hatten. Hätten wir damals nur etwas mehr gelesen, wäre ich schon dahinter gekommen, dass das alles schon mal bedacht und verworfen worden war. Aber ich bin heute noch immer ganz stolz darauf, dass ich in vielen Dingen ein Querkopf war. Vieles von dem, was ich damals geschrieben und gesagt habe, würde ich heute zwar nicht mehr schreiben und auch nicht mehr sagen. Doch ich nehme nichts zurück. Ich stehe

---

22 Ausführlich zur Biografie von Hans Koschnick und seiner Familie bis zur Kinderlandverschickung siehe Reinhardt 2011a, S. 304-312.
23 Zitiert nach Ebd., S. 310.
24 Ebd., S. 335.

dazu, dass ich das zu der Zeit einmal so gesehen habe und deswegen kann ich auch über die Zeit meines pazifistischen Engagements sehr wohl reden, auch bei der Bundeswehr. Ich stehe heute einer Präventionsarmee immer noch kritisch gegenüber. Gleichwohl kann man Wehrbereitschaft vertreten, wenn man dabei die Zeit im Blick behält, und ich bin ein Produkt des Zeitgeistes."[25]

Koschnick zählte zunächst zur Bremischen SPD- und Gewerkschaftslinken und vertrat mit Entschlossenheit Arbeitnehmerrechte. In diesem Sinne wählte er auch einen Bremer Delegierten für den Godesberger Parteitag 1959, der als SPD-Linker gegen die Verabschiedung des Godesberger Programms und damit die programmatische Öffnung der SPD votierte.[26]

Hans Koschnick suchte gleichzeitig im Sinne des politischen Erbes seines Vaters, aber auch aufgrund seines Glaubens Gemeinsamkeiten mit den Kirchen und auch mit dem Militär, um Brücken zu bauen. Als Bremer Bürgermeister setzte er zudem das von seinem Vorgänger Wilhelm Kaisen geschmiedete Bündnis von Arbeitern und Kaufmannschaft fort.[27]

Für Koschnick war der Umgang mit der jungen, protestierenden Jugend ein Lernprozess; sie war für ihn „eine neue Bewegung" – so seine Bewertung der „Aufstände in Paris" und des Konflikts zwischen Studierenden, vor allem dem amerikanischen *Students for a Democratic Society* (SDS), und der Universitätsverwaltung und der Polizei. Laut Koschnick war der Protest der jungen Generation „eine Aufkündigung der alten Regeln", „wie man miteinander umgeht." Hans Koschnick zahlte nach eigener Aussage zu Beginn seiner Tätigkeit als Bürgermeister und Präsident des Bremer Senates „,Lehrgeld' in der Frage des Umgangs mit Demonstranten gegen die Fahrpreiserhöhung". Im Januar 1968 befahl er entgegen seiner Regierungserklärung im Dezember 1967 den Polizeieinsatz, statt die Diskussion zu suchen. Dies war für ihn im Nachhinein ein „Fehler", aus dem er „eine ganze Menge gelernt (hat): einmal mehr nachdenken."[28] Die Lösung war die Einsparung der Wegenutzungsgebühren der Straßenbahnen an die Stadt zu Gunsten der Einführung einer Wochenarbeitskarte für die Arbeitnehmer und für die Schüler, die als Vorbild in Westdeutschland diente.[29]

Hans Koschnick entwickelte sich von einem überzeugten Sozialisten zu einem, wie er selbst ausführt, „offenen Anhänger des kommunitaristischen Gesellschaftsmodells von Amitai Etzioni"[30], einem mit seinen Eltern 1936 aus Deutschland geflohenen

---

25 Hans Koschnick/Rupert Neudeck 2009: Weder tollkühn noch ängstlich. Hans Koschnick im Gespräch mit Rupert Neudeck, Bad Schussenried, S. 59 f.
26 Ausführlich zur Position von Hans Koschnick zum Godesberger Programm siehe Reinhardt 2011a, S. 320 f.
27 Ausführlich zum christlichen Glauben von Hans Koschnick, zu seiner gemeinsam mit seiner Ehefrau initiierten Zusammenarbeit mit den Kirchen und zu Wilhelm Kaisen siehe ebd., S. 314-321.
28 Ebd., S. 326.
29 Ausführlich zum Protest gegen die Fahrpreiserhöhung, Hans Koschnicks Umgang damit und der dann gefundenen Lösung siehe ebd., S. 326 f.
30 Ebd., S. 322; siehe auch Meinhard Schmidt-Degenhard 1998: Hans Koschnick. Von der Macht der Moral, München/Zürich, S. 145.

amerikanischen Soziologen.[31] Koschnick stimmt mit Etzionis Bild vom Menschen als einem solidarischen Wesen überein, „das dem individualistischen ‚Ich' vorausgeht"[32]. Auch Etzionis zentraler Begriff der *Responsivität*, nach dem „eine Organisation oder Gesellschaft [..] in der Lage ist, auf die Anforderungen ihrer Mitglieder sensibel zu reagieren"[33] nimmt Bezug auf ein gemeinschaftliches Miteinander in Abgrenzung zu einem autoritären, bevormundenden Staat.

Als Sportsamtsleiter, Innensenator und Bürgermeister in Bremen setzte sich Hans Koschnick für eine Modernisierung der Verbandsarbeit im Sport und der staatlichen Verwaltung mit mehr Mitbestimmung und Mündigkeit ein. So musste die Polizei – und auch die Verwaltung im Allgemeinen – „nicht ein anderes, sondern einfach ein neues Bewusstsein" erlernen, nämlich als „Teil einer Gesamtbevölkerung." Die Feuerwehr trat, so Koschnick, „selten als Eingriffsverwaltung"[34] auf und war, wie das Beispiel USA verdeutlicht, sehr beliebt.[35]

Hans Koschnicks USA-Bild ist hinsichtlich der progressiven Seite der USA ein durchaus positives. Er bleibt aber den USA und seiner Außenpolitik sowie einem ausufernden Kapitalismus gegenüber kritisch eingestellt, auch wenn er seine Kritik abmildert, wie seine folgende Antwort zeigt:

„*Wie sieht das mit dem Iran aus, der angefangen mit Mossadegh 1949, immer mit einer sehr, sehr schwierigen, für uns heute kaum verstehbaren, antiwestlichen Position auftrumpft?*

Ich denke, er hat etwas für sich Verhängnisvolles getan: Ein iranischer Politiker wagt es, den westlichen Multis den Zugriff aufs Öl einzugrenzen – und das eigene Volk ist begeistert. Das war für die Multis furchtbar, nicht für mich. Aber ihn wegen dieser Sache zu stürzen und dafür zu sorgen, war eine der großen fragwürdigen Qualitätsleistungen amerikanischer Diplomatie. Diese diplomatische Bedeutung erwähnte ich immer ganz gerne, als wir es allein nicht schafften, die Staaten und Völker auf dem Balkan zu einer geordneten Regelung ihrer Zukunft zu bringen. Wir brauchten die Amerikaner, die aber nicht kommen wollten, wenn die Russen etwas dagegen hätten. (…) wir gewannen die Russen für die Sache. Aber man kann es natürlich auch als eine historische Großtat betrachten. Wir, der Westen, haben in der Außenpolitik hinreichend Fehler gemacht. Wir können uns nur damit beruhigen, dass die Russen auf ihre Art und Weise nicht minder Unsinn gemacht haben. Warum sind die Russen denn in Ägypten rausgeflogen? Doch wohl durch eigenes Verschulden, weil sie plötzlich anfingen, in Ägypten bestimmen zu wollen. Und später ergab sich das Gleiche mit Afghanistan. Mit einem Satz, wir sehen auf den Feldern der Diplomatie, dass die Mächte der Alten und der Neuen Welt, wenn sie zu stark wurden, mit ihren politischen Aktionen nicht nur vernünftig wurden oder blieben. Wir sehen beispielsweise, wer alles nach Vietnam kam, wie schwer es die ersten Amerikaner hatten, politisch ein neues Verhältnis hinzubekommen, das uns heute selbstverständlich geworden ist. Nur eines bleibt, nämlich die Trauer um die Ermorde-

---

31 Ausführlich zur Biografie von Amitai Etzioni siehe Walter Reese-Schäfer 2001: Amitai Etzioni. Zur Einführung, Hamburg, S. 7-11.
32 Ebd., S. 29.
33 Ebd., S. 27.
34 Reinhardt 2011a, S. 325.
35 Kurzer Überblick zur Position von Hans Koschnick zur Feuerwehr in den USA siehe ebd., S. 325 f.

ten und Getöteten auf beiden Seiten. Die Frage ist, ob ich nur an die Vergangenheit und an Vergeltung denke oder ob ich eine Perspektive habe. Ich denke, die Leitlinien der Politik sollten von Vergebung ohne Vergessen bestimmt werden. Leider gibt es da ein Problem, wie man bei Platon nachlesen kann: Die Politik wird nicht von Philosophen gemacht, sondern von Königen oder Generälen. Doch heute ist das wieder etwas anderes, denn heute regieren die Wirtschaftskapitäne, sie geben einem Staatsschiff den Kurs vor. Verstehen Sie mich nicht falsch, dass vielfach das Großkapital entscheidet, muss nicht immer unmenschlich sein. Diese Entscheidungen finden jedoch unter Ausschluss der politisch Verantwortlichen statt. Ich kann nur sagen, weise Entscheidungen sind das meist nicht."[36]

Hans Koschnick bezieht sich in seinen Ausführungen also zusammenfassend einerseits auf die emanzipativen, modernen Ordnungsvorstellungen und Vordenker aus den USA, die vom marktradikalen Pfad der USA abweichen und so das Bild von den USA differenzieren. Andererseits ist Koschnik kein Anhänger einer imperialistischen US-amerikanischen Außenpolitik sowie des liberalen Wohlfahrtsstaatspfades nach dem Vorbild der USA, wohl aber ein Befürworter partnerschaftlicher Lösungen, wie sie auch in den USA entwickelt worden sind. Ihm fehlen die blinden Flecken, wie sie die Kommunitaristen gegenüber „alles entscheidenden Fragen der sozialen und politischen Macht"[37] haben.

Hermann Rappe

Hermann Rappe, Jahrgang 1929, stammt aus einer traditionellen sozialdemokratischen Arbeiterfamilie der ersten Stunde in Münden. Er wurde in der Tradition seiner Familie Sozialdemokrat und verweigerte als „überzeugter Gegner der Nationalsozialisten mehrere Male – trotz erheblichen Drucks – [...] den Einberufungsbefehl der Wehrmacht, um nicht als junger Soldat eingezogen zu werden."[38] Er konnte sich dem Einberufungsbefehl entziehen, weil die US-Truppen sich Münden näherten. Für ihn war die Ankunft der Alliierten ein Tag der Befreiung.[39] Rappe war nicht nur ein entschiedener Gegner des Nationalsozialismus, sondern auch des Kommunismus.[40]

Ursprünglich wollte Rappe an einem einjährigem Austauschprogramm des Landes Niedersachsen in den USA teilnehmen, entschied sich aber dagegen, weil er auf Bitte von IG-Chemie-Gewerkschaftern mit der Wahl zum Gewerkschaftssekretär eine kommunistische Unterwanderung bei der IG Chemie im Bezirk Hannover verhindern wollte.[41]

---

36 Koschnick/Neudeck 2009, S. 193 f.
37 Thomas Meyer 2008: Sozialismus, Wiesbaden, S. 99.
38 Reinhardt 2011a, S. 359.
39 Ausführlich zur Ankunft der Alliierten und zur Befreiung vom Nationalsozialismus siehe ebd., S. 339 f.
40 Ausführlich zur Einstellung von Hermann Rappe zu Nationalsozialismus und Kommunismus siehe ebd., S. 338-355.
41 Ausführlich zum Berufseinstieg von Hermann Rappe als Jugendgewerkschaftssekretär der IG Chemie siehe ebd., S. 342 f.

Rappe entwickelte sich von einem linken, Sozialisierungen unterstützenden Sozialdemokraten und Gewerkschafter zu einem eher konservativ eingestellten Sozialdemokraten und Gewerkschafter. Er setzte den Kurs seines Vorgängers Karl Hauenschild als Vorsitzender (1982-95) fort, unter dessen Führung mit tatkräftiger Unterstützung von Rappe die linke, kapitalismuskritische und eher konfrontative IG Chemie zu einer sozialpartnerschaftlichen Gewerkschaft geworden war, die Streiks als Druckmittel in der Chemiebranche nicht mehr einsetzte. Für Rappe hatte sich mit der Regierungsbeteiligung der SPD auf Bundesebene in der Großen Koalition unter Führung der Union ab 1966 und vor allem in der Sozial-liberalen Koalition ab 1969 unter Führung der SPD die Utopie der Integration der Arbeiterbewegung erfüllt, nachdem er Bundeskanzler Adenauer und die Union noch für ihre *Restaurationspolitik* kritisiert hatte, auch aufgrund ihrer teilweise ausgrenzenden Politik gegenüber der Sozialdemokratie.[42]

Obwohl er die die Sicherheits- und Verteidigungspolitik des Bundeskanzlers Helmut Schmidt verteidigte, zählte Rappe zwar auf dem Kölner Sonderparteitag im November 1983 nicht mehr zu der kleinen Minderheit, die sich einer Ablehnung des NATO-Doppelbeschlusses zur Stationierung der amerikanischen Pershing-II-Raketen in Westdeutschland als Reaktion auf die Stationierung russischer SS-20-Raketen verweigerte.[43] Für Rappe kam aber anders als für den mit der Friedensbewegung kooperierenden und sich für sie engagierenden SPD-Linken Erhard Eppler, der nur zum jetzigen Zeitpunkt ein Ausscheren aus dem Bündnis für ihn und andere in der SPD ausschloss, ein Ausscheiden aus der NATO auf keinen Fall, auch nicht zu einem späteren Zeitpunkt, in Frage. Er mahnte zudem an, dass sich die SPD „nicht, trotz ihres Neins zur Nachrüstung, einem wie auch immer aussehenden Raketenkompromiss der Großmächte verweigern" dürfe.[44]

Rappe war nicht nur von der Notwendigkeit der Mitgliedschaft Deutschlands in der NATO überzeugt. Vielmehr sah er in den USA eine vorbildliche Demokratie, in der die Friedensbewegung – anders als in den Blockstaaten – aktiv werden konnte.[45] Vorbildlich waren die USA für ihn auch deshalb, weil sie auf die Weltwirtschaftskrise Ende der 1920er, Anfang der 1930er Jahre unter dem Präsidenten Franklin Delano Roosevelt mit der Politik des *New Deal* reagierten, während die UdSSR „mit voller

---

42 Ausführlich zur Arbeit von Hermann Rappe für die IG Chemie siehe ebd., S. 341-346 und siehe auch Hermann Weber 1989: Einleitung, in: ders. (Hg.): Hermann Rappe. Für eine Politik der Vernunft. Beiträge zu Demokratie und Sozialstaat, Köln, S. 7-29; zur Erfüllung einer „konkreten sozialen Utopie" (Weinert 2003, S. 55) von Hermann Rappe siehe auch Rainer Weinert 2003: Der letzte fortschrittliche Gewerkschaftsführer – Hermann Rappe, in: Mittelweg 3/2003, S. 54 f.

43 Ausführlich zum Konflikt in der SPD und zur Position von Hermann Rappe siehe ebd., S. 95 f.; ausführlich zum NATO-Doppelbeschluss siehe Michael Ploetz/Hans-Peter Müller 1994: Ferngelenkte Friedensbewegung? DDR und UdSSR im Kampf gegen den NATO-Doppelbeschluss, Münster.

44 Ausführlich zum Konflikt in der SPD und zur Position von Hermann Rappe siehe DER SPIEGEL 49/1983: SPD. Unglaublich stark, S. 31.

45 Ausführlich zur Position von Hermann Rappe zur Friedensbewegung in den USA und zum NATO-Doppelbeschluss siehe Hermann Rappe 1989 [1982]: Aufgaben und Situation gewerkschaftlicher Bildungsarbeit in der gegenwärtigen wirtschaftlichen und gesellschaftlichen Situation. Grundsatzreferat anlässlich der Arbeitstagung „Gewerkschaftliche Bildungsarbeit" der IG Chemie-Papier-Keramik am 10./11. September 1982 in Stuttgart, In: Hermann Weber (Hg.): Hermann Rappe. Für eine Politik der Vernunft. Beiträge zu Demokratie und Sozialstaat, Köln, S. 116 f.

Kollektivierung und mit dem Beginn der Schauprozesse geantwortet" hat, „mit knallharter Diktatur, um den Laden zusammenzuhalten. Deutschland hat mit Hitler reagiert und mit dem größten Rassenwahn aller Zeit, und ein paar andere Länder auch mit faschistoiden Entwicklungen."[46]

Thomas Oppermann

Thomas Oppermann, Jahrgang 1954, stammt aus einer Familie mit ländlich-bäuerlicher Tradition: „mütterlicherseits aus einer alteingesessenen Kleinbauernfamilie und väterlicherseits aus einem Müllerhaushalt".[47]

Sein Vater war Lehrling in einer Molkerei, qualifizierte sich nach dem Zweiten Weltkrieg zum Molkereimeister und wurde Molkereidirektor. Er war im norddeutschen, ländlichen Edemissen, wo Thomas Oppermann mit seinen Eltern und Geschwistern aufwuchs, durch seine herausgehobene Stellung angesehen. Seine Mutter war „als Hausfrau, im Betrieb, im Büro und im Vertrieb tätig"[48] und vertrat ihren Mann in der Molkerei, wenn er krank war.[49]

Anders als sein Vater, der als Autodidakt sehr bildungsinteressiert war und auch seine Kinder zur Bildung anreizte, konnte Thomas Oppermann das Gymnasium besuchen, auch weil „in der Familie die Losung galt, dass mindestens einer das Abitur schaffen sollte". Sein Vater war aber für ihn politisch kein Vorbild, weil er Mitglied der NSDAP gewesen war. Seine Vergangenheit war „Anlass, sich mit ihm kritisch auseinanderzusetzen", wobei „sich beide nie persönlich überworfen haben". Seinem Vater fehlten als Vollwaise die Eltern, „die ihm eventuell eine kritische Sicht auf die nationalsozialistische Diktatur hätten vermitteln können."[50]

Thomas Oppermann wurde „von jüngeren Lehrern beeinflusst", die in den 1960er Jahren sozialisiert wurden, „mit völlig neuen Auffassungen an die Schule" kamen und sich von den älteren Lehrern seiner Anfangszeit auf dem Gymnasium unterschieden, „die alle, in welcher Form auch immer, noch die NS-Zeit mitgemacht" hatten.[51] Sie beschäftigten sich „in der Schule zum Beispiel mit der ‚Anerkennung' als Kriegsdienstverweigerer und einer möglichen Tätigkeit als Zivildienstleistender"[52]. Thomas Oppermann befasste sich „mit Fragen von Moral und [...] (s)einer eigenen Einstellung zu Gewalt". Er war mit der Rolle der Kirche in der Nazizeit „nicht einverstanden" und empfand beide Kirchen als „zu systemstabilisierend."[53]

---

46 Hermann Rappe 1995: Rede zu seiner Verabschiedung, In: IG Chemie-Papier-Keramik (Hg.) 1995: Danke. Verabschiedung Hermann Rappe. Hannover, 6. September 1995, Hannover, S. 28-30.
47 Reinhardt 2011a, S. 435.
48 Ebd., S. 436.
49 Ausführlich zur Arbeit der Eltern siehe ebd., S. 415-417.
50 Ebd., S. 436.
51 Ebd., S. 419.
52 Ebd., S. 419 f.
53 Zit. nach ebd., S. 420.

Oppermann verweigerte den Wehrdienst und stand seit seiner erfolgreichen Gewissensprüfung vor der Prüfungskammer in Verbindung zur *Aktion Sühnezeichen Friedensdienste* (ASF), die als Lehre aus der NS-Zeit Verantwortung für die Diktatur der Nationalsozialisten übernehmen wollte. Nach zwei Semestern Studium der Germanistik und Anglistik in Tübingen, während dessen er sich in Basisorganisationen engagiert hatte, entschied er sich, seinen Zivildienst in den USA bei der ASF zu absolvieren, nachdem ein Platz frei geworden war und er das Auswahlverfahren bestanden hatte.[54]

Sein USA-Bild wird in der folgenden Aussage deutlich, in der er die Erwartungshaltung der Zivildienstleistenden von ASF an die USA schildert:

„Wir steckten voller Idealismus und waren gespannt auf das Neue und Fremde, das uns in den Gastländern erwarten würde. Wir lasen Texte von Bonhoeffer und Marx und diskutierten über Pazifismus und sozialrevolutionäre Veränderungen. Zum amerikanischen Kapitalismus hatte ich ein kritisches Verhältnis, obwohl gleichzeitig dieses Land eine Faszination auf mich ausübte."[55]

Thomas Oppermann arbeitete in den ersten vier Monaten im Community Organizing, einer „Bewegung, die schon in den 1930er Jahren durch Saul Alinsky", einen „Apostel der Grass-Roots-Bewegung", gegründet worden war, „um Menschen in den benachteiligten Quartieren in amerikanischen Großstädten, im Falle von Thomas Oppermann in den Vororten von Washington, zu organisieren, damit sie ihre eigenen Interessen vertreten".[56] Er wechselte danach zur Landarbeitergewerkschaft *United Farm Workers* (UFW), „die unter Leitung von César Chávez vorwiegend mexikoamerikanische Landarbeiter in Kalifornien, später auch in Florida und an der Ostküste zu organisieren versuchte".[57] Oppermann half bei der Organisation von Boykotten durch den Aufbau von *Neighbourhood Support Groups* im New Yorker Stadtteil Brooklyn Heights, durch die sie „die Unterstützung der Kirchen und nahezu 100 Mitgliedern" gewannen. Der Boykott war ein entscheidendes Druckmittel der UFW, die Oppermann als „eine christlich und sozialdemokratisch inspirierte Basisbewegung" bezeichnet und die im Unterschied zur Teamster-Gewerkschaft „Gewaltfreiheit zum absoluten Prinzip"[58] erhoben hat. Oppermann engagierte sich im Rahmen seiner Zivildiensttätigkeit für einen Boykott:

„Nach wochenlangen picket lines[59] vor dem Quartier des Versicherungsunternehmens Connecticut Mutual Life Insurance, das an einer großen Zitrusplantage in Kalifornien beteiligt war, lenkte das Unternehmen ein und schloss einen Tarifvertrag mit den Landarbeitern ab."[60]

---

54 Kurzer Überblick zu seinem Studium und Basisengagement siehe ebd. und ausführlich zur Bewerbung als Zivildienstleistender bei der ASF siehe Thomas Oppermann Online: Mein Weg in die Politik, online abgerufen am 24.03.2013: www.thomasoppermann.de/mein_weg.php.
55 Ebd.
56 Zitiert nach Reinhardt 2011a, S. 421.
57 Ebd.
58 Zit. nach ebd., S. 422.
59 Streikpostenketten
60 Thomas Oppermann Online; ausführlich zu seiner Arbeit für die ASF siehe Reinhardt 2011a., S. 421-424.

Für Thomas Oppermann waren diese Erfahrungen eine politische Lehre, nach der „Gerechtigkeit [..,] in einer kapitalistischen Gesellschaft kein zufälliges Ergebnis [ist], sondern immer das Ergebnis von konkreter politischer Einmischung".[61] Für ihn wurden amerikanische Anwälte und Bürgerrechtler wie Clarence Darrow oder linke Richter wie William O. Douglas Vorbilder, deren Biografien er las. Er begann, „eine linksliberale, radikale politische Einstellung zu entwickeln, und aus der ergab sich dann auch relativ klar (s)ein Wunsch, nach der Rückkehr aus den USA Jura zu studieren."[62]

Oppermann „empfand den Demokratischen Sozialismus als die beste Gesellschaftsform", auch als Lehre aus den Erfahrungen in den USA. Einerseits hat er ein positives USA-Bild durch „den Ideenreichtum, den Pragmatismus, diese positive Einstellung im Umgang mit Problemen", den „Unternehmergeist" und die bewundernswerte „Freiheitlichkeit". In der „starken Ellenbogengesellschaft" sah er die Kehrseite der USA ohne soziale Absicherung und ohne einen „Sozialstaat, der auf Solidarität aufgebaut"[63] ist. Die unzureichende Krankenversicherung zwang die Landarbeiter, die von *Medicare* oder *Medicaid* nicht bezahlt und von den „Agrarkonzernen hemmungslos ausgebeutet" wurden, ihr letztes Geld für „Behandlungs- oder Medikamentenkosten" auszugeben. „Kinderarbeit war weit verbreitet."[64]

Thomas Oppermann war zu dieser Zeit noch ein politisch „Suchender"[65], der sich zunächst noch als demokratischer Sozialist verstand, sich für Rudi Dutschke interessierte und sich zur SPD wie folgt positionierte:

> „Für mich war die SPD natürlich die Partei, die man wählt und auf die es schon in Deutschland ankommt. Dazu war ich natürlich immer Realist genug, aber ich war in der Zeit immer auf der Suche nach politischen Standorten doch eher links von der SPD."[66]

Ab dem Wintersemester 1978 studierte er Rechtswissenschaften an der Universität Göttingen. Zu seinen Vorbildern wurden neben amerikanischen Bürgerrechtlern und Juristen auch „Arbeitsrechtsanwälte der Gewerkschaften, ‚aber dann natürlich auch durchaus Leute wie Otto Schily oder Kurt Groenewold aus Hamburg'"[67]. Er kam „aus dieser völlig pragmatischen, erfolgsorientierten, politischen Arbeit in den USA für evident arme, unterprivilegierte Menschen zurück in eine extrem theoretisch diskutierende, deutsche Universitätspolitikwelt"[68], die ihn zwar interessierte, die für ihn aber immer weniger Orientierung war. Er interessierte sich zwar für marxistische Analysen und las zum Beispiel Bücher von Jürgen Habermas und Peter von Oertzen. Thomas Oppermann engagierte sich für die Aufarbeitung der NS-Vergangenheit im Rechtssystem und bei den von der *Neuen Linken* beeinflussten *Antirevisionisten*, einer linken Juso-Faktion. Er trat der SPD aufgrund „des polarisierenden Wahlkampfs zur Bun-

---

61 Ebd. 423.
62 Zit. nach ebd.
63 Zit. nach ebd.
64 Thomas Oppermann Online.
65 Reinhardt 2011a, S. 424.
66 Zit. nach ebd.
67 Ebd.
68 Ebd., S. 424 f.

destagswahl 1980"[69] und der Parole des Kanzlerkandidaten der Union Franz-Josef Strauß (CSU) *Freiheit statt Sozialismus* bei.[70]

Oppermann entwickelte sich nach und nach zu einem linksliberalen Richter und SPD-Politiker, später zu einem neoliberalen, die Freiheitlichkeit betonenden SPD-Politiker, der sich von seiner früheren Auffassung eines *Demokratischen Sozialismus* distanziert hat. Er trat nach dem Volkszählungsurteil 1983 beispielsweise für „die informationelle Selbstbestimmung und die Liberalisierung der *Polizeigesetze*", insbesondere nach Tschernobyl 1986 für „Umwelt- und Energiepolitik"[71] und als niedersächsischer Landtagsabgeordneter (1990-2005) für die Direktwahl von Oberbürgermeistern und Landräten ein.[72]

Oppermann veränderte seine politische Einstellung in der Wirtschafts- und Wissenschaftspolitik maßgeblich. Er setzte sich für das Kundenprinzip an Hochschulen, einschließlich der Einführung von Studiengebühren und der Stärkung der Hochschulleitungen ein, um Leistung und Demokratie wieder miteinander zu versöhnen, weil die Gremiendemokratie „am Ende bei nüchterner politischer Analyse eher ein Interessenklüngel"[73] sei und die Entscheidungsstrukturen transparenter gestaltet und die Abwählbarkeit mit qualifizierter Mehrheit gewährleistet werden sollten. Er war als niedersächsischer Wissenschaftsminister (1998-2003) für mehr Wettbewerb zwischen den Hochschulen, wollte aber nach eigener Aussage auch verhindern, dass die Universitäten zu „verwahrlosten, amerikanischen Community-Colleges absacken."[74]

Oppermann übernahm Leitlinien des US-amerikanischen Wohlfahrtsstaates und befürwortete eine stärkere Orientierung der deutschen Wohlfahrtsstaatspolitik an den Leistungsträgern der Gesellschaft:

> „Es ist die alte Erkenntnis von August Bebel: ,Wer nicht arbeitet, soll auch nicht essen.' Also nicht wer nicht arbeiten kann, aber wer nicht arbeiten will, obwohl er könnte, der soll auch nicht in den Genuss der Vorteile einer Beschäftigung kommen. Das ist auch Gerechtigkeit, um die Umverteilungsspielräume zu haben und gleichzeitig aber auch genügend Anreize denen zu lassen, die Träger dieser Leistungsgesellschaft sind."[75] „Ihnen fehle ansonsten der Anreiz"[76], „selbst Stützpfeiler dieser Leistungsgesellschaft zu sein."[77]

---

69 Ebd., S. 427.
70 Ausführlich zu seiner Vorgeschichte, zum Eintritt und zu seinen Motiven für den Eintritt in die SPD siehe ebd., S. 424-427.
71 Zit. nach ebd., S. 428.
72 Ausführlich zur Entwicklung vom linksliberalen zum neoliberalen Sozialdemokraten Thomas Oppermann siehe ebd., S. 427-435.
73 Zit. nach ebd., S. 431.
74 Zit. nach ebd., S. 432.
75 Zit. nach ebd.
76 Ebd.
77 Zit. nach ebd.

"Leistungsträger sind all diejenigen, die ihre Möglichkeiten nutzen, die ihre Talente nutzen, um Leistung zu erbringen. Leistungsträger sind die, die sich engagieren und Verantwortung (z. B. für Kinder) übernehmen."[78]

Oppermann plädiert zwar für eine stärkere Orientierung der deutschen Wohlfahrtsstaatspolitik an den USA. Er interpretiert diese aber aus einem seiner Ansicht nach sozialdemokratischen Blickwinkel, wenn er sich von *Reaganomics* und *Thatcherismus* abgrenzt, gleichzeitig aber die *Agenda 2010* und damit die Kürzung von Sozialleistungen und die Sanktionierungen von Leistungsempfängern verteidigt. Er schätzt auch die Möglichkeiten des amerikanischen Präsidenten, der in einer Präsidialdemokratie wie in den USA weitaus mehr Möglichkeiten hat als der Bundeskanzler einer Konsensdemokratie in Deutschland:

"Die *Agenda 2010* ist ein Paradigmenwechsel in der sozialdemokratischen Politik. Den musste die Sozialdemokratie mit bitteren Wahlniederlagen teuer bezahlen. Er ist dennoch unausweichlich. Auch die anderen europäischen, sozialdemokratisch geprägten Systeme haben grundlegende Reformen durchgezogen. Schweden hat das gemacht. Die Niederlande haben das gemacht. In den USA und Großbritannien hatten wir eine etwas andere Entwicklung. Da sind durch Reaganomics und Thatcherismus Reformen gemacht worden und nicht mit einer sozialdemokratischen Handschrift. Aber ohne die Anpassung unseres Ökonomie- und Sozialsystems an mehr Eigenverantwortung, an mehr ökonomische Dynamik, die dem schnelleren Wandel auch Rechnung trägt, den die Weltwirtschaft mit sich bringt und die technologische Entwicklung auf dieser Welt, wird es eben in Zukunft auch keine Gerechtigkeit geben, und auch die Urziele der Sozialdemokratie werden sich nie mehr realisieren lassen, und deshalb müssen wir das machen. Da führt kein Weg dran vorbei. Die Frage, wie man so einen Paradigmenwechsel vollzieht, ist vorher nicht genug diskutiert worden. Der Persson [Anm. des Verf.: Sozialdemokrat und schwedischer Ministerpräsident von 1996-2006] hatte Schröder mal geraten: ‚Mach es schnell und mach es hart.' Schnell geht in Deutschland nicht, weil man komplizierte Vermittlungsverfahren hat, wenn die Mehrheit im Bundesrat fehlt. Man hätte vielleicht doch, bevor die Regierungserklärung im Bundestag abgegeben worden ist, einfach eine vorbereitende Kampagne machen müssen. Wir haben ja in Deutschland leider nicht die Möglichkeit wie in den USA, dass sich der Präsident direkt an das Volk wendet z. B. mit Fernsehansprachen, in denen die Bürger vorbereitet werden. Es geht darum, den Wohlstand zu erhalten und die Zukunft unserer Kinder abzusichern. Wir wollen dauerhaft eine Solidargesellschaft bleiben. Wir werden im globalen Wettbewerb mit etwas weniger auskommen müssen, mindestens vorübergehend. Deshalb müssen wir mehr für Bildung und Forschung und Entwicklung ausgeben. Wir können nicht alles gleichzeitig machen und jedem dabei gerecht werden. Es wird eine harte Zeit kommen. Die dauert drei bis fünf Jahre. Wir tun das, damit es danach besser wird. Ja. So in dem Sinne. So hätte man vielleicht argumentieren können."[79]

---

78 Zit. nach ebd., S. 432 f.
79 Zit. nach ebd., S. 434.

Sigmar Gabriel

Sigmar Gabriel, Jahrgang, 1959, stammt väterlicherseits und mütterlicherseits „aus einer Vertriebenenfamilie mit landwirtschaftlicher Tradition". Während sein Vater sich mit einem Volksschulabschluss zum Beamten des gehobenen Dienstes in Goslar hocharbeitete, sich in Vertriebenenverbänden engagierte, in seinem Erziehungsstil autoritär war und zeitlebens in seiner Gesinnung nationalsozialistisch geblieben war, war seine Mutter eine engagierte Personalrätin und Krankenschwester, die der SPD nahe stand und in ihrem Erziehungsstil eher liberal war. Sigmar Gabriel wuchs nach der Trennung seiner Eltern im Alter von drei bis zehn Jahren bei seiner Großmutter väterlicherseits und damit auch bei seinem Vater auf, wollte aber gern zu seiner Mutter. Erst nach einem Gerichtsurteil konnte er zu seiner Mutter zurückkehren. Sie „strukturierte seinen Tag und half ihm dabei, sich auch in der Schule zu bewähren, so dass er nach der erfolgreich absolvierten Realschule das Gymnasium besuchen konnte, sein Abitur bestand und sich parallel sogar bei den *Falken* engagierte." Für Sigmar Gabriel waren bei seinem Konfirmandenunterricht und bei den *Falken* die „Gruppenerlebnisse und die liberal gestaltete Jugendarbeit" entscheidende Erfahrungen, durch die er sozialen Zusammenhalt erfuhr[80] und bei den *Falken* eine „wirklich gute pädagogische Ausbildung"[81].

Gabriel solidarisierte sich während seines Engagements für die *Falken*, für die er sich von 1976-1989 u. a. auch als Vorsitzender im Bezirk Braunschweig engagierte, mit der chilenischen Opposition und kritisierte die Diktatur des Generals Augusto Pinochet. Er wandelte sich in den Folgejahren zu einem *Seeheimer* und *Netzwerker*, der sich von der „Protestlinken" abgrenzt und sich zur „Gestaltungslinken" zählt, die die Förderung von Aufstiegschancen von Individuen für zentral hält, dafür aber nicht immer den Staat in der Verantwortung sehen will, entsprechende Rahmenbedingungen zu schaffen.[82]

Gabriels USA-Bild ist bis heute ein eher negatives, das ihm als Abgrenzung zu einem solidarisch und freiheitlich organisierten Wohlfahrtsstaatspfad dient, für den er eintritt:

„Die neuen Zahlen des Paritätischen Gesamtverbands zeigen, wie zynisch und verlogen die ‚Alles ist gut'-Rhetorik der Koalition aus Union und FDP ist. Die Armut in Deutschland wächst dramatisch – trotz guter Wirtschaftslage und positiver Entwicklungen auf dem Arbeitsmarkt.

Immer mehr Menschen sind arm trotz Arbeit. Deshalb brauchen wir einen gesetzlichen Mindestlohn. Deshalb müssen wir befristete Jobs und die Leiharbeit zurückdrängen. Deshalb brauchen wir die Solidarrente, die Geringverdienern ein würdiges Leben ermöglicht. Wir dürfen keine ame-

---

80 Zusammenfassend zu seinen Eltern siehe ebd., S. 475.
81 Zit. nach ebd., S. 467; ausführlich zu seinen Eltern siehe ebd., S. 455-461 und siehe DIE ZEIT 19.01.2013: Sigmar Gabriel: Die Schuld meines Vaters, S. 12.
82 Ausführlich zu seinem Engagement für die *Falken* und seinem Wandel als Sozialdemokrat siehe Reinhardt 2011a, S. 471-477; ausführlich zur Unterscheidung von Protest- und Gestaltungslinken siehe Sigmar Gabriel 2008: Links neu denken. Politik für die Mehrheit, München, S. 354-365.

rikanischen Verhältnisse zulassen. Wer hart arbeitet, muss davon leben können – ohne Gang zum Sozialamt."[83]

Gabriel streitet für das Primat der Politik und für das vom amerikanischen Ökonomen Jeremy Rifkin so bezeichnete „Versprechen Europa [...] Freiheit und Sicherheit, während die Amerikaner nur Freiheit versprechen."[84] Sigmar Gabriel fordert, dass „dieses Versprechen (...) eingelöst werden" müsse. „Die ‚ökonomischen Gesetzmäßigkeiten' dürften keinen ‚Alleinvertretungsanspruch oder Alleingeltungsanspruch' haben, auch um die Wähler nicht zu enttäuschen und bspw. an die NPD zu verlieren."[85]

Vergleich der USA-Bilder

Ein Vergleich der USA-Bilder der vier SPD-Politiker Hans Koschnick, Hermann Rappe, Thomas Oppermann und Sigmar Gabriel zeigt, dass sie durch ihre Lebenswege bedingt sind und sich je nach Erfahrungsintensität auch in der Ausführlichkeit ihrer Reflexionen über die USA unterscheiden. Für Hermann Rappe sind die USA Vorbild für eine gesicherte Demokratie, die auf Krisen mit demokratischen Mitteln antwortet, wie im Falle der Weltwirtschaftskrise und dem *New Deal*.

Auch für Hans Koschnick stehen die USA für demokratische Entwicklungen; insbesondere die Protestbewegung, beeinflusst vom amerikanischem SDS, mit ihrem emanzipativen Anspruch, löste Lernprozesse in ihm aus, und der Kommunitarist Amitai Etzioni mit seiner Vorstellung einer solidarischen, subsidiär organisierten Gesellschaft bot ihm Orientierung.

Thomas Oppermann und Sigmar Gabriel betonen weitaus stärker die negative Seite der USA, wegen ihres anderen Verständnisses vom Wohlfahrtsstaatspfad und der, wie sie es sehen, Überbetonung von Freiheitlichkeit, wie sie auch der amerikanische Ökonom Jeremy Rifkin kritisiert. Sigmar Gabriel zitiert also einen Amerikaner, um sein negatives Bild vom US-Wohlfahrtsstaat zu untermauern.

Thomas Oppermann ist der einzige der genannten SPD-Politiker, der durch seine Tätigkeit als Zivildienstleistender für *Aktion Sühnezeichen Friedensdienste* bei der *United Farm Workers* Erfahrungen in den USA sammeln konnte, die seinen weiteren Lebensweg wesentlich beeinflusst haben. Für Thomas Oppermann ist die positive Kehrseite der USA ihr Pragmatismus und ihre Freiheitlichkeit, die er bewundert und die er als Politiker immer stärker betont hat.

Im Unterschied zu Hans Koschnick, Hermann Rappe und Sigmar Gabriel ist das USA-Bild von Thomas Oppermann ein durch Erfahrungen in den USA geprägtes.

---

83 Sigmar Gabriel Facebook: abgerufen am 24.03.2013:
https:www.facebook.com/104493292916735/posts/447131995349285.
84 Zitiert nach Reinhardt 2011a, S. 470.
85 Ebd.

Die genannten Beispiele zeigen das Spannungsverhältnis unterschiedlicher USA-Bilder von Sozialdemokraten in ihrer Widersprüchlichkeit auf. So haben die beiden Politiker der älteren Generation ein eher positives Bild von den USA, während die Politiker der jüngeren Generation stärker die negative Seite hervorheben. Sigmar Gabriel führt einen US-Amerikaner an, um die USA zu kritisieren. Thomas Oppermann zeichnet zudem ein differenziertes Bild der USA, dessen positive Kehrseite in Form des Pragmatismus und der Freiheitlichkeit er immer mehr schätzen lernte. Eindeutig kritische USA-Bilder fehlten in dieser Untersuchung.

Feldanalyse und Regeln im politischen Feld. Der wirtschaftsliberale Pfad der USA als Projektionsfläche

Eine Feldanalyse trägt dazu bei, die Fallanalysen zu erweitern und einen möglichen Wandel von Feldmechanismen zu analysieren. Der Kampf um den Wandel des deutschen Wohlfahrtsstaatspfades durch eine stärkere Orientierung am angelsächsischen und damit auch am US-amerikanischen Wohlfahrtsstaatspfad lässt sich historisch aufzeigen. Die USA waren für die SPD-Linke immer auch eine imperialistische, demokratisch unzureichend organisierte Supermacht, die Kriege in Korea, Kambodscha und Vietnam führte und einen nur rudimentär ausgebauten Sozialstaat hat. Sie wurden aber in den letzten Jahren immer stärker zum Vorbild, auch in der SPD, und veränderten die Feldstrukturen. Es waren vor allem *Seeheimer* und *Netzwerker* in der SPD, die mehr Freiheitlichkeit und eine Abwendung vom traditionellen Sozialstaat einforderten.[86]

Für Jeremy Rifkin sind es die Europäer, die „in größerem Umfang die gemeinsame Verantwortung für das kollektive Wohlergehen" übernehmen, während die Amerikaner „die individuelle Initiative" stärker fördern. „Der amerikanische Traum" sei aber, so Rifkin, „fast zu einer Karikatur des krassen Individualismus"[87] geworden. Die „Weltsicht"[88] der Amerikaner sei vor allem im 19. Jahrhundert modern gewesen, weil „Aufklärung und der Anfang moderner Naturwissenschaften, das Aufblühen des Individualismus, die Etablierung des Konzepts von Privateigentum, die Entwicklung des Marktkapitalismus und die Geburt des Nationalstaats"[89] vor allem in den USA in reiner Form gelebt werden konnten und sich vom alten, monarchistischen Konservativismus Europas damit auch hinsichtlich der Verleihung von Bürgerrechten positiv abhoben. Zwar entwickelten die Amerikaner, vielleicht auch gerade aufgrund der Abgrenzung zu Europa und mit Blick auf die Unabhängigkeit von England, schon früh eine lebendige Demokratie, in der jedoch vor allem die Afroamerikaner bis in die Gegenwart erheblich benachteiligt werden. Zudem war der Individualismus zum Leitprinzip geworden und anders als in Europa konnte sich in den USA ein *Demokrati-*

---

86 Ausführlich zu diesem Wandel der Machtstruktur der SPD siehe Reinhardt 2011a.
87 Rifkin 2006, S. 68.
88 Ebd., S. 100.
89 Ebd., S. 99.

scher Sozialismus nicht in vergleichbarer Form entwickeln.[90] Nach Jeremy Rifkin hat sich der Individualismus historisch entwickelt durch die Siedlermentalität und den Ruf nach Freiheit und den Besitz eines eigenen Stück Lands, ermöglicht zum Beispiel durch den *Public Land Act* von 1796. Auch im 21. Jahrhundert ermöglicht die Weite des Landes und die im Vergleich mit Europa weitaus geringere Bevölkerungsdichte ein autonomeres Leben.[91] Rifkin spitzt den Freiheits- und Unabhängigkeitsbegriff in Amerika wie folgt zu:

> „In Amerika bedeutet Freiheit Unabhängigkeit, und Unabhängigkeit bedeutet private Kontrolle über den Raum."[92]

Während die Amerikaner Individualismus und Effizienz stärker betonen, sind in Europa – trotz der Übernahme von „Prinzipien der wissenschaftlichen Betriebsführung für Fabrik und Verwaltung" zur Steigerung der Produktivität – „die alten Betriebsführungspraktiken mit ihrem freundlichen Paternalismus, der Ehrfurcht vor handwerklichen Traditionen und dem Klassengegensatz"[93] in stärkerem Maße als in den USA gepflegt worden. Zwar waren die USA mit dem *New Deal* unter Franklin D. Roosevelt ein frühes Vorbild für den Ausbau des Sozialstaats. „Mit dem Ende der Amtszeit von Lyndon B. Johnsons Sozialreformen der ‚Great Society'" endeten auch die sozialstaatlichen Reformen und der Ausbau sozialer Rechte. Das Recht auf Privateigentum und die Orientierung am Markt rückten immer weiter in den Mittelpunkt der politischen Aktivitäten und fanden ihren Höhepunkt unter der Präsidentschaft von Ronald Reagan in den 1980er Jahren, nachdem „die USA dem Gedanken an Umverteilung nahezu abgeschworen"[94] hatten. Mit der Globalisierung und der Entgrenzung der Nationalstaaten und damit auch der Wohlfahrtsstaaten beschleunigte sich der Ausbau zu einem Marktkapitalismus.[95] Auch die Demokraten und die europäischen Sozialdemokraten öffneten sich zunehmend der Ideologie des Marktkapitalismus und wandelten sich in den USA zu *New Democrats*[96], in England zu *New Labour*[97] und in Deutschland zur

---

90 Ausführlich zur Benachteiligung der Afroamerikaner siehe ebd., S. 52 f. sowie zum Individualismus und *Demokratischen Sozialismus* siehe ebd., S. 99 f.

91 Ausführlich zur Entwicklung einer individuellen Mentalität in den USA siehe ebd., S. 166-173.

92 Ebd., S. 170.

93 Ebd., S. 132.

94 Ebd., S. 176.

95 Ausführlich zur Entgrenzung von National- und Wohlfahrtsstaaten siehe ebd., S. 199-215

96 Zum Wandel der *New Democrats* vgl. Axel Murswieck 1998: Gesellschaft, In: Willi Paul Adams/Peter Lösche (Hrsg.) unter Mitarbeit von Anja Ostermann 1998: Länderbericht USA. Geschichte. Politik. Geographie. Wirtschaft. Gesellschaft. Kultur, Bonn, S. 621-718. Die Reformen unter Bill Clinton orientierten sich weiterhin am Paradigma des Individualismus, auch wenn einzelne soziale Rechte geringfügig ausgebaut wurden (ebd., S. 717).

97 Zum Wandel von *Labour* zu *New Labour* siehe zum Beispiel Roland Sturm 1998: New Labour – New Britain? Großbritannien nach dem Wahlsieg Tony Blairs, in: Hans Kastendiek/Karl Rohe/Angelika Volle (Hg.) 1998: Länderbericht Großbritannien. Geschichte. Politik. Wirtschaft. Gesellschaft, Bonn 275-292. Premierminister Tony Blair übernahm die Prämissen des *Thatcherismus* in der Haushalts-, Steuer- und Sozialpolitik mit der Forderung nach einem ausgeglichenen Haushalt, der Absage an Steuererhöhung und der weiteren Abschaffung einer „Abhängigkeitskultur" durch den Sozialstaat (ausführlich dazu siehe ebd., S. 279-281).

SPD der *Neuen Mitte*. Sie vertraten die Ansicht, dass der Sozialstaat Abhängigkeiten geschaffen habe, die die Eigenverantwortung einschränken würden.[98] Den Weg zu einem weltweiten Paradigmenwechsel gebahnt haben ab 1980 Ronald Reagan in den USA und ab 1979 Margret Thatcher in Großbritannien, die nach der Ölkrise 1979 einen weitreichenden Sozialstaatsabbau und weitreichende Deregulierungen durchsetzten und so andere Länder unter Druck gesetzt haben. Auch in der SPD setzte sich nach und nach eine sozialdemokratisch gefärbte Angebots- und Deregulierungspolitik durch, die vor allem unter Bundeskanzler Schröder ab 1999 bis 2005 ihren Höhepunkt erreichte. Allerdings waren die Anhänger der am amerikanischen Wohlfahrtsstaat orientierten Angebotspolitik in der SPD nicht in der Mehrheit. So übten sie innerparteilichen Druck aus, um ihre Positionen durchzusetzen und damit den Rückhalt des Bundeskanzlers Schröder zu sichern.[99] Habituell sind es vor allem die *Neuen Macher* oder *Neuen Manager*[100], die das Unternehmerische und Freiheitliche in ihrer Argumentation hervorheben und den traditionellen Sozialstaat als hinderlich empfinden. Sie haben „nach erheblichen Abwehrkämpfen gegen aus ihrer Sicht zu weit gehende partizipatorische Demokratieformen in den 1960er und 1970er Jahren in den 1990er Jahren scheinbar die Forderung nach einer ‚partizipatorischen Demokratie'"[101] übernommen, „indem sie Partizipation und Teilhabegerechtigkeit in eine Teilhabe am Arbeitsmarkt umdefinierten, die Vorrang vor der Arbeitslosigkeit haben müsse."[102] Die Neoliberalisierung der SPD war maßgeblich von den USA beeinflusst worden, u. a. auch durch den *Washington Consensus*, „d. h. eine Fixierung auf solche politische Maßnahmen, die mit finanzieller Stabilität und sinkenden Steuerlasten vereinbar sind"[103].

---

98 Ausführlich zur SPD der *Neuen Mitte* siehe Max Reinhardt 2011a. Auch die SPD hat unter der Regierung des Bundeskanzlers Gerhard Schröder die Prämissen des *Thatcherismus* im Wesentlichen übernommen (ausführlich dazu siehe ebd., S. 119-176; 541-547).

99 Ausführlich zum Paradigmenwechsel in der Sozialstaatspolitik der SPD siehe ebd., S. 539-553.

100 Ausführlich zur Definition der *Neuen Macher* oder *Neuen Manager* als neue Mentalitätsform siehe Michael Vester/Peter von Oertzen/Heiko Geiling u. a. 2001: Soziale Milieus im gesellschaftlichen Strukturwandel. Zwischen Integration und Ausgrenzung, Frankfurt a. M., S. 39.

101 Reinhardt 2011a, S. 543 f.; ausführlich zur partizipatorischen Demokratie siehe Michael Vester 2008: Partizipatorische oder gelenkte Demokratie. Alternativen der gesellschaftlichen Organisation in der Krise des Kapitalismus, in: Sozialwissenschaftliche Literatur Rundschau (SLR) 57/2008, S. 1-12.

102 Reinhardt 2011a, S. 544; ausführlich zum Wandel politischer Einstellungen von SPD-Politikern siehe die Fallstudien der jüngeren Generation ebd., S. 415-495 und vor allem mit Blick auf Anthony Giddens und Gerhard Schröder siehe Birgit Mahnkopf 2000: Formel 1 der neuen Sozialdemokratie: Gerechtigkeit durch Ungleichheit. Zur Neuinterpretation der sozialen Frage im globalen Kapitalismus, in: PROKLA. Zeitschrift für kritische Sozialwissenschaft 4/2000, S. 489-525; zur Übernahme von Gerechtigkeitsvorstellungen aus dem US-amerikanischen Sozialstaatsmodell siehe Pierre Bourdieu/Luc Wacquant 2000: Schöne neue Begriffswelt, in: LE MONDE diplomatique 5/2000, S. 7.

103 Mahnkopf 2000, S. 490.

Schlussbetrachtung

Bereits die Auswahl von vier SPD-Politikern zeigt die Heterogenität von USA-Bildern auf, die als Negativ- und Positivfolie dienen. Alle vier SPD-Politiker ziehen bei ihren Beschreibungen von Gesellschaftsordnungen die USA zur Abgrenzung oder als Vorbild heran, um ihre Positionen zu untermauern.

Die USA sind dabei nicht zufällig Maßstab für gesellschaftliche Ordnungsmodelle, da sie einen bestimmten Wohlfahrtsstaatspfad und auch Demokratietypus repräsentieren, nämlich den wirtschaftsliberalen Pfad und die über zweihundert Jahre alte Präsidialdemokratie. Sie sind gerade für die ältere Generation, insbesondere für Hermann Rappe, Vorbild, da sie Deutschland vom Nationalsozialismus befreit und zur Demokratisierung beigetragen haben. Hans Koschnick allerdings war auf der Suche nach einem Dritten Weg jenseits von Moskau und den USA in Skandinavien, Israel oder in Jugoslawien (Arbeiterselbstverwaltung). Sein positives USA-Bild ist vielmehr beeinflusst durch amerikanische Intellektuelle und die Protestbewegung. Einer imperialistischen, andere Staaten dominierenden amerikanischen Außenpolitik und einem einseitigem Kapitalismus aber steht er auch heute noch kritisch gegenüber.

Radikaldemokratisches Gedankengut aus den USA beeinflusste die Protestgeneration und war Vorbild für die jüngere Generation, auch für Thomas Oppermann und Sigmar Gabriel, die sich aber im Laufe ihres Politikerlebens von den radikaleren Formen distanzierten. Vor allem Oppermann hat ein sehr positives USA-Bild entwickelt, sieht aber auch heute noch die Nachteile der US-amerikanischen Wettbewerbsgesellschaft.

Die USA dienen also nicht nur zur theoretischen Abgrenzung, sondern sind vor allem bei Koschnick, Rappe und Oppermann eng verwoben mit ihren Lebenswegen und ihrer politischen Sozialisation. Die vier SPD-Politiker und ihre Lebenswege stehen stellvertretend für einen heterogenen Ausschnitt einer breiten Repräsentationsfähigkeit der SPD als Volkspartei, aber auch, exemplarisch am Beispiel von Oppermann ausgeführt, für eine Pfadabweichung des deutschen Wohlfahrtsstaates nach US-amerikanischem Vorbild, durch die die SPD zahlreiche Wähler und Mitglieder verloren hat.[104]

Die untersuchten USA-Bilder zeigen aber auch, dass es das eine USA-Bild nicht gibt. Vielmehr ist gerade die Widersprüchlichkeit der USA mit ihrem Wettbewerbsmodell und gleichzeitigen radikaldemokratischen Minderheitsströmungen, die eben dieses selbst kritisieren, bemerkenswert.

---

104 Rappe, Gabriel und Oppermann haben die *Agenda 2010* unterstützt, während Koschnick leise Zweifel formuliert hat. Ausführlich dazu siehe Reinhardt 2011a, S. 552 f.

Il était une fois dans l'ouest

Die USA als Modernisierungsleitbild der SPD Saar um 1960[1]

Wilfried Busemann

Eine ausgeprägte, systematische Programmdebatte führt die saarländische Sozialdemokratie in der Nachkriegszeit nicht. In der „Zusammenbruchsgesellschaft", danach im Kampf für oder gegen die saarländische Autonomie 1955 und schließlich im Neuaufbau der Parteiorganisation bis etwa 1960/63 findet sich dafür keine Zeit, finden sich keine Köpfe. Suchbewegungen sind freilich unübersehbar, der Bedarf an Neuorientierung, Modernisierung und Öffnung nach dem Ende des Nationalsozialismus manifestiert sich wiederholt auch in den beiden sozialdemokratischen Parteien an der Saar und scheint auf den ersten Blick vergleichbar mit Bestrebungen der SPD in der Bundesrepublik, die zum Godesberger Programm von 1959 führen.

Entgegen einem heute noch weit verbreiteten Klischee – und vor allem: anders als es die prodeutsche Propaganda vor und nach der Saarabstimmung vom 23. Oktober 1955, übrigens wider besseren Wissens, also skrupellos behauptet, denkt und handelt die erste, 1945/46 gegründete Sozialdemokratische Partei des Saarlandes, SPS, keineswegs ausschließlich und hemmungslos frankophil. Der angebliche Versuch einer Fernsteuerung aus Paris stößt bei der SPS auf eine Partei, die konsequent festhält zum Beispiel an den sozialpolitischen Traditionen der Weimarer Republik, diese für die Situation an der Saar modifiziert und nur wenige, aber durchaus wichtige Ideen aus Frankreich übernimmt, zum Beispiel das Renteneintrittsalter mit 60 Jahren.[2]

„Frankreich" als vor allem sozialstaatliches Modernisierungs-Leitbild wird in der SPS wenig offensiv debattiert, obwohl etliche Emigranten zwischen 1935 und 1945 Funktion und Logik französischer Sozialpolitik aus eigener Anschauung kennenlernen. Um 1950/51 beginnt in der Parteipresse, der „Volksstimme", eine sporadische Diskussion des Wohlfahrtsstaats-Modells Schweden, allerdings wirkt die Argumentation hierzu eher oberflächlich und scheint vor allem der Beschwichtigung der aufkommenden innerparteilichen prodeutschen Opposition zu dienen[3], die sich trotzdem im Frühjahr 1952 nach heftigen Machtkämpfen von der SPS abspaltet und sich in der bis 1955 illegal wirkenden, von der Bonner „Baracke" unterstützten Deutschen Sozialdemokratischen Partei, DSP, organisiert. Bis zum Referendum 1955 wird immer wieder von der SPS der Vergleich mit anderen Sozialstaats-Modellen in Europa, weniger den USA

---

1   Der folgende Beitrag erscheint als überarbeitete Vorab-Veröffentlichung des zweiten Teiles eines Kapitels zur programmatisch-ideologischen Neuorientierung der SPD Saar nach dem Zweiten Weltkrieg in: Wilfried Busemann, Den eigenen Weg gehen. Die Selbstfindung der saarländischen Sozialdemokratie 1945 bis 1968, St. Ingbert 2013 (im Druck).
2   Hans-Christian Herrmann, Sozialer Besitzstand und gescheiterte Sozialpartnerschaft. Sozialpolitik und Gewerkschaften im Saarland 1945 bis 1955, Saarbrücken 1996, S. 120. Im Weiteren zitiert als: Herrmann, Sozialer Besitzstand.
3   Volksstimme, z.B. 14.9.1950; ebda., 2.3.1951; ebda., 31.10.1951.

bemüht, um die zweifellos bedeutenden sozialpolitischen Errungenschaften des Saarlandes besonders herauszustellen und ihren Verlust als reale Gefahr zu beschwören für den Fall, dass das Saarland an die damalige Bundesrepublik angegliedert wird.

Derweil gewinnt das Amerika-Bild der saarländischen Sozialdemokratie in beiden Parteien kaum Konturen:

- Es sind US-Truppen, die im März 1945 das Saarland vom Nationalsozialismus befreien, aber danach ist die Rede immer nur von der im Juni 1945 nachgerückten Besatzungsmacht Frankreich.
- Der Korea-Krieg wird wahrgenommen als Ost-West-Konfrontation und Abwehr der bolschewistischen Expansions-Bestrebungen; die heimische Schwerindustrie profitiert vom Korea-Boom. Danach rücken der Indochina-Krieg, Dhien Bien Phu, und der Niedergang der französischen Kolonialmacht in den Blickpunkt.
- Häufigere Beachtung findet der Marshallplan, dessen Gelder aus Paris zugeteilt werden, was wiederholt zum Streit darüber führt, ob genug und rechtzeitig überwiesen wird – das hat mit dem eigentlichen Initiator USA allerdings wenig zu tun.
- In der von der prodeutschen Propaganda als „Emigranten-Partei" verunglimpften SPS sind keine USA-Rückkehrer bekannt. Erst nach 1956 betritt eine Persönlichkeit mit amerikanischem Emigrations-Hintergrund die Bühne.
- Während in der jungen Bundesrepublik schon sehr früh vielfältige *public-relations*-Maßnahmen, z.B. Austauschprogramme für Schüler, Studenten, Gewerkschafter, zu vermerken sind, hält sich die amerikanische Seite bis 1957 an der Saar merklich zurück, vermutlich aus Rücksicht auf den französischen Alliierten. Erst dann wird im damals noch neuen Bundesland die Deutsch-Amerikanische Bibliothek eröffnet.[4]
- Im Gegensatz zur späteren SPD-Tageszeitung „Saarbrücker Allgemeine Zeitung" bringt die „Volksstimme" – abgesehen von den außenpolitischen „Pflichtthemen" wenige Artikel über die USA.

Es sind natürlich nicht die Bibliothek, das spätere Deutsch-Amerikanische Institut und die USA-Reisen allein, die in der SPD Saar für die Erweiterung politischer Perspektiven um transatlantische Wahrnehmungen[5] sorgen, aber es sind vor allem die Reisen,

---

4 Zur Gründungsgeschichte der Bibliothek bzw. des heutigen Deutsch-Amerikanischen Instituts: Juliane Wernet, 50 Jahre DAI Saarbrücken 1957 – 2007. Eine Chronik der deutsch-amerikanischen Freundschaft, o.O., o.J. (Saarbrücken 2007), S. 14-19.

5 Die Fachliteratur benutzt seit Jahren die Begriffe „Amerikanisierung" und „Westernisierung", wobei Amerikanisierung steht für den einseitigen Kulturtransfer von den USA in andere Länder und Gesellschaften im Bereich nicht nur von Kunst und Unterhaltung, sondern auch Wirtschaftsstrukturen oder politischer Kultur, wohingegen Westernisierung darüber hinaus geht, indem sie „die allmähliche Herausbildung einer gemeinsamen Werteordnung" in den westlichen Gesellschaften beobachtet seit einem im 19. Jahrhundert beginnenden Entwicklungsprozess. Ausführlicher hierzu: Anselm Doering-Manteuffel, Westernisierung. Politisch-ideeller und gesellschaftlicher Wandel in der Bundesrepublik bis zum Ende der 60er Jahre, in: Axel Schildt, Detlef Siegfried, Karl Christian Lammers (Hrsg.), Dynamische Zeiten. Die 60er Jahre in den beiden deutschen Gesellschaften, Hamburg 2000, 311-341, hier: S. 313-316, Zitat: S. 314. Der vorliegende Beitrag vermeidet den Begriff „Westernisierung", weil hierzu die nötigen Vorstudien fehlen.

die durch spezielle Versammlungstätigkeit und herausgehobene Pressearbeit in der Partei auf größere Beachtung stoßen. Die zur Diskussion stehenden Amerika-Exkursionen erstrecken sich über den Zeitraum von 1958 bis 1962 und verteilen sich auf DGB-Funktionäre und solche der SPD Saar.[6] Der DGB Saar ist – wohlgemerkt – keine Parteiorganisation, sondern die überparteiliche Einheitsgewerkschaft, freilich berichtet die „Saarbrücker Allgemeine Zeitung", SAZ, bemerkenswert ausführlich darüber, zumal auf dem Gebiet des Arbeitsrechts, der Organisation von Arbeit oder Sozialpolitik Überschneidungen vorkommen können.

Ausdrücklich nicht zu diesen Reisenden gehört Ursula Diederich, die mit 19 Jahren ihre Tätigkeit in der SAZ-Redaktion aufnimmt und nach einem Jahr, 1961, für 24 Monate zur beruflichen Weiterbildung in die Staaten geht als Teilnehmerin des USA-Ausbildungsprogramms der Carl-Duisberg-Gesellschaft zur Förderung des Nachwuchses. Bemerkenswert an diesem Artikel ist weniger sein Nachrichten-Wert – ganz zu schweigen vom historiographischen Erkenntnis-Gewinn – als der im Text erkennbare Stolz der Redaktion, die sich augenscheinlich geehrt, vielleicht sogar aufgewertet fühlt.[7]

Im Sommer 1958 reist eine hochrangige Delegation saarländischer DGB-Funktionäre in die USA zum Studium der dortigen Beziehungen zwischen Arbeitnehmern und Arbeitgebern. Nach der Ankündigung thematisiert ein Vorbericht die ungenügende soziale Sicherheit in den USA. Artikel über die Reise selbst oder ihre Auswertung werden allerdings in der Gewerkschaftspresse, dem zweimal monatlich erscheinenden „Saar-Echo" nicht veröffentlicht.[8]

Am 7. Mai 1961 starten Hermann Trittelvitz und Hans-Kurt Schuck auf Einladung des amerikanischen Außenministeriums zu einer mehrwöchigen Studienreise in die USA; Trittelvitz soll sich über Parlaments- und Regierungseinrichtungen informieren, Schuck das US-Gewerkschaftswesen näher kennenlernen.[9] Trittelvitz, zu diesem Zeitpunkt Regierungsdirektor beim Arbeitsministerium, amtiert bis Januar 1961 als Arbeits- und Sozialminister des Saarlandes, vertritt die SPD im Landtag und gehört dem SPD-Landesvorstand an.[10] Schuck, Christdemokrat, bis 1957 führendes Mitglied der im Niedergang befindlichen Christlichen Gewerkschaften des Saarlandes[11], leitet im DGB Saar hauptamtlich das Bildungs- und Pressereferat.

---

6 Es ist anzunehmen, daß in diesen Jahren auch CDU-Vertreter, junge Unternehmer, andere wichtige Multiplikatoren und Meinungsbildner Einladungen in die USA erhalten, aber das ist hier nicht das Forschungsinteresse.
7 SAZ, 19.8.1961.
8 Saar-Echo, Nr. 7, 10.4.1958, S. 1, „Saarländische Gewerkschafts-Delegation nach USA"; ebda., Nr. 10, 21.5.1958, S. 1, „Nicht genügend Soziale Sicherheit in den USA".
9 SAZ, 6.5.1961, mit einem Foto von der Verabschiedung in der Deutsch-Amerikanischen Bibliothek; SAZ, 5.6.1961, Foto von einem Besuch, den Trittelvitz und Schuck dem Bürgermeister von Pittsburgh abstatten, der Partnerschaft von Saarbrücken.
10 Kurzbiographie in Herrmann, Sozialer Besitzstand, S. 524.
11 Zu den Christlichen Gewerkschaften: Wilfried Busemann, Kleine Geschichte der saarländischen Gewerkschaften nach 1945, Saarbrücken 2005, S. 95-102 und S. 144-154.

Nach ihrer Rückkehr referieren die beiden Forschungsreisenden mehrmals über ihre Reiseeindrücke und Beobachtungen; Schuck präsentiert sogar einen Film. So vielfältig diese Reiseerzählungen auch sein mögen, die sozialdemokratische Tageszeitung verkürzt sie für ihre Berichterstattung auf zwei Themenblöcke: Arbeitsrecht und Sozialstaatlichkeit – und belässt es ansonsten bei sehr vagen Informationen.[12]

Schuck betont vor der DGB-Kreisjugendkonferenz St. Ingbert neben den unstrittigen Stärken der Vereinigten Staaten auch die offensichtlichen Schattenseiten wie das Rassenproblem und die relativ hohe Arbeitslosigkeit. Die starke Rolle der amerikanischen Gewerkschaften könne nicht davon ablenken, dass jeder sozialpolitische Erfolg hart erkämpft werden müsse, so zum Beispiel in dem jüngsten Stahlarbeiterstreik. Etwas unvermittelt wirkt auf den mit saarländischen Begebenheiten nicht vertrauten Ortsfremden Schucks Bemerkung, nach der die Entstaubungsanlagen der US-Montanindustrie beispielhaft seien für Saar und Ruhr.[13] Sechs Wochen darauf geht Schuck wiederum in St. Ingbert, jetzt vor dem DGB-Ortskartell, auf die von den US-Gewerkschaften in früheren Jahren erzielten nachhaltigen Kaufkraft-Erhöhungen ein und gibt zu bedenken, die vergleichsweise hohen Stundenlöhne müssten dort aber auch für die private Daseinsvorsorge ausgegeben werden, weil eine gesetzliche Sozialversicherung nicht bestehe. Der Zeitungsartikel endet mit der Behauptung Schucks, bei allenthalben wachsender Produktivität leide der US-Arbeitnehmer weniger an Stress.[14] Im Zuge eines gemeinsamen Podiumsgesprächs im Deutsch-Amerikanischen Institut diskutieren Trittelvitz und Schuck zunächst die Rolle des Staates in der US-Sozialpolitik und unterstreichen, dass alle Maßnahmen zur sozialen Sicherung in der Eigenverantwortung des Bürgers liegen, einen „Sozialstaat" gebe es nicht – nur Privatinitiative. Der soziale Status – behauptet Trittelvitz – gelte unabhängig von der Berufsausbildung, es zähle nur der Erfolg, der sich in Status-Symbolen wie Auto oder Haus manifestiere, wofür infolgedessen wesentlich härter gearbeitet werde. Unter diesen Bedingungen, so Trittelvitz weiter, könne in den USA kein Klassenbewusstsein entstehen. Der zweite Teil des Gesprächs, so wie er in der Zeitung dokumentiert ist, erörtert die technische Überlegenheit der amerikanischen Wirtschaft am Beispiel der Produktivität des US-Bergbaus, der insbesondere von der hochentwickelten Fördertechnologie und der Mächtigkeit der Flöze profitiere.[15]

Die wertvollsten und ausführlichsten Informationen über eine politische Studienreise in die USA verdankt die Nachwelt mit Friedel Regitz einem Mann, der zur Zeit seiner Reise, März bis Mai 1962, als zweiter Vorsitzender der SPD Saar fungiert, dem Landtag angehört – und vor allem als Chefredakteur der Saarbrücker Allgemeinen Zeitung in Erscheinung tritt, für die er eine Artikelserie in neun Fortsetzungen ver-

---

12 Zum Beispiel ist für einen Vortrag nur der Titel überliefert: „Amerika aus der Sicht eines Sozialdemokraten", worüber Trittelvitz vermutlich im Rahmen der Organisationskonferenz des Jungsozialisten-Unterbezirks Saarbrücken spricht: SAZ, 14.6.1962.
13 SAZ, 1.8.1961. Über den Stahlarbeiterstreik berichtet die SAZ zuvor zum Teil recht ausführlich.
14 SAZ, 18.10.1961.
15 SAZ, 31.1.1962. Ankündigungen der Veranstaltung unter dem Titel: „Amerika – Hast Du es besser ...?" ebda., am 5.1.1962, 24.1.1962 und 29.1.1962. Das ist recht ungewöhnlich, schließlich werden sogar wichtige landesweite Parteiveranstaltungen meist nur einmal, etwa zwei Tage vorher angekündigt.

fasst.¹⁶ Sofort ins Auge fällt die besondere Aufmachung der Reihe: Aufgrund ihres größeren Umfangs erscheinen die Artikel gewissermaßen als Sonderseiten mit jeweils – was selten ist in dieser Zeit – mehreren Abbildungen. Schon rein optisch wird die Aufmerksamkeit der Leser auf diese Fortsetzungsreihe gelenkt. Gewiss bringt die Zeitung gelegentlich Länder- oder Reiseberichte als Einzeltexte, diese indes nur am Samstag in der umfangreicheren Wochenendausgabe auf der Seite „Aus aller Welt". Die Regitz-Reportagen hingegen passen wohl nicht in die üblichen Redaktions-Ressorts und außerdem erscheinen sie unregelmäßig, auch unter der Woche.

Am Tag der Abreise ihres Chefredakteurs bringt die Redaktion einen Beitrag mit dieser Nachricht und der Ankündigung einer Fortsetzungs-Reihe mit ursprünglich sechs Teilen, einigen Hinweisen zum Reiseplan und dem wichtigen Hinweis, dass Regitz auf Einladung des US-Außenministeriums sich in die Staaten begibt.¹⁷

In den ersten beiden Texten schreibt Regitz nicht direkt über Politik, vielmehr befasst er sich mit auf den ersten Blick wie Oberflächenphänomene wirkenden „Auffälligkeiten", Äußerlichkeiten von überwältigender Größe und Ausstrahlung. Zur Einstimmung berichtet der Autor von seiner Ankunft in New York, den riesigen Dimensionen des dortigen Flughafens, der Ankunftshalle, der üppigen Beköstigung an Bord und im Airport-Restaurant; beeindruckt zeigt er sich auch vom Vorplatz des Flughafens und den extrem breiten Zufahrtsstraßen. Regitz schließt mit einem Überblick zum bevorstehenden Besuchsprogramm in New York zwischen Vereinten Nationen und Museum of Modern Arts.¹⁸

In Washington, D.C, angekommen, spürt Regitz förmlich, im Herzen der westlichen Welt zu weilen, wo Weltpolitik entschieden wird, beispielsweise anhand der vielen ausländischen Besucher und des internationalen Flairs. Botschaften, Ministerien, Behörden, Büro-Gebäude beherrschen das Bild einer Stadt, wo Schwarze und Weiße in gutem Einvernehmen leben und arbeiten, ohne Rassenkonflikte. Regitz bemüht das Bild vom *melting-pot*, in dem die vielen Einwanderer ihre alten nationalen Identitäten, Sprache und Kultur eintauschen gegen ein freies, amerikanisches Leben. Diesen American *way of life* charakterisiert der Reisende als pluralistisch, nonkonformistisch und individualistisch; die Menschen sind pragmatisch und ideologieabstinent, sie sind gläubig und naiv, aber nicht dogmatisch-intolerant, sie haben sich gewöhnt an die westliche Führungsrolle.¹⁹ Die Ironie sei erlaubt: Es ist schon erstaunlich und zeugt von großer journalistischer Begabung, wenn ein Reporter nach nur wenigen Stunden oder Tagen in einem ihm fremden Land zu solch tiefgreifenden Beobachtungen und Analysen des „Volkscharakters" gelangt! Mit anderen Worten: Woher nimmt Regitz seine Erkenntnisse, denn Feldforschungen kann er ja nicht betreiben?

---

16 Kurzbiographie in Herrmann, Sozialer Besitzstand, S. 517.
17 SAZ, 21.3.1962. Hinweise darauf, nach welchen Kriterien die politischen Gäste eingeladen werden und welche Kosten die Rundreisen verursachen geben weder die wenigen vorhandenen deutschen Quellen noch die Sekundärliteratur. Auch gezielte Nachfragen auf der Tagung in Otzenhausen, 23.11. bis 25.11.2012, führten zu keinem Ergebnis. Verantwortlich für das Reise-Programm ist das „Govermental Affairs Institute": SAZ, 2.4.1962.
18 SAZ, 24.3.1962.
19 SAZ, 2.4.1962.

Nach diesem eher feuilletonistischen Auftakt berichtet Regitz über den ersten Programm-Höhepunkt, der Begegnung mit Viktor Reuther, einem Bruder des in Deutschland wohl bekannteren Gewerkschaftsführers Walter Reuther[20], in deren Mittelpunkt ein Vergleich der deutschen und amerikanischen Gewerkschaftsarbeit steht. Demnach unterscheiden sich die Arbeitnehmer-Organisationen auf der anderen Seite des Nordatlantiks durch ihre Rolle gegenüber den Tarifgegnern und dem Staat. Während die amerikanischen Kollegen bei Tarifauseinandersetzungen eine stärkere, kämpferischere Position entfalten können, fehlt es ihnen an Einfluss auf staatliche Sozialpolitik, insbesondere die Wirtschafts- und Vollbeschäftigungspolitik. Präsident Kennedy hat immerhin einen beratenden Ausschuss von Arbeitgebern und US-Gewerkschaften einberufen, er – der Präsident – wird freilich bei der Bekämpfung der hohen Arbeitslosigkeit vom Kongress behindert. Die US-Gewerkschaften begegnen der Arbeitslosigkeit auf ihre je eigene Weise in den Tarifverträgen, halten freilich eine Wachstumspolitik durch Staatsaufträge – also Staatsinterventionismus – für wirksamer. Obwohl die kapitalistische Wirtschaft stabil ist, erscheint es paradox, wenn AFL-CIO den höchsten Lebensstandard für ihre Mitglieder aushandeln bei gleichzeitiger struktureller Arbeitslosigkeit durch Rationalisierung; dieser Sog muss abgefedert werden durch Arbeitszeitverkürzung und staatliche Programme. Steigende Produktivität erlaubt nur in Grenzen Arbeitszeitverkürzung und Lohnerhöhung. Politisch, fährt Regitz fort, neigt die AFL-CIO zu den Demokraten, aber es werden von ihr prinzipiell nur politische Einzelpersönlichkeiten unterstützt. Kulturelle Gewerkschaftseinrichtungen sind in den USA eher selten, stattdessen wird viel getan für die Mitgliederschulung und die Öffentlichkeitsarbeit. Gegenüber seinem saarländischen Gast betont Viktor Reuther, dass Gangster keinen Einfluss auf die Gewerkschaften haben. Reuther meint des Weiteren, die deutschen Vorstellungen von Mitbestimmung seien mit der amerikanischen Gewerkschaftskultur nicht zu vereinbaren, weil es eine klare Trennung geben solle zwischen den Arbeitnehmern und den Unternehmern. Gleichwohl will die AFL-CIO größere Mitsprachemöglichkeiten bei der Führung der riesigen Rentenfonds erlangen, aus denen die Unternehmer ihre Kredite besorgen bzw. absichern. Diese Fonds eignen sich aus Reuthers Sicht zur ökonomischen Globalsteuerung.[21]

Zweifellos vermittelt dieser Teil der Artikel-Serie die politisch gehaltvollsten Einsichten, wahrscheinlich auch, weil der Verfasser sich für die Thematik interessiert. Umso mehr fällt der Niveau-Abfall im folgenden Bericht auf, dem ein „Kernthema" fehlt, so dass Regitz ziemlich oberflächlich über eine von ihm für vorbildlich gehaltene *high school* schreibt, ohne die Qualitäten dieser Schule zu erklären. Danach werden erwähnt der Besuch in der Gewerkschaftszeitung „The machinist", im Wohnhaus George Washingtons und die Sehenswürdigkeiten der Hauptstadt, einschließlich der öffentlichen Sitzungen von Ausschüssen des Senats und des Repräsentantenhauses. Mit dem erfahrenen US-Außenpolitiker Alexander Wiley, Senator der oppositionellen Republikaner, bespricht der Journalist aus dem Saarland Grundzüge der internationalen Beziehungen im Kalten Krieg, wobei Wiley – nach Mauer-Bau und Kuba-Krise –

---

20 Kurzbiographien zu beiden Brüdern in: Julia Angster, Konsenskapitalismus und Sozialdemokratie. Die Westernisierung von SPD und DGB, München 2003, S. 475.
21 SAZ, 5.4.1962.

die Strategie friedlicher Beziehungen über Verhandlungen nachdrücklich hervorhebt. Im National-Archiv hat Regitz Gelegenheit, Hitlers Testament im Original zu lesen; der Größenwahn im Untergang stößt den Kriegsteilnehmer ab.[22]

Ein weiteres Highlight seines Amerika-Aufenthaltes schildert der saarländische *news-man* zu Beginn einer fünften Reisebetrachtung. Vor seiner Abreise aus Washington nimmt Regitz teil an einer Pressekonferenz des Präsidenten Kennedy, in der Außenpolitik, wie der zweite SPD-Landesvorsitzende zu berichten weiß, traditionell keinen hohen Stellenwert einnimmt. Im Mittelpunkt stehen die Beilegung des Tarifkonfliktes in der Stahlindustrie und ein Urteil des Supreme Courts zur Rassenfrage. Regitz zeigt sich beeindruckt von der Vielschichtigkeit, der Wendigkeit und dem Charme des charismatischen Präsidenten. In Knoxville, Tennessee, besichtigt der Journalist das Staudamm-System, welches gleichzeitig dem Hochwasserschutz und der Energie-Versorgung dient. Sein Betreiber, der Staatskonzern TVA, unterhält außerdem riesige Kohlekraftwerke und garantiert damit den hohen Lebensstandard der Region. Die privaten Stromanbieter möchten TVA zerschlagen, „privatisieren", und auf diese Weise als mächtige Konkurrenz ausschalten. Die in Tennessee erzeugte Elektrizität hatte im Zweiten Weltkrieg entscheidende Bedeutung für die Entwicklung der Atombombe, worüber ein Museum Auskunft gibt, das bei Regitz für gemischte Gefühle sorgt: Die Zerstörungskraft ist gewaltig, wird aber demokratisch kontrolliert zur Sicherung des weltweiten Friedens.[23]

Von Tennessee aus bereist Regitz die Südstaaten, um schließlich in New Orleans mit J. Harvey Kerns zu sprechen, einem führenden farbigen Bürgerrechts-Kämpfer. Kerns stellt einleitend seine Organisation vor, die Urban League, und diskutiert dann verschiedene Aspekte der Rassendiskriminierung und ihre Überwindung. An erster Stelle steht für ihn der Kampf um die Registrierung schwarzer Wähler als Voraussetzung zur Ausübung des Stimmrechts und die daraus zu oft erfolgenden Benachteiligungen, Bedrohungen und Schikanen durch Weiße, auch Behörden, zum Beispiel durch sogenannte „Staatsbürgertests". Daraus folgt das Engagement zur Anhebung des schwarzen Bildungsniveaus, der Kampf gegen Rassenvorurteile in den Schulen, um Ausbildung und Einstellung von farbigen Lehrern und die Selbstorganisation von Staatsbürgerkunde. Boykotts einer großen Warenhauskette und im Hotelgewerbe haben zur Abschaffung von herabwürdigenden Gewohnheiten geführt. Gleichwohl hält es Kerns für schwierig, die feindlichen Traditionen des Südens zu überwinden. In einer Art abschließendem Kommentar hält Kerns' Gesprächspartner die Rassengegensätze für langfristig abbaubar, glaubt aber nicht an ihre völlige Abschaffung. Während die anderen Beiträge der Serie nur etwa eine dreiviertel Seite ausfüllen, erstreckt dieser Text sich über die ganze Seite, weil sechs große Fotos die Rassendiskriminierung zum Teil drastisch illustrieren.[24]

Auf dem Weg zur Westküste scheint Regitz erneut nur eher oberflächliche Eindrücke zu sammeln: vom Mississippi-Delta, vom Hafen von New Orleans, von Problemen der Stadtflucht in die allenthalben aus dem Boden gestampften *suburbs* oder

---

22 SAZ, 10.4.1962.
23 SAZ, 16.4.1962.
24 SAZ, 24.4.1962.

vom Besuch einer Lokalzeitung in Phoenix, Arizona, aus dessen Anlass der „SAZ"-Chef über den beginnenden Siegeszug des Off-Set-Druckverfahrens sinniert. Zwei touristische Sehenswürdigkeiten haben es ihm besonders angetan: Der überwältigende Grand Canyon und die Vielseitigkeit von Disney-Land, über das Regitz ohne bildungsbürgerliche Dünkel sehr positive Worte findet.[25] Mildes Klima und gute Verdienstmöglichkeiten, befindet Regitz, fast am Ende seiner Studienfahrt angekommen, seien zur Erklärung der Anziehungskraft Kaliforniens bedeutsamer als Hollywood. In der Begegnung mit einem Wortführer der US-Konservativen stößt Regitz auf den Glaubenssatz: Jede Art öffentlicher, staatlicher Intervention, Vorsorge oder *welfare* sind Gleichmacherei, unterbinden individuelle Möglichkeiten und Entfaltung, kurzum: bedeuten Staatssozialismus. In einem abrupten Themenwechsel geht es dann um in Los Angeles lebende Deutsch-Amerikaner, speziell um deren Identitätswechsel im Zuge der Selbstintegration und den dadurch verursachten allmählichen Verlust der deutschen Wurzeln. Am Ende des Artikels schwärmt Regitz von San Francisco, seiner China-Town, der Golden-Gate-Bridge, den Redwood-Bäumen. All das müsse man gesehen haben[26].

Im Mittelpunkt des letzten Teils des Reise-Berichtes steht ein Gespräch mit George Christopher, dem Bürgermeister von San Francisco, über kommunalpolitische Probleme der Metropole. An erster Stelle verursachen das beträchtlich steigende Verkehrsaufkommen und die allgemeine Motorisierung Probleme für das Stadtzentrum, die durch den Bau einer U-Bahn behoben werden sollen. Kommunaler Wohnungsbau soll in San Francisco nicht nötig sein, weil von privater Seite genügend Wohnraum geschaffen wird. Regitz erläutert kurz die Kommunalverfassung der Stadt, die starke Stellung des Bürgermeisters, die Aufschlüsselung des städtischen Steueraufkommens, die Organisation der Versorgungssysteme (das Gas-Werk ist ein privates Unternehmen) und einige Defizite demokratischer Kontrolle. Abschließend erwähnt der Verfasser – wieder einmal unvermittelt das Thema wechselnd – den Versuch Richard Nixons, nach seiner überraschenden und knappen Wahlniederlage gegen John F. Kennedy, sein politisches *comeback* in Kalifornien zu starten. Am Ende besucht Regitz die renommierte Universität von Berkeley.[27]

Obwohl die Studienreise noch in den Nordwesten, nach Nebraska führt, endet die Artikel-Serie an dieser Stelle eher unerwartet ohne abschließendes Resümee oder Schlusswort. Über die Gründe lässt sich nur spekulieren. Naheliegend ist der Zeitmangel des Multifunktionärs; möglich ist aber auch, dass Regitz mit Absicht auf ein wertendes Fazit verzichtet, da er zuvor schon, abgesehen von wenigen unverfänglichen Ausnahmen wie Architektur oder Disney-Land, sich um einen neutralen, „objektiven", gelegentlich unbeteiligt, manchmal desinteressiert wirkenden Ton bemüht; eindeutige Stellungnahmen wie etwa zum Hitler-Testament sind seine Sache nicht. Soll die wert- oder ideologiefreie Sachlichkeit (als neuer, aus den USA eingeführter journalistischer Stil?) es dem Leser möglichst unvoreingenommen erlauben, sich eine eigenes Amerika-Bild zu schaffen? Wohl kaum, schließlich unterliegen SPD-Mitglieder, die Wähler

---

25 SAZ, 26.4.1962.
26 SAZ, 3.5.1962.
27 SAZ, 5.5.1962.

und eben auch die Leser der SAZ weit mehr als den von einer Artikel-Serie ausgehenden USA-Einflüssen, sie unterliegen einem als „Amerikanisierung von unten" bezeichneten Trend. Die Parallel-Entwicklung „Amerikanisierung von oben" geht aus von amerikanischen Institutionen und wird betrieben über die Veröffentlichung von US-Zeitschriften in deutscher Sprache, eigenen Rundfunkprogrammen (z.b. das legendäre AFN), Amerikahäusern und eben die erwähnten Studienreisen.[28] Zu den Bestandteilen der „Amerikanisierung von unten" gehören die seit Ende der 50er Jahre sprunghaft ansteigenden Geschäftsreisen, die Verdichtung von Wirtschaftsbeziehungen, z.B. Kapitalverflechtung, Technologietransfer, der zunehmende Warenaustausch, Anglizismen in der Sprache und vor allem die Veränderung der Jugendkultur, also die bekannten massenkulturellen Veränderungen in der Popmusik oder im Kino.[29] Für die Arbeitswelt wären Phänomene zu nennen wie die damaligen EDV-Lochkarten, Magnetbänder, IBM-Schreibmaschinen oder Neuerungen im Bereich der Personalführung, z.B. die Abflachung von Hierarchien.[30] Auf diese erst noch bevorstehenden Modernisierungsschübe reagiert die SPD Saar vorausschauend bereits Anfang 1957, als vornehmlich Heinz Langerhans praktisch an jedem Wochenende vor Parteigliederungen über „Automation und zweite industrielle Revolution" referiert und sich bei der Bewältigung der erwarteten Rationalisierungswellen ausdrücklich auf Ideen der amerikanischen Gewerkschaftsbewegung beruft.[31] Dr. Heinz Langerhans, Professor für Soziologie mit einem Lehrauftrag an der Universität des Saarlandes, kommt als Amerika-Kenner um 1956 ins Saarland, nachdem er einige Jahre der Emigration in den Staaten verbracht hat. Rasch erreicht er einige wichtige Funktionen in der Saar SPD; so wird er im Frühjahr 1958 zum zweiten Vorsitzenden des wichtigen Unterbezirks Saarbrücken gewählt, wenngleich „äußerst knapp"[32], und er fährt als Delegierter zum SPD-Bundesparteitag 1958 nach Stuttgart.[33] Vor allem tritt er als Referent der Schulungs- und Bildungsarbeit in Erscheinung, für die er zeitweise täglich im Lande unterwegs ist. Folgerichtig wird er Mitglied im Ausschuss Parteischulung beim SPD-Landesvorstand, in dessen Auftrag er Vorträge und Kurse zu verschiedenen Themen anbietet, darunter „Probleme des Wohlfahrtsstaates – im Vergleich verschiedener Sozialsysteme (Saarland, Bundesrepublik, Schweden, England, Amerika, Frankreich)"

---

28 Zum Begriff „Amerikanisierung von oben": Axel Schildt, Vom politischen Programm zur Populärkultur. Amerikanisierung in Westdeutschland, in: Detlef Junker (Hrsg.), Die USA und Deutschland im Zeitalter des Kalten Krieges, 1945 – 1990. Ein Handbuch, Bd. 1: 1945 – 1968, Stuttgart, München 2001, S. 958; zu den Einzelheiten: S. 959. An den Studienreisen nehmen zwischen 1948 und 1953 etwa 10.000 Vertreter der deutschen Eliten teil: „Politiker, Kommunalbeamte, Journalisten, Richter, Gewerkschaftler, Wissenschaftler, Geistliche, Jugend- und Frauenverbandsfunktionäre", ebda., Nach 1955 werden die offiziellen Programme spürbar ausgedünnt: S. 960.

29 Schildt, Politisches Programm, S. 961 f. Nicht unbedeutend übrigens auch die Amerikanisierung des Kinderzimmers, die – im wortwörtlichen Sinne – „Westernisierung" des Spielzeugs.

30 In der saarländischen Montanindustrie, namentlich auf den Hütten, müssen sich die Arbeiter bis dahin das autoritäre Auftreten der Werks- oder Lagermeister gefallen lassen: Busemann, Kleine Gewerkschaftsgeschichte, S. 51-54.

31 SAZ, 14.1.1957.

32 SAZ, 4.3.1958.

33 SAZ, 5.5.1958: Wahl zum Delegierten.

oder „Amerika – Wirtschaft, Gewerkschaften, Parteien, Schulwesen, Außenpolitik".[34] Ein Jahr später bietet Langerhans neben Fragen wie Kybernetik, Automation oder negative Utopien auch ein Vortragsthema an: „Amerika und China. Fünfzig Jahre amerikanisch-chinesische Beziehungen, eine Schlüsselfrage der Gegenwart", was durchaus auf Interesse stößt.[35]

Unabhängig davon nehmen die Jungsozialisten sehr oft US-Themen auf in ihre eigene Bildungs- bzw. Öffentlichkeitsarbeit, auch mit Ton-Dia-Vorträgen oder Filmen wie „John F. Kennedy – Seine Präsidentschaft im Film".[36] Inwieweit die bei den JUSOS sehr beliebten und publikumsträchtigen „anspruchsvollen" Unterhaltungsfilme wie zum Beispiel der bekannte Edel-Western „High Noon", die vor allem in ländlichen Gegenden ohne Kino aufgeführt werden, zu amerikaspezifischen Anschlussdiskussionen führen, entzieht sich der Kenntnis.

Die größte Wirkung im Saarland auf die Verbreitung und Verankerung von Wissen über die USA erzielt die im Februar 1957 eingerichtete Deutsch-Amerikanische Bibliothek, 1961 umgewandelt in das heute noch bestehende DAI. Anlässlich der offiziellen Eröffnung des Instituts am 27. November 1961 gibt der den US-Botschafter vertretende Gesandte Brewster Morris unumwunden zu, welchen Auftrag die neue Einrichtung erfüllen soll. In seiner Rede unterstreicht er das Deutschen und Amerikanern gemeinsame Bestreben nach Freiheit, Demokratie und offener Gesellschaft, nach ungehindertem Zugang zu Informationen und uneingeschränkter, freier Diskussion. Exakt dies sieht Morris gefährdet durch den Kalten Krieg der Sowjetunion, deshalb werde die freie Welt nicht in den USA verteidigt, sondern mitten in Europa; den russischen Drohungen müsse noch entschiedener begegnet werden. Der besonders kämpferische Ton dieser Worte wird verständlich mit Blick auf jüngste Ereignisse der Weltpolitik: den Bau der Berliner Mauer, die Abriegelung der Zonengrenze am 13. August 1961, die anschließende Schockstarre in der deutschen Öffentlichkeit, die sich zeitweise auch in der SAZ niederschlägt, den aufkommenden Zweifel auf deutscher Seite an der Bündnistreue der USA, weil diese nicht mit dem vielfach erwarteten militärischen Gegenschlag antworten, wodurch zweifellos der Dritte Weltkrieg ausgelöst worden wäre. Ministerpräsident F.J. Röder, CDU, bezeichnet die DAIs als Zentren des kulturellen Lebens in Deutschland, dank derer das Amerika-Bild differenziert vermit-

---

34 FES (Archiv der sozialen Demokratie), Bestand SPD Saar, Nr. 70, „Landesvorstand 1955 – 1963", Rundschreiben des SPD-Landesvorstand, Ausschuß Parteischulung, gez. Kulawig, Langerhans, Schiffler, 30.10.1958.

35 Ebda., undatierter Brief von Langerhans, vermutlich August 1959, an den Landesvorstand. Willi Schmidt antwortet am 17.8.1959 dem Absender, er sei sehr interessiert an dessen Mitteilungen über „Neue Politik Amerikas".

36 FES (Archiv der sozialen Demokratie), Bestand SPD Saar, Nr. 150, „JUSO V", Arbeitsprogramm der JUSO-Arbeitsgemeinschaft St. Johann in Saarbrücken für das IV. Quartal 1965. Von den acht vorgeschlagenen Terminen befassen sich vier mit den USA: drei zu „Bildern amerikanischer Geschichte", ein Termin zu John F. Kennedy, zwei Kegelabende und zwei Diskussionsrunden.

telt werde, und dankt Morris vor dem Hintergrund der Gefahren aus dem Osten für die große Hilfe der USA.[37]

Auf saarländische Sozialdemokraten übt das DAI unübersehbar eine Anziehungskraft aus, die sich nicht allein auf die die innerparteiliche Bildungsarbeit beinahe ideal ergänzenden Vortragsthemen zurückführen lässt, wie z.b. die Referate der amerikanischen Soziologin Alice Hanson-Cook 1958 zu: „Der amerikanische Arbeiter lebt besser", „Arbeitszeitverkürzung in den USA" oder „In Amerika wird viel gestreikt".[38] Regelmäßig würdigt die Parteizeitung die Aktivitäten der Bibliothek, bzw. des späteren Instituts in zahlreichen, meist ausführlichen, bisweilen detailverliebten Berichten, nicht nur zu politischen Themen, sondern auch zu kulturellen Ereignissen wie klassischen und Jazz-Konzerten oder Dichterlesungen, Ausstellungen usw.; selbst dem Umzug des Instituts Ende 1961 wird große Aufmerksamkeit geschenkt – auf jeden Fall dürfte jeder Leser alsbald wissen, wohin er seinen Fuß setzen soll.[39] Schier überwältigt zeigen sich die Zeitungsmacher von dem im Rahmen der Deutsch-Französischen Gartenschau, Sommer 1960, aufgestellten „Fuller-Dome", einer anscheinend schnell und unkompliziert montierbaren Leichtmetall-Konstruktion als Mehrzweckhalle, deren Technik für die Verhältnisse seinerzeit sehr beeindruckend sein muss als Vorbote eines neuen Zeitalters: selbst erlebte *Science fiction*, Perry Rhodan am Fuß der Spicherer Höhen, dem alten Schlachtfeld von 1870. Der selbstverständlich umfangreich wiedergegebenen Programm-Ankündigung nach soll die Halb-Kugel des „Fuller-Domes" unter anderem verschiedene Ausstellungen aufnehmen: zur US-Farbfotographie, zum Farmleben, zur US-Küche; gezeigt wird ein Kunst-Wettbewerb der Ford-Werke, moderne Kirchen werden vorgestellt, Plastiken in der US-Architektur und kalifornische Malerei. Überdies sind die Aufführung von Musicals sowie verschiedene klassische und moderne Konzerte mit amerikanischen Musikern vorgesehen.[40] Das alles hat mit Politik zunächst wenig zu tun, gleichwohl entwickelt sich die DFG-Attraktion gewissermaßen zu einem kleinen Politikum, allein wegen des großen Besucher-Andrangs im „Fuller-Dome". Bis Ende September 1960 nehmen 750.000 Gartenschau-Besucher an Veranstaltungen in der Halb-Kugel teil; allein die Walt-Disney-Ausstellung zählt 227.000 Gäste.[41] Wiewohl unmittelbare Stellungnahmen oder sonstige Reaktionen aus der Partei nicht bekannt sind, kann die SPD Saar

---

37 SAZ, 28.11.1961. In einem längeren Bericht über die beabsichtigte Intensivierung der kulturellen Aktivitäten des DAI wird unter anderem angekündigt, dass saarländische Politiker über ihre US-Erfahrungen berichten sollen: SAZ, 14.12.1961.

38 SAZ, 19.9.1958; ebda., 4.2.1958; ebda., 6.2.1958, ebda., 11.2.1958.

39 SAZ, 12.10.1961; ebda.; 6.11.1961; ebda., 16.11.1961. Außer der Ankündigung der offiziellen Eröffnung ist hier zu lesen, dass die USA zunehmend auf die Eröffnung eigener Amerika-Häuser verzichten zugunsten der DAI's, um die Zusammenarbeit mit deutschen Einrichtungen zu verbessern (und Kosten zu sparen, W.B.). Die neue Instituts-Bibliothek enthält 6.000 Bände statt bisher 2.500, daneben werden 900 Filme und 800 Schallplatten angeboten (woran insbesondere die JUSO's interessiert sein dürften, W.B.). Der Bibliothekssaal, der auch eine Studio-Bühne beherbergt, kann in einen Hörsaal für 110 Personen umgewandelt werden.

40 SAZ, 11.4.1960; weitere Ankündigungen ebda., 2.7.1960, ebda., 6.7.1960 und öfters.

41 SAZ, 20.9.1960. Ein Foto des „Fuller-Domes" bringt Wernet, 50 Jahre DAI, S. 51.

diese „Massenbewegung" nicht ignorieren oder gar schlechtschreiben, was sie wohl auch nicht beabsichtigt.

Ambivalentes Amerikabild

Die recht zahlreichen Einzelbeispiele stützen den Eindruck von einer positiven Grundstimmung; dennoch wäre die Behauptung einer problem- und kritiklosen Durchdringung der SPD Saar mit amerikanischen Werten und Ideen nicht ganz korrekt. Das Amerika-Bild saarländischer Sozialdemokraten ist keineswegs frei von Zweifeln, Bedenken, Vorbehalten; diesen Eindruck zumindest legt die SAZ nahe. Während vor allem auf der Titelseite namentlich Kennedy mit wachsender Sympathie dargestellt wird – und zum Beispiel auf den Technikseiten die wissenschaftliche und technologische Überlegenheit anerkannt werden, geben die Regionalseiten immer wieder Artikeln oder Notizen Platz über Ausschreitungen von im nahen Rheinland-Pfalz stationierten GI's, zumal, wenn „Negersoldaten" die mutmaßlichen Täter sind.[42] Bieten in der „großen Politik" der Sputnik-Schock oder die schon erwähnte Vertrauenskrise nach dem Mauerbau Stoff für Sorgen und Verunsicherung, ist es im kleinen Saarland die Belastung der Zivilbevölkerung in der angrenzenden Westpfalz durch die starke US-Militärpräsenz, die kritische Bemerkungen provoziert. So wirft ein Zeitungsbericht über einen Tarifkonflikt ein bezeichnendes Licht auf die Army als Arbeitgeber. 1.100 Munitionsarbeiter der US-Depots in Miesau und Weilerbach kämpfen um den Erhalt ihrer Gefahrenzulagen, derweil die zu Einsparungen gezwungene Army die Sicherheitsbestimmungen, von denen die Höhe der Zulagen abhängt, drastisch lockern will.[43] Aus Gewerkschaftskreisen werden zudem kritische Töne vernehmbar, z.B. mit der Behauptung, „daß die europäische Form der Gewerkschaft besser als die in Amerika sei".[44]

Sehr schwer einzuschätzen sind mögliche praktische Auswirkungen der „Amerika"-Rezeption. Spielt diese eventuell eine Rolle bei der Standortfindung der Ford-Werke im Saarland, die sich ab 1960 auf die Suche machen[45] und sich schließlich für Saarlouis entscheiden?[46] Einen solchen Zusammenhang aufzeigende Quellen

---

42 SAZ, z.B. 17.4.1961 oder ebda., 23.4.1961.

43 SAZ, 14.1.1961.

44 SAZ, 26.9.1961. ÖTV-Bezirksleiter Erich Lange in einem Vortrag vor der ÖTV-Jugend über die Entwicklung der Gewerkschaftsbewegung. Zu Lange: Sigrid Hanschke, „Das zu tun, wozu man gebraucht wird." Erich Lange (1921 – 1964). Ein Leben im Dienste der Gewerkschaftsbewegung, Saarbrücken 2007.

45 SAZ, 11.8.1960: In Köln erklärt die Ford AG ihren Verzicht auf die Ansiedlung eines Autowerkes in Herten (Ruhrgebiet). „Obwohl sich die Stadt Herten gegen den Widerstand des Bergbaus für die Ansiedlung der Ford-Werke eingesetzt hatte, gaben am Mittwoch (10.8.1960, W.B.) Vertreter des Automobilwerks in einer Besprechung mit dem nordrhein-westfälischen Wirtschaftsminister als Grund für ihren Verzicht die zu befürchtenden Schwierigkeiten für den technischen Betrieb an".

46 Zur Ansiedlung auf dem Röderberg: Wilfried Busemann, Einsatz für innerbetriebliche Mitbestimmung und Sicherung der Arbeitsplätze. Streifzüge durch die Geschichte des Betriebsrates und

liegen nicht vor, wird es wahrscheinlich auch gar nicht geben. Gerade Ford freilich steht als Exempel dafür, dass groß inszenierte Image-Kampagnen gar nicht nötig sind, schließlich kommt mit Ford nicht irgendjemand, sondern das prestigeträchtige amerikanische Vorzeige-Unternehmen – 1960 längst ein Mythos der Fließband-Produktion; *by the way*: ein nicht unbedingt positiver Mythos. Diese Niederlassung findet demnach nicht ausschließlich wegen des mehr oder weniger guten amerikanischen Rufes Zustimmung bei Sozialdemokraten (und anderen Landes- bzw. Kommunalpolitikern!) und IG Metall-Funktionären, sie wird auch deshalb begrüßt, weil sie den dringend benötigten Strukturwandel mit auf den Weg bringt, weg von der Dominanz der Hütten und Bergwerke.

Zur Bedeutung der USA als Modernisierungsleitbild der SPD Saar

Wer als „Amerika"-Kenner gilt – oder sich dafür ausgibt –, steht für Fortschritt, Moderne, Weltläufigkeit. Das internationale Flair, der „Duft der großen, weiten Welt"[47] mag nützlich sein für das persönliche Image eines Politikers, ist aber als solches politisch noch nicht von größerer Bedeutung, es sei denn, es wird verbunden mit dem Anspruch oder dem Versprechen auf undogmatische, reformorientierte (was immer das heißen mag) Herangehensweisen an politische Problemfelder. Damit sind vorderhand die politischen Rahmenbedingungen innerhalb der SPD auf Bundesebene gemeint. So nimmt Heinz Langerhans in seinem schon erwähnten Vortrag vom Januar 1957 ausdrücklich Bezug auf den SPD-Bundesparteitag vom 10. bis 14. Juli 1956 in München, der hauptsächlich „Automation und Zweite industrielle Revolution" debattiert und zu Fragen der „Planung", der gesamtwirtschaftlichen Globalsteuerung unter anderem „auf neuartige Formen der Kooperation von Industrie und Staat, wie sie in Großbritannien und den USA gefunden" wurden[48], verweist. Obwohl die SPD Saar an Entstehung, Diskussion und Verabschiedung des epochalen „Godesberger Programms" von 1959 wenig aktiven Anteil nehmen kann, demonstriert sie, dass sie in diesem Einzelaspekt den Anschluss an die Bundes-SPD hält; eben auch, weil „Automation" usw. als Erwartungshaltung den notwendigen saarländischen Strukturwandel befeuert.

Allgemein fällt auf, wie aktuell amerikanische Erfahrungen und Beobachtungen zu tagespolitischen Themen im Saarland passen, diese ergänzen, relativieren, in ein neues Licht stellen.[49] Als erster Punkt muss hier die Darstellung der sozialen Verhältnisse in

---

der IG Metall-Vertrauensleute bei Ford Saarlouis, 1966 – 2010, unveröffentlichtes Manuskript, Saarbrücken 2009, S. 3 f.

47 Dieser Slogan wirbt Anfang der 60er Jahre mit amerikanischer Militärmusik schmissig unterlegt erfolgreich für eine Zigarettenmarke.

48 SAZ, 14.1.1957. Zitat aus: Kurt Klotzbach, Der Weg zur Staatspartei. Programmatik, praktische Politik und Organisation der deutschen Sozialdemokratie 1945 bis 1965, Bonn 1982, S. 372; zum Parteitag in München und dessen Umfeld: ebda., S. 371-374.

49 Zweifellos hängt dieser Umstand zusammen mit den verschiedenen „Filtern", durch die insbesondere die Reisen passiert werden. Den ersten Filter bildet die Zusammenstellung der Programme auf amerikanischer Seite, die zweite „Filterung" vollziehen die Reisenden bei der Auswahl

Amerika, die fehlende „Sozialstaatlichkeit" aufgegriffen werden, weil sie unmittelbar korrespondiert mit der seinerzeit heftigen Diskussion um die Sicherung des sozialen Besitzstandes im Saarland. Ohne direkt auf die lebhaft beklagten Verluste einzugehen, können die einschlägigen SAZ-Artikel als Kommentar mit der unterschwelligen Aussage gelesen werden, dass es eine reiche, leistungsstarke Gesellschaft gibt, in der öffentliche Daseinsvorsorge als Fundament der sozialen Sicherheit nahezu unbekannt ist.

Ausführungen zum US-Bergbau und zur Energieversorgung stehen im Kontext des sich abzeichnenden Zechensterbens an der Saar und der massiven Verluste an Arbeitsplätzen unter Tage; selbst der Hinweis auf die Überlegenheit amerikanischer Filter-Anlagen bezieht sich auf die extrem gesundheitsgefährdenden Staubplagen durch Industrie-Emissionen in Kleinblittersdorf,[50] Völklingen oder Groß-Rosseln. Eine weitere unmittelbare Wechselbeziehung besteht zwischen den Ausführungen zu Arbeitnehmerorganisationen in Amerika und der saarländischen Gewerkschaftsdebatte im Spannungsfeld von Etablierung des DGB und seiner Einzelgewerkschaften als echter Einheitsgewerkschaft, dem Niedergang der Christlichen Gewerkschaften an der Saar und der Diskussion um das neue, 1963 verabschiedete Grundsatzprogramm des DGB.[51]

Vielsagend entfallen die Bemerkungen zur Rassenproblematik, „gelingt" es ihnen doch, den kurz zuvor überwundenen Rassenwahn des Nationalsozialismus auszuklammern zugunsten der Andeutung einer Diskussion der Wahrnehmung und Durchsetzung politischer Interessen in der offenen, demokratischen Gesellschaft. Es bleibt schließlich ungewiss, ob der amerikanischen Gesprächspartner naiv ist oder der Berichterstatter unkritisch, maßgeblich ist die Vermittlung der Illusion (?) einer vermeintlich friedlichen Lösung (als Verharmlosung?) von Rassen- (bzw. Klassen-(?))Gegensätzen. Geschichtspolitisch fällt diese Ausblendung zusammen mit der weit verbreiteten Neigung, sich der Verantwortung für die eigene Vergangenheit zu verweigern – oder sie stattdessen zu beschönigen.

Welche kurzfristigen Wirkungen die Amerika-Interventionen erzielen, kann mangels Leser-Umfragen nicht ermittelt werden. Auf lange Sicht kommen die Auswirkungen einem der sozialdemokratischen Selbstfindung dienenden Befreiungsschlag gleich. Zunächst gestattet die Erweiterung der sozialdemokratischen Welt-Anschauung um transatlantische Sichtweisen die stillschweigende weitere „Entrümpelung" alter,

---

ihrer Themen für ihre Berichterstattung in Vortragsveranstaltungen und das dritte „Sieb" hält die SAZ-Redaktion parat, die vermutlich bei den Berichten zu Trittelvitz und Schuck, eventuell auch beim „Chef" Regitz, Kürzungen vornimmt nach Kriterien, die nicht mehr nachvollziehbar sind.

50 Weit über den engen lokalen Rahmen hinaus stellt die SAZ mit etwa zwanzig Artikel und Reportagen im ersten Halbjahr 1957 die Staubplage in Kleinblittersdorf und den Kampf der dort gegründeten Bürgerinitiative bis zum Schulstreik gegen die enormen Belastungen. Der Hinweis auf die vorbildlichen amerikanischen Entstaubungsanlagen soll auch verstanden werden als Wink mit dem Zaunpfahl vom Betreiber des die Emissionen verursachenden Kohlekraftwerks im französischen Grossbliederstroff auf der gegenüberliegenden Saarseite, der Houillères du Bassin de Lorraine, HBL.

51 Zum DGB-Grundsatzprogramm vom November 1963: Michael Schneider, Kleine Geschichte der Gewerkschaften. Ihre Entwicklung in Deutschland von den Anfängen bis heute, Bonn 1989, S. 313-317.

vor 1935 betriebener Europa-Idealisierungen[52] und die halbwegs diskrete Tilgung europapolitischer Visionen der SPS, ohne daß alte Wunden unnötig wieder aufgerissen werden. „Europa" wirkt mit einem Mal merkwürdig altmodisch, gerät ins Hintertreffen, obwohl nach der Gründung der Europäischen Wirtschaftsgemeinschaft im Jahre 1957 zu Beginn der 60er Jahre deren Folgen sich konkret im saarländisch-lothringischen Grenzraum für Grenzgänger und Verbraucher abzeichnen. Zudem erlaubt die „Amerikanisierung" den alten SPS-Genossen eine gemeinsame Neuorientierung mit den ehemaligen sozialdemokratischen Gegnern von 1955. Theoretisch, denn es ist zweifelhaft, ob die Mehrheit der SPD Saar diese Art von Integration tatsächlich beabsichtigt.[53] Und tatsächlich folgen nicht alle ehemaligen SPS-Mitglieder diesem zu offensichtlich zweischneidigen Angebot. Sicherlich kommt ihnen die über „Amerikanisierung" auch beabsichtigte Verdrängung des von Kurt Schumacher dominant vertretenen Nationalismus entgegen, doch das Aufgeben einer antikapitalistischen Grundhaltung durch die Verbreitung von Kenntnissen „linksliberaler Gesellschaftstheorien aus der Zeit des New Deals" in Verbindung mit der Idee, ideologiefreie Sozialtechnologie könne gesellschaftliche Konflikte lösen dürfte ihnen schwerfallen. Der angestrebte Abschied vom Marxismus, der Ersatz einer Klassen-Analyse durch einen Grundwerte-Konsens sind nicht jedermanns Sache.[54]

Gegenüber den ehemaligen Weggefährten des prodeutschen „Heimatbundes" von 1955, CDU und DPS, geht die SPD Saar mit ihrer neuen Art der „Westorientierung" einen großen Schritt auf dem Weg der Emanzipation, hinaus aus einer Gemeinschaft, welche recht bald nach der Volksabstimmung in das schiere Gegenteil umschlägt, hinaus aus einer Gemeinschaft, die dem Wesen der Sozialdemokratie so gar nicht entspricht. Zu gleichen Teilen signalisiert das Ergebnis vom 23.10.1955 das Nein zur Integration in die westliche Ideenwelt und den Rückfall in eine deutsch-nationale Werte-Gemeinschaft, die sich nicht einfügt in die transnationale, antitotalitäre Ideologie des Kalten Krieges und die sich deshalb zum Zeitpunkt ihres größten Erfolges, des Neins zum Europa-Statut, politisch schon überholt hat. Ihre bekanntesten (oder berüchtigsten) prodeutschen Protagonisten, Heinrich Schneider, DPS, und Hubert Ney, CDU, manövrieren sich aus unterschiedlichen Gründen nach kurzer Zeit ins politische Abseits[55], während ihre zeitweiligen Gegenspieler Kurt Conrad und Friedrich Regitz

---

52 Hierzu insbesondere die Vorstellungen Max Brauns von der „europäischen Brückenfunktion des Saarlandes" in: Gerhard Paul, Max Braun. Eine politische Biographie, 2. Auflage, St. Ingbert 1987, S. 42-47.

53 Die „Wiederherstellung der sozialistischen Einheit an der Saar", vom Bonner SPD-Bundesvorstand erzwungen, wird an der Basis nicht befolgt, ein Großteil der Aufnahmeanträge übertrittswilliger SPS-Mitglieder bürokratisch verschleppt.

54 Zur Amerikanisierung der SPD in diesem Sinne: Doering-Manteuffel, Westernisierung, S. 322; und ders., Dimensionen von Amerikanisierung in der deutschen Gesellschaft, in: Archiv für Sozialgeschichte, AfS, Bd. 35, 1995, S. 1-34, hier: S. 28 f., Zitat: ebda.,

55 Ausgewiesene Konservative tun sich schwer mit der Anpassung. Nach der völligen Diskreditierung von militaristischem Untertanengeist, autoritätsfixiertem Obrigkeitsstaat, Rassismus und Antisemitismus durch den Nationalsozialismus muss sich der deutsche Konservatismus in der „Christdemokratie" gemeinsam mit anderen Strömungen, neu definieren. Alte ideologische Vorbehalte, wie die an der Saar 1955 wiederbelebte „Volksgemeinschaft", dulden eine allenfalls teilweise, recht brüchige „Amerikanisierung" der CDU, so sehr diese auch in Treue fest und dankbar

noch mehr als ein Jahrzehnt die politischen Geschicke des Landes mitgestalten, freilich seit 1961 in der Opposition, aber in einer Partei, der SPD Saar, mit erkennbarem Zulauf von Mitgliedern und Wählern.

Die Beschäftigung mit und die schließlich spezifisch saarländische Aneignung von transatlantischen Wertvorstellungen macht innerhalb des SPD-Landesverbandes nur einen kleinen Teil dessen aus, was die Selbstfindung der Partei bis zum Ende der 60er Jahre kennzeichnet. „Der eigene Weg" gewinnt seine Charakteristika auch (und mehr) aus grundlegenden Veränderungen bei den Jungsozialisten, dort vor allem in der Auseinandersetzung mit dem Algerienkrieg vor der eigenen Tür, der Umorientierung im Verhältnis zu den Gewerkschaften an der Saar, der nicht unbedingt ruhmreichen Beschwichtigung geschichtspolitischer Differenzen zur NS-Erfahrung oder dem ambivalenten, bisweilen kleinbürgerlichen Frauenbild der damaligen Männerpartei SPD.

---

zu den USA steht als Schutzmacht gegen den Bolschewismus: Raimund Lammersdorf, Verwestlichung als Wandel der politischen Kultur, in: Junker, Handbuch, Bd. 1, S. 366-377, hier: S. 370 f.

Eine transnationale Geschichte des Godesberger Programms

Julia Angster

„Nationalgeschichtsschreibung ist nicht der historiographische Normalfall."[1] Mit dieser Feststellung macht Jürgen Osterhammel auf die Normalität transnationaler und globaler Verflechtung seit dem späten 18. Jahrhundert aufmerksam. Tatsächlich ist die nationale Perspektive in der Geschichtsschreibung selbst Produkt der historischen Entwicklung des 19. Jahrhunderts, in der die kulturell und politisch geeinte Nation insbesondere in Deutschland als Ziel der Geschichte galt und zum Gegenstand der Geschichtsschreibung wurde. Diese nationale, innerdeutsche Perspektive blieb für eine ganze Reihe von historiographischen Feldern der Neueren und Neuesten Geschichte das 20. Jahrhundert über dominant.[2] In den letzten beiden Jahrzehnten jedoch wuchs, auch vor dem Hintergrund lebensweltlichen Wandels, die Neugierde auf die vielfältigen Verbindungen und Verflechtungen zumindest zwischen den europäischen Kulturen und Gesellschaften. So begann auch in der deutschen Geschichtswissenschaft eine Öffnung für Themen und Ansätze, die sich nicht in den nationalstaatlichen, nationalkulturellen oder volkswirtschaftlichen Rahmen einpassen lassen.[3]

Auch die Geschichte der deutschen Arbeiterbewegung wurde lange vorwiegend im nationalen Rahmen gedacht und geschrieben.[4] Dabei standen zeitliche Entwicklungslinien im Vordergrund: Entwicklungen im Konflikt mit Arbeitgebern und Staat, organisatorischer und struktureller Wandel, Veränderungen der Programme, interne Flügelkämpfe und deren Ausgang. Mittlerweile lässt sich jedoch auf der Basis breiter und gesicherter Erkenntnisse über die deutsche Arbeiterbewegung[5] an eine räumliche Per-

---

1 Jürgen Osterhammel: Transnationale Gesellschaftsgeschichte: Erweiterung oder Alternative?, in: Geschichte und Gesellschaft (GG) 27/2001, S. 464-479, hier S. 474.
2 Lutz Raphael: Nationalzentrierte Sozialgeschichte in programmatischer Absicht: Die Zeitschrift „Geschichte und Gesellschaft. Zeitschrift für Historische Sozialwissenschaft" in den ersten 25 Jahren ihres Bestehens, in: GG 25/1999, S. 5-37.
3 Als Auswahl: Jürgen Osterhammel: Geschichtswissenschaft jenseits des Nationalstaats. Studien zu Beziehungsgeschichte und Zivilisationsvergleich, Göttingen 2001; ders.: Transnationale Gesellschaftsgeschichte; Sebastian Conrad: Globalgeschichte. Eine Einführung, München 2013; ders./Jürgen Osterhammel, Hrsg.: Das Kaiserreich transnational. Deutschland in der Welt 1871-1914, Göttingen 2004; Sebastian Conrad: Globalisierung und Nation im deutschen Kaiserreich, München 2006; Jürgen Osterhammel/Dieter Langewiesche/Paul Nolte, Hrsg.: Wege der Gesellschaftsgeschichte, Göttingen 2006; Gunilla Budde u. a., Hrsg.: Transnationale Geschichte. Themen, Tendenzen und Theorien (FS Kocka), Göttingen 2006.
4 Wegweisend allerdings schon in den 1970ern: Werner Link: Deutsche und amerikanische Gewerkschaften und Geschäftsleute 1944-1975. Eine Studie über transnationale Beziehungen, Düsseldorf 1978.
5 Als Beispiele siehe u.a.: Kurt Klotzbach: Der Weg zur Staatspartei. Programmatik, praktische Politik und Organisation der deutschen Sozialdemokratie 1945-1965, Neuausgabe mit einem Essay von Klaus Schönhoven, Bonn 1996; Klaus Schönhoven: Wendejahre. Die Sozialdemokratie in der Zeit der Großen Koalition 1966-1969, Bonn 2004; ders.: Die deutschen Gewerkschaften, (Neue Historische Bibliothek) Frankfurt/M. 1987; sowie die Bände der Reihe Geschichte der Ar-

spektiverweiterung denken, also transnationale Beziehungen stärker in den Mittelpunkt des Interesses rücken oder gar den Blick auf größere, gesamteuropäische oder gesamtwestliche Zusammenhänge lenken. Eine solche räumlich über den nationalen Rahmen hinausgehende Perspektive lässt sich für die Geschichte der Arbeiterbewegung auf verschiedene Weise umsetzen: Zum einen über den Vergleich zwischen nationalen Parteien und Gewerkschaften. Dieser Ansatz wurde schon seit den späten 1980ern intensiv verfolgt.[6] Zum andern lässt sich nach transnationalen Beziehungen fragen, nach Interaktionen zwischen nationalen Organisationen und ideengeschichtlichen Traditionen und nach deren Folgen.[7]

Allerdings ist der Begriff der „transnationalen Geschichte" vielschichtig: Ursprünglich waren damit Beziehungen zwischen Gesellschaften bzw. zwischen gesellschaftlichen Gruppen und Verbänden gemeint, im Gegensatz zu denjenigen zwischen Regierungen auf der Ebene des internationalen Staatensystems.[8] Daraus wurde die Bezeichnung für eine Geschichtsschreibung, die nach Beziehungen, Verflechtungen und Transfers zwischen bestimmten nationalen Gesellschaften oder Kulturen fragt, auch jenseits von Verbänden und Organisationen.[9] Es geht hier insbesondere um Beziehungen zwischen Gesellschaften, um den Transfer „von Ideen, Gütern, Menschen und Institutionen aus einem spezifischen System gesellschaftlicher Verhaltens- und Deutungsmuster in ein anderes".[10] Eine neuere Anwendungsweise des Begriffs „transnational" schließlich bezieht sich weniger auf die Interaktion zwischen zwei Nationalgesellschaften, sondern entwirft eine Gesellschaftsgeschichte in nationenübergreifender, etwa einer gesamteuropäischen Perspektive, oder fragt – in einer noch weiteren Fassung – nach Entwicklungen in einem größeren räumlichen Zusammenhang, solchen,

---

beiter und der Arbeiterbewegung in Deutschland seit dem Ende des 18. Jahrhunderts, hrsg. v. Gerhard A. Ritter, Berlin-Bonn 1984ff.

6 Als Beispiele: Stefan Berger: The British Labour Party and the German Social Democrats, 1900-1931, Oxford 1994; John Breuilly: Labour and Liberalism in Nineteenth-Century Europe. Essays in Comparative History, Manchester-New York 1991; Christiane Eisenberg: Deutsche und englische Gewerkschaften. Entstehung und Entwicklung bis 1878 im Vergleich, Göttingen 1986; Anthony J. Nicholls: Zwei Wege in den Revisionismus. Die Labour-Partei und die SPD in der Ära des Godesberger Programms, in: Jürgen Kocka/Hans-Jürgen Puhle/Klaus Tenfelde, Hrsg.: Von der Arbeiterbewegung zum modernen Sozialstaat. Festschrift für Gerhard A. Ritter, München u.a. 1994, S. 190-204; Klaus Tenfelde., Hrsg.: Arbeiter und Arbeiterbewegung im Vergleich. Berichte zur internationalen historischen Forschung (HZ-Sonderheft Bd. 15), München 1986, S. 13-62.

7 Julia Angster: Konsenskapitalismus und Sozialdemokratie. Zur Westernisierung von SPD und DGB (Ordnungssysteme, Bd. 13), München 2003; Johannes Paulmann: Internationaler Vergleich und interkultureller Transfer. Zwei Forschungsansätze zur europäischen Geschichte des 18. bis 20. Jahrhunderts, in: Historische Zeitschrift, 267/1998, S. 649-685.

8 Robert Keohane/Joseph Nye, Hrsg.: Transnational Relations and World Politics, Cambridge, Mass. 1971.

9 Michel Espagne/Michael Werner: Deutsch-französischer Kulturtransfer als Forschungsgegenstand. Eine Problemskizze, in: dies., Hrsg.: Transferts: les relations interculturelles dans l'espace franco-allemand (XVIIIe et XIXe siècle), Paris 1988, S. 11-34; Paulmann: Internationaler Vergleich und interkultureller Transfer.

10 Paulmann: Internationaler Vergleich und interkultureller Transfer, S. 680.

die gar nicht erst in den nationalen Rahmen passen, wie etwa die Geschichte von Migration, Religion oder dem Internet. Hier geht die Gesellschaftsgeschichtsschreibung ganz von einer Bindung an nationale Gesellschaften weg und spricht stattdessen von „transnationalen sozialen Räumen".[11] Beide Perspektiven, die des Transfers zwischen zwei Kulturen und die größere, Räume umgreifende, bieten einen Erkenntnisgewinn für die Geschichte der deutschen Arbeiterbewegung nach 1945.

Ich will deswegen im Folgenden am Beispiel der Geschichte des Godesberger Programms der SPD zeigen, dass eine transnationale Perspektive durchaus auch für die Arbeiterbewegungsgeschichte sinnvoll sein kann. Ich will „Godesberg" hier als Teil und Ergebnis einer transnationalen Geschichte behandeln. Im Mittelpunkt stehen dabei die Beziehungen deutscher Sozialdemokraten zur amerikanischen Arbeiterbewegung zwischen 1945 und etwa 1965 und deren Wirkungen auf das politische Denken der SPD. Meine These ist, dass diese Beziehungen mit zu dem fundamentalen Wandel beigetragen haben, den das politische Denken der SPD zwischen den 1940ern und den 1960ern durchlaufen hat.[12]

In ihrem Godesberger Programm von 1959 vollzog die SPD den Schritt von der proletarischen Klassen- und Weltanschauungspartei zur linken Volkspartei. Aus einer Systemopposition, die der bestehenden Gesellschaftsordnung zumindest in der Theorie ablehnend gegenüberstand, wurde eine Partei, die sich als legitimen Bestandteil der Gesellschaftsordnung und des politischen Systems der Bundesrepublik Deutschland betrachtete und entschlossen war, ihre Interessen und ihre Politik innerhalb des parlamentarischen Systems selbstbewusst zu vertreten. Dies war eine deutliche Abkehr von den sozialistischen Traditionen seit dem Kaiserreich, die beim Wiederaufbau der Arbeiterbewegung in Westdeutschland nach 1945 noch weitestgehend prägend gewesen waren: SPD wie DGB waren Anfang der 1950er Jahre überwiegend davon überzeugt, dass Kapitalismus mit Demokratie unvereinbar seien und dass ein solches Wirtschaftssystem Beweis für eine fehlende demokratische Entwicklung sei. Diesen Wandel interpretiere ich hier als Hinwendung zu westlichen Werten: zu Pluralismus als Leitmodell der politischen Kultur, liberaler Repräsentativdemokratie und einer keynesianisch geprägten marktwirtschaftlichen Ordnung; dazu gehören aber auch veränderte Vorstellungen von so grundlegenden Konzepten wie Gerechtigkeit, Politik und Gesellschaft.[13] Diese Entwicklung, so mein Argument, geschah nicht in einem rein innerdeutschen Rahmen, sondern lässt sich besser erklären, wenn man sie als das Produkt transnationaler Beziehungen versteht, als das Ergebnis von Erfahrungen und Beziehungen mit den politischen Kulturen anderer Länder, insbesondere der USA, aber auch Großbritanniens oder Skandinaviens.

Im Folgenden sollen also die Beziehungen zwischen deutschen Sozialdemokraten und amerikanischen Gewerkschaften näher betrachtet und auf ihre Wirkungen hin

---

11 Für eine Begriffsdefinition siehe Osterhammel: Transnationale Gesellschaftsgeschichte, S. 471ff.
12 Siehe hierzu ausführlicher: Angster: Konsenskapitalismus.
13 Vgl. hierzu Angster, Konsenskapitalismus, Kap. I und IV; Ernst Fraenkel: Deutschland und die westlichen Demokratien, Frankfurt/M. 1991; Richard Münch: Die Kultur der Moderne. Bd.1: Ihre Grundlagen und ihre Entwicklung in England und Amerika; Bd.2: Ihre Entwicklung in Frankreich und Deutschland, Frankfurt/M. 1993.

befragt werden: Wer waren die „Träger von Ideen" (Paulmann), welche Ideen wurden transferiert und warum, und auf welche Weise wurden sie „eingebaut" und an die eigenen Bedürfnisse angepasst?[14] Dieser interkulturelle Transfer muss jedoch zugleich als Teil einer größeren, westeuropäisch-transatlantischen Entwicklung gesehen werden.

I. Der Aufbau eines transatlantischen Netzwerks und die Ziele der amerikanischen Arbeiterbewegung

Am 7. Dezember 1959 wurde dem Präsidenten des amerikanischen Gewerkschaftsbundes AFL-CIO, George Meany, durch Bundeskanzler Adenauer in Bonn das Große Verdienstkreuz mit Stern und Schulterband verliehen. In seiner Rede erklärte Meany, es gebe neben dem Wirtschaftswunder „ein noch größeres deutsches Wunder der Nachkriegszeit. Über dieses Wunder wird nicht genug gesprochen, obgleich es, langfristig gesehen, für die Welt als Ganzes noch bedeutsamer ist. Ich denke an das geistige, moralische und politische Wiedererwachen, an die Wiedergeburt und das Erstarken der Demokratie in Deutschland — nach zwölf Jahren der Dunkelheit und des Schreckens der Nazi-Diktatur. Auch hier sind wir von der amerikanischen Arbeiterbewegung stolz darauf, unseren deutschen Kollegen geholfen zu haben."[15] Was aber meinte Meany mit „geholfen"?

In der Nachkriegszeit betrieben die amerikanischen Gewerkschaften, allen voran der Dachverband American Federation of Labour (AFL), eine regelrechte Außenpolitik. Sie unterhielten Büros in Paris und Düsseldorf und bezahlten ständige Repräsentanten vor Ort, die zahlreiche Kontakte zu den Organisationen der europäischen Arbeiterbewegungen knüpften. Ab etwa 1950 standen sie im Zentrum eines breit gefächerten und vielschichtigen transnationalen Netzwerks, dem Parteipolitiker, Gewerkschafter und Publizisten angehörten.[16] Dies kostete Zeit, Geld und Personal und war mit einem enormen Aufwand verbunden. Welches Ziel verfolgten die amerikanischen Gewerkschaften mit diesem Engagement?

Die amerikanische Arbeiterbewegung war ausschließlich eine Gewerkschaftsbewegung, in den USA gab es und gibt es keine sozialistische oder Arbeiterpartei von nennenswertem Einfluss.[17] Die amerikanischen Gewerkschaften waren nach dem Be-

---

14 Paulmann: Internationaler Vergleich und interkultureller Transfer, S. 674f.
15 Presseerklärung des Präsidenten des amerikanischen Gewerkschaftsbundes AFL-CIO, George Meany, aus Anlaß der Verleihung des Großen Verdienstkreuzes mit Stern und Schulterband durch Bundeskanzler Adenauer, Bonn, 7. Dezember 1959, DGB-Archiv im Archiv der sozialen Demokratie (AdsD), Bestand 24/614.
16 Hierzu ausführlich Angster: Konsenskapitalismus, sowie Link: Deutsche und amerikanische Gewerkschaften.
17 Selig Perlman: „Labor and the New Deal", in: Milton Derber/Edwin Young: Labour and the New Deal, 2. Aufl., New York. 1972; Seymour Martin Lipset/Gary Marks: It didn't Happen Here: Why no Socialism in America, New York 1999.

rufs- bzw. Industrieverbandsprinzip gegliedert und in zwei Dachverbänden organisiert, der American Federation of Labor und dem Congress of Industrial Organisations.[18] Die AFL war 1880 als Zusammenschluss bundesstaatlicher Gewerkschaften entstanden, die sich aufgrund ihrer ethnischen und kulturellen Vielfalt dezidiert gegen eine Politisierung der Gewerkschaften aussprachen und statt dessen für „pure and simple unionism" plädierten: Für eine staatsferne und nicht parteigebundene Interessenvertretung der Arbeitnehmerschaft. Sie verlangten – und erreichten durch den New Deal schließlich auch – eine starke und unabhängige Verhandlungsmacht sowohl gegenüber dem Staat als auch gegenüber den Arbeitgebern. Der Congress of Industrial Organizations (CIO) entstand in den 1930er Jahren vor diesem Hintergrund als die Interessenvertretung der Industriearbeiterschaft.[19]

Die amerikanischen Gewerkschaften waren nicht sozialistisch, sondern traten auch prinzipiell für eine kapitalistische Wirtschaftsordnung ein.[20] Sie hatten bereits zu Beginn des 19. Jahrhunderts die Vorstellung vom Klassenkampf aufgegeben und den Sozialismus als wirtschaftlich schädlich, sozial falsch und in der Industriegesellschaft unmöglich verworfen. Sie waren zudem parteipolitisch neutral und ausgesprochen staatsfern. So lehnten sie eine gesetzliche Regelung der Arbeitszeit oder der Löhne grundsätzlich ab, da dies Abhängigkeit vom Staat bedeute. Man setzte stattdessen auf gewerkschaftliche Stärke in freien Verhandlungen mit den Unternehmern.[21] Sie verstanden sich als Interessenvertretung der amerikanischen Arbeiterschaft. Ihre Aufgabe sahen sie darin, durch freie Kollektivverhandlungen innerhalb der freien Marktwirtschaft für die Arbeiterschaft hohe Löhne, Freizeit und kulturelle Teilhabe zu erreichen. Ihnen ging es nicht um eine Systemreform, sondern um höheren Lebensstandard für ihre Mitglieder: Chancengleichheit war das Ziel, nicht Ergebnisgleichheit. Man verstand sich gerade nicht als gesellschaftliche Gegenmacht, als Kraft außerhalb des gesellschaftlichen Konsenses, sondern als tragenden Pfeiler der Gesellschafts- und

---

18 Tim McNeese: The Labor Movement. Unionizing America (Reform movements in American history), New York 2008; Julie Greene: Pure and Simple Politics. The American Federation of Labor and Political Activism, 1881-1917, Cambridge 2006; Melvyn Dubofsky/Foster Rhea Dulles: Labor in America. A History, 7. Aufl. Wheeling, Ill., 2004; Kyle Boyd et al., Hrsg.: Organizing America. The History of Trade Unions, Charleston, WV, 2003; Robert H. Zieger: The CIO 1935-1955, Chapel Hill-London 1995; Nelson Lichtenstein: The Most Dangerous Man in Detroit. Walter Reuther and the Fate of American Labor, New York 1995; Kevin Boyle: The UAW and the Heyday of American Liberalism 1945-1968, Ithaca-London 1995; Rainer Erd: Amerikanische Gewerkschaften. Strukturprobleme am Beispiel der Teamsters und der Automobilarbeiter, Frankfurt/M.-New York 1989; Philip Taft: Organized Labor in American History, New York 1964.

19 Steven Fraser/Gary Gerstle, Hrsg.: The Rise and Fall of the New Deal Order, 1930-1980, Princeton, N.J 1989; Patrick Renshaw: American Labour and Consensus Capitalism, 1935-1990, London u.a. 1991; Zieger: CIO.

20 „[The American labor movement] is a labor movement upholding capitalism, not only in practice, but in principle as well." Perlman, Labor and the New Deal, S. 367.

21 Greene: Pure and Simple Politics; Harold C. Livesay: Samuel Gompers and Organized Labor in America, 2. Aufl., Prospect Height, Ill. 1993.

Wirtschaftsordnung, der fähig war, diese Ordnung mitzuprägen und sie nach den eigenen Wünschen zu gestalten.[22]

Eine Grundannahme angelsächsisch-liberalen Denkens ist die Freiheit des Eigentums. Hieraus hat sich in den USA die Überzeugung entwickelt, das Demokratie ein zentrales Element des politischen Systems, nicht aber der Wirtschaft sei, für die wiederum andere Spielregeln des Interessenausgleichs zu gelten hätten. Die amerikanischen Gewerkschaften akzeptierten und unterstützten die Wirtschaftsordnung der USA. Seit den 1930er und 1940er Jahren erkannten Gewerkschaften und Unternehmer hier ihre jeweiligen Interessen als legitim an und verhandelten miteinander ohne Einmischung des Staates, der jedoch die marktwirtschaftlichen Rahmenbedingungen kontrollierte. Die spezifische Form der Arbeitsbeziehungen, in denen Gewerkschaften und Unternehmer ihre jeweiligen Interessen als legitim anerkennen und *Collective Bargaining* betreiben, wird als Konsenskapitalismus bezeichnet.[23] Diese Form hatte sich während des New Deal herausgebildet und beruhte auf keynesianischen Grundannahmen über volkswirtschaftliche Zusammenhänge.[24] Auf Grund der Erfahrungen des New Deal – und des Zweiten Weltkriegs – war in der amerikanischen Gesellschaft der 1950er Jahre die Überzeugung verbreitet, dass Klassenkampf oder Verteilungskonflikte obsolet geworden seien: Die Lösung für solche Konflikte, und damit der Weg zu sozialer Gerechtigkeit, bestand in gesteigerter Produktivität, Effizienz und wirtschaftlichem Wachstum. Die Früchte dieses Wachstums galt es zu verteilen, aber nicht durch staatliche Planung, sondern durch freie Verhandlungen zwischen starken Gewerkschaften und Unternehmern. Aufgabe des Staates war es, stabile fiskalische Rahmenbedingungen zu schaffen um Wachstum zu ermöglichen. Der liberale Konsens innerhalb der amerikanischen Gesellschaft war die Basis für die Wirtschaftsordnung des Konsenskapitalismus.[25]

Nach dem Ende des Zweiten Weltkriegs, im beginnenden Kalten Krieg, wurde dieser liberale Konsens auch zur Grundlage der Idee einer westlichen Wertegemeinschaft, die die amerikanische Regierung in Westeuropa der kommunistischen Ideologie entgegenstellen wollte. Hierin war sie sich mit den amerikanischen Gewerkschaften einig. Regierung und Gewerkschaftsbewegung der USA verfolgten seit Ende der 1940er Jah-

---

22 Renshaw: American Labor and Consensus Capitalism.
23 Ebda. S. 126; Karen Orren: Union Politics and Postwar Liberalism in the United States, 1946-1979, in: Studies in American Political Development, 1 (1986), S. 215-252, bes. S. 215.
24 Fraser/Gerstle: New Deal Order; Milton Derber/Edwin Young: Labour and the New Deal, 2. Aufl. New York. 1972.
25 Zu AFL und CIO im Zweiten Weltkrieg siehe Andrew Edmund Kersten: Labor's home front. The American Federation of Labor during World War II. New York 2006; Nelson Lichtenstein: Labor's War at Home. The CIO in World War II, Cambridge, Mass. 1982. Zum Konsensliberalismus siehe Michael Hochgeschwender: Freiheit in der Offensive? Der Kongreß für Kulturelle Freiheit und die Deutschen (Ordnungssysteme, Bd. 1), München 1998, S. 77-80, 466-479; Angster: Konsenskapitalismus; S. 60-71; Daniel Bell: The End of Ideology. On the Exhaustion of Political Ideas in the Fifties, Glencoe 1960; Richard Pells: The Liberal Mind in a Conservative Age. American Intellectuals in the 1940s and 1950s, 2. Aufl., Middleton 1984; Louis Hartz: The Liberal Tradition in America. An Interpretation of American Political Thought Since the Revolution [1955], 2. Aufl., San Diego-New York-London 1991; Renshaw: American Labor and Consensus Capitalism; Fraser/Gerstle: New Deal Order; Derber/Young: Labour and the New Deal.

re außenpolitisch das gleiche Ziel: eine homogene westliche Werteordnung zu schaffen und zu verbreiten, die das westliche Bündnis stärken und so die USA und ihre Gesellschaftsordnung gegen die Bedrohung durch den totalitären Gegner absichern sollte. Die eigenen Werthaltungen und das eigene Ordnungssystem wurden, gerade von den amerikanischen Gewerkschaften, für universal gültig und für übertragbar erachtet. Erst die Systemkonkurrenz des Kalten Krieges aber ließ sie zu einem geschlossenen Denkgebäude werden und führte zum ernsthaften Versuch, sie in den Gesellschaften anderer Länder zu verbreiten.[26]

Das außenpolitische Denken und Handeln von AFL und CIO drehte sich um die „Verteidigung der freien Welt" gegen die Diktatur, es folgte den Topoi der Totalitarismustheorie. Freien Gewerkschaften wurde dabei eine zentrale Rolle zuerkannt, ihre Position zu stärken galt als zentraler Schritt zur Sicherung der Demokratie und der Freiheit des Westens gegen die Bedrohung durch die als expansiv wahrgenommene Sowjetunion und ihre Anhänger in den kommunistischen Parteien des Westens. Westeuropa sollte wirtschaftlich und politisch stabilisiert werden. Der Marshall-Plan hatte daher im außenpolitischen Denken der US-Gewerkschaften eine zentrale Position inne. Sein Denkansatz, wirtschaftliche Anschubhilfe zur Wiederherstellung des Wirtschaftswachstums in einem sich selbst organisierenden Westeuropa, übertrug das keynesianische Denken des späten New Deal, die *'politics of productivity'*, auf das Feld der internationalen Beziehungen. Wachstum und Produktivität sollten die Wirtschaft im Nachkriegseuropa wieder in Gang bringen, sie krisenfest machen und zu einem stetig steigenden Lebensstandard führen.[27] Dadurch sollten die sozialen Probleme aufgehoben und zugleich der Kommunismus abgewehrt werden. Hierzu war aber aus amerikanischer Sicht die Mitarbeit der europäischen Gewerkschaften nötig. Sie sollten, wie die Gewerkschaften in den USA, über hohe Lohnforderungen bzw. -abschlüsse die Kaufkraft stärken und so die Nachfrage ankurbeln. Dazu mussten sie die Marktwirtschaft und das Privateigentum an Produktionsmitteln akzeptieren, sich von staatlichen Vorgaben unabhängig machen und die liberaldemokratische und pluralistische Gesellschaftsordnung stützen.

Beim Export solcher Grundprinzipien komme der amerikanischen Arbeiterbewegung eine zentrale Rolle zu: Denn die Arbeiterbewegung war in ihren Augen, aber auch in den Augen vieler Europäer, das wichtigste Bollwerk gegen den Stalinismus und damit der Schlüssel zur Zukunft eines freiheitlichen Europas. Und eine freie Arbeiterbewegung könne und dürfe eben nicht von einer Regierung aufgebaut werden. Wenn die amerikanische Regierung den westeuropäischen Sozialisten den liberalen Konsens vermitteln wolle, würde dies als Propaganda aufgefasst und abgelehnt werden. Die Auseinandersetzung mit dem Kommunismus werde in erster Linie um die Überzeugungen der Menschen auf der Straße geführt, um die ideellen Grundlagen der gesell-

---

26 Vgl. Jennifer Luff: Commonsense Anticommunism. Labor and Civil Liberties between the World Wars. Chapel Hill 2012.
27 Charles S. Maier: The Politics of Productivity. Foundations of American International Economic Policy after World War II, in: ders.: In Search of Stability. Explorations in Historical Political Economy, Cambridge 1987, S. 121-152; vgl. auch Michael Hogan: The Marshall Plan. America, Britain, and the Reconstruction of Western Europe, 1947-1952, Cambridge 1987.

schaftlichen und wirtschaftlichen Ordnung. Und aus diesem Grund versuche die Sowjetunion, so die Meinung der AFL, mit einigem Aufwand die Kontrolle über die Gewerkschaften anderer Länder, besonders Westeuropas, zu erlangen. Man dürfe daher Kosten und Aufwand nicht scheuen und müsse eine Rolle in der Weltpolitik übernehmen.

Daher betrieben beide Dachverbände der amerikanischen Gewerkschaften, AFL wie CIO, eine gezielte Politik der Stärkung und Unterstützung der nichtkommunistischen Arbeiterbewegungen in ganz Westeuropa. Sie warben bei ihren europäischen Kollegen um die Unterstützung des Marshallplans und kooperierten in dessen Umsetzung auch mit der amerikanischen Regierung. Westdeutschland spielte dabei in der Europapolitik der AFL eine Schlüsselrolle – als geteiltes Land an der Frontlinie des Kalten Krieges und bedeutendste europäische Volkswirtschaft.

Zunächst ging es der AFL deswegen vor allem darum, den organisatorischen Wiederaufbau der deutschen Gewerkschaften zu begleiten. Und das hieß aus Sicht der AFL, dafür Sorge zu tragen, dass die Gewerkschaften nicht im Weimarer Stil wiederaufgebaut würden, als politische Richtungsgewerkschaften, sondern nach dem Prinzip der Berufs- und Industrieverbände, föderal gegliedert und mit einem parteipolitisch neutralen, aber schlagkräftigen Dachverband an der Spitze. In der Manpower Division der US-Militärregierung in Deutschland war mit Henry Rutz ein AFL-Vertreter als Manpower Chief für Württemberg-Baden tätig, und zu General Lucius D. Clay vom Office of Military Government for Germany, US (OMGUS) bestand direkter Kontakt über Joseph Keenan, dessen Berater in Gewerkschaftsfragen, der sich mit der AFL-Spitze beriet. Zunächst standen sich innerhalb der US-Militärregierung zweierlei Modelle gegenüber: Das sogenannte *Grassroots*-Modell empfahl den Wiederaufbau von unten, von der lokalen Ebene her, mit Betriebsräten als Pfeilern der Gewerkschaftsbewegung, verbunden mit einer Umstrukturierung der wirtschaftlichen und sozialen Ordnung; dagegen stand das „*top-down*"-Prinzip, das den Neubau von oben her vorsah, nach dem Dachverbandsprinzip, mit föderaler Struktur und hauptberuflichen Funktionären, verantwortliche Repräsentanten, die autonomen Interessenverbänden vorstehen sollten; staatsfern und parteipolitisch unabhängig.[28]

Und genau dieses letztere Strukturprinzip, das der AFL sehr am Herzen lag, hatte sich – in Aufnahme von in der deutschen Gewerkschaftsentwicklung vorbereiteten Organisationsmustern – um 1947/48 durchgesetzt.[29] Von da an begann sich die AFL um die Inhalte zu kümmern: um das Politikverständnis, Gesellschaftsbild und Selbstverständnis der westdeutschen Gewerkschafter und Sozialdemokraten. Antikommunismus war dabei das eine zentrale Ziel, Akzeptanz der liberalen Marktwirtschaft und der parlamentarischen Demokratie waren die anderen. Das Grundprinzip, für das sie werben wollten, war, dass die Akzeptanz der liberalen Ordnung, der Konsens über deren Grundwerte und Spielregeln, im Gegenzug harte Tarifauseinandersetzungen, scharfe Kämpfe um die Arbeitnehmerinteressen, erst ermöglichten. Wohlstand schütze die Freiheit der Gesellschaft und des einzelnen vor totalitärer Bedrohung, und für diesen seien einerseits effiziente Unternehmen, also freie nichtstaatliche Betriebe, not-

---

28 Angster: Konsenskapitalismus. S. 185-196.
29 Angster: Konsenskapitalismus. S. 195f.

wendig, um Gewinne zu erwirtschaften, andererseits aber starke Gewerkschaften, die diese Gewinne in Tarifauseinandersetzungen umverteilten. Für diese Ziele trieben die amerikanischen Gewerkschaften einen enormen ‚außenpolitischen' Aufwand. Sie pflegten offizielle und informelle Kontakte zu nichtkommunistischen Arbeiterbewegungen und bauten ein breitgefächertes Netzwerk an Kontakten auf. Das Zentrum ihrer Aktivitäten lag in Westeuropa: Großbritannien, Frankreich, Italien und Westdeutschland standen im Mittelpunkt, aber auch in Griechenland und der Türkei, in Finnland und Island waren sie aktiv. Ihre Kontakte reichten aber auch nach Osteuropa, vor allem nach Ostdeutschland, Ungarn und Polen, und nach Lateinamerika, Südostasien und China, Afrika und in den Nahen Osten.[30] In den Nachkriegsjahren verfolgten AFL und CIO ihre ‚Außenpolitik' auf mehreren Ebenen zugleich: Sie beteiligten sich an den organisatorischen und inhaltlichen Auseinandersetzungen der internationalen Gewerkschaftsbewegung, insbesondere an dem Konflikt zwischen der World Federation of Trade Unions (WFTU) und dem International Committee of Free Trade Unions (ICFTU).[31] Sie kooperierten zudem mit amerikanischen Regierungsbehörden, vor allem dem State Department und Department of Labor, aber auch mit dem Office of Strategic Services (OSS) und der CIA, und sie saßen in Komitees, in denen die außenpolitischen Aktivitäten der US-Regierung und der Gewerkschaft koordiniert wurden.[32] Vertreter der amerikanischen Gewerkschaften wirkten außerdem in der Marshallplanbehörde European Recovery Programme – International Trade Union Advisory Committee (ERPTUAC) mit und waren in der amerikanischen Militärregierung in Deutschland mit dem Wiederaufbau der deutschen Gewerkschaften befasst. Tatsächlich richtete sich ihre Arbeit schwerpunktmäßig auf die westdeutsche Arbeiterbewegung, also sowohl auf die SPD wie die Gewerkschaften.[33]

Parallel dazu bauten AFL und CIO jedoch auch eigene ‚außenpolitische' Abteilungen und Vertretungen auf. Von Washington aus, dem Sitz des Dachverbandes, prägten George Meany, zunächst Secretary Treasurer, dann Präsident, und David Dubinsky von der International Ladies Garment Worker Union (ILGWU) den außenpolitischen

---

30 Ronald Radosh: American Labor and United States Foreign Policy, New York 1969; Roy Godson: American Labor and European Politics: The AFL as a Transnational Force, New York 1976; Philip Taft: The A.F. of L. from the Death of Gompers to the Merger, New York 1959.

31 Siehe hierzu Angster: Konsenskapitalismus, S. 139-146. Siehe zur Internationalen Gewerkschaftsbewegung außerdem: Jasmien van Daele: ILO Histories. Essays on the International Labour Organization and its Impact on the World During the Twentieth Century (International and comparative social history, Bd. 12), Bern/New York 2010.

32 Beispielsweise das Trade Union Advisory Committee (TUAC): Angster: Konsenskapitalismus, S. 147-149. Zur CIA siehe: ebda., S:159-163, und neuerdings: Quenby Olmsted Hughes: In the Interest of Democracy. The Rise and Fall of the Early Cold War Alliance between the American Federation of Labor and the Central Intelligence Agency (Trade Unions, Past, Present and Future, Bd. 13), Oxford/New York 2011.

33 Zum Netzwerksbegriff vgl. u.a. Dorothea Jansen/Klaus Schubert: Netzwerkanalyse, Netzwerkforschung und Politikproduktion: Ansätze zur 'cross-fertilization', in: dies., Hrsg.: Netzwerke und Politikproduktion. Konzepte, Methoden, Perspektiven, Marburg 1995, S. 9-23; Angster: Konsenskapitalismus, S. 174-176.

Kurs der AFL.³⁴ Die eigentliche außenpolitische Schaltstelle der AFL saß jedoch in New York City. Dort wurde, mit bewusstem Abstand zur AFL-Zentrale, das Free Trade Union Committee (FTUC) eingerichtet, dessen Vorsitz Matthew Woll innehatte, das aber de facto vom Executive Secretary Jay Lovestone geleitet wurde. In Europa waren zwei ständige Repräsentanten dieses Büros präsent: Für Europa insgesamt zuständig war Irving Brown, der erst in Brüssel und ab 1952 in Paris ein Büro hatte, und für Westdeutschland Henry Rutz , der zuerst in Stuttgart, dann in Frankfurt am Main und schließlich in Düsseldorf seinen Sitz hatte.³⁵ Auch der CIO richtete in Europa Büros ein. Auf amerikanischer Seite war der UAW-Vorsitzende Walter Reuther für außenpolitische Belange zuständig, in Paris saß dessen Bruder Victor Reuther, und in Bad Godesberg vertrat Helmut Jockel den CIO.³⁶ Diese Büros waren regelrechte ständige Vertretungen.³⁷ Nie zuvor hatte eine Arbeiterorganisation offizielle Niederlassungen in anderen Ländern etabliert. Dies war der Schritt zur ‚transnationalen Außenpolitik' von Gewerkschaften. Diese Büros lieferten einen steten Strom an Informationen zurück an ihre Dachorganisationen und prägten so deren Bild von der Lage in Europa und deren transnationale Politik. Diese Büros agierten auf zweierlei Ebenen, auch in Westdeutschland: Sie unterhielten zum einen offizielle Beziehungen zu den dortigen Organisationen der Arbeiterbewegung, Parteien wie Gewerkschaften, und sie bauten ein Netzwerk aus persönlichen, informellen Kontakten zu Parteipolitikern, Gewerkschaften und Publizisten auf, das von Ende der 1940er bis in die Mitte der 1960er Jahre Bestand hatte.³⁸ 1947 konnte Irving Brown, der Europavertreter der AFL, nach New York schreiben:

> „There is not a single country in Europe where we don't have contacts whether in the majority or minority; whether legal or illegal. We have the basis for the finest labor network in Europe from both an organizational and information standpoint."³⁹

Wie sahen nun diese Kontakte und Beziehungen im Einzelnen aus, und wer waren die deutschen Ansprechpartner der AFL? Welche Motive hatten diese für eine solche Kooperation?

---

34 Angster: Konsenskapitalismus, S. 126.
35 Angster: Konsenskapitalismus, S. 124-133.
36 Angster: Konsenskapitalismus, S. 133-139.
37 George Meany Memorial Archive, Silver Spring, MD (GMMA): RG 18-002, 008/23: CIO European Office, 1953; 012/1-16: Germany; 015/26: Reuther Delegation to Europe, 1950/51; 016/1-2. Victor G. Reuther.
38 Auf das Auseinanderbrechen des Netzwerks zu Beginn der 1960er Jahre kann hier nicht näher eingegangen werden: Siehe dazu Angster: Konsenskapitalismus, S. 451-466. Die Gründe sind einerseits im Erfolg des Netzwerks zu suchen, im Entstehen einer gemeinwestlichen Wertegrundlage, auf deren Basis sich auch die westdeutsche Arbeiterbewegung stellte – und zu deren Verbreitung in der Bundesrepublik sie wesentlich beitrug. Auf dieser Basis kam es jedoch zu inhaltlichen Meinungsverschiedenheiten zwischen den transatlantischen Partnern, vor allem über die Ostpolitik der SPD ab 1963 und über die Bewertung des Vietnamkriegs. Die AFL-Strategen hielten am intransigenten Antikommunismus der 1950er Jahre fest und erschienen den westdeutschen Sozialdemokraten zunehmen illiberal. Vgl. auch Edmund F. Wehrle: Between a River & a Mountain. The AFL-CIO and the Vietnam War, Ann Arbor 2005.
39 Irving Brown to Jay Lovestone, August 25, 1947, GMMA, RG18-003, 011/7.

II. Der Aufbau des Netzwerks und die Motive der deutschen Sozialdemokraten in Partei und Gewerkschaften

Die amerikanischen Gewerkschaftsvertreter pflegten Beziehungen zum Parteivorstand der SPD, zur SPD-Fraktion, zum Ostbüro, zum Bundesvorstand und den Landesvorständen des DGB, zur Gewerkschaftspresse und zur IG Metall. Dabei bestanden zum DGB und zur SPD jeweils offizielle und informelle, persönliche Kontakte parallel. Auf offizieller Ebene schickte man Delegationen zu Partei- oder Gewerkschaftstagen und hielt sich gegenseitig informiert über politische Entscheidungen, Programme und Ziele.[40] Zudem wurden Publikationen ausgetauscht[41], wobei in der frühen Besatzungszeit nur die amerikanische Seite über Mitteilungsblätter und Broschüren verfügte. Deutschsprachige Periodika wie die ‚Freigewerkschaftlichen Nachrichten' und die ‚CIO Nachrichten' wurden den Pressestellen der Gewerkschaften und der SPD regelmäßig zugestellt, außerdem warben einzelne Broschüren, wie etwa ‚Die A.F. of L. und die deutsche Arbeiterbewegung', für die Positionen der beiden amerikanischen Bünde.[42] Ab 1950 gab auch der DGB eine englischsprachige Zeitschrift heraus, die ‚DGB News Letter', für deren Redaktion Ludwig Rosenberg verantwortlich zeichnete.[43]

Der DGB reagierte bei seiner bundesweiten Neugründung im Oktober 1949 auf diese zunehmend institutionalisierten Beziehungen mit der Einrichtung einer Hauptabteilung Ausland beim Bundesvorstand.[44] Leiter dieser Abteilung wurde Ludwig Rosenberg, seit Oktober 1949 Mitglied des DGB-Bundesvorstands. Rosenberg, der dieses Amt bis 1954 innehatte, war in dieser Zeit „als Außenminister der Gewerkschaften sozusagen" für die offiziellen Kontakte der deutschen Gewerkschaften in alle Welt

---

40 Siehe zum Beispiel: Aktennotiz der Hauptabteilung Vorsitzender, Abteilung Ausland, DGB, an Ludwig Rosenberg, Abteilung Wirtschaftspolitik, 13. April 1956: Darstellung des von Kollegen Walter P. Reuther dem amerikanischen Außenminister Dulles unterbreiteten Zehn-Punkte-Programms für ‚Frieden, Wohlstand und Fortschritt', z.K., DGB-Archiv, Best. 24/5139; G. Grunewald, Abt. Ausland, an Ludwig Rosenberg, 6. Januar 1956: „Liste des neuen Vorstandes der AFL-CIO z.K."; außerdem: „Darstellung der Aufgaben der neuen Industrie-Gewerkschafts-Abteilung mit einem Personalbestand von 66 Mitgliedern, deren Vorsitzender Walter P. Reuther ist." DGB-Archiv, Best. 24/5139.

41 Z.B. Jay Lovestone an die ‚Welt der Arbeit', 27. Januar 1950, GMMA, RG 18-003, 026/11. Lovestone bietet einen Austausch an: die Welt der Arbeit gegen die Freigewerkschaftlichen Nachrichten.

42 Ein Exemplar von 'Die A.F. of L. und die deutsche Abeiterbewegung', hrsg. v. FTUC, New York 1950, ist in GMMA, RG 1-027, 053/6, erhalten. Ludwig Rosenberg an Jay Lovestone, 3. Mai 1950, GMMA, RG 18-003, 026/11: Rosenberg dankt Lovestone im Namen Böcklers für die Broschüre ‚Die A.F. of L. und die deutsche Abeiterbewegung'; auch die SPD erhielt ein Exemplar: Jay Lovestone an Fritz Heine, 11. April 1950, RG 18-003, 026/11.

43 Jay Lovestone an Ludwig Rosenberg, 27. Juni 1950, GMMA, RG 18-003, 026/11. Rosenberg hatte Lovestone die ‚D.G.B. News Letter' vorgestellt, und der AFL regelmäßigen und kostenlosen Bezug des Blattes angeboten. Lovestone bedankt sich: Es sei „always good for trade unionists to know about each other."

44 Zur Hauptabteilung Ausland siehe: Tätigkeitsbericht der Hauptabteilung II beim Bundesvorstand, Juni 1951, [Ludwig Rosenberg], in dem die Abteilung den anderen Hauptabteilungen vorgestellt wird, da sie noch neu und ohne Traditionen sei. DGB-Archiv, Best. 24/4925.

zuständig.⁴⁵ Seine Zuständigkeiten waren die internationalen Beziehungen, zudem die Beziehungen zur Bundesregierung, zum Bundestag, zu den politischen Parteien und den Länderregierungen, sowie alle Fragen des Marshallplans.

Auch mit der SPD pflegte die AFL offizielle Kontakte. Die SPD hatte schon 1946 mehrere „Auslandsvertretungen" bei den Sozialdemokraten bzw. Sozialisten in Großbritannien, Schweden, Frankreich und den Niederlanden eingerichtet.⁴⁶ Ihre Aufgabe war die „Kontaktanbahnung und Öffentlichkeitsarbeit im Ausland", und sie waren meist mit sozialdemokratischen Emigranten besetzt, die in ihren Gastländern geblieben waren.⁴⁷ Im Jahr darauf richtete die Partei beim Parteivorstand einen Außenpolitischen Ausschuss ein. Dieser Ausschuss war aber hauptsächlich für die Kontaktpflege zu den Mitgliedsparteien des Committee of the International Socialist Conference (COMISCO) zuständig, der die SPD im November 1947 beitrat und die ab 1951 Sozialistische Internationale hieß.⁴⁸

Neben diesen offiziellen Beziehungen zwischen den Organisationen bestanden jedoch auch langfristige persönliche und informelle Beziehungen. Und diese waren für unser Thema bedeutsamer. Hier ging es um die Positionierung Gleichgesinnter an strategisch wichtigen Stellen und um Informationsaustausch; hier wurde um politische Grundüberzeugungen gestritten und Argumentationshilfe geleistet. Zu den Netzwerkspartnern der AFL gehörten auf unterschiedliche Weise etwa Werner Hansen, Kuno Brandel, Siggi Neumann, Fritz Heine, Hans Jahn, Ludwig Rosenberg, Willi Eichler, Carlo Schmid und Max Brauer.⁴⁹ Dies waren Funktionäre in SPD und DGB, die sich ihrerseits ebenfalls mit großem Engagement für die Durchsetzung westlich-liberaler Wertvorstellungen in ihren Organisationen einsetzten. Die meisten von ihnen waren „keine gelernten Sozialdemokraten" (Peter von Oertzen): In der Zwischenkriegszeit hatten viele von ihnen linken Splittergruppen wie der Sozialistischen Arbeiterpartei (SAP) oder dem Internationalen Sozialistischen Kampfbund (ISK) oder dem rechten Flügel der Kommunistischen Partei (KPO) angehört. Vor allem aber waren auffällig viele von ihnen im Exil gewesen. Ihre Positionen waren daher geprägt durch die Erfahrungen des Widerstands und des politischen Exils in Großbritannien, den USA oder Skandinavien in den 1930er und 1940er Jahren. Sie hatten dabei einen Prozess des Umdenkens durchlaufen: Zunächst gingen sie, im Lauf der 1930er Jahre, ihrer in den

---

45 ‚Christ und Welt', o.D., zit. im Munzinger-Archiv, Internationales Biographisches Archiv, Blatt Ludwig Rosenberg, 28. Januar 1978.

46 SPD-Jahrbuch 1946, S. 51; Hans-Jürgen Grabbe: Unionsparteien, Sozialdemokratie und Vereinigte Staaten von Amerika 1945-1966 (Beiträge zur Geschichte des Parlamentarismus und der politischen Parteien, Bd. 71), Düsseldorf 1983, S. 71.

47 Grabbe: Unionsparteien, S. 71.

48 Grabbe: Unionsparteien, S. 71f; SPD-Jahrbuch 1947, S. 97f.; Rolf Steininger: England und die deutsche Gewerkschaftsbewegung 1945/46, in: Archiv für Sozialgeschichte (AfS) 18/1978, S. 41-118, bes. S. 69-87, S. 60ff.

49 Vgl. Angster: Konsenskapitalismus, 252-269 und Kap. IV und V; dies.: Wertewandel in den Gewerkschaften. Zur Rolle gewerkschaftlicher Remigranten in der Bundesrepublik der 1950er Jahre, in: Claus-Dieter Krohn/Patrik von zur Mühlen, Hrsg.: Rückkehr und Aufbau nach 1945. Deutsche Remigranten im öffentlichen Leben Nachkriegsdeutschlands, Marburg 1997, S. 111-138.

1920er Jahren vertretenen Positionen und Überzeugungen verlustig. Dies lag an den Erfahrungen des Spanischen Bürgerkriegs und vor allem des Hitler-Stalin-Paktes, der für viele Kommunisten ein Schock war. Es kam zu einer radikalen Desillusionierung erst gegenüber dem Stalinismus, dann gegenüber dem Kommunismus insgesamt. Beispiele hierfür sind die politischen Biographien etwa Kuno Brandels und Siggi Neumanns, sowie – und hier liegt eine Wurzel ihrer zukünftigen Zusammenarbeit – Jay Lovestones und Irving Browns.

Kuno Brandel ist dafür ein gutes Beispiel: Kuno Brandel, geboren 1907, war Werkzeugmacher. Er war 1928 aus der KPD ausgeschlossen worden und wurde Funktionär der Jugendorganisation der Kommunistischen Parteiopposition (KPO). 1935 floh er nach Frankreich und nahm anschließend am Spanischen Bürgerkrieg teil.[50] Gegen Ende der 1930er Jahre begann sich im Pariser Exil eine Minderheit innerhalb der KPO vom Kommunismus zu lösen. Zu ihr gehörte auch Kuno Brandel, der daraufhin aus der Partei ausgeschlossen wurde.[51] Ein Teil dieser Minderheit konnte dann während des Krieges mit Hilfe Jay Lovestones und seiner Anhänger in die USA emigrieren. Kuno Brandel erhielt „durch Intervention amerikanischer gewerkschaftlicher Kreise [...] 1941 eines der von Präsident Roosevelt bewilligten Emergency-Visas für die Vereinigten Staaten."[52] Dies erklärt sich aus der politischen Biographie Jay Lovestones. Er war Gründungsmitglied und Generalsekretär der Kommunistischen Partei der USA gewesen, dann ausgeschlossen worden und hatte die *Lovestoneites* gegründet, die rechte kommunistische Opposition in den USA, die wie die KPO Mitglied in der International Communist Opposition (ICO, im Deutschen: Internationale Vereinigung der Kommunistischen Opposition, IVKO) war.[53] Die abgespaltene KPO-Minderheit aus Paris hatte einen vergleichbaren politischen Weg wie Lovestone beschritten und wurde von ihm daher aktiv unterstützt.[54] Lovestone hatte sich, gemeinsam mit Irving Brown, der bei den Lovestoneites seine rechte Hand und also ebenfalls Rechtsabweichler der KP gewesen war, um 1940 gänzlich vom Kommunismus verabschiedet und war zum radikalen Antikommunisten geworden. Kuno Brandel lebte von Mai 1941 bis August 1949 in New York City. Er arbeitete als Werkzeugmacher, schrieb für sozialdemokratische Zeitschriften und betrieb nebenher ein „Studium volkswirtschaftlicher und sozialer Fragen, der Geschichte und Probleme der Internationalen Gewerkschaftsbewegung".[55] Er hat in dieser Zeit im FTUC der

---

50 Siehe hierzu auch: Hans Otto Hemmer: Flankierende Maßnahmen. Gewerkschaftliche Ostpolitik zwischen Kaltem Krieg und Entspannung, in: Christian. Jansen u.a., Hrsg.: Von der Aufgabe der Freiheit. Politische Verantwortung und bürgerliche Gesellschaft im 19. und 20. Jahrhundert. Festschrift für Hans Mommsen zum 5. November 1995, Berlin 1995, S. 171-187, hier S. 177.

51 Zu Brandels Position in dieser Auseinandersetzung siehe ausführlich: Kuno Brandel „An das AK", d.h. an das Auslandskomitee der KPO in Paris, 9. Oktober 1938, Jay Lovestone Collection, Hoover Institution, Stanford, Box 355, sowie Theodor Bergmann: „Gegen den Strom". Die Geschichte der Kommunistischen-Partei-Opposition, Hamburg 1987, S. 303-306.

52 Kuno Brandel, Lebenslauf, 11. Dezember 1961, AdsD: Nachlass Kuno Brandel, Fsz. 3.

53 Bergmann: „Gegen den Strom", S. 316.

54 Vgl. Jay Lovestone Collection, Hoover Institution, Stanford, Box 355.

55 Kuno Brandel, Lebenslauf, 11. Dezember 1961, AdsD, Nachlass Kuno Brandel, Fsz. 3.

AFL mit Lovestone zusammengearbeitet.[56] Nach seiner Rückkehr im August 1949 fasste Brandel schnell Tritt bei der IG Metall, schon im November wurde er Redakteur der Zeitschrift *Metall*. Es ist also kein Wunder, dass Brandel dem Netzwerk der AFL in Deutschland angehörte und regelmäßigen Kontakt zu Lovestone und Rutz hielt.[57]

So teilten einige im Netzwerk politische und biographische Erfahrungen aus den 1930er und frühen 1940er Jahren, die nicht nur ihre politische Position radikal verändert hatten, sondern sie zu Kooperationspartnern und Vertrauten werden ließ. Aber auch jene, die wie Willi Eichler, Werner Hansen oder Fritz Heine im Londoner Exil gewesen waren, „lernten um". Gerade das Londoner Exil, insbesondere die Union deutscher sozialistischer Organisationen in Großbritannien[58], spielte hierbei eine wichtige Rolle. Hier fanden die früheren ‚Splittergrüppler' auch zur SPD. Hier wurde nach langen Diskussionen die gespaltene deutsche Arbeiterbewegung wieder zusammengeführt – wenn auch unter Ausschluss der Kommunisten. Der Antikommunismus spielte bei dieser Annäherung eine wesentliche Rolle. Dies führte auch zu einem Wandel in der Deutung des Nationalsozialismus: Dieser wurde jetzt nicht mehr als „Kampfwaffe [...] der herrschenden kapitalistischen Klasse"[59] interpretiert, sondern – wie auch der Kommunismus – als eine Spielart der totalitären Diktaturen betrachtet, gegen die es die Demokratie zu verteidigen galt.[60]

Aber nicht nur die internen Diskussionen und Annäherungen der deutschen sozialistischen Gruppierungen im Exil bewirkten einen Wandel der politischen Positionen. Viele deutsche Sozialisten, Sozialdemokraten und Gewerkschafter lebten für mehr als ein Jahrzehnt im Ausland, vor allem in Skandinavien, Großbritannien oder den USA. Dort kamen sie nicht nur in Kontakt mit den Normen und Traditionen ihrer Gastländer, sondern arbeiteten oft auch mit Parteien oder Gewerkschaften zusammen und lernten deren Denkweise und politische Praxis im Alltag kennen. Nicht alle Mitglieder des politischen Exils[61] waren jedoch offen für das Neue. Wer sich, wie etwa die

---

56 Vgl. Klaus Schönhoven: Einleitung zu: Quellen zur Geschichte der deutschen Gewerkschaftsbewegung, Bd. 10, S. XXXIV.
57 Vgl. Henry Rutz an Jay Lovestone, 26. November 1951; GMMA, RG 18-003, 056/15; Jay Lovestone an Henry Rutz, 21. Januar 1952; GMMA, RG 18-003, 056/16; Irving Brown an Jay Lovestone, 12. August 1952, GMMA, RG 18-003, 011/14; Henry Rutz: Report from Germany, 6. Dezember 1954, GMMA, RG 18-003, 056/18.
58 Eiber: Die Sozialdemokratie in der Emigration.
59 Analyse der SAP 1932: Protokoll des ersten Reichs-Parteitages der SAPD Berlin, 25.-28. 3. 1932, hrsg. v. Parteivorstand, S. 12, zit. in: H. Drechsler: SAPD, 1965, S. 230.
60 Zur zeitgenössischen Totalitarismus-Theorie siehe: Hannah Arendt: Elemente und Ursprünge totaler Herrschaft, Frankfurt/M. 1955; Carl Joachim Friedrich/Zbingniew Brzezinski: Totalitarian Dictatorship and Autocracy, New York 1956. Zur neueren Auseinandersetzung mit dem Totalitarismus-Begriff: Alfons Söllner/Ralf Walkenhaus/Karin Wieland, Hrsg.: Totalitarismus. Eine Ideengeschichte des 20. Jahrhunderts, Berlin 1997; Eckard Jesse, Hrsg.: Totalitarismus im 20. Jahrhundert. Eine Bilanz der internationalen Forschung, Bonn 1996.
61 Exil meint den „kleinen Kreis der im Ausland tätigen Vertreter der illegalen Parteien und Gruppen", die man von der Mehrheit der „passivpolitischen" assimilationswilligen Emigration unterscheiden muss. Vgl. Werner Röder: Die deutschen sozialistischen Exilgruppen in Großbritannien. Ein Beitrag zur Geschichte des Widerstandes gegen den Nationalsozialismus, Hannover 1969, S.

Angehörigen des Exilvorstands der SPD (SOPADE), als Treuhänder seiner Organisation, ihrer Traditionen und Ziele verstand, nahm neue Ideen und Konzepte viel widerstrebender an, als jene, die später zu den pro-westlichen Reformern in SPD und DGB werden sollten. Erich Ollenhauer etwa oder Friedrich Stampfer lebten in Großbritannien, aber „mit dem Gesicht nach Deutschland", und warteten auf den Tag, an dem sie die SPD wieder so errichten konnten, wie sie sie hatten zurücklassen müssen.[62]
Die Angehörigen der linken Splittergruppen wiederum, deren Überzeugungen bereits ins Wanken gekommen waren und die auf der Suche nach neuer Orientierung waren, fanden in der Begegnung mit den Gesellschaften und insbesondere den Arbeiterbewegungen angelsächsischer, aber auch skandinavischer Länder mögliche Vorbilder für eine neue Gesellschaftsordnung und für ein neues Politikverständnis. So begann bei einigen der deutschen Exilsozialisten ein Wertewandel, in dessen Folge sie sich an die Ordnungsvorstellungen ihrer Gastländer annäherten und sie in die eigene Wertewelt einbauten. Dabei übernahmen sie keineswegs die jeweiligen Strukturen und Programme der Arbeiterorganisationen ihrer Gastländer. Weder AFL und CIO noch Trade Union Congress (TUC) oder Labour Party dienten als unmittelbare Vorbilder – das Verhältnis des Londoner Exils zur Labour Party war alles andere als gut.[63] Vielmehr waren es Grundannahmen der politischen Kultur der Gastländer, tieferliegende Ordnungsvorstellungen also, die für sie von Interesse waren. Bei ihrer Rückkehr nach Deutschland brachten sie ein westlich-liberales und pluralistisches Gesellschaftsbild mit sowie ein Politikverständnis, das auf Interessenausgleich im parlamentarischen System abzielte; Privateigentum an Produktionsmitteln und Marktwirtschaft waren für sie nicht mehr Instrumente der Ausbeutung und des Klassenkampfes, sondern geeignete Mittel, allgemeinen Wohlstand zu erwirtschaften, den die Gewerkschaften dann über Tarifverhandlungen in der Arbeitnehmerschaft zu verteilen hatten. Diese Konzepte passten nicht mehr in das Weltbild des Erfurter Programms, in dessen Geist die SPD nach 1945 wiedergegründet wurde und der auch die Münchner Grundsätze des DGB prägte. Die Wertewelt der alten Sozialdemokratie war den Remigranten fremd geworden.

Der Wertewandel dieser Exilanten ging der Neuorientierung der (west)deutschen Sozialdemokratie also um etwa 15 Jahre voraus. Nach ihrer Rückkehr aus dem Exil wirkten diese Reformer an verschiedenen Stellen, bei SPD, DGB oder den Einzelgewerkschaften, blieben aber in Kontakt oder formierten sich auch erst zu Netzwerken, um gemeinsam eine Mehrheit für ihre neuen Ideen zu finden und sie in praktische Politik umsetzen zu können.

14; Biographisches Handbuch der deutschsprachigen Emigration nach 1933, Bd.1: Politik, Wirtschaft, Öffentliches Leben, hrsg. v. Werner Röder/Herbert A. Strauss, München u.a. 1980, S. XIII-LVIII.

62 Friedrich Stampfer: Mit dem Gesicht nach Deutschland. Eine Dokumentation über die sozialdemokratische Emigration. Aus dem Nachlaß von Friedrich Stampfer, hrsg. v. Erich Matthias, bearb. v. Werner Link, Düsseldorf 1968; Dieter Dowe, Hrsg.: Erich Ollenhauer und die deutsche Sozialdemokratie, Bonn 1991.

63 Steininger: England und die deutsche Gewerkschaftsbewegung; Eiber: Die Sozialdemokratie in der Emigration.

Diese Gruppe war unzufrieden mit dem Kurs der SPD seit 1945. Sie kritisierte den „Wiederaufbau", die Rekonstruktion der Strukturen und vor allem des Selbstverständnisses aus Weimarer Zeit. Sie wollten „ernsthaft etwas Neues: ‚Nie wieder Weimar', nie wieder die alte Partei".[64] Ihr Ziel war eine organisatorische Modernisierung, vor allem aber eine grundlegende Reform des politischen Selbstverständnisses der Partei: eine Programmreform. In zähen Flügelkämpfen und kleinen Schritten verfolgten diese Reformer – in SPD wie DGB – ihre Ziele. Dabei griffen sie auf die Beziehungen aus dem Exil, aber auch aus dem Widerstand zurück. Sie besetzten wichtige Positionen, übten Machtpolitik aus und setzten im Laufe der 1950er Jahre ihre Positionen allmählich durch. Unter den politischen Bedingungen der frühen westdeutschen Nachkriegszeit mit ihrem Lagerdenken und vor allem mit ihrer öffentlichen Hetze gegen Remigranten war diese vertraute Kooperation, in der offene Diskussionen zu fundamentalen Fragen der Programmatik und der politischen Grundausrichtung möglich, ja notwendig waren, wichtig. Das Netzwerk hielt teilweise an den konspirativen Kommunikationsformen des Widerstands fest, insofern als Vertrauen und persönliche Bekanntheit zentrale Kriterien für den Zugang zu den Debatten und strategischen Planungen der Mitglieder waren.[65] Hier fanden sich nun zwei gleichgesinnte Gruppen auf der Suche nach Verbündeten: die Vertreter der amerikanischen Gewerkschaften und die Reformer in DGB und SPD. Für diese waren die Kontakte zur amerikanischen Arbeiterbewegung nützlich: Lovestone und Brown, mit ihren ähnlichen politischen Biographien und ihren europäischen Wurzeln, diskutierten und stritten jahrelang mit den Deutschen über politische Kultur und politische Praxis, lieferten dadurch Argumentationshilfe und boten zudem gute Kontakte zur US-Regierung. So intervenierte die AFL massiv im Weißen Haus, als Eisenhower offiziell Konrad Adenauer in dessen Wahlkampf unterstützte, und bekam immerhin die Zusicherung, dass ein solcher Eingriff in den westdeutschen Wahlkampf in Zukunft nicht mehr vorkommen werde.[66] Ein andermal kritisierte Lovestone gegenüber Fritz Heine sehr scharf den mangelnden Willen der SPD zum offenen Flügelkonflikt, was er für undemokratisch hielt. Diese Beziehungen waren aber keine Ursache für die Reformziele, sondern begleiteten und unterstützten die Parteireformer auf diesem Weg, der mit dem Berliner Aktionsprogramm von 1954 eingeschlagen wurde und mit dem Godesberger Programm von 1959 am Ziel war.

---

64 Siggi Neumann an Jan Pollák, 30. Juli 1946, AdsD, NL Siggi Neumann, Box 7, Fsz. 13.
65 Siehe zum Beispiel den Zehnerkreis: Julia Angster: Der Zehnerkreis. Remigranten in der westdeutschen Arbeiterbewegung der 1950er Jahre, in: Exil, 18. Jg., 1/1998, S. 26-47.
66 Jay Lovestone an Fritz Heine, 19. August 1953, GMMA, RG 18-003, 059/26.

III. Folgen

Die Weimarer Sozialdemokratie verfolgte auf der programmatischen Ebene (mit Ausnahme vielleicht des Görlitzer Programms) im Grunde das Ziel einer gesellschaftlichen und wirtschaftlichen Neuordnung, und zwar auf etatistischem Weg. Ziel waren die Sozialisierung der Schlüsselindustrien, eine staatliche Planung und Lenkung der Wirtschaft sowie wirtschaftliche Mitbestimmung der organisierten Arbeitnehmerschaft. Politische Demokratie müsse durch wirtschaftliche Demokratie ergänzt werden, denn die Befreiung der Menschen von ökonomischer Abhängigkeit sei die Voraussetzung für politische Freiheit. Sozialismus setze Demokratie und Freiheit voraus, aber eben auch umgekehrt. Die Wirtschafts- wie die Gesellschaftsordnung müssten, hier waren sich Partei und Freie Gewerkschaften vollkommen einig, grundlegend reformiert werden. Dahinter stehen Grundvorstellungen von Politik und Staat, von Gesellschaft und von der Rolle des Individuums in dieser Gesellschaft, die man als ‚traditionell deutsch' bezeichnen könnte: Interessenkonflikte verhinderten nach diesem Verständnis die gesellschaftliche Harmonie, die von beiden Seiten angestrebt wurde, und von der Arbeiterbewegung wurden sie als Klassenkampf erlebt. Ein freies Spiel der Kräfte, der Wettbewerb von Gütern und Meinungen auf dem Markt wurde ebenso wie der Individualismus als Vereinzelung und ‚Vermassung', als Verlust von Zugehörigkeit und Verlässlichkeit erlebt und abgelehnt. Diesem Konzept von ‚angelsächsischer Gesellschaft' wurde das deutsche Ideal der 'Gemeinschaft' entgegengestellt.[67] Die Arbeiterbewegung lehnte daher die Marktwirtschaft ab und stellte ihr das Konzept der Solidarität, also der Interessenidentität innerhalb der Klasse entgegen. In einer sozialistischen Gesellschaft würden Interessenkonflikte und Klassengegensätze aufgehoben sein. Dem Staat wurde dabei eine zentrale Rolle als Ordnungsfaktor zugedacht. Er hatte die Wirtschaft zu lenken und die sozialistische Ordnung einzuführen. Beim Wiederaufbau der Partei 1945 galten zunächst dieselben Grundsätze.

Schon 1954 verstand ein wachsender Teil der SPD-Spitze die Partei nicht mehr als Klassengemeinschaft und Weltanschauungspartei: „Die Sozialdemokratische Partei ist nach ihren Grundsätzen und ihren Zielen nicht auf die Vertretung einer einzigen Gruppe des Volkes beschränkt."[68] Vielmehr sei ein „pluralistisches System gesellschaftlicher Gestaltungskräfte" nötig.[69] Mit dem Godesberger Programm wurde aus der Klassen- und Oppositionspartei dann vollends eine linke Volkspartei. Die Gesellschaft wurde nicht mehr vom Klassenkampf her gedacht, sondern als ein „Gebilde konkurrierender, verbandsmäßig organisierter Interessen" verstanden; die Konkurrenz zwischen

---

67 Vgl. z.B. Ferdinand Tönnies: Gemeinschaft und Gesellschaft. Grundriß der reinen Soziologie [1887], Darmstadt ³1991.
68 Aus einem Entwurfstext (Empfehlungen), März 1954, zum Berliner Aktionsprogramm der SPD von 1954, Jahrbuch der Sozialdemokratischen Partei Deutschlands 1954/55, Hannover-Bonn o. J., S. 321; zit. in: Kurt Klotzbach: Die Programmdiskussion in der deutschen Sozialdemokratie 1945-1959, in: AfS, 16/1976, S. 469-483, hier S. 479; ders.: Weg zur Staatspartei, S. 311. Für den nächsten Schritt, die Mehlemer Thesen (April 1954), nach denen ein „pluralistisches System gesellschaftlicher Gestaltungskräfte" vonnöten sei: Klotzbach: Programmdiskussion, S. 479f.
69 Mehlemer Thesen April 1954; vgl. Klotzbach: Programmdiskussion, S. 479f.

diesen Interessen galt der deutschen Sozialdemokratie nun als Grundlage politischer Entscheidungsfindung.[70] Zudem trat das Individuum als geschichtliches Subjekt und als Nutznießer des Fortschritts an die Stelle des Kollektivs. Die SPD verstand sich jetzt als eine „Gemeinschaft von Menschen, die aus verschiedenen Glaubens- und Denkrichtungen kommen. Ihre Übereinstimmung beruht auf gemeinsamen sittlichen Grundwerten und gleichen politischen Zielen."[71]

Aus diesem gewandelten Gesellschaftsbild ergab sich auch ein verändertes Demokratieverständnis der SPD. Vom bestmöglichen Weg zum Sozialismus war die parlamentarische Demokratie zum „Wert an sich" geworden, sie war von nun an auch programmatisch Weg und Ziel des demokratischen Sozialismus. Grundgesetz, Werteordnung und politisches System der Bundesrepublik bildeten die Rahmenbedingungen, innerhalb derer die SPD ihre Ziele verfolgen wollte. Dieses Demokratieverständnis hatte unmittelbare Folgen für das Selbstverständnis der SPD als Opposition im Deutschen Bundestag. Das wurde schon ein halbes Jahr nach Verabschiedung des Godesberger Programms deutlich, als die SPD ihre Bereitschaft erklärte, die Regierung Adenauer in ihrer Außenpolitik zu unterstützen, ja eine „gemeinsame[.] Außenpolitik" zu verfolgen.[72]

Auch in der Wirtschaftspolitik hatte sich die Orientierung der Partei grundsätzlich gewandelt. Gut keynesianisch galten nun Wachstum und die Verteilung von Wohlstand als Wege zu sozialer Gerechtigkeit – und nicht mehr die Sozialisierung. Carlo Schmid erklärte 1953, unter ‚Sozialismus' verstehe die Partei inzwischen „die Schaffung der Voraussetzung für Freiheit des Menschen in der Wirtschaft. Dazu brauchen wir ein besseres Arbeitsrecht, soziale Autonomie, die Umwandlung des Arbeitnehmers vom Betriebsuntertan zum Betriebsbürger über das Mitbestimmungsrecht, eine Politik der Vollbeschäftigung, um das Risiko der Wirtschaftskrisen von den Schultern der Arbeiter, Angestellten, Mittelständler zu nehmen und – in Konsequenz davon – eine Wirtschaftspolitik, die dem Verbraucher einen stetigen und freien Markt sichert, die Erzeugung mit allen zweckmäßigen Mitteln steigert und den Anteil der breiten Massen am Sozialprodukt vermehrt."[73] Das Vertrauen in den Fortschritt und der Glaube an ständiges Wachstum hatten im Laufe der 1950er Jahre zur Akzeptanz des Kapitalis-

---

70 Helga Grebing: Das Programm von Bad Godesberg und seine Bedeutung für die Politik der SPD, in: Willi Eichler zum 100. Geburtstag. Politische Programme in der Kommunikationsgesellschaft — Aussichten für die Sozialdemokratie. Dokumentation einer Festveranstaltung am 7. Februar 1995 in der Friedrich-Ebert-Stiftung, Bonn, Bonn 1996, S. 20-36, hier S. 22.

71 Godesberger Programm, in: Dieter Dowe/Kurt Klotzbach, Hrsg.: Programmatische Dokumente der deutschen Sozialdemokratie, 2. Aufl., Berlin-Bonn 1984, S. 364.

72 Herbert Wehner: Plädoyer für eine gemeinsame Politik. Rede vor dem Deutschen Bundestag nach dem Scheitern der Pariser Gipfelkonferenz, 30. Juni 1960, in: ders.: Wandel und Bewährung. Ausgewählte Reden und Schriften 1930-1967, hrsg. v. Hans-Werner Graf Finckenstein und Gerhard Jahn. Mit einer Einleitung von Günter Gaus, Frankfurt/M.-Berlin-Hannover 1968, S. 232-248; hier S. 232. Siehe dazu Beatrix Bouvier: Zwischen Godesberg und Großer Koalition. Der Weg der SPD in die Regierungsverantwortung. Außen-, sicherheits- und deutschlandpolitische Umorientierung und gesellschaftliche Öffnung der SPD 1960-1966, Bonn 1990.

73 Carlo Schmid. Zur Haltung der SPD nach den Wahlen, München, 28.Oktober 1953, Rede im Bayrischen Rundfunk („Ballast-Rede"), Ms., masch., AdSD, NL Willi Eichler, PV, Box 1953-54, Mappe 1953, S. 5.

mus durch die deutsche Arbeiterbewegung geführt. Keynesianismus erlaubte es, den Kapitalismus zu steuern und für soziale Gerechtigkeit nutzbar zu machen. Die Früchte des Wachstums mussten nur gerecht verteilt werden, um soziale Gegensätze obsolet werden zu lassen.[74] Das Godesberger Programm basiert daher auf westlich-liberalen Ordnungsvorstellungen: Pluralismus, Individualismus, ein liberales Verständnis von Privateigentum und Wirtschaftsordnung in der keynesianischen Spielart; ein repräsentativdemokratisches, liberales parlamentarisches Politikverständnis. Diese westlichen Denktraditionen wurden jedoch nicht anstelle deutscher Traditionen einfach übernommen, sondern wurden mit diesen verbunden und zu einem neuen Ganzen verflochten.

Der Weg der SPD zum Godesberger Programm lässt sich somit als ein Prozess interkulturellen Transfers von Ideen, Personen, Gebräuchen oder Institutionen aus einem gesellschaftlichen oder kulturellen Zusammenhang in einen anderen beschreiben. (Paulmann) Damit ist aber keine direkte Übernahme impliziert, sondern ein Prozess der positiven Anverwandlung oder Akkulturation – aus dem DGB wurde eben keine Gewerkschaftsorganisation nach amerikanischem Muster.[75] Zu einer Übernahme amerikanischer Muster kam es in der westdeutschen Arbeiterbewegung schon allein deswegen nicht, weil sich die neuen Ordnungskonzepte nicht allein aus einer Quelle speisten. Englische wie amerikanische Elemente fanden Eingang in das Denken der sozialdemokratischen Reformer, die darüber hinaus auch die eigenen, deutschen Traditionen nicht einfach abstreiften, sondern sie vielmehr mit Hilfe der neuen Elemente modifizierten. Die deutschen Traditionen und Bedürfnisse wurden durch Traditionen des angelsächsischen Westens ergänzt, auf die eigenen Problemstellungen wurde mit Lösungsangeboten aus mindestens zwei westlichen Kulturen reagiert. Am Ende dieser multilateralen Transferprozesse lassen sich daher in den Programmen und der Politik von SPD und DGB nicht spezifisch amerikanische, und auch nicht spezifisch englische, Züge erkennen, sondern vielmehr eine ‚Mischform', die jedoch ganz eindeutig der westlichen Wertewelt zugehört.

Nicht nur Westdeutschland war jedoch Adressat der amerikanischen Bemühungen, durch Integration und interkulturellen Transfer eine westeuropäisch-atlantische Wertegemeinschaft zu schaffen, sondern ganz Westeuropa. In vielen westeuropäischen Ländern kamen sozialistische oder sozialdemokratische Regierungen ins Amt, die keynesianische und gesellschaftsreformerische Politiken durchsetzten, welche sich jeweils als Umsetzung eines liberalen, westlichen Verständnisses von Sozialdemokratie verstehen lassen. Auch auf dieser westeuropäischen Betrachtungsebene war das Ergebnis eben nicht die komplette Übernahme amerikanischer Konzepte und Strukturen, son-

---

74 Auch wenn dieses Grundprinzip nach den Gedanken Fritz Naphtalis und anderer aus der Weimarer Zeit klingt, so liegt der Hauptunterschied doch darin, dass es diesmal nicht darum ging, den Kapitalismus langfristig zu überwinden, wenn es schon kurzfristig nicht ging, sondern ihn beizubehalten – und zwar aus Prinzip. Vgl. Fritz Naphtali: Wirtschaftsdemokratie. Ihr Wesen, Weg und Ziel, mit einem Vorwort von Ludwig Rosenberg und einer Einführung von Otto Brenner, Neuaufl., Frankfurt/M. 1966.
75 Paulmann: Internationaler Vergleich und interkultureller Transfer.

dern die Herausbildung gemeinwestlicher Wertegrundlagen und ordnungspolitischer Strukturen.[76]

Für die Bundesrepublik Deutschland bedeutete dies die Integration in den Westen, und zwar nicht nur in das politische und militärische Bündnissystem und in den Wirtschaftsraum des Westens, sondern eben auch in den Westen als Wertegemeinschaft, die durch den Systemkonflikt des Kalten Krieges zusammenrückte. Nach einer Phase der Annäherung und Integration Westdeutschlands, die von 1945 bis etwa 1960 dauerte, folgte in den 1960er und 1970er Jahren eine Zeit der gemeinsamen Weiterentwicklung und Veränderung der Gesellschaften des Westens. Die Bundesrepublik nahm sowohl an dem Integrationsprozess in den 1950er Jahren teil – und legte dabei vielleicht die größte Strecke zurück – als auch an der gesamtwestlichen Weiterentwicklung in den folgenden Jahrzehnten. Die deutsche Sozialdemokratie in Partei und Gewerkschaften war eine wesentliche, treibende Kraft auf diesem Weg, und dazu haben ihre Beziehungen zu den USA – auch die Auseinandersetzungen und der Streit mit den dortigen Kollegen – einen bedeutenden Teil beigetragen.

Fazit

Ich deute hier also das Godesberger Programm als Hinwendung der deutschen Sozialdemokratie in Partei und Gewerkschaften zu westlichen Wertvorstellungen und als Folge der Erfahrungen deutscher Sozialdemokraten und Gewerkschafter mit den Gesellschaften, vor allem den Arbeiterbewegungen, westlicher Länder. Eine ganze Reihe von Funktionären hatte in den Jahren des Exils in den USA, in Großbritannien und in Skandinavien die Wertvorstellungen und die politische Kultur anderer Länder kennengelernt, manche hatten sie sich auch zu Eigen gemacht. Nach Kriegsende wiederum engagierten sich die amerikanischen Gewerkschaften in Westeuropa und in Westdeutschland. Ihr Ziel war es, die westeuropäischen Arbeiterbewegungen als Partner in der Auseinandersetzung mit dem Kommunismus zu gewinnen und sie in eine westliche Wertegemeinschaft zu integrieren. Innerhalb der westdeutschen Arbeiterbewegung fanden sie Partner, die dieses Interesse teilten. Diese westlich orientierten Reformer in Partei und Gewerkschaften, von denen viele aus dem Exil zurückgekehrt waren, kooperierten mit den Vertretern der amerikanischen Gewerkschaftsbünde. Ihr gemeinsames Ziel war es, westliche Werte in SPD und DGB mehrheitsfähig zu machen und eine Reform in deren Programmatik und Politik durchzusetzen. Mit dem Godesberger

---

76 Donald Sassoon: One Hundred Years of Socialism. The West European Left in the Twentieth Century, 2. Aufl., London 1997; Anselm Doering-Manteuffel: Wie westlich sind die Deutschen? Amerikanisierung und Westernisierung im 20. Jahrhundert, Göttingen 1999. Vgl. auch Nial Ferguson u.a. Hrsg.: The Shock of the Global. The 1970s in Perspective, Cambridge, Mass./London 2010; Anselm Doering-Manteuffel/Lutz Raphael: Nach dem Boom. Perspektiven auf die Zeitgeschichte nach 1970, Göttingen 2008; Arthur Marwick: The Sixties. Cultural Revolution in Britain, France, Italy and the United States, 1958-1974, Oxford 1998; Gabriele Dietz/Maruta Schmidt/ Christine von Soden, Hg: Wild und zahm. Die siebziger Jahre, Berlin 1997.

Programm von 1959 (und dem Düsseldorfer Programm des DGB von 1963, auf das ich hier nicht eingehe)[77] hatten sie dieses Ziel erreicht.

Das Godesberger Programm hat also nicht nur eine innersozialdemokratische, innerdeutsche Geschichte, sondern war auch das Produkt von Transferbeziehungen zwischen verschiedenen politischen Kulturen. Es war zudem Teil einer westeuropäisch-atlantischen Entwicklung und hat tatsächlich eine transnationale Dimension in beiden Bedeutungsvarianten des Begriffs. Die Geschichte dieses Parteiprogramms ist Teil einer Geschichte des atlantisch-europäischen Westens.

---

77 Dazu Angster: Konsenskapitalismus, S. 430-451.

„Unsere Sicherheit steht und fällt mit den USA":
Kontinuität und Wandel in Willy Brandts Amerikabild

Judith Michel

Konzentrierte sich die Forschung lange Zeit auf die Ost- und Deutschlandpolitik Willy Brandts, rückte in letzter Zeit zunehmend auch sein Verhältnis zu den westlichen Partnern in den Mittelpunkt wissenschaftlicher Untersuchungen.[1] Von besonderer Bedeutung für die Formulierung von Brandts Außenpolitik waren seine Beziehungen zu den Vereinigten Staaten von Amerika. Im Mittelpunkt dieser Untersuchung steht die Frage, wie Willy Brandts Amerikabild seine amerikapolitischen Entscheidungen beeinflusst hat und wie wiederum seine Wahrnehmung der USA durch seine transatlantischen Erfahrungen verändert wurde.

Um Brandts Amerikabild analysieren zu können, wird auf die Perzeptionsforschung zurückgegriffen. Diese geht davon aus, dass Länderbilder durch Sozialisation, Ideologie und individuelle Erfahrungen geformt werden. Ihre Hauptfunktion liegt darin, einen Orientierungsrahmen für die Entscheidungsfindung in einer komplexen Welt zu liefern. Dies kann leicht zur Entwicklung eines Freund-Feind-Schemas führen, dessen Folge es sein kann, dass Fakten, die diesem Schema widersprechen, ignoriert werden. Langfristig können dem Schema widersprechende Fakten, die wiederholt auftreten, jedoch zu einem Wandel des Länderbildes führen.[2]

Ausgangspunkte der Untersuchung von Willy Brandts Amerikabild sollen seine sozialen und politisch-ideologischen Prägungen durch das Lübecker Arbeitermilieu und das skandinavische Exil sein, um dann nachzuzeichnen, wie sich seine Amerikaperzeption durch die Erfahrungen in der „Frontstadt Berlin" schließlich weiterentwickelte. Am Beispiel der Sicherheitspolitik soll dann untersucht werden, wie sich

---

1 Vgl. z. B. Horst Möller und Maurice Vaïsse (Hg.), Willy Brandt und Frankreich, München 2005; Robin M. Allers, Besondere Beziehungen: Deutschland, Norwegen und Europa in der Ära Brandt (1966-1974), Bonn 2009; Andreas Wilkens (Hg.), Wir sind auf dem richtigen Weg: Willy Brandt und die europäische Einigung, Bonn 2010; Judith Michel, Willy Brandts Amerikabild und -politik 1933-1992, Göttingen 2010; Claudia Hiepel, Willy Brandt and Georges Pompidou: Deutsch-französische Europapolitik zwischen Aufbruch und Krise, München 2012.

2 Die Literaturliste zur Länderwahrnehmung ist lang. Hilfreich für diesen Beitrag sind insbesondere Gottfried Niedhart, Selektive Wahrnehmung und politisches Handeln: Internationale Beziehungen im Perzeptionsparadigma, in: Wilfried Loth und Jürgen Osterhammel (Hg.), Internationale Geschichte: Themen – Ergebnisse – Aussichten, München 2000, S. 141-157; Elke Bruck, François Mitterrands Deutschlandbild: Perzeption und Politik im Spannungsfeld deutsch-, europa- und sicherheitspolitischer Entscheidungen 1989-1992, Frankfurt/Main u. a. 2003; Christian Tuschhoff, Einstellungen und Entscheidung: Perzeption in sicherheitspolitischen Entscheidungsprozeß der Reagan-Administration, 1981-1984, Baden-Baden 1990; Jakob Schissler und Christian Tuschhoff, Kognitive Schemata: Zur Bedeutung neuerer sozialpsychologischer Forschungen für die Politikwissenschaft, in: Aus Politik und Zeitgeschichte 52-53 (1988), S. 3-13; Knud Krakau, Einführende Überlegungen zur Entstehung und Wirkung von Bildern, die sich Nationen von sich und anderen machen, in: Willi Paul Adams und Knud Krakau (Hg.), Deutschland und Amerika: Perzeption und historische Realität, Berlin 1985, S. 9-18.

Brandts Amerikabild auf seine Konzepte und Positionen im Laufe seines politischen Lebens auswirkte. Wie stellte er sich beispielsweise zur Wiederbewaffnungsfrage, dem Konzept des Harmel-Berichts und der Nachrüstungsdebatte? Gibt es hinsichtlich seiner sicherheitspolitischen Positionierung Konstanten, die sich aus seiner Haltung zu den USA speisten, wo sind Brüche auszumachen? Ein kausaler Nexus zwischen Länderbild und Handlung wird sich nicht immer klar herausarbeiten lassen. Es sollen daher auch zusätzliche handlungsbestimmende Faktoren wie sein jeweiliges politisches Amt, weltpolitische Entwicklungen oder innenpolitische und innerparteiliche Auseinandersetzungen ergänzend in den Blick genommen werden.

Frühe Prägungen im Lübecker Arbeitermilieu und im skandinavischen Exil

Obwohl Willy Brandt, geboren unter dem Namen Herbert Frahm, im sozialdemokratischen Milieu Lübecks aufwuchs, genoss er doch eine geradezu bürgerliche Ausbildung auf dem Gymnasium Johanneum. Dabei löste er sich jedoch nie vollständig aus dem Arbeiterumfeld.[3] Sein Sozialismusbegriff war zu dieser Zeit weniger theoretisch begründet als vielmehr das Ergebnis seiner Herkunft.[4] Bereits 1930 wandte er sich vorläufig von der Sozialdemokratischen Partei Deutschlands (SPD) ab, der er vorwarf, nicht entschieden genug gegen die erstarkenden Nationalsozialisten vorzugehen. Er selbst positionierte sich nun als Mitglied der Sozialistischen Arbeiterpartei (SAP) links von der SPD. Unter dem Decknamen Willy Brandt, den er dann annahm, verließ er 1933 das nationalsozialistische Deutschland und fand im skandinavischen Exil zunächst eine neue Heimat. Dort knüpfte er schnell Kontakte zu anderen Arbeiterparteien Europas und entwickelte sich im Laufe der Jahre vom SAP-Revolutionär zum Anhänger eines demokratischen Sozialismus.[5] „Demokratischer Sozialismus" bedeutete für Brandt möglichst umfassende wirtschaftliche und soziale Sicherheit für alle, auch wenn dies zur Aufgabe der Sonderrechte von Einzelnen führen könne. Er strebte jedoch auch die Vereinbarkeit der Freiheit des Individuums und der Planwirtschaft an. Planung müsse seiner Ansicht nach ein Mittel im Dienste der Menschen und kein Ziel an sich sein.[6] Vor diesem Hintergrund war Brandts Amerikabild ambivalent. Wohl konnte er die kapitalistische Tradition der USA nicht völlig ignorieren; den keynesianischen New Deal des amerikanischen Präsidenten Franklin D. Roosevelt betrachtete er jedoch als sozialistisches Programm.[7] Für ihn standen somit skrupellose amerikani-

---

3 Vgl. Peter Merseburger, Willy Brandt 1913-1992: Visionär und Realist, Stuttgart und München 2002, S. 24-27.
4 Vgl. Martin Wein, Willy Brandt: Das Werden eines Staatsmannes, Berlin 2003, S. 51.
5 Vgl. Einhart Lorenz, Einleitung, in: Willy Brandt, Hitler ist nicht Deutschland: Jugend in Lübeck – Exil in Norwegen 1928-1940, bearb. v. Einhard Lorenz. Bonn 2002, S. 15-72.
6 Vgl. Willy Brandt, Nach dem Sieg, Mai 1944, S. 506-508, in: Archiv der sozialen Demokratie (AdsD), Willy-Brandt-Archiv (WBA), A 3, 36.
7 Vgl. Willy Brandt, Begegnungen und Einsichten: Die Jahre 1960-1975, Hamburg 1976, S. 79.

sche Geschäftsleute einem Präsidenten gegenüber, den er als eine „Art Sozialdemokrat" verstand.[8]

In Brandts Augen hatten Großbritannien und Frankreich durch ihre koloniale Vergangenheit mit zum Ausbruch des Zweiten Weltkrieges beigetragen, wohingegen die USA keine imperiale Tradition vorwiesen.[9] Auch die freiheitlich-demokratische Tradition der USA, wie sie sich in Franklin D. Roosevelts „Vier Freiheiten" ausdrückte, fand Brandts Beifall.[10] Aus diesen Gründen sowie aufgrund der Tatsache, dass er nur Amerika das militärische Potential zutraute, das nationalsozialistische Deutschland zu besiegen,[11] hoffte er auf einen Kriegseintritt der USA, um Deutschland und Europa von der Hitler-Diktatur zu befreien. Rückblickend meinte Brandt, er habe Roosevelt bereits vor Kriegseintritt eine „parteiische Neutralität" zugesprochen, „die unübersehbar der Verteidigung der europäischen Freiheit verpflichtet war".[12]

Je weiter der Krieg ohne amerikanische Beteiligung fortschritt, desto mehr musste sich Brandt mit der Frage auseinandersetzen, welche Verbündeten er im Kampf gegen Hitler finden konnte. In der Zeit von 1933 bis zur frühen Nachkriegszeit war sein Bild der Sowjetunion einem mehrfachen Wandel unterworfen, da er bei aller Bewunderung für das wirtschaftliche System deren freiheitsfeindliches Regime nicht ganz verleugnen konnte.[13] Hatte er zuvor noch auf eine Überwindung des NS-Regimes mit sowjetischer Hilfe gehofft, bedeutete der Hitler-Stalin-Pakt einen Schock für Brandt und seine Gesinnungsgenossen.[14] Im Januar 1940 meinte er, man müsse den Krieg nicht nur ohne, sondern gegen den sowjetischen Diktator Josef Stalin gewinnen. Deshalb müsse man den Schulterschluss mit den Westmächten suchen, um Hitler zu besiegen.[15] Da die Sowjetunion zunächst als Bündnispartner auszufallen schien, öffnete sich Brandt

---

8   Willy Brandt, Links und frei: Mein Weg 1930-1950, Hamburg 1982, S. 304.
9   Vgl. Willy Brandt, Zusammenfassung einer Diskussion deutscher Sozialisten, die kurz nach Kriegsausbruch – im September 1939 – in Norwegen stattfand, in: ders., Draußen: Ausgewählte Schriften während der Emigration, hg. v. Günter Struve, München 1966, S. 90.
10 Vgl. Internationale Gruppe demokratischer Sozialisten, „Die Friedensziele der demokratischen Sozialisten", März 1943, in: Willy Brandt, Zwei Vaterländer: Deutsch-Norweger im schwedischen Exil – Rückkehr nach Deutschland 1940-1947, bearb. v. Einhart Lorenz, Bonn 2000, S. 88-104, S. 90-94. Am 6. Januar 1941 hob Roosevelt in einer Rede zur Lage der Nation die „Vier Freiheiten" hervor. Diese waren Redefreiheit, Religionsfreiheit, Freiheit von Not und Freiheit von Furcht. Vgl. Franklin D. Roosevelt, „Four Freedoms" Speech, 6. Januar 1941, in: ders., Nothing to fear: The selected addresses of Franklin Delano Roosevelt 1932-1945, hg. v. B. D. Zevin, Cambridge/MA 1946, S. 258-286.
11 Vgl. Brandt, Zusammenfassung, S. 91-92.
12 Brandt, Begegnungen und Einsichten, S. 79.
13 Zu Brandts Verhältnis zur Sowjetunion während seiner Exilzeit vgl. z. B. Wolfgang Schmidt, Kalter Krieg, Koexistenz und kleine Schritte: Willy Brandt und die Deutschlandpolitik 1948-1963, Wiesbaden 2001, S. 26-29, 40-42; Michel, Willy Brandts Amerikabild, S. 52-55; Einhart Lorenz, Willy Brandt: Deutscher – Europäer – Weltbürger, Stuttgart 2012, S. 51-53.
14 Vgl. Willy Brandt, Unsere Stellung zu Russland, in: Det 20de århundre 41/1 (Januar-Februar 1940), Übersetzung aus dem Norwegischen von Einhart Lorenz, in: Brandt, Hitler ist nicht Deutschland, S. 459-467, S. 461.
15 Vgl. Willy Brandt an Boris Goldenberg, 21. Januar 1940 und Willy Brandt an Jacob Walcher, 21. Januar 1940, in: AdsD, WBA, A 5, 11.

pragmatisch für den kapitalistischen Westen. Neben den kriegspolitischen Ereignissen ließ ihn vermutlich auch die eigene Entwicklung vom revolutionären SAP-Aktivisten zum Unterstützer des parlamentarischen Sozialismus näher an den Westen rücken. Nach dem deutschen Angriff auf die Sowjetunion begann Brandts ablehnende Haltung gegenüber der östlichen Großmacht wieder aufzuweichen.[16] In der Hoffnung auf eine internationale Friedensordnung unterstützte er die sich nun bildende Anti-Hitler-Koalition der angloamerikanischen Demokratien mit der Sowjetunion und hielt – wie andere seiner Zeitgenossen – über das Kriegsende hinaus an der so genannten „One-World-Idea" fest.[17] Seiner Ansicht nach konnte nur durch die Zusammenarbeit der Großmächte ein wirtschaftlicher und demokratischer Wiederaufbau Europas gelingen, wobei er jedoch der Meinung war, der demokratische Neubeginn in Deutschland müsse von innen heraus, getragen von der Arbeiterbewegung und rückkehrenden Exilanten, vorangetrieben werden.[18]

Mitte 1944 war Brandt sich noch nicht klar, welche Rolle die USA in der Nachkriegszeit einnehmen würden. Er ging davon aus, dass die USA als stärkste Macht aus dem Krieg hervorgehen würden, und hoffte, dass sie diesmal nicht wie nach dem Ersten Weltkrieg in Isolationismus zurückfallen würden.[19] Eine starke Wechselwirkung sah er zwischen der inneren Entwicklung der Vereinigten Staaten und ihrem weltpolitischen Engagement einerseits und der Erholung der Weltwirtschaft andererseits. „Man hat jedoch keine Garantie dafür, daß die USA imstande sein werden, diese Aufgabe [den wirtschaftlichen Wiederaufbau in Europa nach dem Krieg] zu meistern."[20] Er sah vor allem die Gefahr, dass bei einer Wirtschaftskrise „Amerika seiner Form von Faschismus entgegengeh[e], während das alte Europa versuch[e], eine neue Demokratie zu errichten."[21] Er führte jedoch weiter aus: „Wenn die USA zu diesem Zeitpunkt eine positive Politik betreiben, kann dieses unzweifelhaft einen glücklichen und auf viele Weise entscheidenden Einfluß auf die internationale Wirtschaftsentwicklung ausüben."[22] Er war also einerseits davon überzeugt, dass der wirtschaftliche Wiederaufbau Europas entscheidend vom amerikanischen Engagement abhängen würde, andererseits misstraute er bis zu einem gewissen Grad der Stabilität des demokratischen Systems in Amerika.

War Brandts Wahrnehmung der Vereinigten Staaten in seiner Jugend noch recht unbestimmt gewesen, entwickelte er im Exil ein von der Grundtendenz her positives Bild, das jedoch nicht frei von Ambivalenzen war. So ließ sich für ihn die kapitalisti-

---

16 Vgl. Internationale Gruppe demokratischer Sozialisten, „Die Friedensziele der demokratischen Sozialisten", März 1943, in: Brandt, Zwei Vaterländer, S. 88-104.
17 Vgl. Klaus Misgeld, Die „Internationale Gruppe demokratischer Sozialisten" in Stockholm 1942-1945: Zur sozialistischen Friedensdiskussion während des Zweiten Weltkrieges, Bonn 1976, S. 72.
18 Vgl. Internationale Gruppe demokratischer Sozialisten, „Die Friedensziele der demokratischen Sozialisten", März 1943, in: Brandt, Zwei Vaterländer, S. 88-104, S. 101-104.
19 Vgl. Willy Brandt, Nach dem Sieg, S. 45, 47, in: AdsD, WBA, A 3, 34.
20 Brandt, Nach dem Sieg, S. 476, in: AdsD, WBA, A 3, 36.
21 Brandt, Nach dem Sieg, S. 49, in: AdsD, WBA, A 3, 34.
22 Brandt, Nach dem Sieg, S. 475-476, in: AdsD, WBA, A 3, 36.

sche Wirtschaftsethik der USA nur schwer mit seinen Vorstellungen eines demokratischen Sozialismus übereinbringen, selbst wenn er Roosevelt als eine Art Sozialdemokraten betrachtete. Ihm war damit klar, dass er von amerikanischer Seite kaum vorbehaltlose Unterstützung für einen sozialistischen Wiederaufbau erwarten durfte. Große Bewunderung hegte er hingegen für die freiheitlich-demokratische Tradition der Vereinigten Staaten, wie er sie in der amerikanischen Verfassung und auch in den „Vier Freiheiten" verkörpert sah.[23] Dennoch führte dies in der unmittelbaren Nachkriegszeit nicht zu einer eindeutigen Hinwendung zum Westen.

Interessant ist, dass Brandt die USA schon während des Zweiten Weltkrieges im Zeichen ihrer militärischen Stärke sah, die das Hitlerregime überwinden konnte. Für die Nachkriegszeit erhoffte er sich jedoch in erster Linie ein wirtschaftliches und ein vergleichsweise begrenztes politisches Engagement in Europa. Eine militärische Präsenz sah Brandt für die Nachkriegszeit zunächst nicht vor, d. h. Amerika wurde zu dieser Zeit noch nicht als Sicherheitsgarant gegen einen möglichen Expansionsdrang der Sowjetunion gesehen. Vermutlich ist dies durch sein Bestreben zu erklären, das expansive Verhalten der UdSSR herunterzuspielen, obwohl er es bereits damals ansprach.[24] Dies mag er aus wirklichem Glauben an die sowjetische Friedfertigkeit getan haben oder aber aus dem Bemühen heraus, das Klima für die „One-World-Idea" nicht negativ zu beeinflussen. Neben der Hoffnung und später auch der Überzeugung, dass die USA diesmal internationale Verantwortung übernehmen würden, stand immer die Furcht, dass Amerika eine isolationistische Haltung einnehmen würde oder seiner Aufgabe in Europa nicht gewachsen sein könnte.

Außenseiter in der eigenen Partei in der Wiederbewaffnungsfrage

1947 kehrte Brandt endgültig nach Deutschland zurück, wo er in Berlin schnell zum Nachwuchsstar der Sozialdemokratie aufstieg, an die er sich in den letzten Kriegsjahren immer weiter angenähert hatte. Spätestens die erste Berlinkrise von 1948/49 ließ seinen Traum von einem Miteinander der vier Siegermächte platzen und er stellte klar heraus: „Man kann heute nicht Demokrat sein, ohne Antikommunist zu sein."[25] Die im Zusammenhang der Berlinblockade errichtete amerikanisch-britische Luftbrücke zur Versorgung der Westberliner machten schließlich für Brandt „Sieger zu Freunden und Besatzungs- zu Schutzmächten".[26] In den folgenden Jahren in Berlin sah er einen frei-

---

23 Insgesamt folgte Brandt bei seiner Hinwendung zu freiheitlich-demokratischen Grundwerten jedoch eher dem skandinavischen als dem amerikanischen Vorbild.
24 Vgl. z. B. Willy Brandt, Vortrag: Deutschlands aussenpolitische Stellung nach dem Kriege, 9. Februar 1945, in: AdsD, WBA, A 3, 22 A.
25 Willy Brandt, Die weltpolitische Lage und die Aufgaben der SPD: Referat auf der SPD-Bezirkskonferenz in Berlin, 14. Januar 1949, in: SPD-Mitteilungen für Funktionäre des Landesverbands Großberlin, Februar 1949, S. 3, in: AdsD, WBA, A 3, 44.
26 Willy Brandt, Manuskript für Leserbrief in Welt am Sonntag, 12. September 1961, in: AdsD, WBA, A 3, 125.

heitlich-demokratischen Westen von einer expansiven freiheitsfeindlichen Sowjetunion bedroht. Deutlicher als zuvor hob er nun die Freiheit als zentrales Element des demokratischen Sozialismus hervor:

> „Freiheit und Leben sind eins. Ohne Sicherheit der individuellen Rechtssphäre, ohne geistige Freiheit, ohne die moralischen Normen der Persönlichkeits-, Gemeinschafts- und Menschlichkeitswerte droht der Rückfall in die Barbarei. Nur durch die Rettung der unersetzlichen Güter der abendländischen Kultur können wir Hoffnung hegen, zu höheren Formen menschlichen Zusammenlebens emporzusteigen."[27]

Demokratischer Sozialismus sei schließlich kein „abgeschlossenes System von Vorstellungen über eine Neugestaltung der gesellschaftlichen Verhältnisse", sondern er fuße „auf dem Bekenntnis zur Freiheit und zum Humanismus, zum Rechtstaat und zur sozialen Gerechtigkeit."[28] Mit diesen Ausführungen stützte er sich sehr stark auf ein demokratisch-liberales Wertverständnis „westlicher Prägung".

Auch wenn Brandt noch eine Weile die Hoffnung auf ein Europa der „Dritten Kraft" und auf die Einheit der europäischen Arbeiterbewegung hegte, war er nun eindeutig Richtung Westen orientiert und rückte nach und nach von planwirtschaftlichen Vorstellungen für einen Wiederaufbau ab. Zwar strebte auch er eine Wiederherstellung der Einheit des geteilten Deutschland an; im Gegensatz zu führenden SPD-Politikern sah er dies jedoch nicht als Grund an, sich gegen eine Westbindung zu stellen. Er war der Meinung, dieses augenblicklich unerreichbare Fernziel dürfe nicht dazu führen, Möglichkeiten ungenutzt zu lassen, die momentane Lage Europas zu verbessern und (West-)Deutschland in die internationale Staatengemeinschaft zu integrieren.[29] So unterstützte er grundsätzlich die Marshallplanhilfe der USA, das Grundgesetz und die Weststaatsgründung, den Beitritt der Bundesrepublik zum Europarat sowie die Schaffung der Europäischen Gemeinschaft für Kohle und Stahl. Brandt nahm mit der Bereitschaft zur wirtschaftlichen und politischen Westintegration bereits eine gewisse Außenseiterrolle innerhalb der SPD ein; besonders umstritten war jedoch sein Bekenntnis zu einer militärischen Zusammenarbeit mit den Westmächten.

Die Berlinkrise hatte Brandt gezeigt, dass die Sicherheit und Freiheit Berlins, Westdeutschlands und Westeuropas von der Sowjetunion bedroht wurden.[30] Während der Berliner Blockade drückte er – trotz der Luftbrücke – immer wieder die Sorge aus, dass die USA Berlin im Stich lassen könnten. Er warnte in diesem Zusammenhang davor, man könne von den Amerikanern nicht mehr Engagement erwarten, als man selbst zu leisten bereit sei. Schon früh stellte er damit das Prinzip der Selbständigkeit heraus, das die Alliierten nicht nur dulden würden, sondern seiner Meinung nach –

---

27 Rede des Vertreters des SPD-Parteivorstandes in Berlin, Brandt, auf dem VI. Landesparteitag der Berliner SPD, 8. Mai 1949, in: Willy Brandt, Auf dem Weg nach vorn: Willy Brandt und die SPD 1947-1972, bearb. v. Daniela Münkel, Bonn 2000, S. 99-130, S. 114.
28 Ebd., S. 129.
29 Vgl. Merseburger, Brandt, S. 296.
30 Zu Brandts Haltung während der Berlinblockade und der Luftbrücke vgl. z. B. Schmidt, Kalter Krieg, S. 54-97.

freilich im begrenzten Rahmen – sogar von den Deutschen forderten.[31] Trotz dieser leichten Zweifel an der Sicherheitsgarantie der Vereinigten Staaten erkannte Brandt durch die Krise, dass die Sicherheit Berlins nur mit den Amerikanern zu erhalten war. Auch würdigte er, dass die USA die Freiheit Berlins in erster Linie aus moralischen Gründen verteidigten.[32]

Brandts Bekenntnis zum Westen fiel nun klar aus: „[W]er seine Wahl zwischen Freiheit und Knechtschaft getroffen hat, kann nicht an Neutralität glauben."[33] Schließlich könne es einen „deutschen Wanderer zwischen den Welten [...] im praktischen Leben unserer Tage nicht mehr geben."[34] In der Folge zeigte sich Brandt als Anhänger einer von ihm so nicht benannten „Politik der Stärke"[35], indem er eine militärische Aufrüstung des Westens unterstützte, um die Abschreckung der Nato gegen die Sowjetunion zu stärken.[36] Trotz seiner Unterstützung für die militärische Stärke wandte er sich allerdings gegen eine Beschränkung der Sicherheitsdebatte auf das Militärische[37] und meinte, eine Eingliederung der Bundesrepublik in das Verteidigungssystem solle nicht überstürzt und nicht ohne Einbeziehung der Bevölkerung durchgeführt werden. Die Vorgehensweise des Bundeskanzlers Konrad Adenauer, der ohne Rücksprache mit dem Kabinett ein Angebot zu einem westdeutschen Verteidigungsbeitrag gemacht hatte, kritisierte er daher deutlich als einzelgängerisch.[38]

Die Diskussion um eine Wiederbewaffnung wurde schließlich durch den Koreakrieg beschleunigt, der die Angst vor einem sogenannten Dominoeffekt – fällt Korea, fällt auch Berlin – schürte. Brandt meinte dazu:

„Neutralitätsillusionen dürften jetzt lediglich noch gewissen Narren vorbehalten sein, und wer für Deutschland und Europa eine Schaukelpolitik befürwortet, muß sich sagen lassen, daß er das Geschäft der Machthaber im Osten betreibt. Soweit Korea von Deutschland entfernt sein mag, bestätigt es doch, daß die Welt unteilbar geworden ist. Das wird auch zu einer längst fällig gewordenen Klärung der Fronten innerhalb Deutschlands führen müssen."[39]

---

31 Vgl. z. B. Sitzung des Parteivorstands in Springe, 6. Mai 1948, in: Willy Albrecht (Hg.), Die SPD unter Kurt Schumacher und Erich Ollenhauer 1946–1963: Sitzungsprotokolle der Spitzengremien, Bd. 1, Bonn 1999, S. 362-370, S. 363.
32 Vgl. Auszug aus der Rede des Vertreters des SPD-Parteivorstandes in Berlin, Brandt, auf der Konferenz der Kreis- und Abteilungsfunktionäre der Berliner SPD, 14. Januar 1949, in: Willy Brandt, Berlin bleibt frei: Politik in und für Berlin 1947-1966, bearb. v. Siegfried Heimann, Bonn 2004, S. 120-123, S. 121.
33 Willy Brandt, Neutralität? – Aktivität!, in: Berliner Stadtblatt, 21. Februar 1951.
34 Willy Brandt, Zwischen Europarat und Atlantikrat, in: Berliner Stadtblatt, 29. April 1950.
35 Vgl. dazu Schmidt, Kalter Krieg, S. 113. Schmidt hebt hervor, dass diese Position jedoch eine Verhandlungsbereitschaft gegenüber dem Osten nicht ausgeschlossen hätte.
36 Vgl. Willy Brandt, Politische Strategie, in: Berliner Sozialdemokrat, 19. März 1950; ders., Europäische Sicherheitsprobleme, in: Berliner Sozialdemokrat, 6. April 1950.
37 Vgl. Willy Brandt, Zwischen Europarat und Atlantikrat, in: Berliner Stadtblatt, 29. April 1950.
38 Vgl. Willy Brandt, Rücktritt und Wiederbewaffnung, in: Berliner Stadtblatt, 11. Oktober 1950; ders., Keine Zeit verlieren, in: Berliner Stadtblatt, 5. November 1950; ders., Die großen Fragen, in: Berliner Stadtblatt, 3. Dezember 1950.
39 Willy Brandt, Fünf Jahre danach, in: Berliner Stadtblatt, 1. Juli 1950.

Ende 1950 wurde die Planung eines deutschen Wehrbeitrags durch den sogenannten Plevenplan konkreter. Dieser sah die Bildung einer Europäischen Verteidigungsgemeinschaft (EVG) unter einheitlichem Kommando und unter Einbindung Westdeutschlands vor. An den EVG-Vertrag wurde der Deutschlandvertrag oder auch Generalvertrag gekoppelt, der das Besatzungsstatut ablösen sollte. Hierdurch sollten der Bundesrepublik entscheidende Souveränitätsrechte eingeräumt werden, was vor allem Adenauer wichtig war. Die SPD unter ihrem Vorsitzenden Kurt Schumacher[40] lehnte diese Lösung ab, da sie keine völlige Gleichberechtigung der Bundesrepublik gewährleistete, und man fürchtete, sie gefährde die Wiedervereinigung.[41] Brandt war von dem französischen Vorschlag ebenfalls nicht überzeugt, weil er den deutschen Verteidigungsbeitrag auf atlantischer Ebene umgesetzt wissen wollte und auch eine Einbeziehung Großbritanniens wünschte.[42] Diese Forderung entsprang vermutlich seiner Erfahrung aus der Berlinkrise, die ohne den Einsatz der angloamerikanischen Mächte nicht durchzuhalten gewesen wäre.[43] Zudem zeigt sie Brandts realistische Einschätzung machtpolitischer Gegebenheiten. Für ihn musste Amerika in Europa und vor allem in der Bundesrepublik und Berlin gehalten werden, da nur die USA wirklich die Sicherheit garantieren konnten. Zudem kritisierte er, dass der französische Vorschlag keine Einbeziehung Berlins vorsah und keine Revisionsklausel für den Fall einer sich bietenden Gelegenheit zur Wiedervereinigung enthielt.[44] Eine ähnliche Haltung vertraten vor allem Berliner Sozialdemokraten wie Ernst Reuter und einige wenige SPD-Spitzenvertreter wie Fritz Erler.

Bei aller Kritik am Plevenplan stimmte Brandt der Position Adenauers zu, dass, wenn die völlige Gleichberechtigung nicht zu erhalten war, man sie eben schrittweise erlangen sollte. Wie der Kanzler ging er außerdem davon aus, dass militärische Stärke die Verhandlungsposition der Bundesrepublik gegenüber der Sowjetunion für eine Wiedervereinigung erleichtern würde.[45] Im Folgenden musste Brandt sich in der Wie-

---

40 Der SPD-Vorsitzende Schumacher war jedoch nie generell gegen eine Wiederbewaffnung eingestellt. Vgl. dazu Udo F. Löwke, Die SPD und die Wehrfrage 1949 bis 1955, Bonn 1976, S. 126-128; Rudolf Hrbek, Die SPD, Deutschland und Europa 1945-1957: Die Haltung der Sozialdemokratie zum Verhältnis von Deutschlandpolitik und Westintegration (1945-1957), Bonn 1973, S. 152-153; Willy Albrecht, Kurt Schumacher: Ein Leben für den demokratischen Sozialismus, Bonn 1985, S. 78.

41 Vgl. Löwke, Wehrfrage, S. 129 und Hrbek, SPD, Deutschland und Europa, S. 163-165.

42 Vgl. Willy Brandt, Bericht über die Haltung der sozialdemokratischen Fraktion zum Problem der Sicherheit aus der Landesausschußsitzung vom 4. November 1950, in: AdsD, WBA, A 3, 55.

43 Vgl. dazu Brigitte Seebacher, Europa ist wichtig, Amerika ist wichtiger, in: Wilkens, Wir sind auf dem richtigen Weg, S. 28-35, S. 29.

44 Vgl. Willy Brandt, Berlin im Generalvertrag, in: Berliner Stimme, 5. Juli 1952; ders., Für Berlin hat sich nicht viel geändert, in: Telegraf, 31. Mai 1952; Sitzungsprotokoll des Auswärtigen Ausschusses, 9. September 1952, in: Der Auswärtige Ausschuß des Deutschen Bundestages, hg. v. Kommission für Geschichte des Parlamentarismus und der Parteien, 1949-1953, Düsseldorf 1998, S. 1058-1082, S. 1069-1071.

45 Zu Ähnlichkeiten zwischen Brandts und Adenauers Ansatz vgl. Wolfgang Schmidt, „Schmalspurpolitik" ohne Willen zur Wiedervereinigung? Die Sicht Willy Brandts auf Konrad Adenauers Politik der Westintegration 1949-1955, in: Wilkens, Wir sind auf dem richtigen Weg, S. 53-73.

derbewaffnungsfrage der Herausforderung stellen, sich „auf schmalem Grat zwischen Parteiloyalität und persönlicher Überzeugung"[46] zu bewegen.

Am 30. August 1954 scheiterte schließlich die EVG in der französischen Nationalversammlung. Der britische Außenminister Anthony Eden schlug nun vor, die Bundesrepublik in die Nato aufzunehmen und den Brüsseler Pakt, dem Frankreich, Großbritannien und die Benelux-Staaten angehörten, um Deutschland und Italien zur Westeuropäischen Union zu erweitern. Umgesetzt werden sollte dieser Vorschlag 1955 mit den Pariser Verträgen, die außerdem die Ablösung des Besatzungsstatuts durch den leicht modifizierten Deutschlandvertrag vorsahen.[47] Der Vorschlag fand nicht nur deshalb Brandts Zustimmung, weil er seine bevorzugte atlantische Lösung enthielt, sondern auch, weil der überarbeitete Deutschlandvertrag die von ihm geforderte Revisionsklausel und Sicherheitsgarantien für Berlin beinhaltete.[48] Die SPD brauchte indes bis 1960, um ihre Haltung zur Nato und zum deutschen Verteidigungsbeitrag innerhalb des Atlantischen Bündnisses zu klären.[49]

Brandt hatte schon im Exil auf die militärische Stärke der USA im Kampf gegen den Nationalsozialismus gesetzt. Für die Nachkriegszeit sah er ein militärisches Engagement der Vereinigten Staaten in Europa jedoch zunächst nicht vor, da er auf einen Ausgleich zwischen Ost und West hoffte. Wendepunkt in Brandts Wahrnehmung der USA als Sicherheitsgarant und Verteidiger freiheitlich-demokratischer Werte gegenüber der sowjetischen Bedrohung stellte die Berlinkrise dar. Dennoch war Brandts Position in der Wiederbewaffnungsfrage zunächst nicht immer ganz eindeutig. Dies lag daran, dass er durch seine Erfahrungen in Berlin zusammen mit dem Kreis um Ernst Reuter früher als die Bundes-SPD die Notwendigkeit auch einer militärischen Bindung an den Westen erkannte, es sich gleichzeitig aber auch nicht mit der Parteiführung verderben mochte, von deren Wohlwollen sein innerparteilicher Aufstieg abhängig war. Außerdem hielt er es bisweilen auch für nötig, sich von der Adenauer-Regierung zu distanzieren, selbst wenn diese ähnliche Positionen vertrat wie er. Auffällig ist jedoch, dass er sich eine Verteidigung Deutschlands und Berlins nicht ohne amerikanische Beteiligung vorstellen konnte. So mag seine Bereitschaft, sich an einem Sicher-

---

46 Schmidt, Kalter Krieg, S. 143.

47 Vgl. Peter Graf von Kielmannsegg, Nach der Katastrophe: Eine Geschichte des geteilten Deutschland, Berlin 2000, S. 145-149; Hans-Jürgen Schröder, Amerikanische Deutschlandpolitik im Kalten Krieg 1954-1961, in: Wolfgang-Uwe Friedrich (Hg.), Die USA und die Deutsche Frage 1945-1990, Frankfurt/Main und New York 1991, S. 129-165, S. 142-147.

48 Vgl. Willy Brandt, Rede vor dem Berliner Abgeordnetenhaus, 4. November 1954, in: Stenographische Berichte des Berliner Abgeordnetenhauses, 1. Wahlperiode, Berlin 1954, S. 789-792, S. 789-790; Willy Brandt, Rede als Generalberichterstatter des Auswärtigen Ausschusses vor dem Deutschen Bundestag, 24. Februar 1955, in: Verhandlungen des Deutschen Bundestages, 2. Wahlperiode, S. 3525-3528.

49 Vgl. Hans-Jürgen Grabbe, Unionsparteien, Sozialdemokratie und Vereinigte Staaten von Amerika 1945-1966, Düsseldorf 1983, S. 222. Als Wendepunkte für die Umbesinnung der SPD seien das „Godesberger Programm" von 1959 und Herbert Wehners Bundestagsrede am 30. Juni 1960 genannt, in der er die Politik der Gemeinsamkeit verkündete und damit außenpolitisch auf den Kurs der Unionsparteien – d. h. die Westbindung und den Wehrbeitrag – einschwenkte. Vgl. Herbert Wehner, Rede vor dem Deutschen Bundestag, 30. Juni 1960, in: Verhandlungen des Deutschen Bundestages, 3. Wahlperiode, S. 7052-7061.

heitssystem im atlantischen Rahmen zu beteiligen, auch durch die Furcht genährt gewesen sein, die Amerikaner könnten ihr eigenes Engagement von der deutschen Bereitschaft, Lasten zu übernehmen, abhängig machen.[50] Zudem hatten die Amerikaner wie auch die Briten ihm in der Berlinkrise bewiesen, dass sie im Ernstfall ihre Garantien einlösen würden. Dies konnte er aufgrund der Erfahrungen in Berlin über Frankreich nicht sagen, was sicher mit zu Brandts Ablehnung der EVG geführt hatte, in der nur Frankreich, nicht aber die angloamerikanischen Mächte vertreten gewesen wären. Nachdem für Brandt die Westbindung der Bundesrepublik nach dem Nato-Beitritt grundlegend entschieden war, versuchte er bald schon aus dieser Position der Stärke heraus, eine Annäherung an den Osten zu erreichen.

Entspannung und Verteidigungsfähigkeit: Brandts sicherheitspolitisches Konzept als Außenminister und Bundeskanzler

Schon seit Mitte der 1950er Jahre entwickelte Brandt sein Konzept des „Wandels durch Annäherung". Eine ideologische Annäherung an den Osten blieb für ihn dabei jedoch ausgeschlossen; vielmehr betrachtete er die Verankerung im Westen als unverzichtbare Voraussetzung für erfolgreiche Verhandlungen.[51] Er befand sich damit ganz auf der Linie des sogenannten Harmel-Berichts von 1967, an dessen Formulierung er mitgewirkt hatte und gemäß dem Entspannungsbereitschaft mit der militärischen Stärke des Westens gepaart sein musste. Daher hob Brandt immer wieder die Notwendigkeit einer starken Europäischen Gemeinschaft und einer gefestigten Nato sowie einer engen Abstimmung innerhalb des westlichen Lagers hervor. Mit dem westlichen Bündnis im Rücken plante Brandt als Außenminister und Bundeskanzler, zunächst bilateral Teilaspekte des Ost-West-Konflikts zu lösen. Themen, über die man verhandeln wollte, waren ein Gewaltverzicht, Respektierung der Grenzen, wirtschaftlicher und kultureller Austausch sowie humanitäre und praktische Fragen. Der erste Ansprechpartner war Moskau, allerdings sollte darauf auch eine Normalisierung der Beziehungen mit den anderen Warschauer Pakt-Staaten folgen und ein geregeltes Nebeneinander auf deutschem Boden einschließlich einer Verbesserung der Lage Berlins gefunden werden.[52] Dies sollte jedoch immer mit den Alliierten abgestimmt werden. Brandts Ostpolitik kann also nicht ohne seine Westpolitik und die Einbettung ins Atlantische Bündnis gedacht werden.[53]

---

50 Vgl. Willy Brandt, Zwischen Europarat und Atlantikrat, in: Berliner Stadtblatt, 29. April 1950.
51 Vgl. dazu ausführlich Schmidt, Kalter Krieg.
52 Vgl. Willy Brandt, Aufgaben und Verpflichtungen der Bundesrepublik Deutschland: Rede auf dem SPD-Parteitag in Bad Godesberg, 18. April 1969, in: SPD-Vorstand (Hg.), Außerordentlicher Parteitag der Sozialdemokratischen Partei Deutschlands in Bad Godesberg, 16.-18. April 1969, Bonn o. J., S. 443-474, S. 447.
53 Zum Forschungsstand zur Ostpolitik vgl. Oliver Bange, Ostpolitik – Etappen und Desiderate der Forschung: Zur internationalen Einordnung von Willy Brandts Außenpolitik, in: Archiv für Sozialgeschichte 46 (2006), S. 713-736. Vgl. ferner die neueren Studien: Arne Hofmann, The Emergence of Détente in Europe: Brandt, Kennedy and the Formation of Ostpolitik, London und New York 2007; Julia von Dannenberg, The Foundations of Ostpolitik: The Making of the Moscow

Dieser Ansatz war zum einen nötig angesichts der Viermächteverantwortung, die viele Bereiche der Ostpolitik berührte. Zum anderen diente er der Beruhigung der Rapalloängste seiner Partner und stellte die Bündnistreue der Bundesrepublik heraus. Zudem war dieser Ansatz ein Zeichen seines Vertrauens in die Sicherheitsgarantie der Westmächte. Durch das Bemühen um Rückendeckung durch die Alliierten versuchte Brandt zudem, seine Position gegen Kritiker seiner Ostpolitik zu stärken.

Sicherheitspolitische Aspekte spielten bei Brandts Entspannungspolitik in vielfacher Hinsicht eine Rolle. So betrachtete Brandt eine aktive Ostpolitik der Bundesregierung als Möglichkeit, einer amerikanisch-sowjetischen Verständigung über die Köpfe der Verbündeten hinweg zuvorzukommen.[54] Brandt war sich sicher, die USA würden die Interessen der Bundesrepublik berücksichtigen und ihn bei entscheidenden Fragen konsultieren, wenn die Deutschen selbst Eigeninitiative zeigen würden.[55]

Generell betrachtete Brandt Entspannungspolitik als Friedenspolitik. Schon sein Einsatz für die Unterzeichnung des Nichtverbreitungsvertrags durch die Bundesrepublik, gegen die sich innerhalb der Großen Koalition vor allem die Unionsparteien gestellt hatten, sah er in erster Linie als Mittel der Entspannungsförderung und zur Vorbereitung der bilateralen Verhandlungen mit den Warschauer-Pakt-Staaten.[56] Nach erfolgreichem Abschluss der Verträge mit der Sowjetunion, Polen, der DDR und der Tschechoslowakei setzte er sich dann verstärkt für eine Ausweitung der Entspannungspolitik auf eine multilaterale Ebene ein. Er unterstützte daher die Abrüstungsverhandlungen über konventionelle Waffen in Europa (Mutual Balanced Force Reductions – MBFR) und die Konferenz über Sicherheit und Zusammenarbeit in Europa (KSZE). Durch eine amerikanische Beteiligung an den beiden Verhandlungstischen und eine Förderung der Entspannung in Europa hoffte Brandt, die USA weiter an Europa zu binden bzw. ein drohendes amerikanisches Disengagement in der Bundesrepublik und Westeuropa zu kompensieren.[57] Den Alliierten gegenüber wartete er zudem

---

Treaty between West Germany and the USSR, Oxford und New York 2008. Zur amerikanischen Haltung zur deutschen Ostpolitik vgl. u. a. Gottfried Niedhart, The Federal Chancellor's Ostpolitik and the United States: Initiatives and Constraints, in: Kathleen Burk und Melvyn Stokes (Hg.), The United States and the European Alliance since 1945, Oxford u. a. 1999, S. 289-311; David C. Geyer und Bernd Schaefer (Hg.), American Détente and German Ostpolitik, 1969-1972, Washington/DC 2004.

54 Vgl. Willy Brandt, Deutsch-amerikanische Beziehungen, Ms. Entwurf mit hs. Einfügungen, 22. Juni 1967, in: Politisches Archiv des Auswärtigen Amts, B 32, 253; ders., Rede vor dem SPD-Landesparteitag in Bremen, 18. August 1967, in: Pressemitteilungen und Informationen der SPD 397/67 (18. August 1967), in: AdsD, WBA, A 3, 258.

55 Vgl. Willy Brandt, Erklärung vor der Bundespressekonferenz in Bonn zur Konferenz des Ministerrats der NATO, 14. April 1969, in: ders., Reden und Interviews 1968-1969, hg. v. Presse- und Informationsamt der Bundesregierung, Bonn 1969, S. 183-196; ders., Manuskript für Interview mit der Stuttgarter Zeitung, 12. April 1969, in: AdsD, WBA, A 3, 300.

56 Vgl. Klaus Schönhoven, Wendejahre: Die Sozialdemokratie in der Zeit der Großen Koalition 1966-1969, Bonn 2004, S. 104; Merseburger, Brandt, S. 537.

57 Vgl. Willy Brandt, Ansprache in der Harvard Universität in Boston, 5. Juni 1972, in: ders., Reden und Interviews, Bd. 1, hg. v. Presse- und Informationsamt der Bundesregierung, Bonn 1971, S. 251-258, S. 256. Vgl. dazu auch Bernd Faulenbach, Das sozialdemokratische Jahrzehnt: Von der Reformeuphorie zur Neuen Unübersichtlichkeit – Die SPD 1969-1982, Bonn 2011, S. 150-153.

mit dem Argument auf, dass erfolgreiche Verhandlungen mit dem Osten *vor* einer Truppenreduktion stattfinden müssten. Ein vorzeitiger einseitiger Truppenabzug würde das militärische Gleichgewicht zwischen Ost und West stören, die Glaubwürdigkeit der Abschreckung in Frage stellen und dem Westen ein entscheidendes Druckmittel gegenüber den Warschauer-Pakt-Staaten für eine beidseitige Verringerung der Streitkräfte nehmen.[58] Allerdings blieb die Sorge bestehen, dass die Isolationisten in den USA Aufwind bekommen könnten, die erfolgreiche Entspannungsbemühungen als Rechtfertigung für eine reduzierte amerikanische Präsenz vorbringen könnten.

Brandts Warnung vor einer einseitigen Reduzierung von Nato-Streitkräften war gepaart mit der Einsicht, die Bundesrepublik müsse selbst stärker zur Verteidigungsfähigkeit des westlichen Bündnisses beitragen. Schon bei den Diskussionen um einen westdeutschen Beitritt zum Nichtverbreitungsvertrag hatte Brandt das Argument bemüht, nur durch die Bereitschaft zur Lastenteilung könne die Bundesrepublik ein amerikanisches Disengagement verhindern.[59] Auch in den Folgejahren seiner Regierungsverantwortung kam er den Vereinigten Staaten sowohl bei den sogenannten Offset-Zahlungen für die in der Bundesrepublik stationierten amerikanischen Truppen als auch allgemein bei wirtschafts- und währungspolitischen Fragen entgegen.

Als Außenminister und Bundeskanzler hielt Brandt durchweg am Doppelziel des Harmel-Berichts von Entspannung und Verteidigungsbereitschaft fest. Er entwarf jedoch auch Vorstellungen zu einer Friedensordnung in Europa, die nicht so einfach auf einen Punkt zu bringen sind. Wie erwähnt setzten Brandts Bemühungen um Entspannung keine Entideologisierung der UdSSR voraus. Ihm erschien es wichtiger, sofort menschliche Erleichterungen zu erreichen als darauf zu warten, dass der Kommunismus verschwinde.[60] Mit seiner Ostpolitik verfolgte er den Ansatz, die geopolitischen Gegebenheiten in Europa zunächst anzuerkennen, um sie dann verändern zu können. Dabei dominierte bei ihm die Ansicht, der Osten werde sich an den Westen angleichen, wodurch ein Wandel innerhalb Europas möglich werden könne. Zur in den späten 1960er/frühen 1970er Jahren intensiv diskutierten Konvergenztheorie[61] äußerte sich Brandt daher nur vage.[62]

---

58 Vgl. z. B. Gespräch des Bundeskanzlers Brandt mit Präsident Nixon in Key Biscayne, 28. Dezember 1971, in: Akten zur Auswärtigen Politik der Bundesrepublik Deutschland, 1971, Bd. III, hg. v. Institut für Zeitgeschichte, München 2002, S. 1980-1997, S. 1990. Vgl. außerdem Werner Link, Außen- und Deutschlandpolitik in der Ära Brandt 1969-1974, in: Karl Dietrich Bracher, Wolfgang Jäger und Werner Link (Hg.), Republik im Wandel 1969-1974: Die Ära Brandt, Stuttgart und Mannheim 1986, S. 161-282, S. 176-178.

59 Vgl. Auswärtiges Amt, Kabinettsvorlage NV, Juni 1969, in: Bundesarchiv Koblenz, B 136, 6904.

60 Brandt betonte jedoch auch, dass es im Kalten Krieg immer nur eine Ideologie, nämlich die kommunistische gegeben habe. Vgl. Willy Brandt, Ost- und Westpolitik im Zusammenhang (Interview), in: Moderne Welt 8/4 (1967), S. 354-361, S. 354-355.

61 Die Ende der 1950er Jahre entstandene Theorie nahm eine gegenseitige Angleichung von Kapitalismus und Sozialismus an. Vgl. z. B. Bernd Windhoff, Darstellung und Kritik der Konvergenztheorie: Gibt es eine Annäherung der sozialistischen und kapitalistischen Wirtschaftssysteme?, Frankfurt/Main 1971.

62 Vgl. Wilfried von Bredow, Wandel in Europa oder Status quo? Deutsche Friedens- und Sicherheitspolitik im Rahmen der Ost-West-Entspannung, in: Rother, Willy Brandt: Neue Fragen, neue Erkenntnisse, S. 135-156, S. 145. Eckart Conze geht davon aus, dass Brandt die Grundannahmen

Brandt ging davon aus, dass die Sowjetunion inzwischen ihre revolutionären Ziele in Europa aufgegeben hatte und selbst an einer Friedenssicherung interessiert sei.[63] Nach erfolgreichen Verhandlungen über bilaterale Angelegenheiten sollte multilateral über Themen wie Truppenverringerung und Rüstungskontrolle verhandelt werden, wodurch ein europäisches Sicherheitssystem errichtet werden sollte. Dies würde seiner Meinung nach keine rein europäische Angelegenheit bleiben: „[D]ie sowjetische und amerikanische Beteiligung an einem europäischen Sicherheitssystem brauchen weder ich noch sonst jemand anzustreben; sie ergibt sich aus der Situation und der Macht dieser beiden Staaten."[64] Das Denken müsste jedoch über ein bloßes Sicherheitssystem hinausgehen und eine europäische Friedensordnung angestrebt werden:

> „Ein europäisches Sicherheitssystem läßt sich mit dem Ausgangspunkt in den bestehenden Bündnissen und mit den von uns angedeuteten Mitteln – wie Gewaltverzichtserklärungen, gegenseitige Beobachter, gleichgewichtige Truppenreduzierung – durchaus vorstellen. Eine europäische Friedensordnung erfordert mehr."[65]

Für unzureichend hielt er ein neutralisiertes Europa als Pufferzone.

Wie eine europäische Friedensordnung auszusehen habe, ließ er an dieser Stelle noch offen, und er hielt es für verfrüht, wie die Sowjetunion bereits von einem Gesamteuropa zu sprechen.[66] Auf lange Sicht waren für ihn zwei Modelle denkbar: Zum einen könnten Nato und Warschauer Pakt fortbestehen und über einen Interessenausgleich zur Zusammenarbeit kommen; zum anderen könnte es zu einem stufenweisen Abbau der Bündnisse kommen und etwas Neues würde an ihrer Stelle stehen. Seiner Meinung nach sprach vieles dafür, dass sich das erste Modell durchsetzen würde. Eine gesamteuropäische Friedenslösung sei schließlich die Voraussetzung für eine Lösung der deutschen und damit auch der Berliner Frage.[67] Dabei ließ er offen, ob die deutsche Einheit dann nur im nationalstaatlichen Rahmen denkbar wäre.[68] Er stellte jedoch

---

der Konvergenztheorie nicht teilte. Vgl. Eckart Conze, Akzeptanz der Teilung oder Weg zur deutschen Einheit? Motivs, Ziele und Wirkungen der Ost- und Deutschlandpolitik der sozialliberalen Koalition, in: Bernd Rother (Hg.), Willy Brandt: Neue Fragen, neue Erkenntnisse, Bonn 2011, S. 99-113, S. 103-104.

63 Vgl. Willy Brandt, Entspannungspolitik mit langem Atem, in: Außenpolitik 18/8 (August 1967), S. 449-454, S. 450.

64 Brandt, Ost- und Westpolitik, S. 358. Zur Bedeutung der USA für ein europäisches Sicherheitssystem vgl. auch ders., Sozialdemokraten in der Verantwortung: Rede auf dem LPT der SPD Baden-Württemberg in Ravensburg, 3. Februar 1968, Protokoll nach einer Tonbandaufnahme, in: Pressemitteilungen und Informationen der SPD 75/68 (5. Februar 1968), in: AdsD, WBA, A 3, 270.

65 Brandt, Ost- und Westpolitik, S. 358-359.

66 Willy Brandt, Interview mit dem Spiegel, 27. September 1971, in: Bulletin 139 (28. September 1971), S. 1493-1498, S. 1498.

67 Vgl. Brandt, Entspannungspolitik, S. 452-453. Vgl. auch ders., Ost- und Westpolitik, S. 359; ders., Interview mit dem Sonntagsblatt (Hamburg) am 14. Februar 1968, in: Bulletin 21 (16. Februar 1968), S. 165-167, S. 167; ders., Rede vor dem Deutschen Bundestag, 7. Dezember 1967, in: Verhandlungen des Deutschen Bundestages, 5. Wahlperiode, S. 7229-7233, S. 7233.

68 Vgl. von Dannenberg, Foundations of Ostpolitik, S. 263-264; Willy Brandt, Interview mit der New York Post, 28. April 1970, in: Bulletin 62 (6. Mai 1970), S. 577-579, S. 578-579.

stets deutlich heraus, dass dies langfristige Ziele seien, deren genaue Ausgestaltung jetzt noch nicht absehbar sei.[69]

Auf dem Höhepunkt seiner Ostpolitik warnte er davor, sich Illusionen hinzugeben, nach welchen die beiden Militärpakte in absehbarer Zeit abgeschafft werden könnten: „Ich muß davon ausgehen, was in meiner Zeit eine Rolle spielen kann, ein ausgewogener beidseitiger Abbau von Rüstungen. Dieser Prozeß würde nicht gefördert, sondern gefährdet werden, wenn die Atlantische Allianz nicht halten würde."[70] Werner Link hebt hervor, dass Brandt vor allem in den Reihen seiner eigenen Partei vor sicherheits- und allianzpolitischen Illusionen warnen musste.[71] Ein Erfolg der multilateralen Entspannungsbemühungen war die Verabschiedung der KSZE-Schlussakte. Der darin enthaltene Korb III, in dem die Achtung der Menschenrechte und Grundfreiheiten festgeschrieben waren, trug schließlich mit zur Erosion des Ostblocks bei, da sich nach Souveränität strebende Satellitenstaaten darauf beriefen.[72] Brandts langfristige Ziele, in der zweiten Phase ein mitteleuropäisches Sicherheitssystem und in der dritten Phase eine gesamteuropäische Friedensordnung zu etablieren, erfüllten sich jedoch zunächst ebenso wenig wie die Hoffnung auf eine bedeutende Truppenreduzierung oder Abrüstung.[73]

So sehr Brandt die Bedeutung der Nato und dabei besonders der USA sowie eines politisch, wirtschaftlich, aber vor allem auch militärisch starken Westens für eine erfolgreiche Ostpolitik betonte, so offen ließ er die Bedeutung der Nato für den Fall einer Vereinigung Europas. Dies lag mit Sicherheit daran, dass er so langfristige Entwicklungen nicht voraussehen konnte. Aber selbst wenn er von einer Auflösung der Nato und einem Rückzug der Amerikaner ausgegangen wäre, hätte er dies zu dieser Zeit kaum öffentlich betont.

Trotz seiner Langzeitvision von einer gesamteuropäischen Sicherheitsordnung war Brandt nie ein Anhänger einer unabhängigen europäischen Verteidigung, sondern setzte voll auf die Nato als Verteidigungsgaranten. Als die Europäische Gemeinschaft 1973/74 versuchte, generell und insbesondere in der Nahost- und Energiepolitik eine eigenständige Politik zu entwickeln, zeigten sich der Bundesrepublik schnell ihre Grenzen, unabhängig von den USA zu agieren. In der Nahost- und Energiekrise versuchte die Bundesrepublik zunächst, sich im Gegensatz zu den Vereinigten Staaten auf der Linie mit ihren EG-Partnern zu positionieren, die eine israelkritische Haltung einnahmen. Diese Position musste die Bundesrepublik jedoch nicht nur aufgrund ihres besonderen historischen Verhältnisses zu Israel bald aufgeben. Wie schon in Bezug

---

69 Vgl. z. B. Willy Brandt, Interview mit der Zeitschrift Epoca, 15. Dezember 1968, in: ders., Reden und Interviews 1968-1969, S. 105-111.

70 Willy Brandt, Interview mit dem Spiegel, 27. September 1971, in: Bulletin 139 (28. September 1971), S. 1493-1498, S. 1493.

71 Vgl. Link, Außen- und Deutschlandpolitik in der Ära Brandt, S. 233.

72 Vgl. Frank Fischer, Einleitung, in: Willy Brandt, Die Entspannung unzerstörbar machen: Internationale Beziehungen und deutsche Frage 1974-1982, bearb. v. Frank Fischer, Bonn 2003, S. 15-92, S. 84-85.

73 Vgl. Frank Fischer, „Im deutschen Interesse": Die Ostpolitik der SPD von 1969 bis 1989, Husum 2001, S. 56; ders., Einleitung, S. 86.

auf den Vietnamkrieg war Brandt sich bewusst, dass eine zu deutliche Kritik am amerikanischen Engagement in anderen Teilen der Welt sich negativ auf die Verteidigungsgarantien für die Bundesrepublik auswirken könnte.[74] Ganz auf die Seite der USA stellte sich Brandt, als der amerikanische Präsident Richard Nixon in Reden und direkten Briefen an den Bundeskanzler die Sicherheitsfrage zur Disposition stellte. So schrieb Nixon an Brandt im Zusammenhang mit der Energiefrage: „Zwei Wege liegen vor uns. Wir können unsere eigenen getrennten Wege gehen, mit der Aussicht auf immer größere Entfernung voneinander, der Aussicht auf eine Aushöhlung der lebenswichtigen Zusammengehörigkeiten und wachsenden politischen und wirtschaftlichen Konflikte; oder wir können in Übereinstimmung ans Werk gehen, indem wir eine aufgeklärte Einheitlichkeit und Zusammenarbeit entwickeln [...]."[75] Noch deutlicher machte Nixon den Zusammenhang von europäischem „Wohlverhalten" und der amerikanischen Sicherheitsgarantie am Vorabend der Washingtoner Energiekonferenz Anfang 1974: „Security and economic considerations are inevitably linked and energy cannot be separated from either."[76]

1973/74 versuchten die EG und die USA zudem, eine europäisch-amerikanische Deklaration, die auch die Errichtung eines Konsultationsmechanismus enthalten sollte, zu verabschieden. Auch hier nahm Brandt zunächst die Position der EG ein. Als auch in diesem Fall Nixon immer mehr Druck auf Brandt ausübte und schließlich ebenfalls die Sicherheitsfrage aufwarf, lenkte Brandt erneut ein.[77] Dies mag dadurch begünstigt worden sein, dass Brandt mitunter nicht voll hinter der EG-Position stand und er sich somit durch die Ausrichtung auf die USA nur seiner eigenen Position wieder annäherte. Brandt dürfte auch gegenüber dem Argument offen gewesen sein, dass Uneinigkeit zwischen den westlichen Partnern ein Sicherheitsrisiko gegenüber der Sowjetunion darstellen würde, hatte er doch immer die westliche Einheit als Fundament für einen erfolgreichen Umgang mit dem Osten genannt. In einer Zeit, in der die Disengagement-Bewegung in den USA weiterhin großen Zulauf hatte, wird ihn jedoch vor allem das Drohszenario, Amerika könnte seine Truppen aus Europa zurückziehen und seine Unterstützung auch in Berlin verringern, zu seinen Positionswechseln gebracht haben.

Brandts Entspannungs- und Sicherheitspolitik in der Regierungsverantwortung war in hohem Maß von den Vereinigten Staaten abhängig. Seine Erfahrungen in Berlin hatten ihm gezeigt, dass die Bundesrepublik und Westeuropa nur mit der amerikanischen Sicherheitsgarantie den sowjetischen Expansionsbestrebungen standhalten konn-

---

74 Vgl. dazu Michel, Willy Brandts Amerikabild, S. 369-384; Link, Außen- und Deutschlandpolitik in der Ära Brandt, S. 252-259; Fiona Venn, International Co-operation versus National Self-Interest: The United States and Europe during the 1973-1974 Oil Crisis, in: Kathleen Burk und Melvyn Stokes (Hg.), The United States and the European Alliance since 1945, Oxford u. a. 1999, S. 71-98.

75 Richard Nixon an Willy Brandt, Januar 1974, zit. nach Willy Brandt, Über den Tag hinaus: Eine Zwischenbilanz, Hamburg 1974, S. 328.

76 Zit. nach Henry Kissinger, Years of Upheaval, Boston und Toronto 1982, S. 916.

77 Vgl. Michel, Willy Brandts Amerikabild, S. 344-369, 384-392; Fabian Hilfrich, West Germany's Long Year of Europe: Bonn between Europe and the United States, in: Matthias Schulz und Thomas A. Schwartz (Hg.), The Strained Alliance: U.S.-European Relations from Nixon to Carter, Cambridge u. a. 2010, S. 237-256.

ten. Einen militärisch starken Westen betrachtete er auch als Voraussetzung, um erfolgreich mit dem Osten verhandeln zu können. Zudem hoffte er, Europa würde durch bilaterale und multilaterale Entspannungspolitik insgesamt friedlicher und sicherer, so dass auf diesem Weg eine drohende amerikanische Truppenreduzierung kompensiert werden könnte. Brandts Ostpolitik zielte daher kurzfristig auf Gewaltverzichtsabkommen ab; langfristig strebte er die Errichtung eines europäischen Sicherheitssystems an, das schließlich in eine europäische Friedensordnung übergehen sollte. Auch wenn er sich sehr zurückhaltend dazu äußerte, schloss er im Falle einer solchen Entwicklung sogar die Auflösung der Militärblöcke nicht aus. Allerdings sprach er dies nicht gegenüber seinen Nato-Partnern an, sondern bremste stattdessen die Illusionen einiger enthusiastischer Parteifreunde und ließ nie neutralistische Pläne für Deutschland verlauten. Sein Bemühen um Einbeziehung der USA in die multilaterale Entspannungspolitik war auch durch die Sorge motiviert, die Supermächte könnten bilateral über die Köpfe ihrer Verbündeten hinweg verhandeln. Versuche, Sicherheitsfragen überwiegend im EG-Rahmen zu behandeln, scheiterten für die Bundesrepublik an den sicherheitspolitischen Realitäten. Zu sehr war die Bundesrepublik von der amerikanischen Sicherheitsgarantie abhängig, als dass sie eine eigenständige Politik gegen die Zustimmung der USA hätten betreiben können. Brandts Entspannungs- und Sicherheitspolitik baute also stark auf seinem Vertrauen in die westliche Sicherheitsgarantie auf, ist aber teilweise auch ein Ergebnis seiner Skepsis, ob die USA sich nicht doch aus Europa zurückziehen würden.

Abkehr von sicherheitspolitischen Grundsätzen in der Nachrüstungsdebatte?

Seit den 1950er Jahre vertrat Willy Brandt eine sicherheitspolitische Konzeption, die davon ausging, Entspannung müsse von einer glaubhaften Verteidigungsfähigkeit begleitet sein. Dabei maß er dem militärischen Gleichgewicht eine große Bedeutung bei. Trotz seiner Unterstützung für Abrüstungsverhandlungen zwischen den Supermächten war er daher sehr darauf bedacht, ein einseitiges amerikanisches Disengagement in Europa zu verhindern, weshalb er aber auch stets eine Lastenübernahme durch die Bundesrepublik anmahnte. Im Großen und Ganzen befand sich Brandt damit seit seiner Entscheidung für die Westintegration weitgehend in Übereinstimmung mit der amerikanischen Sicherheits- und Verteidigungsstrategie für Europa. Diese Übereinstimmung sollte allerdings ab dem Ende der 1970er Jahre ins Wanken geraten.

Am deutlichsten lässt sich die unterschiedliche Auffassung hinsichtlich der Sicherheitskonzeption für Europa am sogenannten Nato-Doppelbeschluss von 1979 ablesen. Da die Nato durch die Aufstellung sowjetischer SS 20-Raketen in Europa ein strategisches Ungleichgewicht im Bereich nuklearer Mittelstreckenraketen befürchtete, einigte man sich auf amerikanisch-sowjetische Verhandlungen über die Reduzierung dieser Systeme. Sollten diese Verhandlungen bis 1983 erfolglos bleiben, plante man, amerikanische Pershing II-Raketen und Cruise Missiles in Westeuropa zu stationieren.[78]

---

78 Vgl. Helga Haftendorn, Das doppelte Mißverständnis. Zur Vorgeschichte des NATO-Doppelbeschlusses von 1979, in: Vierteljahrshefte für Zeitgeschichte 33 (1985), S. 244-287.

Während Bundeskanzler Helmut Schmidt am Zustandekommen des Doppelbeschlusses mitgewirkt hatte, unterstützte der SPD-Vorsitzende Brandt ihn nur widerwillig.[79] Auf dem SPD-Parteitag von 1979 mahnte er, Entspannung und Gleichgewicht gehörten zwar zusammen, man müsse jedoch verhindern, dass die Aufrüstung von Massenvernichtungswaffen eine unkontrollierte Dynamik entwickle. Ein Rückfall in eine Politik der vermeintlichen Stärke müsse vermieden werden, um die Entspannung nicht zu gefährden:

> „Ich muß hier nicht wiederholen, was zu den Grundlagen unserer Sicherheitspolitik gehört: Europa, Bündnis und Bundeswehr, Entspannung und Gleichgewicht, aber militärisches Gleichgewicht – wenn wir über den Tag hinaus denken – doch nicht auf möglichst hohem, sondern auf möglichst niedrigem Rüstungsniveau [...]."[80]

Damit wandte sich Brandt zwar nicht gegen den Nato-Doppelbeschluss; er gewichtete jedoch den Abrüstungsteil des Beschlusses stärker als den Nachrüstungsteil und lehnte einen Stationierungsautomatismus im Falle des Scheiterns der Verhandlungen ab.

Innerhalb der Bundesrepublik trugen neben Bundeskanzler Schmidt unter anderem Verteidigungsminister Hans Apel, Außenminister Hans-Dietrich Genscher und die Mehrheit der FDP sowie die Unionsparteien die Nato-Strategie mit. Kritisch verhielten sich vor allem die SPD-Parteibasis sowie die sich formierende sogenannte Friedensbewegung. Ziel des SPD-Vorsitzenden war es daher, einerseits zwischen Parteibasis und Parteiführung bzw. der sozial-liberalen Regierung zu vermitteln; andererseits versuchte er das Protestpotential der Bevölkerung in die Sozialdemokratie zu integrieren, das sich unter anderem in der neu gegründeten Partei Die Grünen zu sammeln begann.[81]

Durch den sowjetischen Einmarsch in Afghanistan, den Amtsantritt der konservativen amerikanischen Regierung unter Ronald Reagan und die Polenkrise verschärfte sich der Ost-West-Konflikt Anfang der 1980er Jahre. Dadurch liefen die Abrüstungsverhandlungen zwischen den Supermächten nicht wie geplant an.[82] Brandt äußerte vor diesem Hintergrund Zweifel, ob die USA wirklich ernsthaft an Verhandlungen interessiert seien oder nicht von vornherein bevorzugt ihre Raketen stationieren würden, um militärische Überlegenheit in Europa zu erlangen. Gleichzeitig überschätzte er den

---

79 Zum Verhältnis zwischen Brandt und Schmidt in der Frage der Nachrüstung vgl. Gunter Hofmann, Willy Brandt und Helmut Schmidt: Geschichte einer schwierigen Freundschaft, München 2012, S. 195-233; Martin Rupps, Troika wider Willen: Wie Brandt, Wehner und Schmidt die Republik regierten, Berlin 2004, S. 266-289.
80 Willy Brandt, Rechenschaftsbericht des SPD-Vorsitzenden, in: SPD-Vorstand (Hg.), Sicherheit für die 80er Jahre: Parteitag der Sozialdemokratischen Partei Deutschlands in Berlin, 3.-7. Dezember 1979, Bd. 1, Bonn o. J., S. 3-10, S. 7-8.
81 Zu den unterschiedlichen Positionen zum Nato-Doppelbeschluss in der Bundesrepublik vgl. z. B. Andreas Wirsching, Abschied vom Provisorium 1982-1990, München 2006, S. 79-106.
82 Vgl. Helga Haftendorn, Sicherheit und Stabilität: Außenbeziehungen der Bundesrepublik zwischen Ölkrise und NATO-Doppelbeschluß, München 1986, S. 143-150.

Verhandlungswillen der UdSSR.[83] Seiner Ansicht nach sollten sich die Bundesrepublik und Europa vor diesem Hintergrund stärker in die Weltpolitik einbringen:

> „Ich bin in voller Loyalität gegenüber den Vereinigten Staaten der Meinung, daß die Europäer mehr als bisher als der zweite große Faktor im Bündnis erscheinen müssen. Ich wünsche dringend, daß wir uns mehr Mühe geben, um zu einem eigenständigen, selbstbewußten, aber auch verläßlichen Partner zu werden."[84]

Auch wenn Brandt sich zunächst bemühte, nicht öffentlich gegen Bundeskanzler Schmidt Position zu beziehen, ist erkennbar, dass er seine Rolle als Parteivorsitzender anders verstand als die des Bundeskanzlers. Auf die Frage, ob Schmidt zu sehr auf die USA eingehe, antwortete Brandt in einem „Spiegel"-Interview, dieser stehe nicht vor der Alternative, sich zwischen der Ostpolitik und Amerika zu entscheiden. Er habe aber als Bundeskanzler erkannt, dass er von guten deutsch-amerikanischen Beziehungen abhängig sei.

> „Da liegt es auf der Hand, daß einer, der dies als Bundeskanzler zu machen und direkt mit dem Präsidenten der Vereinigten Staaten zu betreiben hat, vermutlich anders rangeht als einer, der wie ich nicht Regierung ist, sondern Regierung stützt. Und das Regierungstützen besteht nicht immer einfach in dem nur Nachsagen, was vorgesagt ist, sondern das Stützen kann auch anders aussehen."[85]

Aus diesem Kommentar sprechen zum einen die Erfahrungen, die Brandt selbst als Regierungsmitglied mit der Staatsräson der Bundesrepublik in Bezug auf die USA gemacht hat, aber auch die Feststellung, man müsse der amerikanischen Regierung Contra bieten. Sei der Kanzler aus dem erwähnten Grund nicht dazu in der Lage, müsse Brandt diese Aufgabe eben übernehmen.

Seit Schmidts Wiederwahl im Oktober 1980 und insbesondere nach Ablösung der sozial-liberalen Koalition im Oktober 1982 stellte Brandt seine Unterstützung für die Nachrüstung immer deutlicher in Frage und distanzierte sich damit sowohl von Schmidt als auch von der amerikanischen Regierung. Im Gegenzug wurde seine Annäherung an die Friedensbewegung deutlicher, auch wenn er stets eine gewisse Distanz zu der disparaten Protestbewegung wahrte. So drückte er in einem offenen Brief an die „jüngere Generation" sein Verständnis an der Kritik am amerikanischen Präsidenten und seiner Regierung aus, warnte aber zugleich vor Antiamerikanismus: „Ich weiß mit Euch, wieviel sich gegen die Dominanz eingeengt militärischen Denkens, wie sie die Führungszentren beider Supermächte erfaßt hat, ins Feld führen läßt." Den momentanen „Rüstungswahn" bezeichnete er als eine der „Geisteskrankheiten", die man kommenden Generationen kaum würde erklären können. Allerdings lassen

---

83 Vgl. Willy Brandt, Breschnew zittert um den Frieden („Spiegel"-Gespräch), 6. Juli 1981, in: ders., Die Spiegel-Gespräche 1959-1992, hg. v. Erich Böhme und Klaus Wirtgen, Stuttgart 1993, S. 365-379.

84 Willy Brandt, Interview mit niederländischer Rundfunkgesellschaft AVRO, 22. November 1981, in: BPA/Abteilung Nachrichten, in: AdsD, WBA, A 3, 861.

85 Willy Brandt, Wir können nicht aussteigen („Spiegel"-Gespräch), 18. Mai 1981, in: ders., Spiegel-Gespräche, S. 349-362, S. 350.

Brandts anschließende Ausführungen eindeutig erkennen, dass er keine Position der Äquidistanz einnahm. So warnte er davor, die unterschiedlichen Inhalte der Supermächte nicht zur Kenntnis zu nehmen. Einen Neutralismusvorwurf halte er für abwegig, da es seiner Ansicht nach zwar nicht unmoralisch wäre, sich aus den Blöcken zu lösen, es aber praktisch nicht möglich sei und er das Bündnis zurzeit für unersetzlich halte. Deutsche Friedenspolitik funktioniere nur mit den Amerikanern und dürfe nicht auf eine Isolierung ausgelegt sein, sondern müsse langfristig die Überwindung der Blöcke zum Ziel haben. Abschließend erinnerte er an die Dankbarkeit, die die Deutschen den Amerikanern schuldeten. Aufgabe sei es nun, ein Wettrüsten und wachsendes Missverständnis zwischen Deutschen und Amerikanern zu verhindern.[86] Auf einer ganz ähnlichen Linie argumentierte er in seiner Rede vor den Demonstranten auf der Bonner Hofgartenwiese im Herbst 1983.[87] Auf dem SPD-Parteitag 1983 sprach sich Brandt zusammen mit der Mehrheit der Delegierten schließlich gegen eine Stationierung amerikanischer Raketen in der Bundesrepublik aus, obgleich der einst von ihm offiziell mitgetragene Nato-Doppelbeschluss dies nach dem Scheitern der sowjetisch-amerikanischen Abrüstungsverhandlungen über Mittelstreckensysteme vorgesehen hätte.[88]

Trotz seiner Sympathie für die Friedensbewegung betrachtete Brandt eine bündnisfreie Bundesrepublik immer noch lediglich als Langzeitvision. Zudem achtete er darauf, sich von kommunistischen und gewaltbereiten Gruppen innerhalb der Protestbewegung zu distanzieren. Auch legte er Wert darauf, nicht als antiamerikanisch eingestuft zu werden. Dies versuchte er unter anderem, indem er seine Nähe zur amerikanischen Freeze-Bewegung betonte. Nachdem sich im Mai 1983 etwa zwei Drittel des amerikanischen Repräsentantenhauses für ein Einfrieren der Atomwaffen ausgesprochen hatten, appellierte Brandt vor dem Bundestag auch an die Bundesregierung, diese Initiative aufzunehmen. Entspannung sei nicht nur eine Mode, sondern ein Konzept, das man mit den USA entworfen habe und an das im Gegensatz zur momentanen US-Regierung auch immer noch viele Amerikaner – wie die Unterstützer der Freeze-Pläne – glaubten. Diese Amerikaner könnten nicht alle antiamerikanisch sein.[89] In den Folgejahren schloss Brandt sich Plänen für eine gesamteuropäische Friedensordnung mit einem chemie- und atomwaffenfreien Korridor in zwischen Ost und West an.[90] Die SPD trat dabei in direkte Verhandlungen mit der SED. Während die Ostpolitik der SPD in den 1970er Jahren in steter Abstimmung mit dem Westen stattgefunden hatte,

---

86 Willy Brandt, Offener Brief an die jüngere Generation in der Süddeutschen Zeitung, 6. August 1983, in: SPD-Pressemitteilungen 475/83 (6. August 1983).

87 Vgl. Willy Brandt, „Nein zu immer neuen Atomraketen": Rede auf der Friedenskundgebung in Bonn, 22. Oktober 1983, in: Vorwärts, 27. Oktober 1983.

88 Vgl. Willy Brandt, Rede auf dem Parteitag, in: SPD-Vorstand (Hg.), Bundesdelegiertenkonferenz und Außerordentlicher Parteitag der Sozialdemokratischen Partei Deutschlands in Köln, 18.-19. November 1983, Bonn o. J., S. 163-166.

89 Vgl. Willy Brandt, Rede vor dem Deutschen Bundestag, 6. Mai 1983, in: Verhandlungen des Deutschen Bundestages, 10. Wahlperiode, S. 270-279, S. 274-279.

90 Vgl. Fischer, „Im deutschen Interesse", S. 132-159, 283-284.

wurde nun versucht, Ostpolitik ohne Rückhalt im Westen zu betreiben, wodurch Irritationen im Bündnis, insbesondere in den USA, hervorgerufen wurden.[91]

Übereinstimmung mit der amerikanischen sicherheitspolitischen Konzeption für Europa fand Brandt erst wieder im Zuge der Verhandlungen um die deutsche Einheit. Um die Vereinigung der beiden Staaten nicht zu gefährden, hatte sich der SPD-Ehrenvorsitzende nur vage gegen ein neutrales Deutschland ausgesprochen:

„Ein deutscher Staat kann aber meiner Überzeugung nach nicht Mitglied zweier Militärbündnisse sein. [...] Daß die Bundesrepublik Deutschland aus der Nato austritt wie aus dem Fußballverein, ist nicht zu vermuten; ich bin auch dagegen. Daß die Nato ausgedehnt wird auf den Gesamtbereich eines zusammenrückenden Deutschlands, ist ebenfalls nicht zu vermuten. Die große Mehrheit der Menschen bei uns will, solange es nicht eine völlig veränderte Weltlage gibt, im westlichen Bündnis bleiben. [...] Es ist denkbar, daß ein Teil Deutschlands, der bisher zum Warschauer Pakt gehört, militärisch einen anderen Status erhält als die heutige Bundesrepublik."[92]

Als die USA eine Nato-Mitgliedschaft zur Bedingung eines vereinten Deutschland machten und auch der Generalsekretär des Zentralkomitees der KPdSU Michael Gorbatschow seine Zustimmung dazu signalisierte, unterstützte Brandt jedoch voll und ganz diese Vorgehensweise.[93]

Trotz dieser Wiederannäherung an die sicherheitspolitische Konzeption der Vereinigten Staaten ist nicht zu leugnen, dass Brandt in den 1980er Jahren eine andere Strategie bevorzugte als die US-Regierung. Welche Gründe ließen Brandt diese Haltung einnehmen, die ihn nicht nur in Widerspruch zum mächtigsten Verbündeten brachte, sondern auch die Politik der sozial-liberalen Koalition in Frage stellte? Als SPD-Parteivorsitzender sah Brandt es als seine Aufgabe an, den Zusammenhalt der Partei und die Integration des Protestpotentials in die SPD zu gewährleisten. Dabei erkannte er jedoch an, dass ein Bundeskanzler aufgrund der Staatsräson andere Positionen einnehmen musste. Er versuchte daher, solange die sozial-liberale Koalition an der Macht war, nicht in offenen Widerspruch zur Regierung Helmut Schmidts zu geraten. Auch hielt er stets Distanz zu kommunistischen, neutralistischen Strömungen innerhalb der Friedensbewegung, bemühte sich, einen Antiamerikanismusvorwurf zu entkräften und versuchte, auch die Sowjetunion zur Abrüstung zu bewegen. Es gelang Brandt jedoch nicht, einen Zugang zum amerikanischen Präsidenten Ronald Reagan zu finden, dessen Politik ihm unberechenbar erschien. Er befürchtete, durch das amerikanische Streben nach militärischer Überlegenheit würden die Entspannung und damit sein Le-

---

91 Vgl. ebd., S. 171-172, 267-268, 277-278.
92 Willy Brandt, Die Einheit ist gelaufen („Spiegel"-Gespräch), 5. Februar 1990, in: ders., Spiegel-Gespräche, S. 496-503, S. 501-502. Vgl. auch ders., „Die Sache ist gelaufen": Rede vor der Evangelischen Akademie in Tutzing, 31. Januar 1990, in: ders., „... was zusammengehört" – Über Deutschland: Vorträge, Reden und Kommentare aus Willy Brandts letzten Lebensjahren, 2., völlig überarb. und erw. Aufl., Bonn 1993, S. 74-83, S. 80.
93 Vgl. Karl Kaiser, Einheit nur mit Sicherheit: Sicherheitspolitische Aspekte der deutschen Einheit, in: Detlef Junker (Hg.), Die USA und Deutschland im Zeitalter des Kalten Krieges 1945-1990, Bd. 2, Stuttgart und München 2001, S. 279-290, S. 282; Stephen Szabo, Die USA und die deutsche Wiedervereinigung, in: Junker, USA und Deutschland, Bd. 2, S. 163-173, S. 164-165; Michel, Willy Brandts Amerikabild, S. 502.

benswerk, die Ostpolitik, gefährdet. Hatte er Sicherheitspolitik zuvor stets durch Entspannung *und* militärische Stärke definiert, zog er nun die Logik eines auf Overkill-Kapazitäten basierenden Gleichgewichts in Zweifel. Durch die Nachrüstung sah er lediglich eine Rüstungsspirale in Gang gesetzt, die Ressourcen in Anspruch nehme, welche zur Bekämpfung globaler Probleme wie Armut und Hunger genutzt werden könnten.[94] Diese Problematik thematisierte er vor allem in seiner Rolle als Vorsitzender der sogenannten Nord-Süd-Kommission und Präsident der Sozialistischen Internationale.

Neu an Brandts Sichtweise auf die USA ist, dass er deren Sicherheitspolitik durchaus als Unsicherheitsfaktor einstufte. Die Sowjetunion schien Brandt hingegen nicht mehr als allzu großen militärischen Bedrohungsfaktor wahrzunehmen. Er zeigte sich vielmehr vom sowjetischen Verhandlungswillen überzeugt und ignorierte dabei einerseits die fortgesetzte sowjetische Aufrüstung und andererseits den durchaus ernstgemeinten Verhandlungswillen auf amerikanischer Seite. Auch wenn sich Brandt langfristig ein blockfreies Europa erhoffte, betonte er aber durchgängig seine Bündnistreue und das grundsätzliche Bekenntnis zur westlichen Verteidigungsfähigkeit. Außerdem hob er hervor, dass Sicherheits- und Friedenspolitik zurzeit nur mit den USA möglich sei. Damit unterschied er sich von den Grünen und Teilen der Friedensbewegung und distanzierte sich von pazifistischen und neutralistischen Strömungen. Trotzdem rückte er vom Harmel-Bericht ab, indem er die Entspannung nun über die Verteidigungsbereitschaft stellte und damit die Vereinigten Staaten für ihn mehr in dem Sinne zum Sicherheitsgaranten wurden, als Abrüstungsvereinbarungen nur durch die Supermächte ausgehandelt werden konnten.

Fazit

Willy Brandt war sich bewusst, dass die Bundesrepublik wie kein anderer Staat von der Sicherheitsgarantie der Vereinigten Staaten abhängig war. Er bemühte sich daher stets, das amerikanische Engagement in Berlin, Deutschland und Europa zu erhalten. Obwohl Brandt im Exil einen amerikanischen Isolationismus befürchtete, hoffte er, Deutschland und Europa könnten mit amerikanischer Hilfe von Hitler befreit werden. Als Sozialist ging er jedoch noch nicht davon aus, dass die Amerikaner auch als Schutzmacht gegen den sowjetischen Verbündeten fungieren müssten.

Dies änderte sich spätestens mit der ersten Berlinkrise, nach der für Brandt klar war, dass aus Besatzern Freunde und Beschützer geworden waren. Die frühen Berliner Erfahrungen prägten Brandts Vertrauen in die Schutzmacht nachhaltig. Er ging entgegen der Bundes-SPD davon aus, dass die Wiedervereinigung auf kurze Sicht nicht er-

---

94 Vgl. z. B. Aus dem Interview des Vorsitzenden der Nord-Süd-Kommission, Brandt, für das Magazin Bild der Wissenschaft, August 1979, in: Willy Brandt, Über Europa hinaus: Dritte Welt und Sozialistische Internationale, bearb. v. Bernd Rother und Wolfgang Schmidt, Bonn 2006, S. 259-266; Willy Brandt, Einleitung: Wandel tut not: Frieden, Ausgleich, Arbeitsplätze, in: Unabhängige Kommission für Internationale Entwicklungsfragen (Nord-Süd-Kommission), Das Überleben sichern: Gemeinsame Interessen der Industrie- und Entwicklungsländer – Bericht der Nord-Süd-Kommission, Köln 1980, S. 11-40, S. 20-21.

reichbar war und Westdeutschland nur über die Westintegration für die lange Übergangsphase bis zur Einheit Souveränität, Prosperität und Sicherheit erlangen konnte. Aus diesem Grund setzte er sich auch für eine Wiederbewaffnung im atlantischen Rahmen ein. Bereits damals argumentierte er, dass das amerikanische Engagement nur zu erhalten sei, wenn die Bundesrepublik bereit sei, sich selbst an den Verteidigungslasten zu beteiligen und Eigeninitiative zu beweisen.

Die militärische Stärke des Westens war für Brandt Grundbedingung seiner Entspannungspolitik. Diese sollte auch nur in Absprache und mit Billigung der Bündnispartner betrieben werden. Er wies auch immer wieder darauf hin, dass die Vereinigten Staaten von der Bundesrepublik eigene Vorschläge zur Friedenssicherung und eine Beteiligung an Abrüstungs- und Entspannungsbemühungen erwarteten. Diese Argumentation war sicherlich auch innenpolitisch motiviert, da Brandt vor dem Hintergrund eines drohenden amerikanischen Truppenabzugs z. B. für seine Ostpolitik oder die Unterzeichnung des Atomwaffensperrvertrags warb. Gegenüber den amerikanischen Partnern wies Brandt jedoch darauf hin, es dürften keine sicherheitspolitischen Vereinbarungen der Supermächte über die Köpfe der Verbündeten hinweg oder einseitige Abrüstungsvereinbarungen getroffen werden.

Trotz aller Rufe nach mehr europäischer Eigenständigkeit und der Tatsache, dass Brandt schon zu Regierungszeiten vage Visionen einer gesamteuropäischen Sicherheitsordnung entworfen hatte, hielt er dies für ein Fernziel, solange die sowjetische Bedrohung existierte. Ein Austritt aus der Atlantischen Allianz oder eine Neutralisierung Deutschlands kamen für ihn daher nicht in Frage. Dennoch hielt er vor allem die Rüstungs- und Sicherheitspolitik der Reagan-Regierung für konfrontationsfördernd und überschätzte zugleich die sowjetische Verhandlungsbereitschaft. Auch die amerikanische Politik gegenüber den Entwicklungsländern charakterisierte er als friedensgefährdend. Daher begann er trotz seiner Ablehnung des Neutralismus, alternative sicherheitspolitische Konzepte jenseits der Blöcke zu verfolgen. Damit rückte Brandt ein wenig von dem Prinzip ab, Verhandlungsbereitschaft mit Verteidigungsfähigkeit zu verknüpfen, indem er nun das Gewicht auf den Erhalt der Entspannung legte. Im Gegensatz zu vielen seiner Genossen forderte Brandt dann im Zuge des Umbruchs 1989/90 jedoch keine Auflösung der Nato, sondern trat vielmehr für eine gesamtdeutsche Mitgliedschaft in der Allianz ein, als er erkannte, dass die Vereinigten Staaten dies zur Bedingung für die deutsche Einheit machten und auch die Sowjetunion ihr Einverständnis dazu signalisierte.

Das Bild der USA als Sicherheitsgarant und Verteidiger freiheitlich-demokratischer Werte bestand bei Brandt in Ansätzen seit dem Exil und blieb bis zuletzt im Grunde konstant. Bei der Wiederbewaffnungsfrage setzte er sich daher über die Bedenken seiner eigenen Partei hinweg. Bei der Ostpolitik gelang ihm aus den gemeinsamen Interessen heraus die Zusammenarbeit mit Präsident Nixon und dessen Berater Henry Kissinger, obgleich er auf einer persönlichen Ebene nicht besonders gut mit den beiden harmonierte. Erst als sich bei Reagan sowohl auf der persönlichen als auch auf der inhaltlichen Ebene kaum Schnittmengen boten, scheiterte die Zusammenarbeit. Ein wichtiger Grund hierfür ist jedoch auch die Tatsache, dass Brandt nun nicht mehr in der Regierungsverantwortung war und er als Präsident der Sozialistischen Internationale und Vorsitzender der Nord-Süd-Kommission die transatlantischen Beziehungen als Staatsräson der Bundesrepublik den globalen Zielen der Entspannung, Abrüstung und Entwicklungshilfe unterordnete. Dies führte jedoch nie so weit, dass Brandt eine Position der Äquidistanz einnahm. So war er seit Ende der 1940er Jahre davon überzeugt, dass die Bundesrepublik und die Vereinigten Staaten in einer Werte- und Sicherheitsgemeinschaft vereint waren, die Westdeutschland nicht verlassen könne, ohne sich größter Gefahr auszusetzen – oder, wie er es einmal ausdrückte: „Unsere Sicherheit steht und fällt mit den USA."[95]

---

95 Willy Brandt, Teilprotokoll der Rede vor Vertrauensleuten der Berliner SPD, 15. Januar 1965, in: AdsD, WBA, A 3, 199.

Willy Brandt, die Ostpolitik und die USA

Daniela Münkel

„Wir sollten aus diesem etwas komischen, auch von Minderwertigkeitskomplexen geprägten Verhalten herauskommen – als ob wir immer erst einmal darauf zu achten hätten, ob in bestimmten Washingtoner Büros jemand die Stirn kräuselt. Soviel Unsinn und soviel Durcheinander, wie dort produziert wird in dieser Zeit, das bringen die Sozialdemokraten in Deutschland nicht hin, auch wenn sie sich große Mühe geben"[1]

– so Willy Brandt in einem *Spiegel*-Interview im April 1982. Das hier zutage tretende Selbstbewusstsein des SPD-Parteivorsitzenden und ehemaligen Bundeskanzlers Willy Brandt gegenüber den USA hatte seinen Ursprung nicht zuletzt in der Durch- und Umsetzung der neuen Deutschland- und Ostpolitik in den Jahren 1969 bis 1972. Die Forschung ist sich weitgehend einig, dass die erfolgreiche Realisierung der neuen Ostpolitik der sozial-liberalen Koalition einen Bruch in den deutsch-amerikanischen Beziehungen markiert: Die Bundesrepublik erlangte ein neues Selbstbewusstsein gegenüber den USA; ein „neues Kapitel in den deutsch-amerikanischen Beziehungen" wurde aufgeschlagen;[2] die Bundesrepublik übernahm eine wichtige Führungsrolle in Europa und in der Entspannungspolitik, sie avancierte vom „Mitmacher zum Schrittmacher"[3]. Damit wurden auch die eigenen nationalen Interessen wieder selbst bestimmt:

„Unsere Ostpolitik handelte zu einem wesentlichen Teil davon, dass wir uns stärker und anders als zuvor um unsere eigenen Angelegenheiten kümmerten und uns nicht allein darauf verließen, dass andere für uns mitsprächen",[4]

so Willy Brandt wenige Jahre nach Abschluss der Ostverträge.

Erweitert man den zeitlichen Rahmen nach hinten und fokussiert den Untersuchungsgegenstand auf die Frage nach den Beziehungen von Willy Brandt zu den USA und der Rolle der Ostpolitik dabei, so ist die Phase von 1969 bis 1972 jedoch weniger als Bruch, sondern vielmehr als Teil eines Entwicklungsprozesses, der sich nun beschleunigte, zu interpretieren.

Für Brandt waren die transatlantischen Beziehungen zeitlebens nicht verhandelbar. Die politische Überzeugung bezüglich der herausragenden Bedeutung eines transatlantischen Bündnisses zwischen Deutschland und den USA ist – wie viele andere politische

---

1 Interview mit Willy Brandt, in: *Der Spiegel* vom 5. April 1982, abgedruckt in: Die Entspannung unzerstörbar machen. Internationale Beziehungen und deutsche Frage 1974-1982 (Berliner Ausgabe, Bd. 9), bearb. von Frank Fischer, Bonn 2003, S. 375-378, hier S. 376.
2 Vgl. Holger Klitzing, To Grin and Bear it. The Nixon Administration and Ostpolitik, in: Carole Fink/Bernd Schäfer (Hrsg.), Ostpolitik 1969-1964, Washington 2009, S. 80-110, hier S. 80.
3 Christian Hacke, Zur Weltmacht verdammt. Die amerikanische Außenpolitik von J.F. Kennedy bis G.W. Bush, Bonn 1998, S. 156.
4 Willy Brandt, Begegnungen und Einsichten 1960-1975, Hamburg 1978, S. 222.

Grundsätze Brandts – durch einen hohen Grad von Kontinuität geprägt, die sich bis in die Zeit des Zweiten Weltkrieges zurückverfolgen lässt. Seit den fünfziger Jahren spielte die Ostpolitik – zunächst als politisches Konzept, später als Realpolitik – im Verhältnis Brandts zu den USA eine zentrale Rolle. Gleiches gilt seit der Zeit der Großen Koalition auch für die deutsch-amerikanischen Beziehungen im Allgemeinen.

Die fünfziger Jahre

Verfochten die regierenden Unionsparteien und Bundeskanzler Adenauer einen konsequenten Kurs der Westintegration der Bundesrepublik, die ein starkes transatlantisches Bündnis mit den USA einschloss, war der Kurs der Sozialdemokraten, besonders durch ihren ersten Vorsitzenden Kurt Schumacher, gegen eine derartige Politik gerichtet. Adenauer pflegte gute Beziehungen zu amerikanischen Regierungsvertretern und wurde als zuverlässiger Partner geschätzt. Seit Ende der 1950er-Jahre betrieb Adenauer dann einen Kurswechsel – weg von der transatlantischen und hin zur europäischen, insbesondere zur deutsch-französischen Zusammenarbeit. Dies führte zu einer Verschlechterung der deutsch-amerikanischen Beziehungen, mit einem Höhepunkt während der Regierungszeit Kennedys und dem Abschluss des deutsch-französischen Vertrages im Januar 1963.[5] Auch innerhalb der CDU war der neue Kurs Adenauers nicht unumstritten, und es setzte ein lang anhaltender Streit zwischen Atlantikern und Gaullisten ein. Fast zeitgleich begannen die Sozialdemokraten im Zuge der „Runderneuerung der Partei"[6] seit 1958 ihre außenpolitischen Konzepte zu überdenken, was auch ein besseres Verhältnis zu den USA implizierte.

Willy Brandt war nie mit der Abgrenzungspolitik Schumachers gegenüber den USA konform gegangen. Er war bereits während des Zweiten Weltkrieges – im schwedischen Exil – davon überzeugt, dass ohne die USA ein demokratischer Wiederaufbau und die europäische Integration Deutschlands kaum möglich seien. Seine Zusammenarbeit mit dem amerikanischen Geheimdienst *OSS* und erste theoretische Überlegungen über eine europäische Nachkriegsordnung, die stark von englischen und amerikanischen Einflüssen geprägt waren, bestätigen dies.[7] Seit den frühen fünfziger Jahren existierte innerhalb der SPD eine Gruppe, die sich für die Westbindung der Bundesrepublik und ein starkes transatlantisches Bündnis einsetzte.[8] Dazu gehörten – neben Brandt – unter anderem Ernst Reuter, Carlo Schmid, Wilhelm Kaisen und Max Brauer. Nicht zuletzt die Erfahrungen Brandts im geteilten Berlin bestätigten ihm immer wieder aufs Neue die Notwendigkeit eines starken transatlantischen Bündnisses. Und so waren es auch diese Erfahrungen, die dazu führten, dass die Grundzüge der

---

5   Vgl. u.a. Stefan Creuzberger, Westintegration und Neue Ostpolitik. Die Außenpolitik der Bonner Republik, Berlin 2009, S. 102 ff.
6   Willy Brandt, *Erinnerungen,* Berlin 1994, S. 65f.
7   Vgl. u.a. Judith Michel, Willy Brandts Amerikabild und -politik 1933-1992, Göttingen 2010, S. 42.
8   Vgl. Dietrich Orlow, Ambivalence and Attraction: The German Social Democrats and the United States, 1945-1974, in: Reiner Pommerin (Hrsg.), The American Impact on Postwar Germany, Providence/Oxford 1997, S. 35-51, hier, S. 43 ff.

späteren Ost- und Deutschlandpolitik bereits in den fünfziger Jahren von Brandt und Egon Bahr entworfen wurden, wie Wolfgang Schmidt dezidiert nachweisen konnte.[9]

Als Willy Brandt im Oktober 1957 zum Regierenden Bürgermeister von Berlin gewählt wurde, ergab sich daraus für ihn auch die Möglichkeit, die Beziehungen zu den Vereinigten Staaten zu vertiefen – Berliner Bürgermeister waren seit Ernst Reuter immer gern gesehene Gäste in den USA. Dieser Umstand resultierte aus der besonderen Stellung Berlins, die der Stadt von den Amerikanern als Frontstadt der freien Welt im Rahmen des Kalten Krieges beigemessen wurde.[10] So unternahm Brandt bereits als Regierender Bürgermeister zahlreiche Reisen in die USA, die den Charakter von Staatsbesuchen hatten. Auf diese Reisen, die viele interessante Facetten und auch innenpolitische Dimensionen hatten[11], soll und kann hier nur im Hinblick auf die Frage eingegangen werden, welche Rolle dabei die neu entwickelten Überlegungen zu einer deutschen Ostpolitik spielten. Im Februar 1958 – also noch vor dem Berlin-Ultimatum Chruschtschows – reiste Willy Brandt erstmals als Regierender Bürgermeister in die USA. Die Reise war ein regelrechtes Medienspektakel und für Brandt vor allem ein Publicityerfolg. Hier wurde jemand begrüßt, von dem man aus amerikanischer Sicht erwartete, dass er in Zukunft eine wichtige Rolle in der bundesdeutschen Politik spielen sollte. Brandt hatte bereits vor seiner Abreise in die USA in mehreren Reden betont, dass es einer eigenständigen Ostpolitik bedürfe und „Schritte", auch wenn diese nur klein sein können, unternommen werden müssten, um die Verhältnisse im Ostblock zu ändern. Während seines USA Besuches traf Brandt u.a. mit Vizepräsident Richard Nixon zu einem Meinungsaustausch zusammen. Beide waren, wie Brandt meinte, beim Thema Kontakte zu Osteuropa einer Meinung:

„Nixon war es, der stark darauf hinwies, dass wir alles, was wir tun können, tun müssen, um aus einer gewissen Defensive der vergangenen Jahre herauszukommen. Wir waren da ganz auf derselben Linie. Nicht wir haben Ursache, zu befürchten, dass wir vergiftet werden, sondern die andere Seite muss es fürchten, dort, wo wir hingehen und immer wieder Möglichkeiten des menschlichen Kontaktes und des kulturellen Austausches suchen".[12]

Schließlich hob Willy Brandt in einer öffentlichen Rede in Philadelphia am 8. Februar 1958 hervor, dass der Westen keine Angst vor einem „friedlichen Wettbewerb" mit dem Osten haben müsse und dass Veränderungen nicht vor den Grenzen des Ostens halt machen würden.[13]

---

9 Vgl. dazu ausführlich Wolfgang Schmidt, Kalter Krieg, Koexistenz und kleine Schritte. Willy Brandt und die Deutschlandpolitik 1948–1963, Opladen 2001.
10 Die zentrale symbolische und emotionale Rolle, die Berlin in den deutsch-amerikanischen Beziehungen auf beiden Seiten spielte, hat Andreas Daum in seiner Studie über den Kennedy-Besuch in Berlin, nochmals detailliert unterstrichen. Vgl. Andreas W. Daum, Kennedy in Berlin, Paderborn u.a. 2003.
11 Vgl. dazu ausführlich Daniela Münkel, Als ‚deutscher Kennedy' zum Sieg? Willy Brandt, die USA und die Medien, in: Zeithistorische Forschungen/Studies in Contemporary History 1 (2004), H. 2, S. 172-194.
12 zitiert nach: Schmidt, Kalter Krieg, S. 219.
13 Vgl. ebd., S. 219 f.

Bei der nächsten USA-Reise im Februar 1959, die Willy Brandt im Rahmen einer Weltreise im Auftrag von Bundeskanzler Adenauer absolvierte, verstärkte sich der Eindruck, den schon 1958 US-Außenminister John Foster Dulles vermittelt hatte: ein Paradigmenwechsel der amerikanischen Außenpolitik, der auf die Erhaltung des *status quo* in Europa abzielte – Stichwort: Disengagement.[14] Anders als von Brandt und der SPD gewünscht, waren 1959 allgemeine Deutschland- und sicherheitspolitische Fragen weder öffentlich noch intern Gegenstand von Gesprächen. Im Mittelpunkt stand vor allem die Berlinfrage, allerdings konnten auch hier keine klaren Ergebnisse erzielt werden – eine einheitliche Lösungsstrategie der Amerikaner war noch nicht klar zu erkennen.[15] Dies zeigte sich mehr als deutlich nach dem 13. August 1961: Willy Brandt war mittlerweile Kanzlerkandidat der SPD, und die USA hatte mit John F. Kennedy einen neuen Präsidenten.

Der Mauerbau und die Jahre danach

Die zurückhaltenden Reaktionen der westlichen Alliierten, aber vor allem der USA auf den Mauerbau am 13. August 1961 lösten bei der Bundesregierung, bei der Berliner Regierung und der Berliner Bevölkerung große Enttäuschung und Irritationen aus, waren aber im Grunde die logische Konsequenz aus dem Paradigmenwechsel der amerikanischen Deutschlandpolitik unter der Kennedy-Administration. Zum einen bildete die Deutschlandpolitik nun nicht mehr das zentralste Thema amerikanischer Außenpolitik, zum anderen, und dies war entscheidend, stand das Postulat einer deutschen Wiedervereinigung nicht mehr auf der Agenda der USA; Ziel war nun vor allem die Anerkennung des *status quo*. Außerdem lag das Interesse der Amerikaner jetzt vornehmlich darin, den Status von Westberlin zu sichern, die Frage von Gesamtberlin spielte vor diesem Hintergrund keine Rolle mehr. Diese hier nur grob skizzierten *essentials* hatten zur Folge, dass das „goldene Zeitalter"[16] der deutsch-amerikanischen Beziehungen nach dem Mauerbau in eine ernsthafte Krise geriet. Willy Brandt konnte die Situation aber nutzen, um sich als Garant der Stabilität und Kontinuität des guten deutsch-amerikanischen Verhältnisses zu profilieren, wenngleich er als Regierender Bürgermeister von Berlin *de facto* keine außenpolitische Handlungskompetenz besaß. Obwohl er in einigen zentralen Punkten, wie der Preisgabe der Wiedervereinigung, nicht mit den amerikanischen Positionen übereinstimmte, entsprach dennoch die grobe Richtung seinen eigenen Überlegungen zu einer neuen Deutschland- und Ostpolitik. Mit Ausnahme des bekannten Briefes, den er am 16. August 1961 an den US-Präsidenten, mit der Aufforderung, aktiv zu werden, schickte[17], vermied er es tun-

---

14 Vgl. u.a. Hacke, Weltmacht, S. 91.
15 Vgl. Schmidt, Kalter Krieg, S. 262.
16 Vgl. u.a. Thomas A. Schwartz, „No harder Enterprise". Politik und Prinzipien in den deutsch-amerikanischen Beziehungen 1945-1968, in: Detlef Junker (Hrsg.), Die USA und Deutschland im Zeitalter des Kalten Krieges. Ein Handbuch, Bd. 1, München 2001, S. 59-79, hier S. 62.
17 Der Brief Brandts und die Antwort Kennedys sind abgedruckt in: Diethelm Prowe, Der Brief Kennedys an Brandt vom 18. August 1961, in: Vierteljahrshefte für Zeitgeschichte 1985 (33), S. 373-383, hier, S. 380 ff.

lichst, sich öffentlich in Gegensatz zu den Amerikanern zu stellen. Zu jedem Zeitpunkt war Brandt bewusst, dass ohne bzw. gegen die USA seine immer konkreter werdenden politischen Konzepte einer Entspannungspolitik mit dem Ostblock nicht oder nur wesentlich schwerer in die Tat umgesetzt werden könnten. Er war ein überzeugter Transatlantiker und wurde nicht müde, dies auch öffentlich zu bekunden.

Im Jahr 1962 schrieb Egon Bahr an Willy Brandt in einem internen Vermerk, dass „alles, was die deutsch-französischen Beziehungen vertieft, [..] gut [sei]. Alles, was die deutsch-amerikanischen Beziehungen vertieft, [...] besser [sei]".[18] Solche und ähnliche Zitate lassen sich auch in unzähligen Reden Brandts nachweisen. Außerdem war es kein Zufall, dass er seine neuen Konzepte einer Deutschland- und Ostpolitik, deren zentrales Schlagwort „Koexistenz" war, in den USA einer breiten Öffentlichkeit präsentierte.[19] Bevor die Formel „Wandel durch Annäherung", die Egon Bahr im Juli 1963 in der Evangelischen Akademie Tutzing prägte, die Gemüter in Deutschland erhitzte, hatte Brandt bereits im Oktober 1962 sein Konzept in den USA öffentlich erörtert. An der *Harvard University* hatte er im Oktober 1962 – eigens organisiert von einer PR-Agentur – zwei Vorlesungen mit dem Titel *The ordeal of coexistence* (Koexistenz – der Zwang zum Wagnis) gehalten. Dies war eine Art Versuchsballon, um sich der amerikanischen Unterstützung zu versichern und die öffentlichen Reaktionen in den USA und der Bundesrepublik auszutesten; deshalb wurden die Vorträge auch in erweiterter Form als Buch auf Deutsch veröffentlicht.[20]

Wirkliche Koexistenz sei ein friedlicher politischer, ökonomischer und ideologischer Wettstreit, führte Brandt in Harvard aus. Er plädierte für die Anerkennung des *status quo*, denn nur so sei es langfristig möglich, die Deutsche Frage zu lösen. Es sei eine Normalisierung im Verhältnis zur Sowjetunion sowie den anderen osteuropäischen Satellitenstaaten anzustreben. Derartige Ausführungen kamen bei der Kennedy-Administration gut an, deckten sie sich doch weitgehend mit deren eigenen Vorstellungen. In einem Memorandum für Kennedy über Brandt vom 4. Oktober 1962 hieß es dann, dass die *Harvard Lectures* höchst interessant seien und sich anhörten, als ob sie von Mitarbeitern des Weißen Hauses persönlich verfasst worden seien.[21] Zwar fiel die öffentliche Resonanz auf die Reden besonders in Deutschland nicht aus, wie sich Brandt und seine Mitarbeiter dies vielleicht gewünscht hätten, denn eigentlich blieb eine Debatte aus: 1962 standen die Kubakrise und innenpolitische Krisen auf der politischen und öffentlichen Agenda.

Bei Kennedy und seinem Stab kam der Inhalt der Lectures jedoch sehr gut an. Sie bestätigten nochmals, dass mit Brandt, sollte dieser eine führende politische Position in der Bundesrepublik übernehmen, eine problemlose Zusammenarbeit möglich wäre – im Gegensatz zu Adenauer und weiten Teilen der CDU. Um dies zu erreichen, wurde

---

18 Archiv der sozialen Demokratie der Friedrich-Ebert-Stiftung (AdsD), Dep. Bahr, 1/EBAA 002 173, Vermerk vom 11. Februar 1962.
19 Vgl. Schmidt, Kalter Krieg, S. 223.
20 Vgl. Willy Brandt, Koexistenz – Zwang zum Wagnis, Stuttgart 1963.
21 John. F. Kennedy Library, National Securtiy Files, Countries: Germany, Brandt Visit 10/62, Box 76, Memorandum vom 4. Oktober 1962.

dem Präsidenten von engen Mitarbeitern nahegelegt: „We should also do our best to help him maintain his political footing."[22]

Die zunehmende Angleichung der außenpolitischen Positionen war demnach ein zentraler Aspekt im Verhältnis Brandt zu Amerika und ein Garant für die spätere Umsetzung der Ostpolitik.

Sozial-liberale Koalition und Ostpolitik

Als Willy Brandt im Oktober 1969 zum Bundeskanzler gewählt wurde, sind erste Schritte zur Umsetzung einer neuen Deutschland- und Ostpolitik bereits durch die Politik der Großen Koalition eingeleitet: Ohne das Ziel der Wiedervereinigung aufzugeben, wurde deutlich signalisiert, dass diese nicht mehr auf der aktuellen politischen Agenda stand, die Hallstein-Doktrin fiel und die Handelsbeziehungen zum Ostblock wurden ausgeweitet. Die deutsch-amerikanischen Beziehungen hatten sich nach dem Tiefpunkt in den letzten Regierungsjahren Adenauers zumindest wieder beruhigt.[23]

Willy Brandt hatte auch nach dem gewaltsamen Tod Kennedys, dem er auf besondere Weise politisch und persönlich verbunden gewesen war, seine guten Beziehungen zu den USA weiter gepflegt. Im Januar 1969 wurde der Republikaner Richard Nixon Präsident der Vereinigten Staaten, was die guten persönlichen Kontakte empfindlich störte. Das Duo Nixon/Kissinger beäugte den sozialdemokratischen deutschen Bundeskanzler Brandt und seinen engen Mitarbeiter und Unterhändler Egon Bahr äußerst skeptisch, obwohl man sich schon viele Jahre kannte. In Nixons Memoiren wird Brandt mit keinem Wort erwähnt und in Situationen, in denen sich Nixon und Kissinger unbeobachtet fühlten, sprachen sie offen aus, was sie über Brandt dachten. Wie ein ungewollter Tonbandmitschnitt von Juni 1971 dokumentiert, waren sich beide in ihrem Urteil einig: Brandt sei „dumm", „faul" und ein „Trinker".[24] Brandt hielt sich zurück, war allerdings, wie in seinen Memoiren deutlich wird, weder von Nixon noch von Kissinger und Teilen ihres politischen Vorgehens besonders angetan. Dem angespannten Verhältnis von Nixon und Brandt stand freilich eine große Popularität des deutschen Bundeskanzlers in der amerikanischen Öffentlichkeit und bei der Administration des *State Department*s gegenüber.[25]

Es sollte sich jedoch zeigen, dass die USA und Willy Brandt in der Außenpolitik trotz der Schwierigkeiten weitgehend konform gingen. Eine weitere Änderung war, dass sich die Schwerpunkte der amerikanischen Außenpolitik nun noch weiter von Deutschland und Europa weg hin nach Asien verlagert hatten.[26] Die Ereignisse in Vietnam standen zu dieser Zeit ganz oben auf der Agenda der USA. Die außenpolitische Konzeption der neuen US-Regierung, die „Nixon-Doktrin", war zwar im Prinzip

---

22 Ebd., Meeting with Mayor Brandt at Noon, October 4, Background for Talking-Points Paper.
23 Vgl. u.a. Creuzberger, S. 106.
24 Vgl. *FAZ* vom 25. Januar 2000.
25 Vgl. dazu ausführlich den Beitrag von Bernd Schäfer in diesem Band.
26 Vgl. u.a. Hacke, Weltmacht, S. 119 ff.

auf Krisen abgestellt, stand aber unter dem grundsätzlichen Motto eines Übergangs von der „Ära der Konfrontation" in eine „Ära der Verhandlungen" sowie des Ziels, eine internationale Friedensstruktur zu schaffen. Außerdem sollte das Verhältnis der USA zu den beiden großen kommunistischen Weltmächten, UdSSR und China, neu gestaltet werden; Entspannung war das Schlüsselwort.[27] Hier deckten sich die Intentionen der USA mit denen der sozial-liberalen Koalition in der Bundesrepublik. Aber auch im Grundsatz ging die Nixon-Regierung mit den Zielen der neuen deutschen Ostpolitik konform. So schrieb der deutsche Botschafter in Washington, Pauls, in einem geheimen Fernschreiben an das Auswärtige Amt im Februar 1970:

> „Ich hatte erneut den Eindruck, dass die Zuverlässigkeit der amerikanischen Unterstützung unserer Politik darin liegt, dass sie nicht von deren Erfolg abhängig ist. Auch wenn uns durch das Verhalten der Sowjetunion und DDR zunächst Erfolge versagt bleiben sollten, wird unsere Politik von der amerikanischen Regierung und Öffentlichkeit weiter gutgeheißen werden, weil sie im Ansatz richtig ist, weil sie mit der Nixonschen Politik parallel läuft, weil sie auch ohne Erfolge unsere Position gegenüber unseren Nachbarn in Ost- und Westeuropa festigt."[28]

Bedenken seitens der Amerikaner bestanden allerdings in Bezug auf befürchtete langfristige Folgen der Entspannungspolitik, wie eine mögliche Lockerung des atlantischen Bündnisses und damit einhergehend ein Rückgang des amerikanischen Einflusses in Europa.[29] Dies hatte eine anfängliche Zurückhaltung gegenüber den deutschen Initiativen zur Folge, die sich mit zunehmendem Erfolg der deutschen Verhandlungen minimierte. Schon die Verhandlungen der Deutschen über den Moskauer Vertrag waren von neuem Selbstbewusstsein gegenüber den USA bestimmt; der vormalige Juniorpartner versuchte nun auf gleicher Augenhöhe zu agieren:

Dies zeigte sich vor allem daran, dass die entsprechenden Personen bzw. Stellen in den USA regelmäßig über den Fortgang der Verhandlungen mit der Sowjetunion informiert wurden; so gab es einen direkten Draht zwischen Egon Bahr und Henry Kissinger. Brandt und Nixon standen neben persönlichen Konsultationen im regelmäßigen Briefkontakt. Die jeweiligen Schritte wurden allerdings nicht einzeln vorher abgesprochen. Gleiches setzte sich dann bei den anderen ost- und deutschlandpolitischen Vertragswerken fort. Dies führte immer wieder zu Beschwerden seitens der US-Administration, wie der deutsche Botschafter Pauls im Jahr 1970 mehrfach nach Bonn berichtete. Auf der anderen Seite schien das neue Selbstbewusstsein der Deutschen den Amerikanern auch zu imponieren: So konnte Botschafter Pauls nach der Unterschrift unter den Moskauer Vertrag nach Bonn melden:

> „Unser Entschluss, den deutsch-sowjetischen Vertrag am Freitag, den 7. August ohne den von der englischen und amerikanischen Regierung gewünschten Aufschub zu paraphieren, hat im State

---

27 Ebd., S. 133.
28 Abgedruckt als Dokument Nr. 62, in: Rainer A. Blasius/Ilse Dorothee Pautsch (Hrsg.), Akten zur Auswärtigen Politik der Bundesrepublik Deutschland 1970, München 2001, S. 265.
29 Vgl. u.a. Klaus Schwabe, Entspannung und Multipolarität: Die politischen Beziehungen in der zweiten Hälfte des Kalten Krieges 1968-1990, in: Detlef Junker (Hrsg.), Die USA und Deutschland im Zeitalter des Kalten Krieges 1945-1990. Ein Handbuch, Bd. 2 1968-1990, Stuttgart/München 2002, S. 11- 34, hier S. 13.

Department und im Weißen Haus mehr imponiert als verstimmt und wird dazu beitragen, in Zukunft Gängeleien zu vermeiden."[30]

Auch das Tempo, mit dem die Vertragswerke umgesetzt wurden, nötigte den Regierungsverantwortlichen in Washington Respekt ab. Die Regierung Brandt wusste allerdings auch, dass gegen die USA die Ostpolitik nur schwer durchsetzbar und sie vor allem in der Berlinfrage auf Washington angewiesen war. Die deutsch-amerikanische Freundschaft wurde deshalb in Reden gelobt, ja beschworen und in der Öffentlichkeit durch entsprechende Bilder besonders bei gegenseitigen Staatsbesuchen medienwirksam in Szene gesetzt. Vor allem die Außenwirkung war nun wichtig: Gegenüber dem Ostblock wurde durch die Unterstützung der Supermacht USA das Gewicht der Bundesrepublik gestärkt. Innenpolitisch zahlten sich die stabilen Beziehungen zu den USA für Brandt und seine Regierung ebenfalls aus. Denn die US-Regierung weigerte sich, auf Avancen der CDU einzugehen, die darauf abzielten, mit Hilfe der USA die Ratifizierung der Ostverträge zu verhindern – auch dies eine Veränderung.

Das neue deutsche Selbstbewusstsein spiegelte sich auch im persönlichen Umgang mit führenden US-Politikern und im Auftreten Brandts wider. Er kam nun nicht mehr als Regierender Bürgermeister von Berlin in die USA, der die Demonstration guter Beziehungen zu den USA für seine politische Karriere in Deutschland nutzen wollte und dringend brauchte, sondern als erfolgreicher Bundeskanzler. Schon sein Antrittsbesuch im April 1970 in den USA war von einem führenden Mitarbeiter des *State Department* entsprechend kommentiert worden: „He ist coming as an equal".[31]

Seine große Popularität im In- und Ausland, seine innen- und außenpolitischen Erfolge, gekrönt durch die Verleihung des Nobel-Preises 1971 und den überwältigenden Wahlsieg im November 1972, erlaubten es ihm erst recht, mit gestärktem Selbstbewusstsein aufzutreten.

Schlussbemerkungen

Durch die Realisierung der neuen Ost- und Deutschlandpolitik konnte sich die Bundesrepublik seit Anfang der siebziger Jahre endgültig als selbstständige und selbstbewusste Mittelmacht in Europa und der Welt profilieren – ein Prozess, der bereits in den sechziger Jahre begann. Dies implizierte auch eine Emanzipation von der Schutz- und Supermacht USA. Die ökonomische Stärke der Bundesrepublik beförderte diesen Prozess zusätzlich. Im folgenden Jahrzehnt sollte diese Konstellation – primär unter Brandts Nachfolger Helmut Schmidt – allerdings zu massiven Spannungen im deutsch-amerikanischen Verhältnis führen.[32]

---

30 Abgedruckt als Dokument Nr. 384, in: Blasius/Pautsch, Akten, S. 1433.
31 *Der Spiegel* vom 13. April 1970.
32 Vgl. dazu ausführlich, Klaus Wiegrefe, Das Zerwürfnis. Helmut Schmidt, Jimmy Carter und die Krise der deutsch-amerikanischen Beziehungen, Berlin 2005.

Auch das Verhältnis Willy Brandts zu den USA sollte sich vor diesem Hintergrund verändern: Solange Brandt das Amt des Bundeskanzlers innehatte, äußerte er sich nie öffentlich negativ oder distanziert über den amerikanischen Bündnispartner; eher das Gegenteil war der Fall. Seit der zweiten Hälfte der siebziger Jahre, als Brandt keine Staatsämter mehr inne hatte und diese auch nicht mehr anstrebte, ging er auf zunehmend kritische Distanz zu den USA: aus dem einst überschwänglich Begeisterten war ein eher selbstbewusst-pragmatischer, kritischer Transatlantiker geworden.

Die Gewöhnungsbedürftigkeit deutschen Selbstbewusstseins: Die Nixon-Administration und Willy Brandts SPD an der Macht

Bernd Schäfer

Machtwechsel in Bonn

Die amerikanischen Regierungen unter den Präsidenten Richard Nixon (1969-1974) und Gerald Ford (1974-1976) mit der durchgehend zentralen Rolle des in den USA als ultimativer Deutschlandspezialist angesehenen deutschstämmigen Sicherheitsberaters bzw. Außenministers Henry Kissinger[1] waren zwischen 1969 und 1976 in gewisser Weise für das folgende Verhältnis zwischen den Vereinigten Staaten und der SPD stilprägend. Pragmatische bis herzliche Gemeinsamkeiten wie auch Washingtoner Irritationen über vermeintlichen deutschen „Nationalismus" oder „Neutralismus", die sich in den Amtszeiten der Kanzler Willy Brandt und Helmut Schmidt finden, scheinen mit Varianten und anderen Personenkonstellationen auch in späteren Phasen amerikanisch-deutscher Beziehungen wieder auf.

Im Oktober 1969 kam die SPD zum ersten Mal seit der Gründung der Bundesrepublik in zentrale Regierungsverantwortung. Für die Regierung Nixon war das eine große und wenig willkommene Überraschung; der amerikanische Präsident hatte zunächst in Verkennung der neuen Koalitionsrealitäten in Bonn noch in der Wahlnacht Bundeskanzler Kurt-Georg Kiesinger fälschlicherweise zum Wahlsieg gratuliert. Die Regierungsübernahme der SPD und vor allem der Verweis der CDU/CSU in die Opposition war ein historischer Einschnitt für die Bundesrepublik wie auch für die deutsch-amerikanischen Beziehungen. Noch mehr als ein Jahr später, am 16. Januar 1971, räsonierte Henry Kissinger gegenüber Richard Nixon über die Wahlniederlage Kiesingers: „Wenn die NPD, die extreme Rechtspartei, drei Zehntel Prozentpunkte mehr bekommen hätte, wären die Christdemokraten jetzt an der Macht."[2]

Die bisher von der CDU geführten Regierungen hatten für Washington als berechenbar und verlässlich gegolten und wurden mit einem dem „Juniorpartner" in Bonn „angemessenen" zurückhaltenden und unspektakulären Auftreten identifiziert. Mit der

---

1 Vgl. Holger Klitzing, The Nemesis of Stability: Henry A. Kissinger's Ambivalent Relationship with Germany, Trier: WVT, 2007.
2 Gespräch Nixon-Kissinger, 16.6.1971. National Archives and Records Administration (NARA), Nixon Presidential Materials Project (NPMP), White House Tapes, Conversation 523-4. (Alle nachfolgenden Übersetzungen aus dem Amerikanischen stammen vom Autor.) Bei der Bundestagswahl 1969 hatte die NPD tatsächlich 4,3 Prozent der Stimmen bekommen und war damit unter der 5-Prozent-Hürde geblieben. Wäre sie ins Parlament gekommen, hätten SPD und FDP zusammen keine Mehrheit der Sitze gehabt. Den vor den Nazis geflohenen Kissinger schreckte die NPD wohl nicht besonders: In einem Gespräch mit Bundeskanzler Kiesinger am 8. August 1969 hatte er die deutschen Studentenproteste als „mehr Nazi" denn die NPD bezeichnet. Akten zur Auswärtigen Politik der Bundesrepublik Deutschland (AAPD), 1969, Band II, S. 907.

Bildung der sozial-liberalen Koalition Brandt/Scheel und ihrer aktiven und visionären Ostpolitik[3] gerieten nunmehr die SPD und ihre Protagonisten verstärkt sowohl in den Fokus wie auch zwischen die Fronten amerikanischer Politik und öffentlicher Diskussion.

Die CDU/CSU als „Regierung im Wartestand"

Während Sicherheitsberater Kissinger sich trotz seiner CDU/CSU-Präferenzen an der faktischen Situation orientierte und deshalb einen flexiblen und pragmatischen Kurs gegenüber den neuen Regierungsparteien in Bonn fahren wollte, gab Präsident Nixon eine eindeutige politische Richtung vor. Im Juli 1970 hatte Kissinger in einem Memorandum an Nixon die Meinung vertreten, die US-Regierung solle nicht verantwortlich erscheinen für einen eventuellen Zusammenbruch der mit abnehmender Parlamentsmehrheit regierenden Koalition in Bonn. Nixon schrieb erzürnt an den Rand: „Ich stimme dem nicht zu – jede nicht-sozialistische Regierung wäre besser."[4] Kissinger lernte zunächst seine Lektion und verzichtete in späteren Texten für Nixon auf positive Aussagen zur sozial-liberalen Regierung. In einem Memorandum vom September 1970 bezeichnete er die CDU/CSU als „unsere Freunde", die man „nicht demoralisieren" dürfe.[5] In der Folgezeit wurde Kissinger wieder pragmatischer und die amerikanische Regierung verabschiedete eine für sämtliche Washingtoner Regierungsstellen bindende interne Nationale Sicherheits-Direktive (National Security Decision Memorandum) zum Verhalten gegenüber den bundesdeutschen Parteien. Diese Instruktion verordnete die strikte Befolgung der Maximen „keine öffentliche Unterstützung für Brandts Politik" und „keine öffentliche Unterstützung seiner Rivalen von der CDU".[6] Präsident Nixon selbst hielt sich zwar in der Öffentlichkeit daran, ließ jedoch selten Gelegenheiten aus, hinter verschlossenen Türen im engen Kreis seine Abneigung gegen die Bonner Regierung und Willy Brandt zum Ausdruck zu bringen, so als er am 29. Mai 1971 zu Kissinger sagte: „Ich möchte unsere Freunde [von der CDU/CSU] nicht beschädigen, indem ich diesem Hundesohn [Willy Brandt] schmeichele."[7]

Solche an der Spitze der amerikanischen Regierung vertretenen Ansichten wurden konstant bestärkt und genährt durch eine intensive Diplomatie von CDU/CSU-Spitzenpolitikern gegenüber dem Weißen Haus in Washington und der amerikanischen

---

3　Pars pro toto für deren internationale Implikationen: Carole Fink/Bernd Schaefer (Hgg.). Ostpolitik, 1969-1974: European and Global Responses, New York: Cambridge University Press, 2008.

4　Memorandum for the President. From: Henry A. Kissinger. Undated. NARA, NPMP, National Security Council (NSC) Files, Country Files – Europe, Box 684.

5　Memorandum for the President. From: Henry A. Kissinger. 3.9.1970. NARA, NPMP, NSC Files, Country Files – Europe, Box 684.

6　NSC, NSDM 91, Subject: United States Policy on Germany and Berlin. 6.11.1970. NARA, NPMP, NSC Files, Country Files – Europe, Box 685.

7　Gespräch zwischen Nixon und Kissinger am 29.5.1971. NARA, NPMP, White House Tapes, Conversation 507-4.

Botschaft in Bonn. Am prominentesten taten sich hier Oppositionsführer Rainer Barzel selbst und der CSU-Vorsitzende Franz Josef Strauß hervor. So entstanden parallele amerikanische Regierungskontakte zu den als natürliche deutsche Verbündete angesehenen CDU/CSU-Kreisen. Letztere wollten in Washington und der Bonner Botschaft den festen Eindruck vermitteln, dass die CDU/CSU quasi eine Regierung im Wartestand sei, weil die Brandt-Regierung mit ihrer prekären Stimmenmehrheit im Deutschen Bundestag jederzeit fallen bzw. zu Fall gebracht werden könne. Die CDU/CSU warte nur auf den günstigsten Augenblick, um dieses zu bewerkstelligen. Bereits im Februar 1972, zwei Monate vor dem Einbringen des konstruktiven Misstrauensvotums zum Sturz Willy Brandts im Bundestag, eröffnete Rainer Barzel gegenüber einem Mitarbeiter der US-Botschaft in Bonn eine Namensliste des möglichen neuen Kabinetts einer CDU/CSU-geführten neuen Bundesregierung.[8] Erst Barzels Niederlage beim Misstrauensvotum vom 24. April 1972 und die Verabschiedung der Ostverträge durch den Bundestag im folgenden Monat beendete faktisch die CDU/CSU-Ambitionen, sich gegenüber Washington als inoffizielle bundesdeutsche Parallelregierung im Wartestand darzustellen. Henry Kissinger hatte sich bereits flexibel auf die neue Entwicklung eingestellt, als er ohne Nixons Wissen noch am Abend des Misstrauensvotums durch einen speziellen Kanal via Egon Bahr an Bundeskanzler Brandt seine persönliche „Genugtuung" über das Ergebnis der Abstimmung ausrichten ließ.[9]

Willy Brandts Image in den USA

Zu Willy Brandts Beziehungen zu Amerika und seinem daraus resultierenden Image in den USA vor allem seit seiner Zeit als Regierender Bürgermeister in Berlin ist vieles erforscht und publiziert worden.[10] Der Beginn eines engeren Verhältnisses in der Amtszeit von Präsident Kennedy verschaffte Brandt ein positives Image vor allem bei solchen amerikanischen Persönlichkeiten und Institutionen, die von Präsident Nixon und seinen engen Mitarbeitern als ihre innenpolitischen Gegner angesehen wurden. Viel mehr als es Brandt bewusst war und er erahnen konnte, führte diese Konstellation zu einer starken Abneigung gegenüber seiner Person auf Seiten Richard Nixons. Brandts Sympathiewerte in der amerikanischen Presse, im U.S. Kongress, an Universitäten und unter der liberalen Ostküstenelite standen im diametralen Gegensatz zu denjenigen für Richard Nixon. Selbst im State Department unter dem Brandt gewogenen, aber von Kissinger und Nixon völlig an den Rand gedrängten, Außenminister William

---

8 Siehe hierzu ausführlich: Bernd Schaefer, „Washington as a Place for the German Campaign': The U.S. and the CDU/CSU Opposition, 1969-1972", in: David Geyer/Bernd Schaefer (Hgg.), American Detente and German Ostpolitik, Washington D.C.: German Historical Institute Bulletin Supplement 1, 2004, S. 98-108.

9 Ein entsprechender Hinweis auf diesen Vorgang befindet sich in: Memorandum for Mr. Kissinger. From: Helmut Sonnenfeldt. Subject: Barzel on Fate of Eastern Treaties. Wants a Message From Us. [Barzel zum Schicksal der Ostverträge. Er will eine Nachricht von uns.] 28.4.1972. NARA, NPMP, NSC Files, Box 686, Country Files, Europe, Germany (Bonn).

10 Siehe hierzu die einschlägigen Veröffentlichungen von Julia Angster, Judith Michel und Daniel Münkel.

Rogers gab es zu Nixons Verdruss unter den Karrierediplomaten unverhohlene Sympathien für Brandt und seine Ostpolitik. Für den amerikanischen Präsidenten waren deshalb das State Department und seine „Bürokratie" ein hoffnungsloser Fall: „Sie ist pro-Brandt und pro-sozialistisch, ich habe völlig andere Ansichten", notierte Nixon einmal verärgert für Henry Kissinger, nachdem letzterer in einem Memorandum für den Präsidenten an einer Stelle glaubte, die Positionen des State Department darlegen zu sollen.[11]

Brandts Auszeichnungen in Amerika wie Ehrendoktorwürden und Graduierungs-Festreden an Universitäten wie Harvard (1963; 1972) und Yale (1971), die Nixon als amerikanischer Präsident aufgrund seines kontroversen Images während des Vietnamkrieges nicht zu betreten wagte, Brandts Wahl zum visionären „Man of the Year" im „Time Magazine" des Jahres 1970 mit indirekten Spitzen gegen Nixon[12] sowie insbesondere die Verleihung des Friedensnobelpreises 1971 – all das verstärkte Nixons Gefühle von Neid und Ärger gegenüber einem deutschen Bundeskanzler, der in seinen Augen eine Rolle spielte, die ihm angeblich nicht zustand. Das aggressive Unverständnis des amerikanischen Präsidenten gegenüber dem vermeintlich ungehörigen Selbstbewusstsein des „Weltstaatsmannes" Willy Brandts kam zum Ausbruch am Rande eines offiziellen Besuchs des Bundeskanzlers im Weißen Haus am 15. Juni 1971. Sowohl im Gespräch mit dem Präsidenten wie auch beim anschließenden öffentlichen Toast äußerte sich Brandt zu den aktuellen globalen Krisenherden in Vietnam und Pakistan. In anschließenden Gesprächen mit Kissinger war Nixon darüber extrem erbost. Der deutsche Kanzler habe den USA „vieles zu verdanken", kommentiere nun aber „anmaßend" die Weltpolitik und habe den amerikanischen Präsidenten über die Situation in Vietnam und Pakistan „belehren" wollen. Nixon forderte Kissinger auf, sich bei Egon Bahr entsprechend zu beschweren, damit Willy Brandt auf diesem Wege zurecht gewiesen werde und derartiges künftig unterlasse. Der Sicherheitsberater wandte sich in der Tat sogleich an Bahr und ließ dieses den wieder ruhiger gewordenen Nixon anschließend wissen.[13] Was allerdings Kissinger genau an Bahr weitergab und ob von dort tatsächlich etwas zu Brandt gelangte, muss offen bleiben. Nicht nur in dieser Episode erwies und bewährte sich die zentrale Funktion der Gesprächsschiene, ja Achse Kissinger-Bahr für ein konfliktfreies und konstruktives amerikanisch-deutsches Verhältnis während der Kanzlerschaft Willy Brandts. In den ersten beiden Jahren der Amtszeit von Helmut Schmidt zwischen 1974 und 1976 bestand dann sogar eine intensive direkte Gesprächsschiene zwischen dem amerikanischen Sicherheitsberater und einem deutschen Bundeskanzler. Die Beziehungen zwischen Henry Kissinger und Egon Bahr und später Helmut Schmidt stehen zwar für eine gewisse amerikanische Binnendifferenzierung gegenüber der SPD, aber auch für unideologischen

---

11 Memorandum for the President. From: Henry A. Kissinger. Subject: Initial Contacts with East Germany. 20.12.1972. NARA, NPMP, NSC, Country Files – Europe, Box 60.

12 Im Gegensatz zur „Mehrheit der politischen Führungspersönlichkeiten" würde Brandt Prozesse gestalten statt nur auf sie zu reagieren. Seine Vision sei die „aufregendste und hoffnungsvollste für Osteuropa" seit dem Niedergang des Eisernen Vorhangs. „Es ist eine gewagte Vision, voller Chancen und Gefahren". TIME Magazine, 4.1.1971, S. 6.

13 NARA, NPMP, White House Tapes, Aufzeichnungen von drei verschiedenen Gesprächen zwischen Nixon und Kissinger, 16.6.1971.

Pragmatismus in Washingtons Regierungssystem, der sich sogar am Beispiel von Richard Nixon notfalls gegenüber dem Präsidenten selbst durchsetzen konnte.

Henry Kissinger und Egon Bahr

Nach der Bundestagswahl im Oktober 1969 rief Egon Bahr bei Henry Kissinger im Weißen Haus an, um ein gemeinsames Gespräch in Washington zu vereinbaren. Bei dieser Gelegenheit erhielt Bahr vom amerikanischen Sicherheitsberater gleich eine Entschuldigung für Nixons voreiligen Glückwunsch an Kiesinger noch in der Wahlnacht. Die Nixon-Administration habe keine parteipolitischen Präferenzen, behauptete Kissinger, und wolle konstruktiv mit der Regierung Brandt zusammenarbeiten.[14] Bahr und Kissinger kannten sich seit 1966, als der Amerikaner noch Professor in Harvard und der Deutsche Planungschef im Bonner Außenministerium war. Ihre Beziehungen wurden jedoch erst mit Bahrs Besuch im Weißen Haus am 13. Oktober 1969 enger. Auf Kissingers Vorschlag entschieden die beiden Gesprächspartner, einen gegenseitigen „back channel" einzurichten, um eine von ihnen selbst vertraulich betriebene Kommunikationsschiene zwischen Nixon und Brandt zu etablieren. Bahr war buchstäblich durch die Hintertür heimlich in Kissingers Untergeschoss-Büro im Weißen Haus geschmuggelt worden, um das State Department zu umgehen und „draußen in der Kälte stehen zu lassen".[15] In einem Memorandum an Nixon zu diesem Gespräch hob Kissinger hervor, dass Washington von Bonn eine „Haltung größerer Unabhängigkeit uns gegenüber" zu erwarten habe. Er habe Bahr gesagt, die USA wollen „Deutschland als einen Partner behandeln, nicht als einen Mandanten."[16]

Bahr war begeistert über das, was er als einen großen Erfolg für die neue Bonner Regierung ansah.[17] In seiner Aufzeichnung des Gespräches mit Kissinger vermerkte Bahr, er habe seinem amerikanischen Partner mitgeteilt, Bonn werde Washington nicht alle zwei Monate bitten, seine Verbundenheit mit der Bundesrepublik zu betonen sowie zu bestätigen, dass die Bonner Republik nach wie vor von den USA geliebt wird. Kissinger solle darauf mit „Gott sei Dank!" geantwortet haben. Bahr notierte, er habe auch nicht verheimlicht, dass die neue Regierung in Bonn von Persönlichkeiten ohne NS-Belastungen geführt werde, die selbstbewusster und vielleicht etwas „unbequemer" als ihre Vorgänger seien. Er sei nicht nach Washington gekommen, um über die politischen Pläne der Regierung Brandt/Scheel zu beraten, sondern um über sie zu informieren. Nach Bahrs Darstellung habe Kissinger die Bundesregierung ermutigt, schnell zu handeln und umgehend mit den Sowjets Verhandlungen einzuleiten. „Euer

---

14 Egon Bahr, Zu meiner Zeit, München: Blessing, 1996, S. 269.
15 Martin J. Hillenbrand, Fragments of Our Time. Memoirs of a Diplomat, University of Georgia Press, Athens 1998, S. 286f.; Henry A. Kissinger, White House Years, Boston: Little Brown, 1979, S. 411.
16 Memorandum for the President. From: Henry A. Kissinger. Subject: Visit by Willy Brandt's Emissary, Egon Bahr. 20.10.1969. NARA, NPMP, NSC, Country Files – Europe, Box 682.
17 Bahr, Zu meiner Zeit, S. 272.

Erfolg wird unser Erfolg sein", soll er zu dem deutschen Gesprächspartner am Ende des Treffens gesagt haben.[18]

Die Einrichtung dieses Gesprächskanals eröffnete eine Phase intensiver Kommunikation zwischen Bonn und Washington insbesondere in den Jahren 1970 bis 1972. Sein Erfolg verdankte sich zum großen Teil der Diskretion und bisweilen Geheimniskrämerei ihrer beiden Protagonisten, die sich gegenseitig vor ihren jeweiligen Außenministerien und deren verachteten Bürokratien „beschützten", d.h. mit anderen Worten wichtige außenpolitische Entscheidungen im Weißen Haus beziehungsweise im Bundeskanzleramt monopolisierten.[19] Ein solcher regelmäßiger bilateraler Gesprächskanal zwischen höchsten Regierungsstellen war bis zu diesem Zeitpunkt in den deutschamerikanischen Beziehungen präzedenzlos. Seine Inhalte waren in hohem Maße substantiell und zunehmend intensiv und vertrauensvoll. So erhielten zum Beispiel die USA wertvolle Analysen und Beschreibungen der sowjetischen Spitzenpolitiker, da Brandt und Bahr die ersten westlichen Politiker waren, die Leonid Brezhnev wirklich kennenlernten, obwohl letzterer schon sechs Jahre im Amt war.[20] Während eines Treffens im März 1972 schlug Kissinger Bahr vor, dass man sich künftig alle drei Monate persönlich treffen sollte. Zum ersten Mal könnte man ein Gespräch mit Kissinger als „herzlich" beschreiben, notierte Bahr in seinem Vermerk.[21]

Die Kommunikation zwischen Washington und Bonn via den Kissinger-Bahr-Kanal war am intensivsten in den Jahren 1971/72, als die westlichen und die multilateralen Verhandlungen über das Berliner Viermächteabkommen wie auch die Ratifizierung der Ostverträge durch den Deutschen Bundestag anstanden. Die Kontakte reichten bis ins Jahr 1974, als zuerst Brandt und dann Nixon unter unterschiedlich skandalösen Umständen von ihren jeweiligen Ämtern zurücktraten und Egon Bahr unter der Kanzlerschaft Helmut Schmidts seine Funktion als zentraler Ansprechpartner der Bundesregierung für die amerikanische Seite verlor. Bundeskanzler Schmidt übernahm diese Funktion persönlich und führte in der Folgezeit zwischen 1974 und 1981 entsprechende Kontakte mit Vertretern wie Präsidenten der Administrationen von Gerald Ford, Jimmy Carter und Ronald Reagan selbst.

Im Rückblick glaubte Egon Bahr, in all diesen Jahren weder von Nixon noch von Kissinger tatsächliche Kritik zu Inhalten und Geschwindigkeit der deutschen Ostpolitik vernommen zu haben.[22] Jedoch waren Bahr solche Vorbehalte vor allem im Jahre 1970 nicht verborgen geblieben.[23] Von Nixons heftiger Abneigung gegen Brandt als

---

18 AAPD 1969, Vol. II, 1114-1118; Bahr, Zu meiner Zeit, S. 271ff.; Kissinger, White House Years, S. 410ff.
19 Bahr, Zu meiner Zeit, S. 351.
20 Bahr, Zu meiner Zeit, S. 409. Siehe z.B. Bahrs Nachricht an Kissinger vom 20.9.1971 mit Informationen zu Leonid Brezhnev nach Willy Brandts Krimtreffen mit dem sowjetischen Generalsekretär vom 16. bis 18. September 1971: AAPD 1971, Band II, S. 1432.
21 Aufzeichnungen Egon Bahrs vom 1.4.1972 zu seinem Treffen mit Henry Kissinger in Washington am 28. 3.1972. AAPD 1972, Band I, S. 349.
22 Bahr, Zu meiner Zeit, S. 278.
23 Siehe z.B. AAPD 1970, Vol. II, S. 1232 (Nachricht Bahr-Kissinger vom 24.7.1970); AAPD 1970, Vol. III, S. 1901 (Nachricht Bahr-Kissinger vom 3.11.1970).

Person und Staatsmann sowie gegen seine Ostpolitik hatte Bahr allerdings keine Ahnung. Kissinger schirmte nicht nur die Bonner Regierung, sondern auch Repräsentanten anderer Länder und die internationale Öffentlichkeit erfolgreich gegen Nixons Ausfälle und Ansichten ab. Als Brandt und Nixon sich zum ersten Mal im April 1970 in Washington trafen, war Bahr einfach nur angetan von der Gesprächsatmosphäre. Der Direktor der CIA zeigte den deutschen Gästen in einem Treffen in kleinstem Kreis spektakuläre amerikanische Aufklärungssatellitenfotos von militärischen und zivilen Einrichtungen in der Sowjetunion. Egon Bahr fühlte sich nach eigenem Bekunden, offenbar im Kontrast zu seinem unmittelbar vorausgegangenen längeren Aufenthalt in Moskau, in den USA wie „unter Freunden".[24]

1971: Die realpolitische Wende der USA zur Kongruenz von amerikanischer Entspannungs- und deutscher Ostpolitik

Es wäre jedoch eindeutig verfehlt, die Qualität des deutsch-amerikanischen Verhältnisses in der Regierungszeit von Willy Brandt zu personalisieren und auf das diplomatische Geschick von Individuen zu reduzieren. Die bundesdeutsche Seite war vor allem aus innenpolitischen Gründen auf wohlwollende amerikanische Sympathie gegenüber der Brandtschen Ostpolitik angewiesen. Jedoch benötigte letztere kaum die amerikanische Diplomatie und Politik, um zu vertraglichen Vereinbarungen mit Moskau, Warschau oder Ost-Berlin zu kommen. Hingegen war die amerikanische Regierung zur Durchsetzung ihrer globalen außenpolitischen Interessen auf die Kongruenz und das Zusammenspiel einer Entspannungspolitik zwischen den Supermächten und der bundesdeutschen Ostpolitik gegenüber Moskau angewiesen. Letztendlich was es dann auch dieses amerikanische realpolitische Interesse, das 1971/72 ein sehr konstruktives Verhältnis zwischen Weißem Haus und Bonner Bundeskanzleramt entstehen ließ. Als Nebeneffekt wurde auf diese Weise auch den oben erwähnten Aktivitäten der CDU/CSU gegenüber Washington der Boden unter den Füßen weggezogen, ohne dass Rainer Barzel, Franz-Josef Strauß und andere es wahrhaben wollten.

Richard Nixon hatte im November 1968 einen äußerst knappen Wahlsieg errungen und war mit dem Versprechen angetreten, den amerikanischen Militäreinsatz in Vietnam mit einem sogenannten „ehrenvollen Frieden" („peace with honor") und einer verlässlichen Bestandsgarantie für das pro-amerikanische Regime in Saigon zu beenden. Dazu benötigte er ein Abkommen mit der Demokratischen Republik Vietnam (DRV) in Hanoi; er hegte die Vorstellung, dass sich derartiges mit einer aggressiven Verhandlungsstrategie in Kombination mit diskreten diplomatischen Absprachen mit Nordvietnams Verbündeten in Moskau und Beijing erreichen lasse. Im Laufe seiner Amtszeit realisierte Nixon jedoch, dass sich die DRV auf diese Weise alles andere als bewegen ließ und die USA bestenfalls unbefriedigende Zwischenlösungen erreichen konnten. Mindestens so sehr wie ein Vietnam-Abkommen wollte der amerikanische Präsident aber auch seine Wiederwahl im November 1972 absichern. Dieses Ziel hatte

---

24 Bahr, Zu meiner Zeit, S. 313ff.

er permanent im Blick und war bereit, ihm alles unterzuordnen und es notfalls auch mit unorthodoxen Methoden zu erreichen (was dann am Ende konsequenterweise in die Watergate-Affäre mündete, die ihn trotz erfolgreicher Wiederwahl eineinhalb Jahre später das Amt kosten sollte).

Im November 1970 fanden in den USA die Zwischenwahlen zum Kongress statt, die mit herben Niederlagen für die Republikaner, also die Partei des Präsidenten endeten. Für Nixon war dies ein unzweideutiges Warnzeichen, dass seine Wiederwahl im November 1972 in akuter Gefahr war, wenn er nicht bis dahin verwertbare politische Erfolge zu verzeichnen hätte. Offensichtlich beschloss er mit seinen Beratern Ende 1970, dass solche Erfolge vor allem in der Außenpolitik zu erreichen waren. Jedenfalls vollzog die US-Regierung mit Beginn des Jahres 1971 eine realpolitische Wende, die in der Tat in die gewünschten außenpolitischen Erfolge mündete und wesentlich zu Nixons triumphaler Wiederwahl beitrug: Entspannungspolitik mit der Sowjetunion und ein Gipfeltreffen in Moskau im Mai 1972; eine spektakuläre Öffnung zur Volksrepublik China und ein Gipfeltreffen in Beijing im Februar 1972; und der komplette Abzug der amerikanischen Kampftruppen aus Südvietnam in Verbindung mit einem zum Zeitpunkt der US-Präsidentschaftswahl unterschriftsreifen Abkommen mit den vietnamesischen Konfliktparteien.

In diesem Kontext wurde die amerikanische Regierung 1971 auch plötzlich extrem aktiv, um das Viermächteabkommen für Berlin konstruktiv mit der Sowjetunion auszuhandeln und als Erfolg Nixonscher Entspannungspolitik präsentieren zu können. Das Berlin-Abkommen war gleichzeitig ein essentieller Baustein zur Ratifizierung der Ostverträge durch den Deutschen Bundestag, so dass nolens volens die Regierung in Washington genauso wie diejenige in Moskau nunmehr sehr daran interessiert war, dass Willy Brandts SPD/FDP-Koalition in Bonn diese Verträge verabschiedete und dafür an der Macht blieb. Ursprünglich hatte die Nixon-Administration Verhandlungen über das Viermächtestatut in Berlin eher passiv schleifen lassen. Noch am 1. November 1970 hatte Kissinger gegenüber Nixon lamentiert: „Brandt hat die Situation so hinmanövriert, dass *wir* in eine Position der Verantwortlichkeit sowohl für Berlin *als auch* für den Erfolg seiner ostpolitischen Initiativen gedrängt wurden."[25] Im Januar 1971 betrachtete der amerikanische Sicherheitsberater diese durchaus zutreffend beschriebene Konstellation allerdings nicht mehr als Ärgernis, sondern vielmehr als Chance. Kissinger sprach via US-Vizepräsident Spiro Agnew eine Einladung an Egon Bahr zu einem Apollo-Raketenstart in Cape Canaveral in Florida aus. Auf dem gemeinsamen privaten Rückflug nach New York im supermodernen Jet Star führte Kissinger mit dem sich geehrt fühlenden Bahr dann eine substantielle Diskussion, wie man die Berlin-Verhandlungen beschleunigen könne.[26]

---

25 Memorandum for the President. From: Henry A. Kissinger. 1.9.1970. NARA, NPMP, NSC, Country Files-Europe, Box 684. Unterstreichungen befinden sich an den entsprechenden Stellen des amerikanischen Originals.

26 Memorandum for the President's File. From Henry A. Kissinger. Conversation of Dr. Kissinger with Egon Bahr Aboard the Jet Star Going From Cape Kennedy to New York. 31. 1.1971. Memorandum for the President. From: Henry A. Kissinger. Meeting with Egon Bahr, 31.1.1971. 4. Februar 1971. NARA, NPMP, NSC, Kissinger Office Files, Box 60.

Von diesem Zeitpunkt an wurden die eigentlichen Berlin-Verhandlungen in Bonn zwischen Egon Bahr, US-Botschafter Kenneth Rush und Sowjetbotschafter Valentin Falin geführt. Abgesichert wurden sie durch den Gesprächskanal zwischen Kissinger und Bahr sowie die jeweiligen regelmäßigen diskreten sowjetischen Kanäle der beiden (Kissinger mit Sowjetbotschafter Anatoli Dobrynin in Washington; Bahr mit KGB-General Vyacheslav Kevorkov in Bonn). Obwohl sich auch die drei westlichen Alliierten zu formalen Berlin-Verhandlungen trafen, bleibt festzuhalten, dass Frankreich und Großbritannien im Wesentlichen außen vor blieben. Die DDR wurde von der Sowjetunion mehr informiert denn konsultiert, geschweige denn einbezogen. Die Bundesrepublik war dagegen in der Person von Egon Bahr ein zentraler Partner der Amerikaner und Sowjets zur Aushandlung der komplizierteren Detailregelungen des Viermächte-Abkommens. Rush, Falin, und Bahr waren die eigentlichen Hauptautoren des Abkommens und bezeichneten sich gerne ironisch als „die drei Musketiere". In seiner letzten Erfolgsmeldung an Kissinger „auch im Namen von Ken [Rush]" konstatierte Egon Bahr euphorisch: „Keine Sorgen mehr! ... Viele Faktoren mussten zusammenkommen für ein erfolgreiches Berlin-Abkommen. Unser Kanal [Bahr-Kissinger] war dabei vielleicht nicht der unwichtigste."[27] Richard Nixon beanspruchte am 27. August 1971 bei einem eigens arrangierten öffentlichen Auftritt in seinem „Westlichen Weißen Haus" im kalifornischen San Clemente zusammen mit Henry Kissinger und Kenneth Rush freudig den Erfolg der Berlin-Verhandlungen für sich.

Egon Bahr zufolge, wollte sein nach diesen Erfahrungen euphorischer Freund Kenneth Rush so lange wie möglich als Botschafter in Bonn bleiben, um 1972 die parallele Wiederwahl von Nixon wie Brandt zu betreiben wie auch die beiden Staatsmänner, wenn möglich, persönlich näher zusammenzubringen. Rush glaubte, die „drei Musketiere" könnten auch noch Verhandlungen zu anderen Fragen, wie zum Beispiel zum konventionellen Rüstungsabbau in Europa, erfolgreich gestalten.[28] Die Euphorie hielt noch eine Weile an: Nach den jeweiligen Wahlsiegen von Nixon und Brandt im November 1972 stellten Kissinger und Bahr gemeinsam weitere Parallelen fest. Demnach würden Brandts Antrittsrede im Deutschen Bundestag und Nixons Rede „State of the Union" vor dem US-Kongress fast zeitgleich im Januar 1973 stattfinden. Vielleicht sollten USA und Bundesrepublik auch in der Zukunft ihre Wahlen zum gleichen Zeitpunkt abhalten?[29]

Diese euphorische Phase einer Interessenskongruenz und daraus resultierender konstruktiver und vertrauensvoller Zusammenarbeit zwischen den Regierungen Nixon und Brandt war jedoch eine Ausnahmesituation. Spätestens nach dem Rücktritt Brandts 1974 brach sich vor allem in republikanischen Kreisen die Ansicht Bahn, dass der ehemalige Bundeskanzler und sein Berater Bahr deutschen „Nationalismus" betrieben, wenn nicht gar eine Politik des deutschen „Neutralismus" anstrebten. Diese

---

27 AAPD 1971, Vol. II, S. 1247.
28 Bahr, Zu meiner Zeit, S. 370. Allerdings wurde Rush nach Nixons Wiederwahl in die USA zurückgerufen, um eine höhere Position im Pentagon zu übernehmen. Siehe etwas prosaischer zu den Berlinverhandlungen: Valentin Falin, Politische Erinnerungen, München: Droemer Knaur, 1993.
29 Bahr, Zu meiner Zeit, S. 426.

Kritik war in amerikanischen Regierungskreisen bereits seit 1970 intern geäußert worden, bevor sie, nicht ohne explizite Mitwirkung von Henry Kissinger, vor allem während der Raketendiskussion der frühen 1980er unverhohlen öffentlich ausgesprochen und vor allem mit den SPD-Politikern Brandt und Bahr unter Hinweis auf ihre frühere Ostpolitik assoziiert wurde.

Bundesdeutscher „Nationalismus" oder „Neutralismus"?

In der innenpolitischen Diskussion der Bundesrepublik der sechziger und siebziger Jahre wäre das vorwurfsvolle Etikett des „Nationalismus" so ziemlich der absurdeste Vorwurf an Willy Brandt gewesen, auf den seine zahlreichen und alles andere als zimperlichen eingeschworenen Gegner und Widersacher in Politik und Öffentlichkeit gekommen wären. Im Gegenteil, sie gaben sich größte Mühe, ihn als unpatriotisch, antinational und Schlimmeres darzustellen. Im ganz anderen amerikanischen politisch-kulturellen Kontext bezeichnete dagegen der Vorwurf des „Nationalismus" gegen die SPD unter Brandt ein aus US-Regierungssicht unangemessenes und überzogenes Selbst- und Unabhängigkeitsbewusstsein der Bundesrepublik, symbolisch ausgedrückt in Bahrs Bemerkung zu Kissinger bei seinem Antrittsbesuch im Oktober 1969, wonach die Bonner Regierung nach Washington komme, um zu informieren und nicht um zu konsultieren. Dieses amerikanische Ressentiment, wie eine Bonner Regierung es wagen könne, ohne Absprache mit den USA weitreichende außen- und deutschlandpolitische Initiativen zu unternehmen, kam am heftigsten während der Anfangsphase der Ostpolitik im Jahr 1970 zum Ausdruck. Paul Frank, Staatssekretär im Auswärtigen Amt, berichtete später, dass Kissinger zu ihm im Juni dieses Jahres gesagt hatte: „Eine Sache will ich Ihnen sagen: Wenn schon Entspannung[spolitik], dann machen wir sie."[30] Oder wie es amerikanische Beobachter innerhalb und außerhalb der Nixon-Administration in Varianten unter Hinweis auf Kissingers Eitelkeit formulierten: „Die größte Beleidigung seitens der westdeutschen Ostpolitik bestand für ihn [Kissinger] darin, daß nicht er selbst es war, der sie federführend betrieb."[31]

Der amerikanische Nationalismus-Vorwurf an die deutsche Seite war allerdings nicht nur ein Resultat verletzter amerikanischer Eitelkeiten. Es bestand zumindest seitens Kissingers unter Hinweis auf die Weimarer Republik die ernsthafte Sorge, dass die innenpolitische Polarisierung und die „emotionale und doktrinäre Auseinandersetzung", die von der Brandtschen Ostpolitik in der Bundesrepublik zunächst hervorgerufen worden sei, zu politischer Instabilität führen könne, wie man sie aus der deutschen Vergangenheit kenne.[32] Eine andere Variante amerikanischer Ängste vor deutschem

---

30 Paul Frank, Entschlüsselte Botschaft: Ein Diplomat macht Inventur, Stuttgart: DVA, 1981, S. 287. Kursiv im Original.
31 A. James McAdams, „The New Diplomacy of the West German Ostpolitik", in: Gordon Craig/ Francis L. Loewenheim (Hgg.), The Diplomats: 1939-1979, Princeton, NJ: Princeton University Press, 1994, S. 551.
32 Memorandum for the President. From: Henry A. Kissinger. 16.2.1970. NARA, NPMP, NSC Files, Country Files – Europe, Box 683.

"Nationalismus" war die Befürchtung, dass die Brandtsche Ostpolitik als ein „linker Nationalismus" eines „Wandels durch Annäherung" falsche Hoffnungen und entsprechende Unruhen in Osteuropa auslösen könnte, insbesondere in der DDR. Der Besuch des Bundeskanzlers in der DDR im Mai 1970 und die Jubelszenen vor dem Erfurter Hauptbahnhof führten zu ernsthaften Sorgen und Diskussionen in der Washingtoner Regierung, gesamtdeutscher „Nationalismus" könne zu unwillkommenen Ereignissen und Instabilitäten in Europa führen, was wiederum die Sowjetunion aggressiv auf den Plan rufen und die aus Washingtoner Sicht benötigte Entspannung der Supermächte zerstören könne.[33]

Amerikanische Besorgnisse in dieser Richtung traten in den Hintergrund während der erwähnten Phase enger Zusammenarbeit zwischen Washington und Bonn in den Jahren 1971/72, aber von 1973 an gab es zunehmende Spannungen im europäischamerikanischen Verhältnis, die auch auf die Beziehungen zwischen Washington und Bonn abfärbten. Wenn auch weniger Henry Kissinger, so machten sich Nixon selbst und einige seiner Mitarbeiter im Weißen Haus die von der CDU/CSU und insbesondere Franz-Josef Strauß lautstark vertretene Ansicht zu eigen, wonach Brandts „wahre Absichten" darin bestünden, zusammen mit seinen „sozialistischen Freunden" in anderen europäischen Regierungen den europäischen Kontinent zu „neutralisieren" und die transatlantischen Beziehungen durch ein gutes Verhältnis zur Sowjetunion zu ersetzen (oder, in Straußscher Diktion, die Bundesrepublik zu „finnlandisieren"). Mit dem Wechsel von Willy Brandt zu Helmut Schmidt im Bundeskanzleramt traten dieses Thema und entsprechende Assoziationen für die amerikanische Seite wieder etwas in den Hintergrund, um jedoch mit auch öffentlicher Schärfe wieder zu entbrennen, als insbesondere Willy Brandt und Egon Bahr nach 1981 eine Gegenposition zur Schmidt'schen Haltung in der Nachrüstungsfrage einnahmen und sich nach dem Machtverlust der SPD im September 1982 zunehmend öffentlich gegen die geplante amerikanische Raketenstationierung artikulierten.

In seinem zweiten Memoirenband „Years of Upheaval", der 1982 auf dem Höhepunkt der Nachrüstungsdebatte in den USA erschien, ritt Henry Kissinger dann eine scharfe Attacke gegen Willy Brandt und scheute nicht vor ahistorischen Feststellungen zurück. Kissinger behauptete, Brandts Ostpolitik habe beim britischen Premier Edward Heath, bei Frankreichs Präsident Georges Pompidou und bei Richard Nixon die Furcht vor der „Entfesselung" eines „latenten deutschen Nationalismus" ausgelöst. Wahrheitswidrig unterstellte Kissinger, alle Westalliierten hätten deshalb präventiv einen Entspannungskurs zur Sowjetunion einschlagen müssen, nur um Brandt aufzuhalten beziehungsweise auszumanövrieren. „Ein freischwebendes mächtiges Deutschland, das zwischen Ost und West manövriert", sei eine Herausforderung für das Gleichgewicht in Europa gewesen. Nach seinem Ausscheiden aus dem Amt habe Brandt die NATO nur mehr als „Rückversicherung" gesehen, aber faktisch einen Kurs des „europäischen Neutralismus" verfolgt. Kissinger bezeichnete Brandt als „sentimental", Bahr dagegen als „kühl kalkulierend". Während er letzteren mit Respekt ob seiner Fähigkeiten bedachte und ihn einerseits vor dem Vorwurf des Pro-Sowjetismus in Schutz

---

33 Mary E. Sarotte, „A Small Town in (East) Germany: The Erfurt Meeting of 1970 and the Dynamics of Cold War Detente", in: Diplomatic History, Band 25, Nr. 1 (Winter 2001), S. 85-104.

nahm, bezeichnete er ihn andererseits als einen „traditionellen deutschen Nationalisten", der in einem gutem Verhältnis zwischen Bonn und Moskau den Schlüssel zur deutschen Einheit sah und zielstrebig Beziehungen zur Sowjetunion ohne Rücksicht auf die westlichen Partner verfolgte.[34] In einem früheren Memoirenband hatte Kissinger der Sowjetunion eine „selektive Entspannung" zur Spaltung der westlichen Allianz bescheinigt, wofür angeblich besonders die Deutschen empfänglich seien, da sie bereits „von Bismarck bis Rapallo" ihre heimlichen Vereinbarungen mit Moskau trafen, um im Zentrum Europas frei und bedrohlich schweben zu können.[35]

Die Zeit heilt Wunden, oder besser: Die Geschichte interveniert

Nach dem Rücktritt Willy Brandts im Mai 1974 hatte der vormalige Bundeskanzler von Richard Nixon einen persönlichen Brief erhalten, der ihn der engen persönlichen Freundschaft des US-Präsidenten versicherte, was auch immer die Zukunft bringen möge. In seinen Memoiren glaubte Brandt, diese Geste als Ausdruck „aufrichtigen" Bedauerns bezeichnen zu sollen. Auch war Willy Brandt offenbar der ernsthaften Überzeugung, dass der amerikanische Präsident seiner Person und der Bonner Regierung zwischen 1969 und 1974 kein Misstrauen entgegen gebracht hatte.[36] Auch im Falle Henry Kissingers ließ sich Brandt nicht seine positive Erinnerung trüben: „Daß Henry Kissinger sich in meiner Abwesenheit in anderen Nuancen äußerte als in meiner Gegenwart, ist nie belegt, aber oft behauptet worden."[37]

Es bedurfte jedoch schließlich der historischen Ereignisse der Jahre zwischen 1989 und 1991, um Brandts rosige Wahrnehmungen zumindest nachträglich, wenn auch wiederum ahistorisch, zu bestätigen. Die deutsche Einheit und die Auflösung der Sowjetunion waren Vorgänge, denen Henry Kissinger lange nicht ohne Bangen und düstere Warnungen gegenüber gestanden hatte. Nach dem glücklichen Eintreten dieser Ereignisse fühlte sich der ehemalige amerikanische Sicherheitsberater und Außenminister nun frei, deutsche Politiker und Bonner Politik während des Kalten Krieges mit Lob zu überschütten. In einer Festschrift zum 70. Geburtstag von Egon Bahr pries Kissinger 1992 seinen alten Gesprächspartner überschwänglich: „Ich kenne keinen anderen Politiker, der größere analytische Fähigkeiten besitzt. Er hat die höchste Auszeichnung, die einem Staatsmann zuteilwerden kann, wahrlich verdient – die Erfüllung seiner Träume aus den sechziger Jahren in den neunziger Jahren."[38] Und im März 2003 würdigte Henry Kissinger bei einer gemeinsamen Veranstaltung mit Egon Bahr im Deutschen Historischen Institut in Washington aus Anlass der Enthüllung eines Porträts von Willy Brandt den deutschen Bundeskanzler der Jahre 1969 bis 1974 mit die-

---

34 Henry Kissinger, Years of Upheaval, Boston: Little Brown, 1982, S. 146f.
35 Henry Kissinger, White House Years, Boston: Little Brown, 1979, S. 409.
36 Willy Brandt, Erinnerungen, Frankfurt/Main: Propyläen, 1989, S. 193.
37 Ibid., S. 192.
38 Henry A. Kissinger, „Seine Träume der sechziger Jahre wurden in den Neunzigern Wirklichkeit", in: Dieter Dowe (Hg.), Das Undenkbare denken: Festschrift für Egon Bahr zum siebzigsten Geburtstag, Baden-Baden: Nomos, 1992, S. 119.

sen Worten: „Es ist ein außerordentliches Verdienst Willy Brandts, daß er es wagte, die Frage nationaler deutscher Interessen zu stellen. Er versuchte, sie mit den gemeinsamen Interessen des Westens zu verknüpfen, und es gelang ihm tatsächlich auch." Kissinger ging so weit, dass er zur Kanzlerschaft Brandts konstatierte: „Es gab nie eine bessere Periode im [amerikanisch-deutschen] Verhältnis zu den Dingen, auf die es wirklich ankam". Egon Bahr wollte nicht nachstehen und sprach bei der gleichen Veranstaltung davon, dass „zwischen Washington und Bonn ein Vertrauensverhältnis entstand, das sich in enger Zusammenarbeit bewährte und später kaum je wieder erreicht oder übertroffen wurde."[39]

---

39 Henry A. Kissinger, Statement on Occasion of Unveiling a Willy Brandt Portrait by Johannes Heisig. German Historical Institute, Washington D.C. 18.3.2003, www.ghi-dc.org/Kissinger.html; Egon Bahr, Statement on Occasion of Unveiling a Willy Brandt Portrait by Johannes Heisig. German Historical Institute, Washington D.C. 18.3.2003, www.ghi-dc.org/Bahr.htm.

Anti-Amerikaner?

Die SPD, Ronald Reagan und der NATO-Doppelbeschluss

Jan Hansen

Untersuchungsgegenstand dieses Aufsatzes sind die transnationalen Beziehungen der SPD in die USA während des sogenannten „Nachrüstungsstreits", das heißt der innerparteilichen Kontroversen um den NATO-Doppelbeschluss und die in ihm vorgesehene Stationierung nuklearer Mittelstreckenraketen in der Bundesrepublik und in Westeuropa. Der Text ist in vier Abschnitte gegliedert. Ein erstes, kürzeres Kapitel skizziert den historischen Hintergrund der Debatte: die Entscheidung des NATO-Bündnisses und die globalen Proteste, die sie hervorrief. Im zweiten Teil stehen die Auseinandersetzungen um die Nachrüstung in der SPD selbst im Vordergrund der Untersuchung. Dabei wird besonderer Wert auf den Zusammenhang zwischen der Ablehnung der Stationierung und der Grundsatzkritik an der amerikanischen Außen-, Sicherheits- und Verteidigungspolitik gelegt. Anschließend untersucht das dritte Kapitel die transatlantischen Netzwerke und Diskussionen zwischen der SPD auf der einen Seite sowie der US-Administration und der amerikanischen Friedensbewegung auf der anderen Seite. Da die entscheidende Debatte um den Vorwurf des „Anti-Amerikanismus" kreiste, formuliert das abschließende Kapitel die thesenartige Forderung nach einem konstruktivistischen Verständnis des zeitgenössischen Deutungsmusters „Anti-Amerikanismus".

1 Globale Proteste gegen den NATO-Doppelbeschluss und die Nachrüstung

Die Entscheidung der Außen- und Verteidigungsminister der NATO-Mitgliedsstaaten vom 12. Dezember 1979, eine neue Generation nuklearer Mittelstreckenraketen in Westeuropa zu stationieren, zuvor jedoch der Sowjetunion eine vierjährige Verhandlungsphase über den Abbau der als Bedrohung wahrgenommenen sowjetischen SS 20-Raketen anzubieten[1], rief in der Bundesrepublik, in Westeuropa und in Nordamerika

---

1 Kommuniqué der Außen- und Verteidigungsminister der NATO über den bedingten Beschluß zur Stationierung von Mittelstreckenwaffen vom 12. Dezember 1979, in: Bulletin des Presse- und Informationsamtes der Bundesregierung, 154/1979, S. 1409-1410; *Leopoldo Nuti*, The origins of the 1979 dual track decision – a survey, in: The Crisis of Détente in Europe. From Helsinki to Gorbachev, 1975-1985, hg. v. dems., London/New York 2006, S. 57-71; vgl. auch die Beiträge im Sammelband Zweiter Kalter Krieg und Friedensbewegung: Der NATO-Doppelbeschluß in deutsch-deutscher und internationaler Perspektive, hg. v. *Philipp Gassert/Tim Geiger/Hermann Wentker*, München 2011.

massive Proteste hervor.² Dazu trug auch bei, dass mit der Besetzung des blockfreien Afghanistan durch die Rote Armee um Weihnachten 1979³ – also nur wenige Tage nach dem NATO-Beschluss – ein dramatischer Klimasturz in den Beziehungen zwischen den Supermächten eintrat.⁴ Obwohl sich die Verschlechterung des Ost-West-Verhältnisses schon länger angedeutet hatte, markierten die Entscheidung der NATO und die sowjetische Afghanistan-Invasion zwei nicht zufällig miteinander verbundene welthistorische Ereignisse, die von den Bevölkerungen insbesondere Westeuropas als tiefer Einschnitt nach einer Phase der Entspannung wahrgenommen und gedeutet wurden.⁵

Dass die Außen- und Verteidigungspolitik eng an gesamtgesellschaftliche Problemlagen und Diskussionsprozesse rückgebunden war, lässt sich in der Rückschau anhand des Jahres 1979 beinahe mustergültig konstatieren.⁶ In diesem Jahr bewegten sich die Supermächte von der Politik der Entspannung hin zu einer neuen Phase der Konfrontation, was weltweit gesellschaftliche Proteste hervorrief. Insbesondere die Drohung der westlichen Allianz, bei einem Scheitern rüstungskontrollpolitischer Gespräche mit der Sowjetunion eigene nukleare Mittelstreckenraketen in Westeuropa zu stationieren, wurde zum Gegenstand heftigen Widerstands. Das Movens der Nachrüstungskritiker war die wahrgenommene Möglichkeit eines nuklearen Krieges zwischen den USA und der Sowjetunion, der Europa, so die Befürchtung, verwüstet und unbewohnbar zurücklassen würde. Nicht zuletzt in Westdeutschland, das sich an der Nahtstelle der Ost-West-Konfrontation einer besonderen Gefährdung ausgesetzt wähnte, gingen tausende Menschen auf die Straßen.⁷ Ein Kulminationspunkt der Proteste war die Demonstration auf der Hofgartenwiese in Bonn, zu der am 10. Oktober 1981 etwa 300.000 Menschen zusammenkamen. Die Proteste entwickelten indessen einen globalen Charakter, was die Massendemonstrationen am 25. Oktober in Brüssel mit 200.000 Teilnehmern, am 21. November in Amsterdam mit 400.000 Protestierenden und – ein halbes Jahr später – am 12. Juni 1982 in New York City mit sogar einer Million Teilnehmern bewiesen. Ihren Höhepunkt erreichten die Proteste

---

2   Vgl. *Lawrence S. Wittner*, Toward Nuclear Abolition. A History of the World Nuclear Disarmament Movement, 1971 to the Present. The Struggle Against the Bomb, Stanford 2003, S. 130ff.

3   Vgl. *Vladislav M. Zubok*, Soviet Foreign Policy From Détente To Gorbachev, 1975-1985, in: Cambridge History of the Cold War, Vol. III: Endings, 1975-1991, hg. v. *Melvyn P. Leffler/Odd Arne Westad*, Cambridge 2010, S. 89-111.

4   Vgl. *Olav Njølstad*, The Collapse of Superpower Détente, 1975-1980, in: ebd., S. 135-155.

5   Vgl. exemplarisch: Vor neuen Feuersbrünsten wird gewarnt. Die Sozialistische Internationale ruft zur Fortsetzung der Entspannungspolitik auf, in: Vorwärts, 14.2.1980, S. 11.

6   Vgl. *Frank Bösch*, Umbrüche in die Gegenwart. Globale Ereignisse und Krisenreaktionen um 1979, in: Zeithistorische Forschungen/Studies in Contemporary History 9, 2012, Nr. 1, <http://www.zeithistorische-forschungen.de/16126041-Boesch-1-2012> [aufgerufen am 9.10.2012].

7   Vgl. *Benjamin Ziemann*, A Quantum of Solace? European Peace Movements during the Cold War and their Elective Affinities, in: Archiv für Sozialgeschichte 49, 2009, S. 351-389; *ders.*, The Code of Protest. Images of Peace in the West German Peace Movements, 1945-1990, in: Contemporary European History 17, 2008, Nr. 2, S. 237-261; *Susanne Schregel*, Der Atomkrieg vor der Wohnungstür. Eine Politikgeschichte der neuen Friedensbewegung in der Bundesrepublik 1970-1985, Frankfurt am Main/New York 2011.

aber im Herbst 1983, als die Verhandlungen zwischen den Supermächten in Genf scheiterten. Über fünf Millionen Menschen demonstrierten vorwiegend in Westeuropa gegen die schließlich vollzogene Stationierung.

Es dürfte wenig überraschen, dass auch die SPD, die in jenen Jahren in einer Koalition mit der FDP Regierungsverantwortung trug, von der Verschlechterung der Ost-West-Beziehung und der Nachrüstungsfrage erschüttert wurde.[8] Der Grund hierfür war die Tatsache, dass die Raketenstationierung ein für die SPD traditionell virulentes Spannungsfeld neu auflud. Auf der einen Seite war die Friedens- und Entspannungspolitik immer von überragender Bedeutung für das Selbstbild der Partei gewesen.[9] Gerade die langen friedenspolitischen Traditionen, die sich mit dem Anti-Militarismus und Anti-Imperialismus bis in die Formierungsphase der Arbeiterbewegung in der Mitte des 19. Jahrhunderts zurückverfolgen lassen, waren in der Deutung eines Großteils der Partei vor dem Hintergrund der Verbrechen der Nationalsozialisten „historische Verpflichtung"[10], an der Verständigung der Völker mitzuarbeiten. Die Vertragspolitik Willy Brandts mit den Staaten des Warschauer Pakts galt – und gilt heute noch – vielen Sozialdemokraten als Einlösung des friedenspolitischen Auftrages der Arbeiterbewegung.[11] Auf der anderen Seite standen aber Traditionsstränge, in denen die feste Einbindung der Bundesrepublik in die westliche Allianz und ihre Mitwirkung an einer Strategie des Gleichgewichts und der nuklearen Abschreckung des Gegners wesentlich waren.[12] Die Ablehnung von Krieg war hier, wenn überhaupt vorhanden, deutlich schwächer akzentuiert und mit Einschränkungen versehen. Bundeskanzler Helmut Schmidt hatte noch versucht, beide Traditionslinien, die sich in seiner Konzeption nicht ausschlossen, zusammenzudenken.[13] Der wesentlich von ihm mitkonzipierte NATO-Doppelbeschluss brachte mit dem Gleichgewichtsgedanken und der Rüstungskontrollidee zwei wichtige Deutungsmuster der Sozialdemokratie zusammen.

---

8   Vgl. *Jan Hansen*, Zwischen Staat und Straße. Der Nachrüstungsstreit in der deutschen Sozialdemokratie (1979-1983), in: Archiv für Sozialgeschichte 52, 2012, S. 517-553; *Friedhelm Boll/Jan Hansen*, Doppelbeschluss und Nachrüstung als innerparteiliches Problem der SPD, in: Zweiter Kalter Krieg und Friedensbewegung, S. 203-228.

9   Vgl. *Michael Longerich*, Die SPD als „Friedenspartei" – mehr als nur Wahltaktik? Auswirkungen sozialdemokratischer Traditionen auf die friedenspolitischen Diskussionen 1959–1983, Frankfurt am Main et al. 1990.

10 *Karsten D. Voigt*, Friedenspolitik als Erbe und Auftrag, in: Sozialdemokrat Magazin, 1/1979, S. 19.

11 Vgl. Die Friedenspartei SPD. Argumente, Grundpositionen und Stellungnahmen zur deutschen Friedenspolitik 1981 (Forum Frieden), hg. v. Vorstand der SPD, Bonn 1981.

12 Entscheidend für diese Traditionslinie waren das Godesberger Programm und die berühmte Bundestagsrede Herbert Wehners aus dem Jahr 1960, vgl. Grundsatzprogramm der Sozialdemokratischen Partei Deutschlands [Godesberger Programm], hg. v. Vorstand der SPD, Bonn 1959; Deutscher Bundestag, Stenographische Berichte, 3. Wahlperiode, 122. Sitzung, 30.6.1960, S. 7056.

13 Vgl. *Helmut Schmidt*, Strategie des Gleichgewichts: Deutsche Friedenspolitik und die Weltmächte, Stuttgart 1970; ders., Gleichgewicht ist eine ständige Aufgabe, in: Die Neue Gesellschaft 25, 1978, S. 668-674.

Die Tatsache jedoch, dass immer größer werdende Teile der Partei an die Realisierung des Verhandlungsteils des NATO-Beschlusses nicht mehr glaubten und stattdessen die Stationierung der Mittelstreckenraketen als unvermeidlich perzipierten, brachte Schmidt und seinen sicherheitspolitischen Kurs in massive Bedrängnis. Im Nachrüstungsstreit verhandelte die SPD die Raketenstationierung deshalb im Spannungsfeld zwischen dem, was Teile der Partei als ihr friedenspolitisches Erbe definierten, und dem, was während der sozial-liberalen Regierungszeit praktische Politik war. Obwohl die SPD auf ihrem Berliner Bundesparteitag 1979 den NATO-Beschluss im Grundsatz mitgetragen hatte[14], erstarkten in den darauffolgenden Jahren parallel zu immer aussichtsloser werdenden Verhandlungen in Genf oppositionelle Tendenzen, die im Laufe des Jahres 1983 beinahe die gesamte organisierte Sozialdemokratie erfasst hatten und dazu führten, dass die SPD im Spätherbst 1983 die Stationierung der Raketen auf einem Sonderparteitag in Köln – durchaus in Spannung zu früheren Beschlüssen – ablehnte.[15]

2 Die sozialdemokratische Kritik an der Außen-, Sicherheits- und Verteidigungspolitik der US-Regierung unter Präsident Reagan

Die Einwände gegen die Nachrüstung waren vielfältig, liefen aber meist auf die Sorge vor einer Krise oder gar dem Ende des friedlichen Ausgleichs mit den Staaten des Warschauer Paktes hinaus.[16] Während der Parteivorsitzende Willy Brandt es einmal als das wichtigste Ziel sozialdemokratischer Außenpolitik bezeichnet hatte, „die Entspannung unzerstörbar" zu machen[17], stand die Nachrüstung im Verdacht, diese Politik zu beenden und einem „unbrauchbar[en]" Gleichgewichtsdenken zu opfern.[18] So galt die sicherheitspolitische Philosophie, die dem NATO-Doppelbeschluss zugrunde lag, in der SPD vielfach als eigentliches Hindernis für die Fortsetzung der Entspannungspolitik.[19] Die von Helmut Schmidt so vehement eingeforderte Antwort des Westens auf die Vorrüstung der Sowjetunion mit den SS 20-Raketen, die er als

---

14 Vgl. Parteitag der SPD vom 3. bis 7. Dezember 1979 in Berlin. 2. Band: Angenommene und überwiesene Anträge, Bonn 1979, S. 1243.

15 Vgl. Bundesdelegierten-Konferenz und Außerordentlicher Parteitag der SPD vom 18. bis 19. November 1983 in Köln. Protokoll der Verhandlungen und Dokumentarischer Anhang, Bonn 1983, S. 197f.

16 Ausführlicher entwickelt in *Hansen*, Zwischen Staat und Straße, S. 524-528.

17 *Willy Brandt*, Die Entspannung unzerstörbar machen: Internationale Beziehungen und deutsche Frage 1974-1982 (Berliner Ausgabe, Bd. 9, bearb. v. *Frank Fischer*), Bonn 2003.

18 *Oskar Lafontaine*, Die Begriffe der heutigen Sicherheitspolitik stimmen nicht mehr: Über Null-Option, Gleichgewicht und die unterschiedlichen Sicherheitsinteressen von Amerikanern und Europäern, in: Blätter für deutsche und internationale Politik 26, 1981, Nr. 11, S. 1323-1327, hier: S. 1325.

19 Bundesvorstand der Arbeitsgemeinschaft der Jungsozialisten, Bundeskongreß, 30.3.-1.4.1979, Aschaffenburg, Antrag Nr. J1 (Bundesvorstand), Archiv der sozialen Demokratie (AdsD), Bonn, Bestand SPD-Parteivorstand (SPD-PV), Referat Jungsozialisten, 5914.

Bedrohung der NATO-Strategie der *flexible response* deutete[20], hielten Teile der SPD für sicherheitspolitisch nicht notwendig, da auch die strategischen Waffen der USA bei einem möglichen Angriff der Sowjetunion hinreichend abschreckend wirkten, oder für schlichtweg gefährlich, da sie in ein neues Wettrüsten der Supermächte münden könne.[21] Deshalb war es in den Worten von Brandt notwendig, „alles daran zu setzen, durch realistische, konkrete, zähe Bemühungen den Rüstungswettlauf zu bremsen und hoffentlich irgendwann einmal zu beenden".[22]

Von zentraler Bedeutung für die Nachrüstungskritik in der SPD war die Auseinandersetzung mit der Außen-, Sicherheits- und Verteidigungspolitik der US-Regierung unter Präsident Ronald Reagan. Denn die inneramerikanischen Debatten spielten eine wichtige Rolle für die argumentative Begründung der Zurückweisung der Stationierung in der SPD. Insbesondere die Ablehnung der Person Reagans wirkte konsensstiftend und mobilisierend auf Parteimitglieder und die Friedensbewegung.[23] Der Hauptpunkt der sozialdemokratischen Kritik war die Annahme, die Administration in Washington gefährde die Entspannung und den Frieden in Europa, indem sie die Grundlage der gemeinsamen Bündnispolitik verlasse, militärische Überlegenheit anstrebe und an Konzepten der Führbarkeit und Gewinnbarkeit eines Nuklearkriegs in Europa arbeite. Der Antrag des Vorstandes der Jungsozialisten zum Bundeskongress 1983 entfaltete das Panorama sozialdemokratischer Amerikakritik.[24] Dort hieß es beispielsweise, dass auf „Seiten der NATO" ein „scharfer Kurswechsel in den Austragungsformen der Systemkonkurrenz zu verzeichnen" sei, der „insgesamt einen Rückfall in überholt geglaubte Zeiten imperialistischer Außenpolitik" darstelle. Ein „gigantisches Aufrüstungsprogramm, insbesondere der USA", diene dem „erklärten Ziel", die atomare Schwelle herabzusetzen und „einen kalkulier- und gewinnbaren Atomkrieg unterhalb des totalen Menschheitsholocaust zu führen". Nicht die sowjetischen SS 20-Raketen, sondern die „Tot-Rüstungsstrategie der NATO" verursache die Verschärfung des Ost-West-Gegensatzes und bilde „ohne Zweifel den Hauptfaktor einer wachsenden globalen Kriegsgefahr". Indem die USA die „Erstschlagsfähigkeit" gegenüber der Sowjetunion „so schnell wie möglich und global herzustellen" versuchten, stellten sie nichts weniger als die „Prinzipien friedlichen Zusammenlebens infrage".

---

20 Vgl. exemplarisch die Rede Helmut Schmidts auf dem Parteitag der SPD vom 19. bis 23. April 1982 in München. 1. Band: Protokoll der Verhandlungen, Bonn 1982, S. 149-156.
21 Vgl. den Bielefelder Appell („Mut für eine bessere Zukunft"), <http://www.germanhistorydocs.ghi-dc.org/sub_document.cfm?document_id=1130> [aufgerufen am 9.10.2012].
22 *Willy Brandt*, „Als stärkste Friedensbewegung bewähren". Rede auf dem Landesparteitag der baden-württembergischen SPD in Aalen, in: Vorwärts, 7.5.1981, S. 6.
23 Vgl. Pressemitteilung: Jungsozialisten rufen zur Großkundgebung gegen Ronald Reagan auf, 21.3.1985, AdsD, Depositum (Dep.) Karsten D. Voigt, H 31; Peter Lösche, Antiamerikanismus in der Bundesrepublik? Stereotype über Ronald Reagan in der deutschen Presse, undatiert, AdsD, Nachlass (NL) Dietrich Stobbe, 275.
24 Bundesvorstand der Arbeitsgemeinschaft der Jungsozialisten, Bundeskongreß, 26.-27.3.1983, Oberhausen, Antrag Nr. A1 (Bundesvorstand), AdsD, Bestand SPD-PV, Referat Jungsozialisten, 5957. Die folgenden Zitate sind diesem Papier entnommen.

Sicherlich war diese von den Jungsozialisten artikulierte Kritik an den Prioritäten amerikanischer Außen- und Verteidigungspolitik in der vorliegenden Schärfe kaum mehrheitsfähig in der SPD – doch dem Sinn nach wurde sie bis in das SPD-Präsidium hinein vorgetragen. Egon Bahr beispielsweise sah die Regierung von Ronald Reagan „in einer Psychose"[25] und insinuierte, dass ihre Politik dem Frieden nicht diene[26], während Erhard Eppler, der baden-württembergische SPD-Vorsitzende und politische Gegenspieler Schmidts, in einem offenen Brief an Christen in den USA beklagte, dass die Amerikaner mit den nuklearen Mittelstreckenwaffen „can reach and destroy Soviet centers of command with practically no warning time from German territory".[27] Indem die Nachrüstung die amerikanische Illusion nähre, dass ein Nuklearkrieg auf Europa zu begrenzen und deshalb führbar sei, könne die Stationierung, in den Worten Epplers, den „nuklearen Holocaust in Europa" bedeuten, verursacht durch amerikanisches *Superiority*-Streben.[28] Semantische Rekurse auf den deutschen Judenmord waren weit verbreitet unter Nachrüstungskritikern.[29]

Auf der anderen Seite kann man in einer Analyse der gegenseitigen Wahrnehmung von SPD und Washingtoner Administration die Äußerungen von US-Seite nicht außer Acht lassen, die den Sieg „under the nuclear gun" für möglich erklärten[30], von der Sowjetunion als dem „Reich des Bösen" redeten[31] und sich in konkreten Kriegsführungsoptionen ergingen.[32] Zwar lesen sich solche für europäische Ohren befremdlichen Äußerungen „im inneramerikanischen Kontext weniger präzedenzlos und scharf [...] als in der deutschen Übersetzung".[33] So hatte die radikalisierte Wahrnehmung und Deutung der US-Politik in den Reihen der SPD eine Ursache im Wahlsieg der Republikaner im November 1980 und der für viele Sozialdemokraten nur schwer verständlichen Freund-Feind-Rhetorik Reagans. Sie dadurch aber schon hinreichend erklärt zu haben, griffe zu kurz. Denn die amerikanische Politik stand – nicht erst seit dem Vietnam-Krieg – im Denken der deutschen Sozialdemokratie traditionell im

---

25 Protokoll der Sitzung des Präsidiums am 9. März 1981, AdsD, Bestand SPD-PV, Vorstandssekretariat, 160.
26 Vgl. *Egon Bahr*, Die Priorität bleibt der Friede, in: Vorwärts, 20.10.1983, S. 14f.
27 Erhard Eppler an amerikanische Christen, 20.8.1983, AdsD, Dep. Erhard Eppler, 1/EEAC000187.
28 *Erhard Eppler*, Die tödliche Utopie der Sicherheit, Reinbek bei Hamburg 1983, S. 92.
29 Vgl. *Eckart Conze*, The Role of National Socialism and the Second World War in the Discourse on Nuclear Armament, in: Accidental Armageddons. The Nuclear Crisis and the Culture of the Cold War in the 1980s, hg. v. *Eckart Conze/Martin Klimke/Jeremy Varon*, im Erscheinen.
30 *Colin Gray/Keith Payne*, Under the Nuclear Gun: Victory is Possible, in: Foreign Policy 39, 1980, S. 14-27.
31 *Ronald Reagan*, Remarks at the Annual Convention of the National Association of Evangelicals in Orlando, Florida, 8.3.1983, in: The Public Papers of President Ronald W. Reagan, <http://www.reagan.utexas.edu/archives/speeches/1983/30883b.htm> [aufgerufen am 1.10.2012].
32 Jimmy Carter's Controversial Nuclear Targeting Directive PD-59 Declassified, in: National Security Archive Electronic Briefing Book, <http://www.gwu.edu/~nsarchiv/nukevault/ebb390> [aufgerufen am 1.10.2012].
33 *Philipp Gassert*, Viel Lärm um Nichts? Der NATO-Doppelbeschluss als Katalysator gesellschaftlicher Selbstverständigung in der Bundesrepublik, in: Zweiter Kalter Krieg und Friedensbewegung, S. 175-202, hier: S. 194 und Anm. 101.

Verdacht, einseitig imperialistischen und kapitalistischen Interessen zu gehorchen. Mentale Unterschiede zwischen Westdeutschland und den USA waren deshalb ein entscheidender Grund für die Ablehnung amerikanischer Sicherheitspolitik in der SPD.

3 Transatlantische Netzwerke und die Debatten um den „Anti-Amerikanismus"

Eigentlich war es paradox: Obwohl führende Vertreter der SPD die amerikanische Politik vehement kritisierten, bemühten sie sich doch mit nicht minder großem Engagement um intensive Kontakte zu den Protagonisten dieser Politik. Denn trotz aller politischen Differenzen und Meinungsunterschiede blieb für die SPD klar, dass es die Vereinigten Staaten und ihre amtierende Regierung waren, die die westlichen Beziehungen zu Moskau bestimmten. Wenn den Sozialdemokraten also daran gelegen war, die Entspannungspolitik fortzusetzen und der Rüstungskontrolle zum Erfolg zu verhelfen, dann mussten sie Reagan und seine Berater davon überzeugen, dass eine solche Politik auch im amerikanischen Interesse lag.

So lässt sich für die frühen 1980er Jahren eine bemerkenswerte Intensivierung der Kontakte zwischen der SPD und der Administration Ronald Reagans konstatieren. Sozialdemokraten – allen voran Horst Ehmke, Dietrich Stobbe und Karsten Voigt[34] – reisten so häufig wie lange nicht mehr an die amerikanische Ostküste, um sich mit Vertretern des Weißen Hauses, des State Department und des Verteidigungs-ministeriums zu treffen, um Gespräche mit US-Journalisten zu führen oder um Vorträge in den zahlreichen *Think Tanks* der amerikanischen Hauptstadt zu halten. Auch einzelne Mitglieder des US-Kongresses, wie die Senatoren Ted Kennedy und Mark Hatfield oder der Abgeordnete Ron Dellums, waren regelmäßig aufgesuchte Gesprächspartner.[35] Das während dieser Besuche artikulierte politische Kernanliegen der Gäste bestand in dem Insistieren auf ernsthaften rüstungskontrollpolitischen Verhandlungen in Genf.[36] Dieses Drängen muss vor dem Hintergrund des innenpolitischen Drucks gesehen werden, der sich in der Bundesrepublik anstaute und auch innerhalb der SPD entlud. Der tatsächliche Erfolg der sozialdemokratischen Bemühungen blieb indes – trotz der den westdeutschen Stimmen beigemessenen „crucial importance"[37] – sehr begrenzt.

---

34 Abgesehen natürlich von den sozialdemokratischen Kabinettsmitgliedern.
35 Ausführlicher: *Hansen*, Zwischen Staat und Straße, S. 543f.
36 Vgl. exemplarisch Dietrich Stobbe, Bericht über meine Gespräche mit der Administration in Washington über den aktuellen Stand sowie die Einschätzungen zu den INF-Verhandlungen in Genf, 1.6.1983, AdsD, Dep. Egon Bahr, 1/EBAA000517.
37 Alexander Haig an Ronald Reagan, Letter to FRG Chancellor Helmut Schmidt, 15.7.1981, Ronald Reagan Presidential Library (RRL), Simi Valley, CA, Executive Secretariat, NSC: Country File, RAC box 14, folder „Germany, FRG (7/1/81-8/31/81) (4)".

Denn die US-Regierung begegnete den Positionen der SPD mit zunehmender Ablehnung. Auf der einen Seite artikulierten die Verantwortlichen in Washington Sorgen bezüglich der Verlässlichkeit der SPD, einmal gefasste Modernisierungsbeschlüsse der NATO auch gegen innenpolitische Widerstände mitzutragen. Unzählige Telegramme der US-Botschaft Bonn an das State Department berichteten über die Kontroversen in der SPD – über regionale Parteitage, die sich lange vor Ende der Genfer Gespräche von der Stationierung der Mittelstreckenraketen distanzierten, über Presseäußerungen von namhaften Sozialdemokraten, die sich ablehnend zur NATO positionierten, und über die politischen Schwierigkeiten, die Schmidt damit hatte, seine Partei auf Kurs zu halten.[38] Washington perzipierte die SPD als gefangen „in a spate of vitriolic internal dissension".[39] Aus diesem Grund war es aus amerikanischer Perspektive das vordringliche Ziel, den deutschen Sozialdemokraten die Prioritäten der US-Außen- und Verteidigungspolitik deutlich und verständlich zu machen. Der stellvertretende Verteidigungsminister Richard Perle insistierte bei einem Deutschland-Besuch in der Bonner Friedrich-Ebert-Stiftung: „It serves no useful purpose, and certainly no constructive one, to suggest yet again that American armament policy aims at military superiority – it does not".[40] Auch wenn Perle die sozialdemokratischen Befürchtungen kaum zerstreut haben dürfte, war das unermüdliche Erklären der amerikanischen Position die in Washington allgemein akzeptierte Argumentationsrichtung im Umgang mit SPD-Politikern.

Selbst der Kanzler wurde zum Adressaten dieser politischen Botschaft. In Vorbereitung auf ein Gespräch mit Schmidt notierte die US-Botschaft in einem Vermerk an Reagan, dass es wichtig sei, gegenüber dem Besucher die Notwendigkeit zu betonen, dass er auch bei zunehmendem Druck aus seiner eigenen Partei auf dem Boden der NATO-Entscheidung bleibe.[41] Die Bonner US-Botschaft unterschätzte dabei jedoch die Konsequenz, mit der Schmidt in seiner eigenen Partei den NATO-Doppelbeschluss vertrat. Aus der Kanzlerperspektive waren es nämlich nicht nur SPD-interne Querelen, sondern auch Sorgen bezüglich der US-amerikanischen Prioritätensetzung bei den Verhandlungen in Genf, die Schwierigkeiten verursachten. Obgleich sich sein Verhältnis zu Präsident Reagan positiver gestaltete als zu dessen unmittelbarem Vorgänger Carter[42], war Schmidt keineswegs konfliktscheu und machte, wie die amerikanische Aufzeichnung vermerkte, in einem Gespräch mit Außenminister Alexander Haig „vividly clear that it would be impossible for him politically to stand

---

38 Vgl. pars pro toto US-Botschaft Bonn an State Department, Schmidt January 5 Visit to Washington: General Objectives and Observations, 9.12.1981, RRL, Executive Secretariat, NSC: Country File, RAC box 14, folder „Germany, FRG (9/1/81-12/31/81) (1)".

39 US-Botschaft Bonn an State Department, Genscher visit: FRG internal situation, 27.2.1981, RRL, Executive Secretariat, NSC: Country File, RAC box 14, folder „Germany, FRG (1/20/81-6/30/81) (2)".

40 Statement by Richard Perle The Friedrich Ebert Stiftung [Ms. Abschrift], 28.6.1984, RRL, Tyrus Cobb Files, box 91096, folder „European Defense Issues [2 of 6]".

41 US-Botschaft Bonn an State Department, Schmidt January 5 Visit to Washington, 9.12.1981.

42 Vgl. *Klaus Wiegrefe*, Das Zerwürfnis. Helmut Schmidt, Jimmy Carter und die Krise der deutsch-amerikanischen Beziehungen, Berlin 2005, insb. S. 131ff.

behind modernization if the United States failed to pursue negotiations on limiting TNF deployments with the Soviets".[43]

In Washington herrschte Uneinigkeit vor, wie die Regierung sich gegenüber Schmidt und seinen politischen Nöten verhalten sollte. Diese Differenzen bildeten grundsätzliche Meinungsunterschiede über den außenpolitischen Kurs in der Administration ab.[44] Während Haig den Präsidenten eindringlich bat, politische Stetigkeit bei diesem Thema zu zeigen, „with no US deviation from NATO's two-track decision, and no hint that the US is placing conditions on further movement on TNF arms control"[45], um Schmidts innerparteiliche Schwierigkeiten nicht größer werden zu lassen, drängte der Nationale Sicherheitsberater Richard Allen Reagan in die entgegengesetzte Richtung. In handschriftlichen Notizen auf dem Vermerk von Haig an Reagan hielt er fest, dass es nicht Aufgabe der US-Regierung sei, „to keep Schmidt in power – or any of the others". Er warf Haig und dem State Department vor, zu besorgt „over saving European governments" zu sein.[46] Anstatt die US-amerikanische Politik am Ziel auszurichten, Schmidt im Amt zu halten und ihm das politische Leben zu erleichtern, schlug er vor, auf eine neue Koalitionsregierung unter Führung von Helmut Kohl zu setzen, mit der die Stationierung leichter durchzusetzen sein werde, wie er voraussagte.

Mit anderen Worten: Sowohl in der SPD als auch in der Washingtoner Administration nahm man jeweils den transatlantischen Partner mit großer Skepsis wahr und nutzte viele sich bietende Möglichkeiten für die Artikulation von Kritik. Dieses Misstrauen ging sogar soweit, dass amerikanische Regierungsoffizielle die in der SPD vertretenen Standpunkte als „Anti-Amerikanismus" charakterisierten. Solche Deutungen – verstanden als die kategorische Ablehnung der politischen, wirtschaftlichen und kulturellen Werte der Vereinigten Staaten – waren in den frühen 1980er Jahren verbreitete Interpretationsmuster auf beiden Seiten des Atlantiks. In diesem Sinne schrieb der US-Kongressabgeordnete Philip Crane von einer Europareise zurückkommend in einem Brief an Reagan, dass „the prospect of a 'neutralist' or anti-American West Germany within the very near future is not as incredible as one may at first imagine".[47] Aus demselben Blickwinkel fasste Walter Raymond die Ansichten von US-Botschafter Arthur Burns zusammen, der in der westdeutschen USA-Kritik „less a phenomenon of 'anti-Americanism' but rather a rejection of Western values" sah.[48] Bei einer anderen Gelegenheit bezeichnete Burns die „transatlantische Krise" als „a drifting away of young people from what had previously been a shared belief in our

---

43 Alexander Haig an Ronald Reagan, The Atlantic Alliance, 4.4.1981, RRL, Executive Secretariat, NSC: NSC Meeting Files, box 91282, folder „NSC 00008 30 Apr 81 (3)".
44 Vgl. *Wittner*, Toward Nuclear Abolition, S. 119.
45 Haig an Reagan, The Atlantic Alliance, 4.4.1981.
46 Richard V. Allen an Ronald Reagan, Secretary Haig and the Atlantic Alliance, 30.4.1981, RRL, Executive Secretariat, NSC: NSC Meeting Files, box 91282, folder „NSC 00008 30 Apr 81 (3)".
47 Philip M. Crane an Ronald Reagan, 16.9.1981, RRL, Executive Secretariat, NSC: Country File, RAC box 14, folder „Germany, FRG (9/1/81-12/31/81) (6)".
48 Walter Raymond, Jr. an Walter McFarlane, European Trip Report (31 March-7 April 1984), 20.4.1984, RRL, Walter Raymond Files, box 8, folder „71. Socialist International #1 (1)".

common moral and cultural heritage".[49] Zwar wurden diese, diskursiv konstruierten „westlichen Werte" oder das gemeinsame „Erbe" in den seltensten Fällen tatsächlich definiert, doch verursachte ihre, den Sozialdemokraten zugeschriebene, Ablehnung mannigfache Sorgen in Washington. Die Wahrnehmung der Kritik an der US-Politik als Abwendung und Entfremdung von einem gemeinsamen „Wertefundament" wurde auch von der christdemokratischen Opposition im Bundestag und sogar von konservativen Sozialdemokraten vorgebracht[50], zugleich resultierte aus ihr die Einführung und Intensivierung transatlantischer Austauschprogramme (wie zum Beispiel des Parlamentarischen Patenschaftsprogramms zwischen dem Bundestag und dem US-Kongress), die dem Ziel dienten, gegenseitiges Verständnis insbesondere in der „jungen Generation" zu fördern.[51] Die Friedrich-Ebert-Stiftung selbst initiierte in diesen Jahren Veranstaltungen und Seminarreihen über die USA oder organisierte Transatlantikkreisen, um an der SPD-Basis die Auseinandersetzung mit dem Gegenüber zu intensivieren und diejenigen Deutungsmuster zu verbreitern, die auf eine enge Partnerschaft setzten.[52]

Gleichzeitig blieben die Kontakte zum Washingtoner Establishment nicht die einzige sozialdemokratische Verbindung in die USA. Denn SPD-Vertreter nahmen auch Kontakt zur amerikanischen Friedensbewegung und vor allem zur *Nuclear Weapons Freeze Campaign* auf.[53] Diese *Freeze Campaign*, die in den frühen 1980er Jahren großen Zulauf hatte, trat für ein globales Einfrieren der Produktion und

---

49 Arthur F. Burns an Helmut Schmidt, Abschrift der Äußerungen vor dem House Foreign Affairs Subcommittee on Europe and the Middle East am 5. April 1982 in Washington, D.C., 8.4.1982, Helmut-Schmidt-Archiv im AdsD, 1/HSAA006582.

50 Vgl. *Gesine Schwan*, Die SPD und die westliche Freiheit, in: Wohin treibt die SPD? Wende und Kontinuität sozialdemokratischer Sicherheitspolitik, hg. v. *Jürgen Maruhn/Manfred Wilke*, München 1984, S. 38-52; siehe auch entsprechende Äußerungen des CDU/CSU-Fraktionsvorsitzenden Alfred Dregger: Verhandlungen des Deutschen Bundestages, Stenografische Berichte, 21.11.1983, S. 2355 <http://dip21.bundestag.de/dip21/btp/10/10035.pdf> [aufgerufen am 1.10.2012]; dazu *Hansen*, Zwischen Staat und Straße, S. 542.

51 Vgl. *Reinhild Kreis*, Bündnis ohne Nachwuchs? Die „Nachfolgegeneration" und die deutsch-amerikanischen Beziehungen in den 1980er Jahren, in: AfS 52 (2012), S. 607-631.

52 Eine neue Seminarreihe wurde beispielsweise in Saarbrücken angeboten. Jährlich fanden dort zwischen zehn und zwanzig Wochenendseminare zu unterschiedlichen Aspekten der transatlantischen Beziehungen statt, vielfach mit amerikanischen Referenten. In diesem Zusammenhang ist auch die von Werner Kremp angeregte Gründung der „Atlantischen Akademie Rheinland-Pfalz" durch Ministerpräsident Kurt Beck im Jahre 1996 zu sehen, die in Kaiserslautern angesiedelt ist. Der Nachrüstungsstreit in der SPD und das Deutungsmuster des „Anti-Amerikanismus" wirkten lange in der Sozialdemokratie und den ihr nahestehenden gesellschaftlichen Gruppen fort. Selbst die Konferenz in Otzenhausen, deren Tagungsband hier vorliegt, kann in einer solchen historischen Linie gesehen werden.

53 Ausführlicher in: *Jan Hansen*, Der Protest und die Mächtigen: Zu den Auswirkungen von Friedensbewegung, Nuclear Weapons Freeze Campaign und Solidarność auf das Bonner „Establishment", in: „All We Ever Wanted..." Eine Kulturgeschichte europäischer Protestbewegungen der 1980er Jahre, hg. v. *Hanno Balz/Jan-Henrik Friedrichs*, Berlin 2012, S. 231-246, hier: S. 237-241.

Stationierung von nuklearen Waffen ein.[54] Da ihre Ziele denen der SPD ähnelten, ergaben sich vielfache Anknüpfungspunkte für transnationale Diskursgemeinschaften. Insbesondere das parlamentarische Vorgehen der *Freeze Campaign* – Ziel war die Durchsetzung der *Freeze*-Resolution im Kongress – rief auf Seiten der Sozialdemokratie Neugierde hervor. Das Interesse war jedoch wechselseitig. So reiste im Juni 1983 die prominente Abrüstungsspezialistin der *Freeze Campaign*, Randall Forsberg, nach Europa und traf sich unter anderem mit dem SPD-Vorsitzenden Brandt. In dem Gespräch ging es um Möglichkeiten, wie man dem Ziel, die Stationierung doch noch abzuwenden, gemeinsam näherkommen konnte.[55] Der Höhepunkt der Kooperation war schließlich der Besuch Brandts und anderer prominenter Sozialdemokraten Ende September 1983 in Washington, wo der SPD-Vorsitzende in einem von der *Freeze Campaign* organisierten *Hearing* vor dem Kongress auftrat und die amerikanische politische Öffentlichkeit über die Haltung der deutschen Sozialdemokratie unterrichtete.[56] In dieser Rede in Washington machte er auch den sogenannten „Brandt-Plan" publik, der das zentrale Anliegen der amerikanischen Friedensbewegung mit der rüstungskontrollpolitischen Hauptforderung der SPD zusammenbrachte.

Es war offensichtlich, dass beide Akteure durch die transatlantischen Netzwerke ihre Ziele und ihre politische Legitimität in verschiedenen nationalen Kontexten stärken wollten. Die *Freeze Campaign* demonstrierte einer ihr gegenüber mehrheitlich skeptischen amerikanischen Öffentlichkeit, dass Teile der europäischen Bevölkerung die Mittelstreckenraketen ablehnten. Die SPD profitierte ebenfalls von den engen Kontakten nach Amerika, indem sie in Westdeutschland aufzeigte, dass die Amerikaner keineswegs geschlossen hinter Reagans politischem Kurs standen. Gleichzeitig halfen ihr die transatlantischen Netzwerke, den Vorwurf des „Anti-Amerikanismus" in der Eigenwahrnehmung ad absurdum zu führen und ihre „pro-amerikanischen" Standpunkte zu verdeutlichen.

4 Zusammenfassung

Nachdem die Allianz die Stationierung neuer nuklearer Mittelstreckenwaffen beschlossen hatte und die Aussichten für erfolgreiche Verhandlungen der Supermächte über den Abbau der sowjetischen Arsenale, die die westliche Stationierung hätten

---

54 Vgl. Call To Halt The Nuclear Arms Race—Proposal for a Mutual US-Soviet Nuclear Weapons Freeze, April 1982, Swarthmore College Peace Collection, Swarthmore, PA, SANE (DG 58), series G, box 152, folder „Nuclear Weapons Freeze Campaign"; siehe zum Hintergrund auch *Wilfried Mausbach*, Vereint marschieren, getrennt schlagen? Die amerikanische Friedensbewegung und der Widerstand gegen den NATO-Doppelbeschluss, in: Zweiter Kalter Krieg und Friedensbewegung, S. 283-304.

55 Veronika Isenberg an Willy Brandt, Betr.: Ihr Gespräch heute um 15.00 Uhr mit Randall Forsberg, Vorsitzende des National Advisory Board der Freeze-Bewegung, 6.6.1983, Willy-Brandt-Archiv im AdsD, A11.2, 144.

56 Veröffentlicht in *Willy Brandt*, Gemeinsame Sicherheit. Internationale Beziehungen und deutsche Frage 1982-1992 (Berliner Ausgabe, Bd. 10, bearb. v. *Uwe Mai/Bernd Rother/Wolfgang Schmidt*), Bonn 2009, S. 157-171.

verhindern können, immer schlechter wurden, geriet die SPD in eine schwere innerparteiliche Krise. Diese Krise resultierte aus der Diskrepanz zwischen der Bedeutung von Entspannung und Rüstungskontrolle für die SPD und der veränderten internationalen Umgebung nach dem sowjetischen Afghanistan-Einmarsch und der Beschlussfassung der NATO. Die SPD tat sich erkennbar schwer, die Lücke zwischen Wunsch und Wirklichkeit zu schließen.

Dabei wurden die sozialdemokratischen Debatten um die Nachrüstung in erster Linie motiviert von der Angst vor einem nuklearen Krieg in Europa, der aus der Verschlechterung der internationalen Beziehungen und der Stationierung neuer Waffen in der Bundesrepublik resultieren könnte. Darüber hinaus erhielten sie auch Nahrung durch die Wahrnehmung eines fundamentalen Wandels der amerikanischen Außen-, Verteidigungs- und Sicherheitspolitik. Der Vorwurf, die Reagan-Regierung strebe nach militärischer Überlegenheit und einer nuklearen Erstschlagsfähigkeit, war dabei ebenso wirkungsmächtiges Deutungsmuster wie die Vermutung, Washington halte einen nuklearen Krieg gegen die Sowjetunion für gewinn- und deshalb auch für führbar.

Trotz dieser Kritik wurden während des Nachrüstungsstreits transatlantische Netzwerke von Seiten der SPD, der Washingtoner Administration sowie der *Freeze Campaign* intensiviert oder neu geknüpft. Die SPD versuchte, die Reagan-Regierung auf Entspannungskurs zu halten und zu ernsthaften Verhandlungen mit der Sowjetunion zu animieren. Gleichzeitig mussten sich ihre Vertreter in Washington Vorhaltungen machen lassen, die Partei schwäche mit ihrer Kritik die amerikanische Verhandlungsposition in Genf. Mit der *Freeze Campaign* arbeiteten Sozialdemokraten eng zusammen, wenn es um die Medialisierung und diskursive Legitimierung von politischen Forderungen beiderseits des Atlantiks ging. Prägend für die Debatte um die Nachrüstung in den USA und in der Bundesrepublik war aber das Deutungsmuster des „Anti-Amerikanismus", das von Stationierungsbefürwortern gegenüber Teilen der SPD und der Friedensbewegung artikuliert wurde. Konservative Politiker und öffentliche Meinungsführer in Amerika und Westdeutschland stimmten in dem Narrativ überein, die SPD würde die „westliche Wertegemeinschaft" verlassen, einem ressentimentgeladenen „Anti-Amerikanismus" huldigen oder gar mit Moskau paktieren.

Auf Seiten der SPD ließ die Reaktion nicht lange auf sich warten. Wieder und wieder betonten Sozialdemokraten, dass Kritik an der Politik der aktuellen Regierung in Washington nicht mit „Anti-Amerikanismus" verwechselt werden dürfe. Sie verwiesen auf Kontakte in die amerikanische Zivilgesellschaft und versuchten, durch einen intensiven Austausch mit der *Freeze Campaign* das Argument des „Anti-Amerikanismus" ins Leere laufen zu lassen. Gleichzeitig bedienten sich sozialdemokratische Akteure in Deutschland erprobter Instrumente der politischen Bildungsarbeit, die darauf abzielten, die Kenntnis US-amerikanischen Lebens in der Bundesrepublik zu verbreitern und positive Einstellungen gegenüber den Vereinigten Staaten zu fördern.

Bemerkenswert ist die Vehemenz und die Heftigkeit, mit der das sozialdemokratische Verhältnis zu den USA in den achtziger Jahren ausgehandelt wurde. Dies deutet darauf hin, dass die Kontroverse um den „Anti-Amerikanismus" an etwas rührte, was tiefer reichte als die sicherheitspolitische Frage nach der Stationierung von neuen

Mittelstreckenraketen. In der historischen Rückschau werden so die Konturen einer Grundsatzkontroverse deutlich, die um die Zukunft und die Identität „des Westens" kreiste und nicht nur die SPD erschütterte. Die Debatte um den „Anti-Amerikanismus" kann als das Resultat einer Selbstverständigungskrise der „westlichen Wertegemeinschaft" analysiert werden, welche eine Orientierungslosigkeit freilegte, wie „der Westen" auf neue Problemlagen – das Verhältnis zur Sowjetunion, den Stellenwert der Nuklearwaffen, den außerparlamentarischen Protest – reagieren sollte. Der tatsächliche oder so wahrgenommene „Anti-Amerikanismus" der Gegner des NATO-Doppelbeschlusses war gewissermaßen das „Vehikel", über das sich „der Westen" seiner eigenen Identität versicherte.

Gerhard Schröder, George W. Bush und die deutsch-amerikanischen Beziehungen: Ein unausweichlicher Konflikt

Dieter Dettke

Einleitung

In der Geschichte der deutsch-amerikanischen Beziehungen nehmen die Schröder-Ära auf deutscher Seite und die Bush-Ära auf amerikanischer Seite ein einmalig konfliktintensives Kapitel ein. Der Gesamt-Zeitrahmen ist mit der Phase der Kanzlerschaft von Gerhard Schröder von 1998 bis 2005 auf deutscher Seite und der Präsidentschaft von George W. Bush auf amerikanischer Seite von 2001 bis 2009 abgesteckt. Er schließt aber auch eine knapp drei Jahre dauernde deutsch-amerikanische Zusammenarbeit zwischen der Schröder Regierung und der Clinton-Administration ein, eine Zeit, die für die deutsch-amerikanischen Beziehungen deshalb nicht unwichtig ist, weil sie kurzfristig einen auch politisch-ideologischen Schulterschluss aufkeimen ließ, den es zuvor wohl nur in der Phase der deutschen Vereinigung zwischen US-Präsident George H. W. Bush, dem Vater von George W. Bush, und Bundeskanzler Helmut Kohl gegeben hat. Während in diesem Fall ein von den Republikanern geführtes Amerika und eine konservativ geprägte deutsche Bundesregierung Seite an Seite die deutsche Vereinigung mit Hilfe einer auch auf persönlicher Ebene glänzend funktionierenden Abstimmung auf internationaler Ebene durchsetzten, kam es in der Zeitspanne von Ende 1998 bis Anfang 2001 dann auch zwischen einem eher sozialdemokratisch geprägten Europa und einer von der Demokratischen Partei beherrschten US-Administration zu einem – wenn auch kurzen – politischen Frühling.

Im Mittelpunkt dieser Untersuchung steht allerdings die Phase von 2001 bis 2005, in der sich die Kanzlerschaft von Gerhard Schröder und die Präsidentschaft von George W. Bush überlappen. Einen vergleichbaren Zusammenstoß eines deutschen Bundeskanzlers mit einem amerikanischen Präsidenten in dieser Schärfe im Ton sowie auf persönlicher und politischer Ebene und mit so starken Rückwirkungen auf die Rolle des Sicherheitsrates der Vereinten Nationen, auf den Zusammenhalt der Europäischen Union und der NATO sowie auf das gesamte Gefüge der Beziehungen Europas und Amerikas zum Nahen und Mittleren Osten hatte es bis dahin noch nicht gegeben. Wie zu zeigen sein wird, liegen die Hauptursachen für die Schärfe des Zusammenstoßes überwiegend auf der Seite der Bush-Administration, die vor allem nach den Terrorangriffen vom 11. September 2001 in Abweichung von einer in der Vergangenheit eher kooperativen Außen- und Sicherheitspolitik auf der Grundlage partnerschaftlicher Zusammenarbeit im Bündnis zu einer unilateralen, in mancher Hinsicht sogar imperialen Bündnisführung überging.

Auf deutscher Seite lässt sich hingegen eine genau umgekehrte Entwicklung in dem Sinne feststellen, dass die von Gerhard Schröder und Joschka Fischer geführte rot-grüne Koalition im Vergleich zu allen bisherigen Bundesregierungen eine sehr viel selbstbewusstere und auch gegenüber Druck von innen und außen auf Eigenständigkeit bedachte politische Führung zum Ausdruck bringen wollte. Schließlich repräsentierte die Regierung Schröder ja auch eine neue, aus der 1968er Bewegung hervorgegangene Generation, die schon aufgrund ihrer politischen Sozialisierung in der Zeit des Vietnamkrieges auch ein anderes, selbstbewussteres Verhältnis zu den USA vertrat. Dem kurzen politischen Frühling des Schulterschlusses zwischen der Clinton-Administration und der Schröder-Regierung lagen ja auf Generationsebene zwei ganz ähnliche politisch-kulturelle Erfahrungen zu Grunde. Clinton war im amerikanischen Sprachgebrauch ein *baby boomer,* hatte aber im Hinblick auf die 68er Bewegung sowie auf Vietnam bezogen eine sehr ähnliche Sozialisierung wie Gerhard Schröder und Joschka Fischer durchgemacht und konnte sich deshalb auch altersmäßig durchaus mit der neuen politischen Generation in Deutschland identifizieren. In dem Mangel einer solchen politisch-kulturellen Gemeinsamkeit trotz Altersgleichheit lässt sich eine der Hauptursachen für den persönlichen wie auch politischen Zusammenprall zwischen Schröder und Bush festmachen.

Die positive Erfahrung in der Beziehung zu Amerika, die Schröder in der knapp dreijährigen Periode durchmachte, in der seine Kanzlerschaft und die Präsidentschaft von Clinton parallel liefen, erklärt auch die Härte der Auseinandersetzung mit Bush, denn für Schröder war das positive, ja sogar freundschaftliche Grundmuster der Beziehungen in den gemeinsamen Regierungsjahren mit Clinton die Norm. Anders als Tony Blair, der noch im Sinne der traditionellen britisch-amerikanischen *special relationship* handelte und sich ganz dem amerikanischen Führungsanspruch zu unterwerfen bereit war, wollten Schröder und Fischer auch gegenüber den USA Eigenständigkeit wahren.

Insofern war der Konflikt zwischen Deutschland und den USA in der Irak-Krise unausweichlich, denn die Schröder-Regierung ließ sich nicht ohne weiteres in die amerikanische Strategie einbinden, jedenfalls nicht ohne den Versuch, eigene Erkenntnisse in der Auseinandersetzung mit dem internationalen Terrorismus in den bündnispolitischen und bilateralen Entscheidungsprozess einzubringen. Darüber hinaus verfügte die deutsche Bundesregierung auch über spezifische Einsichten im Hinblick auf mögliche Konsequenzen einer militärischen Intervention in der Region und war nicht bereit, den Entscheidungen der Bush-Administration automatisch Vorrang gegenüber eigenen politischen Erkenntnissen einzuräumen. Während diese in der Irak-Krise rückhaltlose Unterstützung für das amerikanische Vorgehen forderte, erwartete die rot-grüne Bundesregierung innen- und allianzpolitische Rücksichtnahme in einer so entscheidenden Frage wie des Einsatzes militärischer Gewalt im Irak.

I Schröder, Clinton und die deutsch-amerikanischen Beziehungen

Als Gerhard Schröder am 27. Oktober 1998 sein Amt als Bundeskanzler der Bundesrepublik Deutschland antrat, regierte Bill Clinton in den USA schon seit Anfang 1993, und das trotz mancher Skandale und einer gescheiterten Gesundheitsreform vor allem wirtschaftspolitisch so erfolgreich, dass seine Wiederwahl 1996 niemals wirklich infrage stand. Anders als sein Nachfolger im Amt, George W. Bush, war Clinton in Deutschland außerordentlich beliebt. Er und Bundeskanzler Kohl hatten ein ausgesprochen freundschaftliches Verhältnis zueinander. Clinton legte sogar Wert darauf, Helmut Kohl in seinem Wahlkampf von 1996 im Mittleren Westen einzusetzen, wo vor allem in Wisconsin viele deutschstämmige Amerikaner zu Hause sind.

Gerhard Schröder wollte 1998 in seinem Wahlkampf in Deutschland durchaus an die positiven Beziehungen anknüpfen, die sich zwischen Helmut Kohl und Bill Clinton entwickelt hatten. Er führte seinen Wahlkampf gegen den ‚Kanzler der deutschen Einheit' deshalb auch nicht auf dem Gebiet der Außenpolitik, sondern trat gegen die von Helmut Kohl geführte CDU/CSU- und FDP-Koalition vor allem mit einem wirtschaftspolitischen Reformprogramm an. Wesentliche Impulse für Schröders Reformprogramm gingen dabei von US-Präsident Bill Clinton und dem britischen Premierminister Tony Blair aus. Clinton hatte sich erfolgreich mit einer politischen Strategie durchgesetzt, die zum Teil neoliberales Gedankengut, wie es zuvor Ronald Reagan in Amerika und Margaret Thatcher in Großbritannien in die Praxis umgesetzt hatten, mit traditionellen Sozialstaatskonzepten verschmolz.

Social Security und Medicare, sozialstaatliche Programme, die in Ansätzen schon von Franklin D. Roosevelt auf den Weg gebracht worden waren, fanden in Bill Clinton trotz der Abstriche, die mit dem *Welfare Reform Act* seiner Administration gemacht wurden, einen glühenden Verfechter. Diese Programme hatten in den USA ihre politische Heimat eher auf dem linken politischen Spektrum. Für den Versuch eines ‚Dritten Weges' zwischen einer reinen Marktwirtschaft nach dem Vorbild von Ronald Reagan und Margaret Thatcher und einer Wirtschaftspolitik, für die zwar grundsätzlich Marktprinzipien galten, dem Staat aber eine aktive und fördernde Rolle in der Sozialpolitik sowie bei der Gewährleistung von Chancengleichheit zufiel, fand Bill Clinton in Tony Blair auch politisch-ideologisch einen Freund und Bundesgenossen. Wie Clinton in Amerika nach zwölf Jahren Republikanischer Vorherrschaft darum bemüht war, das Weiße Haus wieder für die Demokraten zurückzugewinnen, war Tony Blair in Großbritannien bestrebt, die Labor Party nach den langen Jahren ideologischer Dominanz auf der Grundlage des Neoliberalismus der Reagan-Thatcher-Ära wieder an die Macht zu führen. Nach 18 langen Oppositionsjahren und tiefen Grabenkämpfen innerhalb der eigenen Partei gelang es Tony Blair mit einer rundherum erneuerten Labor Party und auf der Grundlage eines glänzenden Wahlsieges im Jahre 1997 die Regierung zu übernehmen.

In Deutschland hatte die deutsche Sozialdemokratie ein ähnliches Schicksal wie die britische Labor Party erfahren, als Helmut Kohl am 1. Oktober 1982 nach einem konstruktiven Misstrauensvotum die von Helmut Schmidt geführte SPD/FDP Koalition in der Regierung ablöste und dann bis zum Jahre 1998 an der Macht blieb. Im Gegensatz zu Ronald Reagan und Margaret Thatcher verzichtete Helmut Kohl jedoch vor allem aus Gründen der Machterhaltung auf Reformen. Er wusste sehr wohl, dass wirkliche Reformen zur Anpassung Deutschlands an die zunehmende Globalisierung entweder ihn und die von ihm geführte Koalition Stimmen kosten oder so strukturiert sein mussten, dass sie allein oder überwiegend auf Kosten der Sozialdemokratie und der Gewerkschaften gehen würden. Dies wiederum war für die SPD und die Gewerkschaften nicht annehmbar. Das Ergebnis war ein Reformstau in Deutschland.

Ohne die deutsche Vereinigung wäre die Kanzlerschaft von Helmut Kohl wohl schon früher zu Ende gegangen, aber die massiven Umwälzungen in der Sowjetunion und in Osteuropa machten auch nicht vor der DDR Halt. Und so kam es im Wesentlichen ohne direkte Einwirkung der Bundesregierung auch in der DDR zu einem Aufbegehren der Bevölkerung gegen Bevormundung, Unterdrückung und Freiheitsentzug, das sich im Handumdrehen von dem Ruf ‚Wir sind das Volk' zu der Forderung nach Vereinigung unter dem Motto ‚Wir sind ein Volk' steigerte. Dass diese Entwicklung unaufhaltsam auf die deutsche Einheit zusteuerte, erfasste Helmut Kohl sehr viel schneller als damals die SPD unter der Führung von Oskar Lafontaine. Helmut Kohl wurde unbestritten der Kanzler der deutschen Einheit, und die von Lafontaine geführte SPD musste erleben, wie sie in den ersten Bundestagswahlen des nunmehr vereinten Deutschland in eine tiefe Niederlage stolperte. Helmut Kohl blieb insgesamt 17 Jahre Bundeskanzler und die SPD – ähnlich wie die britische Labor Party – musste lange Jahre in der Opposition ausharren, bevor Gerhard Schröder die SPD in einer rot-grünen Koalition 1998 wieder an die Macht führen konnte.

Vor der ersten Begegnung zwischen Gerhard Schröder und George W. Bush gab es für Schröder also eine Reihe von äußerst positiven Amerika-Erfahrungen. Schröders wirtschaftspolitisches Reformprogramm nahm sich die amerikanische wirtschaftspolitische Dynamik, die Innovationskultur und das globale Denken der amerikanischen Unternehmen durchaus zum Vorbild. Als niedersächsischer Ministerpräsident – und zuvor bereits als Oppositionsführer des Landes – unternahm Schröder mehrfach Reisen in die USA und pflegte dabei enge Kontakte mit amerikanischen Wirtschaftsvertretern. Er förderte auch die universitäre Zusammenarbeit mit Amerika, indem er einen von der Purdue University entwickelten wirtschaftswissenschaftlichen Studiengang für die Universität Hannover übernahm. Aus dieser Zusammenarbeit ging die heute auch international anerkannte GISMA Business School (German International School of Management Administration) hervor.

Besonders beeindruckt war Schröder von Bill Gates und der Firma Microsoft. In einem Meinungsartikel im Spiegel vom 19. Mai 1997 unter dem Titel „Gegen den Luxus der Langsamkeit" beklagte er schon damals den „Innovationsstau" als Hauptursache der ‚deutschen Krankheit': Deutschland sei zwar stark in der Forschung, aber lahm im Umsetzen von Forschungsergebnissen. Nötig sei sowohl eine Modernisierung der Wirtschaft als auch des Staates. Anders als der klassische Neoliberalismus wollte Schröder durchaus einen „aktivierenden Staat" und forderte für die Bundesrepublik Deutschland ein „innovationsfreundliches Entscheidungssystem". Bill Gates nannte er ausdrücklich als Vorbild für eine neue Innovationskultur in Deutschland. Das in Amerika aufgegriffene Thema Modernisierung setzte er dann im Wahlkampf 1998 als Leitmotiv seiner Kandidatur für das Amt des Bundeskanzlers um, und er schloss sich schon als Kanzlerkandidat der SPD mit voller Kraft dem Reformprogramm der „Dritten Weges" von Bill Clinton und Tony Blair an.

Im Schröder-Blair-Papier vom 8. Juni 1999 kam dieses Engagement dann voll zum Zuge. Das vor allem von Bodo Hombach beeinflusste Dokument setzte sich zum Ziel, eine „angebotsorientierte Wirtschaftspolitik für die Linke" zu begründen. Zu diesem Zeitpunkt schon in der Regierung forderte Schröder in dem Papier eine gründliche Modernisierung des Sozialstaates, eine wachstums-orientierte Wirtschaftspolitik und vor allem auch eine Vereinfachung der Unternehmenssteuer, einschließlich einer Senkung der Einkommens- und Körperschaftssteuer. Innerhalb der SPD blieb das Schröder-Blair-Papier umstritten. Der Mehrheit der Partei ging das Papier zu weit in der Anpassung an den Neoliberalismus. Die rot-grüne Bundesregierung setzte jedoch viele Ideen aus dem Schröder-Blair-Papier in die Praxis um, vor allem die dort geforderte Vereinfachung der Unternehmensbesteuerung.

Heute lässt sich kaum bestreiten, dass die Reform der Körperschafts-, Gewerbe- und Einkommenssteuer des Jahres 2000 und noch mehr die viel gescholtene Agenda 2010 sowie die so genannten Hartz IV-Reformen beträchtlich zur Wettbewerbsfähigkeit der Bundesrepublik auch unter den Bedingungen der Globalisierung beigetragen haben. Politisch profitiert davon hat aber weniger die SPD und die von Schröder geführte rot-grüne Koalition, sondern die ihr nachfolgende Große Koalition unter Führung von Kanzlerin Angela Merkel und noch mehr die im Jahre 2009 gewählte CDU/CSU/FDP-Koalition. Die ursprünglichen politischen Lasten der Reform hatte Schröder auf sich genommen. Was danach zu tun blieb, war vergleichsweise viel weniger gewichtig und nicht mit einer ähnlich schweren politischen Bürde verbunden. Dass Deutschland die 2008 einsetzende globale Finanz- und Wirtschaftskrise auch unter den Bedingungen einer Wirtschafts- und Währungsunion mit einer gemeinsamen Währung, dem Euro, bisher so gut und relativ unbeschadet überstehen konnte, ist zu einem ganz großen Teil den Schröder-Reformen zuzuschreiben.

Schröder hat damit Deutschland gedient, die Durchsetzung der Reformen allerdings mit seinem Amt als Kanzler bezahlt und die eigene Partei in eine tiefe Krise gestürzt. Die Geschichte wird ihm sicher Recht geben, denn sowohl in Deutschland als auch zunehmend in Amerika werden die Schröder-Reformen als Grundlage für die heutige deutsche Wettbewerbsfähigkeit angesehen und als Vorbild in den USA und Europa gehandelt.

II Schulterschluss auf dem „Dritten Weg"

Zentral für den Schulterschluss zwischen Gerhard Schröder und Bill Clinton war vor allem der sogenannte ‚Dritte Weg'.

Begonnen und politisch und ideologisch gesteuert von Bill Clinton und Tony Blair, zeichnete sich nach dem Amtsantritt von Gerhard Schröder in Deutschland eine immer wieder versuchte, aber nie wirklich gelungene politisch-ideologische Brückenbildung zwischen einem überwiegend sozialdemokratisch geführten Europa und den Vereinigten Staaten unter Demokratischer Führung ab. Wäre Al Gore im Jahre 2000 nach dem umstrittenen Wahlergebnis im Bundestaat Florida Präsident geworden, wäre es mit einiger Sicherheit zu einer neuen Blütezeit in den deutsch-amerikanischen Beziehungen gekommen. Einer solchen Entwicklung stand jedoch die Bush-Administration im Wege.

Der ‚Dritte Weg' war von Bill Clinton als Dialog auf Regierungsebene angelegt, und zur Teilnahme an den regelmäßigen Konsultationen wurden nur Staats- oder Regierungschefs aus dem politischen Spektrum von Mitte/Links bis hin zur rechten Mitte eingeladen. Gerhard Schröder konnte deshalb erst nach seiner Wahl zum Bundeskanzler, erstmals im Sommer 1999 in Washington, an den Konsultationen des ‚Dritten Weges' teilnehmen. Aber schon im Juni des Jahres 2000 fiel die Wahl auf ihn, ein Treffen des ‚Dritten Weges' in Berlin auszurichten. Zu diesem Zeitpunkt waren in Europa mit Tony Blair in Großbritannien, Gerhard Schröder in Deutschland, Wim Kok in den Niederlanden, Göran Persson in Schweden, Giuliano Amato in Italien, Antonio Guterres in Portugal und Kostas Simitis in Griechenland sozialdemokratisch geführte Regierungen die politischen Schwergewichte. Hinzu kamen Ehud Barak in Israel und der Vorsitzende der Französischen Sozialistischen Partei, Lionel Jospin. In der Phase der sogenannten *cohabitation* in Frankreich war Jospin zwar französischer Regierungschef, aber gemäß der französischen Verfassung dem gaullistischen Staatspräsidenten Jacques Chirac untergeordnet.

Schröder legte Wert darauf, dem Berliner Treffen des ‚Dritten Weges' seinen besonderen Stempel aufzudrücken, indem er als Gastgeber außer den von Bill Clinton und Tony Blair schon zu den vorherigen Konsultationen hinzugezogenen Staats- und Regierungschefs aus Lateinamerika (in Berlin waren Fernando Cardozo aus Brasilien, Fernando de la Rua aus Argentinien und Ricardo Lagos aus Chile vertreten) auch den südafrikanischen Staatspräsidenten Thabo Mbeki einlud. Insgesamt nahmen außer Schröder 14 weitere Staats- und Regierungschefs an dem Mitte-Links-Gipfel in Berlin teil. Er fand am 2. und 3. Juni 2000 unter dem Motto „Modernes Regieren im 21. Jahrhundert" statt. Schröder nutzte das Treffen der Mitte-Links-Bewegung in Berlin dazu, im Kreise von Bill Clinton, Tony Blair und der von ihnen zu dem Dialog des ‚Dritten Weges' hinzugezogenen Regierungsvertreter seine wirtschaftspolitischen Grundgedanken vorzutragen und zur Diskussion zu stellen. Er war überzeugt, dass „die Marktwirtschaft nur eine Zukunft hat, wenn sie mit sozialer Verantwortung einhergeht". Deshalb bedeutete modernes Regieren für ihn „eine Politik, in der Wirtschaftswachstum gepaart sein muss mit dem Streben nach Vollbeschäftigung, sozialer Gerechtigkeit und dem Schutz der Umwelt".[1] Mit der Einladung von Thabo Mbeki wollte er unterstreichen, dass den Entwicklungs- und Schwellenländern eine „gleichberechtigte Teilhabe am weltweiten Wirtschaftsgeschehen" (ebenda) ermöglicht werden sollte. Der „Dritte Weg" hatte für Schröder eine doppelte Bedeutung. Einmal war das für ihn eine internationale Abstützung seiner Wirtschaftspolitik und damit eine zusätzliche Legitimierung seiner Reformpolitik. Er sah den „Dritten Weg" aber auch als einen möglichen Ansatz, „Europa als gesellschaftspolitisches Modell zu begründen"[2] und war der Auffassung, dass man die europäische Verfassung nicht nur als juristische Konstruktion oder als ‚wirtschaftliches Gebilde' diskutieren müsse, sondern in viel stärkerem Maße als gesellschaftspolitisches Projekt. Das war – wie er in seinen Erinnerungen schreibt – der eigentliche Beweggrund, das Schröder-Blair-Papier zu lancieren, denn was in der Debatte über Europa seiner Meinung nach fehlte, war die gesellschaftspolitische Dimension.

---

1   Siehe dazu Gerhard Schröder, Entscheidungen. Mein Leben in der Politik, 1. Auflage, Hamburg 2006, S. 330.
2   Ebenda

III Kontinuitätsbruch: Der amerikanische Regierungswechsel von Clinton zu Bush

Was in der kurzen Zeitspanne von 1998 bis Anfang des Jahres 2001 im deutschamerikanischen Verhältnis dank der Kooperationsbereitschaft von Bill Clinton und der politischen Brückenfunktion des „Dritten Weges" aufgebaut worden war, zerfiel unmittelbar nach dem Amtsantritt von George W. Bush am 20. Januar 2001 innerhalb kürzester Zeit. An eine Fortsetzung des ‚Dritten Weges' mit der Bush-Administration war nicht zu denken. Überhaupt war George W. Bush am meisten daran gelegen, das Clinton-Erbe möglichst schnell und nachhaltig vergessen zu machen.

Als ein entscheidender Streitpunkt zwischen der rot-grünen Regierung und der Bush-Administration erwies sich die Umweltpolitik. Mit Sicherheit hätte eine Gore-Administration in der Umweltpolitik eine kooperativere Linie verfolgt als die Bush-Administration. Sie wäre zu mehr Zusammenarbeit auf internationaler Ebene bereit gewesen. Eine solche Entwicklung war jedoch nach Amtsantritt der Bush-Administration unmöglich. Aktiver Klimaschutz zu Hause wie auch auf internationaler Ebene wurde von ihr offen mit dem Argument bekämpft, dass wichtige Länder der ‚Dritten Welt' wie zum Beispiel China keinerlei Verpflichtungen zu übernehmen hätten, während in den USA wirtschaftliche Nachteile zu befürchten seien. Insbesondere sei damit zu rechnen, dass zahlreiche amerikanische Arbeitsplätze verloren gehen würden. Im Übrigen seien die Beweise für eine von Menschenhand verursachte Erderwärmung nicht ausreichend.

Ganz sicher hätte auch eine Demokratische Administration unter einer Gore-Präsidentschaft Schwierigkeiten gehabt, im amerikanischen Kongress Mehrheiten für eine aktive Umweltpolitik zu erhalten, aber die Vereinigten Staaten hätten auch unterhalb der Schwelle internationaler Verträge sinnvolle Umweltschutzmaßnahmen ergreifen und dabei internationale Zusammenarbeit praktizieren können. Die Bush-Administration legte jedoch gezielt Wert darauf, das Kyoto-Abkommen brüsk abzulehnen, um sich damit auch demonstrativ von der Clinton-Administration abzusetzen.

Diese Absetzungsstrategie der Bush-Administration gegenüber ihrem Vorgänger erstreckte sich faktisch auf alle Politikbereiche, auf die Außenpolitik ebenso wie auf die Innen-, Wirtschafts- und Sozialpolitik. Zwar hatte sich Bush im Wahlkampf des Jahres 2000 einem ‚*compassionate conservatism*' verschrieben, ein für die Nach-Clinton-Ära gut klingendes Konzept, das Verlängerungs-möglichkeiten der Programme der Clinton-Administration anzudeuten schien, aber in Wirklichkeit stellte sich der ‚*compassionate conservatism*' als bloßes Wahlmanöver heraus. Einmal im Amt, zeigte Bush mit seiner Steuerpolitik und deren konkreter Ausgestaltung der ‚*ownership society*' eine ganz andere Richtung an, nämlich die systematische steuerpolitische und regulative Förderung und Unterstützung der *Investoren-Klasse*. Amerika wurde das Bild einer Gesellschaft der Besitzer und Investoren vorgegaukelt, was in Wirklichkeit zu zunehmender sozialer Ungerechtigkeit führte. Soziale Gerechtigkeit stand nicht auf dem Programm der Bush-Administration. In Europa löste die radikale Steuerpolitik der neuen amerikanischen Regierung Besorgnis über die Konsequenzen für den amerikanischen Staatshaushalt aus. Eine Steuerpolitik nach dem Vorbild der Bush-Administration wäre hier undenkbar. Die im Jahre 2008 – während des letzten Amtsjahres von George W. Bush – einsetzende Finanz-und Wirtschaftskrise war das Ergebnis, und Deutschland wurde von dieser Krise ebenso betroffen wie alle anderen Gesellschaften, eine unausweichliche Folge der Globalisierung.

Gerhard Schröder traf George W. Bush zum ersten Mal im März 2001. Bush war damals erst zwei Monate im Amt und war ausgesprochen unerfahren, vor allem auf dem Gebiet der Außenpolitik. Schröder hatte hingegen seit 1998 im Amt des Bundeskanzlers auch außenpolitisch wichtige Erfahrungen machen können. Er hatte sich neben Tony Blair und dem französischen Staatspräsidenten Jacques Chirac als zentrale Führungsfigur in Europa etablieren können. Mit dem Kosovo-Krieg, der deutschen Präsidentschaft in der Europäischen Union und mit dem Vorsitz eines G-8 Weltwirtschaftsgipfels hatte er erste internationale Prüfungen bestehen können und die Führungsfähigkeit der rot-grünen Koalition in Europa unter Beweis gestellt.

Der Kosovo-Krieg war für die neue rot-grüne Bundesregierung eine besonders schwierige Entscheidung. Die Anfänge eines möglichen deutschen militärischen Einsatzes auf dem Balkan gingen auf die Regierung Kohl zurück. Noch der alte Deutsche Bundestag fasste am 12. Oktober 1998 mit überwältigender Mehrheit und mit Zustimmung der SPD und der Grünen den Entschluss, falls nötig auch den Einsatz militärischer Gewalt nicht auszuschließen, wenn eine humanitäre Katastrophe anders nicht zu verhindern wäre. Schröder war entschlossen, auch nach Übernahme der Regierung durch die rot-grüne Koalition außenpolitische Kontinuität zu wahren. Bereits als seine Wahl zum Kanzler feststand, aber noch bevor er als Kanzler vereidigt war, nahm Schröder Fühlung mit Bill Clinton auf und sicherte zu, auch im Hinblick auf die Lage auf dem Balkan bei der Linie der Kohl-Regierung zu bleiben, selbst wenn dies einen Militäreinsatz unausweichlich machen sollte. Ähnlich wie Clinton sprach sich aber auch Schröder in jedem Fall dafür aus, den Einsatz von Bodentruppen zu vermeiden.

Für die rot-grüne Koalition war die Frage von Krieg und Frieden mit ungeheurer Explosivität verbunden. Mit ihr stellte sich aber auch die Frage der Regierungsfähigkeit. Wollte die rot-grüne Bundesregierung unter Beweis stellen, dass sie auch harte politische Entscheidungen treffen konnte, dann durfte sie nicht vor einem Militäreinsatz der Bundeswehr zurückschrecken. Trotz erheblicher Spannungen innerhalb der Grünen, aber auch trotz mancher Bedenken innerhalb der SPD, bestanden Gerhard Schröder als Bundeskanzler und Joschka Fischer als Außenminister diese frühe Herausforderung für ihre Regierungsfähigkeit. Beide hatten erheblichen Widerstand in den Reihen der eigenen Partei zu überwinden.

Auf dem Parteitag der SPD am 12. April 1999 in Bonn gab es eine Minderheit, die den Einsatz von militärischer Gewalt ausschließen wollte. Die überwiegende Mehrheit der Partei stand jedoch hinter der Entscheidung des Bundeskanzlers. Auf demselben Parteitag wurde Gerhard Schröder auch zum Vorsitzenden der SPD gewählt und erhielt damit zusätzliche politische Autorität innerhalb der SPD.

Die Grüne Partei stand auf ihrem Parteitag einen Monat später in Bielefeld vor einer sehr viel schwierigeren Entscheidungslage. Große Teile der Partei rebellierten, und Joschka Fischer wurde von Mitgliedern der eigenen Partei aus Protest gegen seine Zustimmung zu einem Militäreinsatz mit einem Farbballon attackiert. Nicht zuletzt aufgrund der Schwierigkeiten in den eigenen Reihen lancierten Schröder und Fischer parallel zum militärischen Vorgehen der NATO diplomatische Schienen der Konfliktlösung. Die Kosovo-Krise wurde mit einem Sieg der NATO gegen die serbischen Streitkräfte nach einem relativ kurzen Militäreinsatz beendet. Unmittelbar danach initiierte die rot-grüne Bundesregierung als zivile Unterstützungsmaßnahme den Balkan-Stabilisierungspakt für die gesamte Region. Sie stellte damit nicht nur ihre Regierungsfähigkeit unter Beweis. sondern zeigte auch außenpolitische Führungsfähigkeit.

IV Schröder und Bush: Die Gegensätze

Nach der ersten Begegnung zwischen Schröder und Bush wurde jedoch schnell klar, dass die deutsch-amerikanischen Beziehungen in der neuen politischen Konstellation auf einen Konfliktkurs zusteuern würden.

Hier lassen sich Parallelen zum Verhältnis zwischen Helmut Schmidt und Jimmy Carter in den siebziger Jahren finden. Auch damals begegnete ein außerordentlich erfahrener deutscher Kanzler, der lange Jahre auf Landes- und Bundesebene Führungsfähigkeit bewiesen hatte, als hervorragender Amerika-Kenner galt und als führendes Mitglied des Deutschen Bundestages sowie als Verteidigungs-, Finanz- und Wirtschaftsminister weltweit gereist und in Fragen der Außen,- Innen-, Finanz- und Wirtschaftspolitik hohes Format gezeigt hatte, einem neuen, relativ unerfahrenen amerikanischen Präsidenten. Carter wurde 1976, nachdem Präsident Nixon 1974 im Sog des Watergate-Skandals zurücktreten musste und Gerald Ford unter äußerst schwierigen innenpolitischen Bedingungen seine Nachfolge antrat, als Außenseiter zum Präsidenten gewählt. Der ehemalige Gouverneur von Georgia hatte bis zu seinem Amtsantritt in den USA kaum eine Rolle auf nationaler Ebene gespielt und konnte, beruflich als Erdnussfarmer tätig, auch keine nennenswerten internationalen Erfahrungen sammeln. Schmidt hingegen glänzte mit seinen in der Energie- und Wirtschaftskrise Anfang der 70er Jahre gesammelten Erfahrungen als Ressort-Minister und Regierungschef in Fragen der Weltwirtschaft ebenso wie auf dem Gebiet der Sicherheit und Verteidigung sowie in Fragen der Ost-West-Beziehungen.

Der sowohl im Politischen als auch – und möglicherweise sogar überwiegend – im Persönlichen liegende Konflikt damals und der scharfe und mit einer bisher nicht da gewesenen atmosphärischen Vergiftung behaftete Zusammenprall zwischen Schröder und Bush während der Irak-Krise waren im Kern vorgezeichnet und insofern unausweichlich. Mehr Erfahrung und Souveränität auf amerikanischer Seite hätte wahrscheinlich in beiden Fällen eine Beeinträchtigung der offiziellen Beziehungen verhindern können. Neue und unerfahrene Präsidenten – und das waren Carter und George W. Bush, als sie ins Amt kamen – haben eher Schwierigkeiten, sich von einem weniger mächtigen Partner etwas sagen zu lassen. Schmidt und Schröder waren bereit, selbstbewusst deutsche Interessen zu vertreten, und Carter und Bush nahmen politisch wie auch psychologisch Anstoß an solchem Auftreten.

Im Falle von George W. Bush kamen starke Unterschiede in der sozialen Herkunft, der Ideologie und der politischen Kultur hinzu. Schröder und Bush waren zwar altersmäßig 68er, aber während Schröder sich mit der damit verbundenen politischen Kultur identifizierte, war Bush ihr erklärter Gegner. Bush war in starkem Maße religiös geprägt. Schröder legte seinen Amtseid als Bundeskanzler ohne die religiöse Eidesformel „So wahr mir Gott helfe" ab. Ihn und Außenminister Fischer irritierten die religiös geprägten Begründungen amerikanischer Politik in der Bush-Administration. Verstehen lässt sich die tiefe Religiosität von George W. Bush nur, wenn man sich klar macht, dass er bis zu seinem 40. Geburtstag drauf und dran war, sein Leben wegzuwerfen. Er war nach eigenem Bekenntnis dem Alkohol verfallen. Seine Erinnerungen beginnen mit einer eindrucksvoll offenen Rückschau auf die Tage des Alkoholmissbrauchs vor seinem 40. Geburtstag, und es war der christliche Glaube, seine Wiedergeburt als Christ, die ihn vom Alkohol befreiten.[3] Im Wahlkampf gefragt, wer sein Lieblingsphilosoph sei, antwortete er „Jesus Christus".

Aber auch sozial trennten Schröder und Bush Welten. Schröder kam aus sehr einfachen Verhältnissen und hatte Armut tatsächlich erfahren. Bush kam aus einem Patrizier-Haus, ohne jegliche finanzielle Sorgen. Während Schröder zunächst eine einfache Lehre durchmachen musste, bevor er über die Abendschule zum Abitur und zum Studium kam, besuchte George W. Bush ausschließlich Eliteschulen an der amerikanischen Westküste: angefangen mit der Phillips Academy in Andover, Massachusetts, die überwiegend von Kindern der amerikanischen Elite besucht wird, bis zur Yale University und einem Wirtschaftsstudium an der Harvard University.

Schröder musste sich seinen beruflichen Erfolg erkämpfen und war entschlossen, zuerst die berufliche Unabhängigkeit als Rechtanwalt zu sichern, bevor der Einstieg in die Politik erfolgte. George W. Bush schlidderte praktisch über die außerordentlich erfolgreiche politische Laufbahn seines Vaters und des Großvaters in die Politik. In den beiden Wahlkämpfen seines Vaters um das Präsidentenamt war George W. Bush als Verbindungsmann zu den religiösen Organisationen sowie zu den Medien involviert: 1988, als dieser aus der Vizepräsidentschaft in der Reagan-Adminstration heraus zum Präsidenten gewählt wurde, und 1992, als er unerwartet und trotz seines großen Erfolges im Golfkrieg von 1991 von Bill Clinton besiegt wurde. Clinton profitierte damals jedoch in starkem Maße von der Kandidatur von Ross Perot, der als Drittkandidat mit einem Stimmenanteil von 19,8 % so viel Stimmen aus dem Republikanischen Lager abzog, dass Bill Clinton sich mit einem brillanten Wahlkampf unter dem Motto „It's the economy, stupid" gegen den damaligen Amtsinhaber durchsetzen konnte.

George W. Bush hat die Niederlage seines Vaters von 1992 nie vergessen und wohl nie richtig verwunden. Sie motivierte ihn mit Sicherheit nicht nur dazu, selbst in die Politik einzusteigen, sondern auch eine äußerst tiefe Abneigung gegen Bill Clinton und seine Politik zu entwickeln. Clinton wurde in den 90er Jahren von konservativer Seite als Symbol einer negativen und abzulehnenden politischen Kultur abgestempelt. Noch heute nähren und beeinflussen die damaligen politisch-kulturellen Vorbehalte gegen alles, was aus der politischen Bewegung der 1968er Jahre hervorging, den politischen Diskurs in Amerika. Schon rein äußerlich kehrten nach Bill Clinton im Weißen Haus betont traditionelle Umgangsformen zurück, was sich nicht nur im Arbeitsstil,

---

3 Siehe dazu George W. Bush, Decision Points, Crown Publishers, New York, N.Y., 2010, S. 1.

sondern auch schon in der Kleidung ausdrückte. Alles Lockere war verpönt, auch weil die Clinton-Administration – auch und gerade Clinton selbst – Umgangsformen praktiziert hatte, die weniger traditionsgebunden waren. Während die neue politische Generation in Deutschland immer stärker von traditionellen politisch-kulturellen Vorstellungen abzurücken begann, setzte in Amerika mit George W. Bush die Gegenbewegung ein. So war denn auch das Misstrauen gegenüber der neuen rot-grünen Führung in Deutschland von vornherein groß. Aus der Sicht von George W. Bush und Dick Cheney waren Schröder und Fischer eben nicht nur nicht ‚Gleichgesinnte', sondern sie wurden – wie aus den Memoiren der Kabinettsmitglieder von George W. Bush hervorgeht – von Anfang an nicht wirklich ernst genommen und von oben herab behandelt. Das musste in Anbetracht des Selbstverständnisses der rot-grünen Regierung schief gehen.

Wie auch Schröder sammelte George W. Bush zunächst landespolitische Erfahrungen, bevor für ihn eine Präsidentschaftskandidatur infrage kam. Man hätte aber erwarten können, dass der Sohn eines Präsidenten, der auf internationaler Ebene ein außergewöhnlich hohes Ansehen hatte, in stärkerem Maße an Außenpolitik interessiert wäre, oder wenigstens größere Neugierde auf diesem Gebiet zeigen würde. Aber anders als sein Vater hatte George W. Bush für Fragen der Außenpolitik kaum Interesse. Seine Auslandserfahrungen vor seinem Amtsantritt als Präsident der Vereinigten Staaten erstreckten sich auf einen kurzen Besuch in China in der Zeit, als sein Vater Botschafter der Vereinigten Staaten in Beijing war, sowie auf einen Besuch in Israel als Gouverneur von Texas.

Schröder versuchte dagegen, anfängliche Schwächen in der Außenpolitik noch vor seiner Wahl zum Bundeskanzler durch Besuche zum Beispiel in den USA, Frankreich, Großbritannien, China, Polen und Israel zu kompensieren, wobei Amerika für ihn anfangs einen besonders hohen Stellenwert einnahm.

Bush wie auch die anderen Mitglieder seiner Administration räumen in ihren Memoiren Deutschland und der rot-grünen Koalition nur wenig Platz ein. Soweit von Schröder die Rede ist, handelt es sich in den Erinnerungen führender Mitglieder der Bush-Administration um die gleiche prinzipielle Aussage: Dass Schröder zunächst seine Unterstützung für den Irak-Krieg erklärt habe, dann jedoch im Hinblick auf die Wahlen zum Deutschen Bundestag im Herbst 2002 seine Zusage zurückgezogen habe. In den Memoiren von Bush heißt es dazu:

"One of the toughest leaders to figure out was chancellor Gerhard Schröder of Germany. I met with Gerhard five times in 2001. He was relaxed, affable, and interested in strengthening our bilateral relationship. I appreciated his leadership on Afghanistan, especially his willingness to host loya jirga in Bonn." Bush fährt dann fort und zitiert Gerhard Schröder mit den Worten: "What is true for Afghanistan is true of Iraq. Nations that sponsor terrorism must face consequences. If you make it fast and make it decisive, I will be with you". Bush schreibt dann weiter, dass er diese Aussage von Schröder als Ausdruck der Unterstützung aufgefasst habe, und fährt fort: "But when the German elections arrived later that year, Schröder had a different take. He denounced the possibility of using force against Iraq." Er fügte dann sein Befremden über den unglücklichen und unnötig beleidigenden Vergleich von Herta Däubler-

Gmelin zwischen ihm und Hitler hinzu. Sein kurzes Schröder-Kapitel schließt er mit den Worten: "I put a high premium on trust. Once that trust was violated, it was hard to have a constructive relationship again."[4]

Condoleezza Rice wich von dieser Aussage nicht ab, fügte aber hinzu, dass sie die deutsche Opposition gegen eine militärische Intervention im Irak als ein Echo der deutschen historischen Neigung ansah, manchmal nach Osten zu schwenken: "Gerhard Schröder's decision to link arms with Vladimir Putin in opposing intervention in Iraq was an echo of Germany's historical tendency to sometimes swing eastward."[5]

Verteidigungsminister Rumsfeld nennt in seinen umfangreichen und ansonsten sehr detaillierten Memoiren den Namen von Gerhard Schröder auf den mehr als 800 Seiten nur zweimal, einmal mit dem Zitat über die Terroranschläge vom 11. September 2001, dass diese eine Kriegserklärung gegen die gesamte zivilisierte Welt seien, und ein zweites Mal nur lakonisch im Zusammenhang mit der Ankündigung von Präsident Chirac und Bundeskanzler Schröder vom 22. Januar 2003, dass Deutschland und Frankreich in der Irak-Krise auf einer Entscheidung des UN-Sicherheitsrates bestünden und den Einsatz militärischer Gewalt im Irak ablehnten. Rumsfeld gab dieser Erklärung jedoch dadurch eine besondere Note, dass er Schröder und Chirac so interpretierte, als seien sie gegen eine Beseitigung des Regimes im Irak. "On January 22, President Chirac and German Chancellor Gerhard Schröder announced that they would oppose ousting the regime."[6]

George W. Bush bestätigte in seinen Erinnerungen sogar, dass Gerhard Schröder anfangs durchaus daran gelegen war, die bilateralen Beziehungen zu stärken. Das deckte sich mit den Bemühungen insbesondere des Auswärtigen Amtes, zu Beginn der Amtszeit von Präsident Bush den Versuch zu machen, ein möglichst hohes Maß an Übereinstimmung zustande zu bringen. So wurde im Vorfeld der ersten Begegnung zwischen Schröder und Bush von deutscher offizieller Seite alles getan, um das Gemeinsame in der politischen Biographie des deutschen Bundeskanzlers und des neuen amerikanischen Präsidenten hervorzuheben. Das galt zum Beispiel für die Tatsache, dass beide Politiker zuerst als ‚Gouverneure' in der Provinz Erfahrungen gesammelt hatten und erst danach ihren Einfluss auf nationalstaatlicher Ebene zur Geltung brachten.

Bush war von 1995 bis 1998 Gouverneur des Staates Texas und Schröder wurde 1990 erstmals zum Ministerpräsidenten des Landes Niedersachsen gewählt. Schröder hielt es nur wenige Jahre als Mitglied des Deutschen Bundestages aus. Ihm waren die Aufstiegschancen dort zu mühselig. Erstmals im Oktober 1980 als Abgeordneter des Wahlkreises Hannover Land I in den Bundestag gewählt und in den vorgezogenen Bundestagswahlen vom 6. März 1983 wiedergewählt, legte er am 19. Juni 1986 sein Mandat nieder, um sich ganz auf die Landespolitik zu konzentrieren. Schröders stark ausgeprägte Machtinstinkte sagten ihm, dass Helmut Kohl kurzfristig kaum aus dem

---

4 Ebenda, S. 233/34.

5 Siehe dazu Condoleezza Rice, No Higher Honor. A Memoir of My Years in Washington, Crown Publishers, New York, N.Y., 2011, S. 322.

6 Siehe dazu Donald Rumsfeld, Known and Unknown. A Memoir, Sentinel, Penguin Group, New York, N.Y., 2011, S. 345 und 443.

Sattel zu heben war. Auch bei einer sehr intensiven Mitarbeit als Mitglied der SPD-Fraktion des Deutschen Bundestages waren in der Opposition kaum Einfluss- und Gestaltungsmöglichkeiten gegeben. Die Landesebene versprach da mehr Möglichkeiten der Einflussnahme. Die Wahl zum Ministerpräsidenten des Landes Niedersachsen gelang ihm jedoch erst im zweiten Anlauf. 1986 scheiterte er bei dem Versuch, die von Ministerpräsident Albrecht geführte CDU Regierung abzulösen. Vier Jahre später war er jedoch erfolgreich und konnte dann in den Landtagswahlen von 1998 die absolute Mehrheit der Stimmen für die SPD erreichen. Der Weg zur Kanzlerkandidatur der SPD war damit geöffnet.

Nach der ersten offiziellen Begegnung zwischen Bundeskanzler Schröder und Präsident Bush am 29. März 2001 war der Konfliktkurs zwischen beiden Regierungen de facto vorprogrammiert. Zentraler Streitpunkt war die Rolle des Kyoto-Protokolls von 1997. Die USA hatten das Abkommen zunächst unterzeichnet. Eine Ratifizierung war jedoch aufgrund einer mit großer Mehrheit im US-Senat getroffenen Entscheidung gegen eine Ratifizierung von vornherein aussichtslos. George W. Bush ging jedoch so weit, die von Al Gore geleistete Unterschrift offiziell zurückzuziehen, ein einmaliger Vorgang in der Geschichte der Diplomatie. Außerhalb Amerikas wurde dieses Vorgehen überwiegend als eine unnötige Konfrontation und Brüskierung der Partner Amerikas verstanden, die sich mit den Zielen des Abkommens identifizierten. Ein Inkrafttreten des Abkommens konnte die Bush-Administration jedoch nicht verhindern. Mit dem Beitritt Russlands zum Kyoto-Protokoll konnte sein völkerrechtliches Inkrafttreten sichergestellt werden.

Neu in der Geschichte der deutsch-amerikanischen Beziehungen war, dass in der gemeinsamen Abschlusserklärung zu dem offiziellen Besuch des deutschen Bundeskanzlers in den USA und aus Anlass seiner ersten Begegnung mit dem neuen amerikanischen Präsidenten ein politischer Konflikt festgeschrieben und genau bezeichnet wurde: die Umweltpolitik. In der Erklärung heißt es: "We openly note that we differ on the best way to protect the earth's climate." Das ‚Markenzeichen' der rot-grünen Koalition in Deutschland war für die Bush-Administration ein rotes Tuch und für Schröder und Fischer war klar, dass es hier aus innenpolitischen Gründen kein Übertünchen der Gegensätze geben konnte. Die rot-grüne Koalition wäre ihrer Identität und innenpolitischen Legitimation beraubt worden, hätte sie hier Abstriche am eigenen Programm vorgenommen. Ein solcher Schritt wäre nur um den Preis der Selbstaufgabe möglichgewesen. Nicht ganz zufällig wurde der deutsche Text des Protokolls nach dem Besuch nicht streng geheim gehalten, sondern nur als vertraulich eingestuft und damit auf Regierungsebene einem weiten Kreis zugänglich gemacht. Das Papier fand dann auch – wie zu erwarten war – seinen Weg in die Presse und damit auch in die breite deutsche und amerikanische Öffentlichkeit.

In der Außenpolitik erzielten Schröder und Bush in ihrer ersten Begegnung jedoch ein hohes Maß an Übereinstimmung. Bush war in seinem Wahlkampf mit einem außenpolitischen Programm angetreten, das eher auf amerikanische Zurückhaltung und Skepsis gegenüber ‚nation building' insbesondere auch auf dem Balkan schließen ließ. Zu befürchten war deshalb in Europa, dass die USA sich unter der neuen Führung in Washington auch von der Balkan-Politik der Clinton-Administration verabschieden könnten. Es gelang Schröder jedoch, von Bush die Zusage zu erhalten, dass die Vereinigten Staaten insbesondere im Hinblick auf sicherheitspolitische Notwendigkeiten in Mazedonien die in der Balkan-Region vorhandenen Truppen weder zurückziehen noch verringern würden. Schröder hatte zum Zeitpunkt des Zusammentreffens mit Bush bereits enge Kontakte mit Putin aufgenommen und war gerade von einem Russland-Besuch zurückgekehrt, dessen Ergebnis für den amerikanischen Präsidenten von großer Bedeutung war. Für George W. Bush stand die erste Begegnung mit dem russischen Präsidenten unmittelbar bevor. Schröder war deshalb in der Lage, Bush seine Eindrücke von der Begegnung mit Putin zu vermitteln. Er hob dabei das Interesse von Putin an guten Beziehungen zum Westen hervor und berichtete unter anderem davon, dass Putin Russland als Teil des christlichen Abendlandes sehe.

Das von deutscher Seite verfasste Protokoll des Besuches enthielt außerdem noch zahlreiche andere Gesprächsgegenstände mit einem durchaus positiven Grundton. Am Schluss war aber auch eine Wertung der Ergebnisse des Besuches enthalten, die in Amerika erheblichen Ärger auslöste. In einer Passage zur Evaluierung des Besuchs wurde der neue amerikanische Präsident als ‚unerfahren' und ‚beeinflussbar' bezeichnet. Von einem öffentlichen Nachspiel zu dieser Indiskretion ist zwar nichts bekannt, aber es gibt auch wenig Zweifel, dass dies der Beginn einer von vornherein konfliktgeladenen Beziehung war. Persönliche und politische Nähe und noch mehr ein neuer Schulterschluss waren damit für die Zukunft ausgeschlossen.

V Die Terroranschläge vom 11. September und der Afghanistan-Einsatz der Bundeswehr: Der deutsche Beitrag zur Bekämpfung des internationalen Terrorismus

Die Terroranschläge auf Amerika vom 11. September 2001 führten dann jedoch zu einer kurzen Phase ‚uneingeschränkter Solidarität' zwischen Amerika und Deutschland und auch zwischen Schröder und Bush. Schröder war sich mit Bush und Blair darin einig, dass es sich angesichts der gewaltigen Dimension der Terroranschläge um eine Herausforderung für die gesamte zivilisierte Welt handelte. Die französische Zeitung *Le Monde* hat zum Zeitpunkt der Anschläge wohl am besten deren Wirkung auf Europa und die gesamte westliche Welt zum Ausdruck gebracht mit dem einfachen Satz „Wir sind alle Amerikaner". Staatsangehörige von 115 Nationen fielen den Terroranschlägen in New York zum Opfer, darunter auch 11 deutsche Staatsangehörige. Die NATO brachte im Zusammenhang mit den Anschlägen Artikel V des Vertrags von Washington zur Anwendung, d.h. die Beistandsklausel für den Fall eines Angriffs auf das Territorium eines Mitgliedstaates wurde herangezogen, um Amerika im Kampf gegen den internationalen Terrorismus zu unterstützen. Auch die rot-grüne Koalition war entschlossen, Amerika militärischen Beistand zu leisten, und am 14. September 2001, zwei Tage nach den Anschlägen, versammelten sich mehr als 200 000 Menschen am Brandenburger Tor, um ihre Solidarität mit Amerika zum Ausdruck zu bringen.

Schröder und Fischer war durchaus klar, dass mit einem größeren internationalen Engagement und mit der Wahrnehmung von mehr Mitverantwortung auf internationaler Ebene, vor allem in Verbindung mit einem zunehmenden militärischen Engagement, auch innen- und koalitionspolitische Belastungen auf die rot-grüne Bundesregierung zukommen würden. In beider Augen war das aber auch eine Gelegenheit, Regierungsfähigkeit unter Beweis zu stellen und die Bundesrepublik Deutschland als ‚normale' Macht in Europa zu etablieren. In seiner ersten Regierungserklärung vom 10. November 1998 entwarf Schroeder ein Bild von Deutschland, das sich mit Selbstvertrauen als eine Demokratie auf der Grundlage universeller Werte versteht. In dieser Hinsicht ging er weiter, als Willy Brandt es in seiner ersten Regierungserklärung im Jahre 1969 wagte. Was er damit sagen wollte, war nicht nur, dass damit eine neue Generation Führung zu übernehmen bereit war, sondern er wollte „das Selbstbewusstsein einer erwachsenen Nation" zum Ausdruck bringen, „die sich niemandem über-, aber auch niemandem unterlegen fühlen muss, die sich der Geschichte und ihrer Verantwortung stellt, aber bei aller Bereitschaft, sich damit auseinanderzusetzen, doch nach vorne blickt". Das Recht auf dieses neue deutsche Selbstbewusstsein begründete er damit, dass es „in der Vergangenheit immer die gefährlichen Schieflagen im nationalen Selbstbewusstsein" waren, „die zu Extremismus und Unfrieden geführt haben."

Schröder und Fischer wollten durchaus, dass Deutschland mehr internationale Verantwortung wahrnimmt, und sie waren entschlossen, dies auch mit mehr Selbstbewusstsein zu betreiben. Der 11. September und seine Folgen boten eine legitime Grundlage, außenpolitisch Handlungsfähigkeit zu demonstrieren. Ein stark ausgeprägter Sinn für Unabhängigkeit und Selbstvertrauen auf das eigene Urteil ziehen sich wie ein roter Faden durch Schröders politische Laufbahn. Auf internationaler Ebene drückte sich sein Führungsstil vor allem in dem Willen aus, als Gleicher unter Gleichen zu erscheinen und Wert auf den Umgang ‚auf gleicher Augenhöhe' zu legen. Das war bei Clinton mit seinem starken Verlangen nach Konsens und persönlicher Nähe im Umgang mit seinen internationalen Partnern in keiner Weise problematisch. Es war vielmehr die Norm, und Schröder fand ausgesprochen großen Gefallen an Clintons charmantem und warmherzigem Führungsstil.

Bei Bush war das alles anders. Er war 2000 in einer umstrittenen Wahl aufgrund einer Entscheidung des *US Supreme Court* Präsident geworden.

Für Al Gore hatte die Mehrheit der Amerikaner gestimmt, aber da es nach der amerikanischen Verfassung bei der Präsidentenwahl auf die Mehrheit der Stimmen im *Electoral College* ankommt, war nicht die Gesamtzahl der abgegebenen Stimmen auf nationaler Ebene, sondern die Mehrheit der abgegebenen Stimmen auf einzelstaatlicher Ebene entscheidend. Im Jahre 2000 ging es letztlich um die Mehrheit der Stimmen in Florida, denn diese war für den Wahlausgang entscheidend. In Florida war aber das Wahlergebnis so knapp, dass angesichts zahlreicher Unstimmigkeiten bei der Auszählung der Stimmen auch ein anderes Wahlergebnis als der Wahlsieg von George W. Bush möglich gewesen wäre. Den sich daraus ergebenden Legitimationsmangel hat Bush aber nicht als Beeinträchtigung seines politischen Mandats empfunden. Was ihm an politischer Legitimität fehlte, kompensierte er durch selbstbewusstes Auftreten und politische Entscheidungsfreude. Einmal im Präsidentenamt, sah sich Bush als ‚*decider*'. Erinnerungen an den Dezisionismus von Carl Schmitt werden hier wach. Im Hinblick auf Entschlossenheit und Willensstärke waren sich Bush und Schröder durchaus ähnlich und genau darin muss auch eine Ursache für die Heftigkeit ihres Zusammenpralls in der Irak-Krise gesehen werden. Im Falle Afghanistans waren Schröder und Fischer ohne Abstriche auf der Seite Amerikas. Die Bush–Administration ging hier auch völlig korrekt und gestützt sowohl auf ein Mandat der Vereinten Nationen als auch der NATO vor, indem die Taliban-Regierung in Afghanistan zunächst aufgefordert wurde, Osama Bin Laden als den Hauptverantwortlichen für die Anschläge vom 11. September 2001 auszuliefern, um ihn vor ein amerikanisches Gericht zu stellen. Erst als dies von der damaligen afghanischen Regierung, abgelehnt wurde, begann die Bush-Administration am 7. Oktober 2001 mit einem gezielten und umfassenden militärischen Feldzug. Die deutsche Bundesregierung unterstützte das amerikanische und britische militärische Vorgehen gegen Afghanistan ohne Vorbehalte, fasste aber erst am 16. November den Beschluss zum Einsatz deutscher Streitkräfte im Kampf gegen den internationalen Terrorismus. Im Einzelnen umfasste der deutsche militärische Beitrag:

800 Soldaten für den Einsatz in Kuwait für Operationen des Spürpanzers Fuchs;

250 Angehörige der Bundeswehr für den Einsatz einer Sanitätseinheit;

100 Angehörige der KSK zur Terrorismusbekämpfung in Afghanistan;

500 Soldaten für den Einsatz von Lufttransporten;

1800 Marinestreitkräfte für den Einsatz am Horn von Afrika;

450 Soldaten für Zwecke der logistischen Unterstützung.

Dies war kein kleines Engagement, zumal vor Ort in Afghanistan und darüber hinaus, auch wenn der militärische Auftrag die Bekämpfung des internationalen Terrorismus zum Ziel hatte, reale Kampfsituationen antizipiert werden mussten. Wichtig – und vielfach übersehen – war jedoch eine Passage in der entsprechenden Entschließung des Deutschen Bundestages vom 16. November 2001 die feststellte, dass deutsche Streitkräfte nur dann an Einsätzen gegen den internationalen Terrorismus außerhalb Afghanistans teilnehmen können, wenn dafür die Zustimmung der betroffenen Regierungen vorliegt.[7] Diese Bedingung ist nicht nur Ausfluss der Tatsache, dass die Bundeswehr eine Parlamentsarmee ist und der Bundestag Auslandseinsätze der Bundeswehr politisch, geographisch und finanziell genau umreißt. Sie deutete bereits reale politische Vorbehalte gegenüber einer Ausweitung des Krieges gegen den internationalen Terrorismus an. Danach musste mit Widerstand im Bundestag gegenüber einem eventuellen Einsatz der Bundeswehr im Irak gerechnet werden, es sei denn, es läge eine direkte Verwicklung des Irak in Terroraktivitäten vor, wie das in Afghanistan der Fall war.

---

7   Siehe dazu Deutscher Bundestag, 14. Wahlperiode, Drucksache 14/7296, 7. November 2001

VI Der Irak-Krieg und das deutsche ‚Nein'

Der Vorbehalt reflektiert aber auch deutsche Vorsicht im Hinblick auf amerikanische innenpolitische Diskussionen, die schon unmittelbar nach dem 11. September auf das Regime im Irak als ein notwendiges nächstes Ziel für ‚*regime change*' hinausliefen. Schon die Clinton-Administration hatte 1998 den Regimewechsel im Irak als ein Ziel amerikanischer Außenpolitik deklariert. Eine entsprechende Resolution des Kongresses erhielt eine große Mehrheit. In Deutschland begann hingegen unmittelbar nach dem 11. September die umgekehrte Entwicklung. Das zeigte sich auch in der Debatte des Deutschen Bundestages vom 16. November 2001 über den Afghanistan-Einsatz der Bundeswehr. Sprecher der SPD und der Grünen warnten vor einer Ausweitung des Kampfes gegen den internationalen Terrorismus, das heißt: Schon unmittelbar nach dem 11. September keimten Gegensätze auf zwischen dem amerikanischen ‚*global war on terror*' (GWOT) und dem deutschen Weg zur Bekämpfung des Terrorismus.

In Deutschland wurde das überwiegend militärisch geprägte amerikanische Vorgehen gegen den Terrorismus nie ganz geteilt. Hier zeigten sich tiefe politische und philosophische Unterschiede. In Deutschland wurde von Amerika erwartet, mehr „heroische Gelassenheit"[8] zu zeigen, so wie es zum Beispiel Großbritannien im Kampf gegen den irischen Terrorismus vorgeführt hatte. Die französische Niederlage im Algerienkrieg hätte eigentlich für Amerika eine Warnung sein müssen. Damals war es der exzessive Gebrauch militärischer Macht gegen die algerischen ‚Rebellen', der geradewegs in die Niederlage führte. Exzessive Gewalt trug ganz wesentlich zur Legitimierung des algerischen Unabhängigkeitskrieges bei. Großbritannien versuchte dagegen, die Terroranschläge der irischen Freiheitskämpfer dadurch zu delegitimieren, dass man auch bereit war, Anschläge hinzunehmen, als sie allein mit militärischer Gewalt zu beantworten.

Entscheidend für das Aufflackern von Bedenken und Vorbehalten gegenüber dem Vorgehen der Bush-Administration im Krieg gegen den internationalen Terrorismus war das Ergebnis des Besuchs von Außenminister Fischer in Washington am 18. und 19. September 2001. Was Fischer damals im Pentagon, insbesondere vom stellvertretenden Verteidigungsminister Paul Wolfowitz hörte, ließ in ihm die Befürchtung entstehen, dass die amerikanische Strategie zur Bekämpfung des Terrorismus auf einen neuen Weltkrieg hinauslaufen könnte. Wolfowitz erklärte gegenüber Fischer, dass es etwa sechzig Staaten gäbe, die den Terrorismus unterstützen. Darunter wurde mit an erster Stelle der Irak genannt, und Amerika sei entschlossen, gegen alle 60 Staaten vorzugehen, wenn nötig mit militärischer Gewalt.[9]

Unmittelbar im Zusammenhang mit dem Besuch von Fischer in Washington, nämlich schon am 19. September 2001, warnte auch Schröder vor einer Ausweitung des Krieges in Afghanistan. In seiner Rede im Bundestag am 19. September wiederholte

---

8   Siehe dazu Herfried Münkler, Der Wandel des Krieges. Von der Symmetrie zur Asymmetrie, Velbrück Wissenschaft, Weilerswist, 2006, S. 343.

9   Siehe dazu Joschka Fischer, Between Kosovo and Iraq: The Process of Redefining the Transatlantic Relationship, Gerd Bucerius Lecture, Washington DC, 22. Mai 2007, abgedruckt in: Bulletin of the German Historical Institute, 41 (Fall 2007), S. 9-19.

Schröder zunächst die globale Herausforderung der zivilisierten Welt durch den internationalen Terrorismus, warnte aber dann davor, diese Auseinandersetzung in einen ‚Krieg der Zivilisationen' ausarten zu lassen. Schließlich fügte er hinzu, dass Deutschland zwar entschlossen sei, auch militärische Risiken auf sich zu nehmen, aber sich nicht an Abenteuern beteiligen werde.[10]

Im Kern waren damit bereits die innenpolitischen Vorbehalte abgesteckt, die dann später, nämlich im Sommer 2002, zu dem offiziellen „Nein" der rot-grünen Koalition gegen eine deutsche Beteiligung am Irak-Krieg führten.

In Amerika verlief der innenpolitische Meinungsbildungsprozess zum Irak-Krieg genau umgekehrt. Während mit der deutschen Beteiligung am Afghanistan–Feldzug unter dem Eindruck eines brutalen Luftkrieges gegen ein ohnehin von mehr als 20 Jahren Bürgerkrieg verwüstetes Land die Vorbehalte zunahmen und dann in der Ablehnung einer deutschen Beteiligung am Irak-Krieg ohne eine entsprechende Legitimation durch den UN Sicherheitsrat endeten, wuchs in Amerika die Zustimmung zu einem unter Umständen auch unilateralen militärischen Vorgehen gegen den Irak. Vor allem mit der *State of the Union*-Ansprache von Präsident Bush im Januar 2002, in der von einer so genannten ‚axis of evil' die Rede war, wurde die amerikanische öffentliche Meinung systematisch auf die Notwendig vorbereitet, gegen das Regime von Saddam Hussein mit Gewalt vorzugehen. Im Zentrum der amerikanischen Argumentation stand dabei die angebliche Gefahr, dass der Irak entgegen der ihm durch die Vereinten Nationen auferlegten Verpflichtungen im Besitz von Massenvernichtungswaffen sei und aktiv danach strebe, sich Nuklearwaffen zuzulegen.

Von der sicherheitspolitischen Beraterin des Präsidenten, Condoleezza Rice, wurde auf höchst dramatische Weise das Gespenst eines möglichen Einsatzes von Nuklearwaffen gegen die Vereinigten Staaten an die Wand gemalt. Man könne nicht solange warten, bis sich über Amerika ein Atompilz ausbreite, war eine ihrer wirksamsten Formulierungen in diesem Zusammenhang. Dann sei alles zu spät. Eine solche Situation müsse auf alle Fälle verhindert werden, und dies sei nur mit einem militärischen Einsatz gegen den Irak möglich. Eine lautstarke und öffentlich wahrnehmbare Opposition gegen einen Militäreinsatz im Falle des Irak gab es nicht. Zwar sprachen sich namhafte Intellektuelle und auch eine Reihe von Generalen gegen einen Krieg im Irak aus, aber einen die Handlungsmöglichkeiten von Präsident Bush und Vizepräsident Cheney eingrenzenden Widerstand gab es nicht. Vor allem Vertreter der Demokraten, Abgeordnete wie auch Senatoren, blieben mit ihren Vorbehalten und Einwänden gegen den Krieg vorsichtig und zurückhaltend. Das Jahr 2002 war nicht nur in Deutschland ein Wahljahr: In Amerika standen im Herbst 2002 Zwischenwahlen an, d.h. das Repräsentanten-haus und zwei Drittel des Senats waren neu zu wählen. Die Demokraten wollten in dieser Situation vermeiden, von der Bush-Administration als ‚weich' in Fragen der Sicherheits-und Verteidigungspolitik hingestellt zu werden. Anfang Oktober 2002 wurde mit großer Mehrheit auch von Demokratischer Seite eine Entschließung angenommen, die George W. Bush praktisch einen Blanko-Scheck für einen Krieg gegen den Irak ausstellte.

---

10 Siehe dazu Deutscher Bundestag, 14. Wahlperiode, 186. Sitzung, 19. September 2001.

Ganz anders die Lage in Deutschland. Hier mussten Schröder und Fischer nach der deutschen Beteiligung am Kosovo-Krieg und dem Afghanistan-Einsatz der Bundeswehr befürchten, für einen Irak-Krieg nicht die notwendige parlamentarische Mehrheit zu erhalten. Schon im Falle der Afghanistan- Entschließung des Deutschen Bundestages war deutlich geworden, dass Auslandseinsätze der Bundeswehr der rot-grünen Koalition zum Verhängnis werden konnten. Die Abstimmung über die deutsche Beteiligung am Krieg in Afghanistan musste Gerhard Schröder mit der Vertrauensfrage verbinden, um sicherzustellen, dass die rot-grüne Koalition auch in einer Frage von Krieg und Frieden eine eigene Mehrheit aufbringen konnte und nicht auf die Stimmen der Opposition angewiesen war. In der Abstimmung des Bundestages vom 16. November 2001 gelang es Schröder zwar, die notwendige Kanzlermehrheit in den eigenen Reihen zu erhalten, aber angesichts zahlreicher Gegenstimmen von der Faktion der Grünen und Gegenstimmen und Enthaltungen auch in der SPD-Fraktion wurde die schwere Belastung der rot-grünen Koalition in aller Öffentlichkeit deutlich. Schröder und Fischer war schon damals klar, dass die rot-grüne Regierung im Falle einer Entscheidung von ähnlicher Tragweite – und das wäre im Falle eines Irak-Krieges mit Sicherheit so gekommen – nicht automatisch auf eine eigene Mehrheit hätte vertrauen können.

Das eigentliche Geheimnis des deutschen Widerstandes gegen den Irak-Krieg war die fehlende Mehrheit im Parlament für einen erneuten militärischen Einsatz der Bundeswehr. Hinzu kam, dass die Bundeswehr nach dem Einsatz auf dem Balkan, in Kosovo, in Afghanistan und in der Bekämpfung des internationalen Terrorismus praktisch an den Rand ihrer physischen Möglichkeiten gelangt war. Sicher gab es auch zahlreiche Bedenken gegen einen Krieg im Irak, die sich aus der ohnehin prekären Situation im Nahen Osten ergaben. Das Auswärtige Amt und der BND verfügten durchaus auch über eigene Informationen und Quellen aus der Region. Die Schröder-Regierung musste also nicht nur auf amerikanische Erkenntnisse zurückgreifen, um sich dort ein Bild von den Rückwirkungen eines Krieges zu machen. In seinem Interview mit der New York Times vom 5. September 2002 nannte Schröder vier grundsätzliche Bedenken gegen den Gebrauch militärischer Gewalt im Irak:

1. Saddam sei isoliert. Nun reiche diplomatischer und ökonomischer Druck, um den UN-Inspektionsprozess erfolgreich zu Ende führen zu können.
2. Es gebe keine klaren Vorstellungen darüber, welche neue Ordnung im Irak zustande kommen würde, wenn es zu einer Invasion käme.
3. Die wirtschaftlichen Folgen eines Militäreinsatzes könnten dramatisch sein, und es gebe darüber bisher kaum eine Diskussion.
4. Ohne Fortschritte in Afghanistan würde eine weitere militärische Intervention sich negativ auf den Zusammenhalt der internationalen Koalition gegen den Terrorismus auswirken.

Dies alles wurde in den USA jedoch als Wahlkampfmanöver abgetan. Zu einer wirklichen Auseinandersetzung mit den Argumenten der rot-grünen Bundesregierung war die Bush-Administration nicht bereit. In den USA erging es der dortigen innenpolitischen Opposition auch nicht anders. Der wichtigste Beitrag gegen einen Krieg im Irak kam von Brent Scowcroft, ehemaliger Sicherheitsberater von Präsident George H. W. Bush und allgemein als einer der besten außen-und verteidigungspolitischen Köpfe in Amerika geschätzt. In einem Artikel im *Wall Street Journal* vom 15. August 2002 warnte er, wie kurze Zeit später auch Gerhard Schröder, dass ein Krieg im Irak den Zusammenhalt der internationalen Koalition gegen den Terrorismus gefährden würde. Des Weiteren würde die gesamte arabische Region Gefahr laufen, dass es zu einer Destabilisierung kommt, mit der Folge, dass die islamische Welt sich gegen Amerika wenden könnte. Ähnlich dachten auch andere, überwiegend der Republikanischen Partei zugehörende außen- und verteidigungspolitische Experten, darunter die ehemaligen Außenminister James Baker und Lawrence Eagleburger sowie der Texaner Richard Armey, ehemaliger Mehrheitsführer der Republikaner im Repräsentantenhaus, General Schwarzkopf und General Zinni. Auch Henry Kissinger riet zur Vorsicht, wollte George W. Bush aber nicht öffentlich mit einer direkten Kritik der Pläne der Bush-Administration zu nahe treten.

Zusammenfassung

Gerhard Schröders ‚Nein' zum Irak-Krieg hatte dramatische Konsequenzen:

Ein gespaltener UN Sicherheitsrat, der den USA die Zustimmung für ein militärisches Vorgehen gegen den Irak verweigerte, damit aber den Ruf und die politische Legitimität der Vereinten Nationen rettete. Denn hätte es im Februar 2003 eine Mehrheit im UN-Sicherheitsrat für den Einsatz militärischer Gewalt im Irak gegeben, stünden die Vereinten Nationen heute als Falschmünzer und Marionette der Bush-Administration da, nachdem feststeht, dass der Irak – anders als von der Bush-Administration behauptet – keine Massenvernichtungswaffen besaß und auch nicht auf dem Wege zu einem Nuklearwaffenstaat war. Der mit einer Zustimmung des UN-Sicherheitsrates zu einem Krieg verbundene Schaden wäre nie wieder gutzumachen gewesen.

Eine gespaltene Europäische Union, die sich unter dem Druck Amerikas als entscheidungsunfähig erwies und nun versuchen muss, sich als wirksame Kraft auf internationaler Ebene zu behaupten.

Eine gespaltene NATO, deren alte Gründungsmitglieder gegen die auf Beitritt drängenden neuen Mitglieder ausgespielt wurden. Sie wussten ja, dass ihr Beitritt nicht ohne die amerikanische Zustimmung zu haben war und sie wollten ja auch Amerika an Europa binden und diese Bindung nicht gefährden, auch um den Preis einer sich nachträglich als falsch erwiesenen Entscheidung.

Der Philosoph Jürgen Habermas hat diesen beklagenswerten Zustand als den „gespaltenen Westen" beschrieben.[11] Zu beachten ist aber, dass die Spaltung auf der Basis gemeinsamer westlicher Werte zustande kam und nicht das Resultat eines Zusammenstoßes zwischen westlichen und anti-westlichen politischen Kräften war. Das Amerika

---

11 Jürgen Habermas, Der gespaltene Westen, Frankfurt am Main, 2004.

der Bush-Administration handelte unter der Annahme einer unipolaren Weltordnung und in der Tradition einer imperialen Macht und nicht als Bündnispartner. „You are either with us or you are with the terrorists", erklärte George W. Bush vor dem Kongress am 20. September 2001. Dieses Herangehen an die Terrorismusproblematik auf internationaler Ebene war in einem Bündnis westlicher Demokratien kaum mit den Prinzipien des Washingtoner Vertrages zu vereinbaren, entsprach es doch mehr dem Freund-Feind-Denken eines Carl Schmitt als den Prinzipien einer demokratischen Willensbildung auf internationaler Ebene.

Noch beunruhigender aber war die Wahrnehmung der Terroranschläge vom 11. September als wahrhaftige Kriegserklärung und als direkte Folge daraus de facto die Inanspruchnahme des Ausnahmezustandes. „We are at war" erklärte George W. Bush nicht nur auf kurze Sicht unmittelbar nach den Anschlägen vom 11. September, sondern im Sinne eines langen globalen Krieges gegen den Terrorismus, genannt „Global War on Terror". Diese Deutung der Anschläge hatte auch immense Vorteile im innenpolitischen Machtkampf, ermöglichte sie doch den Fortbestand der Bush-Administration über die erste, schwach legitimierte Amtszeit von vier Jahren hinaus. „It is terrorism all the time" pflegte der Architekt des politischen Aufstiegs von George W. Bush, Karl Rove, zu sagen. Das heißt, was immer die Bush-Administration unternahm war sozusagen vorwegnehmend legitimiert und dem innenpolitischen Machtkampf weitgehend entzogen. Unter den Bedingungen des 2004 anstehenden Wahlkampfes war damit jedem möglichen Gegenkandidaten von vornherein ein gewaltiger Nachteil aufgebürdet. Das Ergebnis der Präsidentschaftswahl des Jahres 2004 ist bekannt. Sie endete mit der Niederlage von John Kerry, dem Vietnam-geprüften Gegenkandidaten von George W. Bush.

Der virtuelle Übergang Amerikas in den Ausnahmezustand nach dem 11. September führte zu einem enormen Übergewicht der Exekutive im amerikanischen Regierungssystem. Es war die Stunde der Exekutive, und sie wurde ganz im Sinne von Carl Schmitts Diktum „Souverän ist, wer über den Ausnahmezustand verfügt", genutzt. Für Amerika hatte sich mit dem 11. September die Welt verändert, für die neue rot-grüne Bundesregierung aber bestand die Schlussfolgerung aus den Anschlägen auf New York und Washington in der Wahrnehmung, dass Amerika sich verändert habe, und zwar in eine vollkommen unerwartete Richtung: weg vom Partnerschaftsgedanken und hin zu einer imperialen Bündnisführung. Die Bush-Administration glaubte, sich nicht mehr auf das mühsame Geschäft der Konsensbildung unter permanenten Allianzpartnern stützen zu müssen. Im Prinzip konnte man ja auch alleine handeln, ohne sich von anderen reinreden lassen zu müssen. Es gab schließlich auch Abhängigkeit von Amerika und auf dieser Grundlage stets die Möglichkeit, ad hoc und je nach Bedarf eine ‚Koalition der Willigen' zusammenzustellen. Das war nach dem Selbstverständnis der rot-grünen Bundesregierung keine attraktive Option.

Häufig war besonders von amerikanischer – aber auch von deutscher Seite – der Vorwurf zu hören, dass die rot-grüne Koalition letztlich anti-amerikanisch konditioniert und ihr Verhalten gegenüber Amerika nur auf der Basis einer anti-amerikanischen Grundhaltung verständlich sei. Schröders Biographie insbesondere im Hinblick auf Amerika lässt eine solche Schlussfolgerung nicht zu. Schröder bewunderte Amerika und seine wirtschaftliche Dynamik. Er entwickelte sich aber vor allem im

Zuge der Irak-Krise zu einem teilweise heftigen Kritiker der Bush-Administration. Der Ursprung dieser Kritik liegt in einem fundamentalen Missverständnis zwischen beiden Politikern in der Auseinandersetzung mit dem Terrorismus in dem Sinne, dass Schröder sehr wohl bereit war, in der Auseinandersetzung mit dem Terrorismus rückhaltlos an der Seite Amerikas zu stehen, wenn dieser weltweite Kampf entsprechend legitimiert war und sich auf die Zustimmung der Vereinten Nationen und der NATO stützen konnte. Das hätte im Prinzip auch für den Irak-Krieg gegolten, wenn das militärische Vorgehen auch dort die Bekämpfung des Terrorismus zur Grundlage gehabt hätte. Auch George W. Bush bestätigt diese Bereitschaft Schröders in seinen Memoiren, wie oben zitiert. [12]

Dass es Schröder ernst meinte mit dem Kampf gegen den internationalen Terrorismus, zeigte sich insbesondere in der Debatte um die deutschen Spürpanzer Fuchs, die auf der Grundlage der entsprechenden UN- und NATO-Beschlüsse mit Zustimmung des Deutschen Bundestages in Kuwait stationiert waren, als Teil des deutschen Beitrages zur Bekämpfung des internationalen Terrorismus. Eine Verwicklung des Irak in Terroraktivitäten – insbesondere von der Art, die für Al Qaeda typisch waren – konnte jedoch nie nachgewiesen werden. Der Irak – und vor allem Saddam Hussein als säkularer Autokrat und Diktator – war ein erklärter Gegner von Osama bin Laden. Trotzdem tat George W. Bush alles, um den Irak und Al Qaeda in einen Topf zu werfen, ohne eine entsprechende tatsächliche Grundlage. In der Spürpanzer-Debatte im Sommer 2002 war Kern der Diskussion die Frage, ob im Falle eines Krieges mit dem Irak im Hinblick auf die Ablehnung einer deutschen Beteiligung die in Kuwait stationierten Spürpanzer zurückgezogen werden müssten. Sie hätten ja dort in Kriegshandlungen verwickelt werden können. Die Mehrheit der deutschen öffentlichen Meinung, der damalige Verteidigungsminister und auch der CDU/CSU Kanzlerkandidat, Edmund Stoiber, sprachen sich für einen Rückzug aus. Es war Gerhard Schröder, der richtig argumentierte, dass die Spürpanzer dort aufgrund der UN- und NATO-Beschlüsse im Kampf gegen den internationalen Terrorismus stationiert seien und deshalb auch dort bleiben müssten.

Bush hat die Grenzziehung Schröders zwischen der Bekämpfung des Terrorismus, für die er den Vereinigten Staaten von Amerika jegliche deutsche Unterstützung nicht nur zusagte, sondern auch tatsächlich leistete, und einem Interventionskrieg nie richtig verstanden, geschweige denn respektiert. Er sah das deutsche ‚Nein' zum Irak-Krieg unter dem Eindruck massiver Demonstrationen in Europa gegen den Krieg, insbesondere auch in den Ländern, deren Regierungen den Krieg unterstützten, als ein zurückgezogenes Versprechen und als Wahlkampfmanöver.[13] Die Folge war ein tiefes Zerwürfnis zwischen beiden Politikern und eine lange Phase der Nicht-Kommunikation.

Es handelt sich jedoch im Gegensatz zu der Auffassung vieler amerikanischer Deutschland-Experten nicht um einen strukturellen Bruch der deutsch-amerikanischen Beziehungen. Es war vielmehr eine Kollision auf der Basis der Werte, die Deutschland

---

12 George W. Bush, Decision Points, a.a.O. S. 234
13 Zu dieser Thematik in einzelnen Dieter Dettke, Germany Says 'No'. The Iraq War and the Future of German Foreign and Security Policy, Washington DC und Baltimore, 2009, insbesondere S. 142-179.

und Amerika teilen, d.h. ein Weltordnungskonflikt. Besonders tiefe und langfristige Rückwirkungen für das Gesamtgefüge der deutsch-amerikanischen Beziehungen gingen von diesem Konflikt nicht aus. Es war im Kern eine Meinungsverschiedenheit. Der französische Rückzug aus der militärischen Integration der NATO war verglichen mit dem Irak-Krieg ein sehr viel tieferer, auch struktureller Bruch der NATO, der gut zwei Generationen bis zur Heilung brauchte. Das ist im Falle des Irak-Krieges nicht der Fall. Die rot-grüne Bundesregierung hat ja de facto erhebliche Leistungen zur Unterstützung Amerikas auch im Irak-Krieg erbracht, dies allerdings im Namen des Kampfes gegen den internationalen Terrorismus und nicht als das Ergebnis einer deutschen Beteiligung am Irak-Krieg. Der Untersuchungsausschuss des Deutschen Bundestages zu der Frage, ob die rot-grüne Bundesregierung möglicherweise gegen die behauptete deutsche Nicht-Beteiligung am Irak-Krieg verstoßen habe, konnte deshalb nicht zu einem klaren Ergebnis kommen. Die rot-grüne Bundesregierung konnte korrekt argumentieren, dass alle Unterstützungshandlungen für Amerika im Irak-Krieg ohne Ausnahme Ausfluss des deutschen Beitrages in der Auseinandersetzung mit dem internationalen Terrorismus waren.

An der Irak-Frage hätte die rot-grüne Koalition theoretisch zerbrechen können. Gerhard Schröder hätte nach eigenem Bekenntnis seinen Widerstand gegen den Irak-Krieg auch dann durchgehalten, wenn der Sicherheitsrat der Vereinten Nationen dazu sein grünes Licht gegeben hätte. Eine Abkehr von dieser Position im Vorfeld der Entscheidung des UN-Sicherheitsrates hätte ihm und seinem Widerstand gegen den Krieg den Boden unter den Füßen weggezogen und seine Führungsfähigkeit erheblich beschädigen müssen. Er musste also schon aus Gründen der Selbsterhaltung bei seinem eisernen ‚Nein' bleiben.

Joschka Fischer hingegen beteuerte nach dem Krieg, dass er als Außenminister zurückgetreten wäre, falls Deutschland im UN Sicherheitsrat isoliert worden wäre.[14] Dazu kam es nicht. Amerika wählte den Weg des Unilateralismus für sein militärisches Vorgehen gegen den Irak und wird die Folgen noch lange zu tragen haben.

Es hätte aber auch anders kommen können. Insofern hat die fehlende Mehrheit im UN-Sicherheitsrat für das amerikanische Vorgehen in der Irak-Krise in Anbetracht des Nicht-Vorhandenseins von Massenvernichtungswaffen im Irak – Kern der amerikanischen Begründung für den Krieg – nicht nur die Vereinten Nationen als Weltorganisation vor einer kaum wieder gutzumachenden Beschädigung ihrer Legitimation gerettet, falls es zu einem Krieg auf fehlerhafter Grundlage gekommen wäre. Die fehlende Mehrheit für den Krieg hat aber auch die rot-grüne Koalition vor einem möglichen Zusammenbruch bewahrt. Schröder und Fischer sind in der Richtigkeit ihres Widerstandes gegen den Irak-Krieg bestätigt worden. Sie haben vor der Geschichte Recht behalten.

---

14 Siehe dazu Joschka Fischer, „I am not convinced". Der Irak-Krieg und die rot-grünen Jahre, 1. Auflage, Köln, 2011, S. 204

Eine sozialdemokratische Botschaft in Amerika: Das Washington Office der Friedrich-Ebert-Stiftung

Nicole Renvert

Die deutschen politischen Stiftungen haben bei der Überwindung diktatorischer Regime und durch ihre Hilfe bei der Durchsetzung demokratischer Strukturen in Südeuropa, Spanien und Portugal, in den 1970er Jahren große Anerkennung erfahren. Als sie 2012 mit ihren amerikanischen Schwesterorganisationen aus den USA an der Ausübung ihrer Tätigkeiten in der arabischen Welt gehindert und ihre Büros in Ägypten und Abu Dhabi geschlossen wurden, verurteilten dies nicht nur Vertreter der Parteien in Deutschland, auch international wurde dieses Verfahren kritisiert.[1] Auch die Razzia gegen die Konrad-Adenauer-Stiftung und die Friedrich-Ebert-Stiftung in Russland im März 2013 wurde vom deutschen Außenminister und Mitgliedern des Auswärtigen Ausschusses des Deutschen Bundestags verurteilt, die darin auch eine Belastung der bilateralen Beziehungen zwischen Deutschland und Russland sahen.[2] Schließlich gilt die freie Ausübung der Programme und Projekte der politischen Stiftungen als Gradmesser für demokratische Freiheit und Entwicklung.

Nicht weniger aktiv sind die politischen Stiftungen in Industrieländern wie den USA. Ihre Tätigkeiten finden hier zwar nicht im Geheimen, aber mitunter unter vertraulichen Bedingungen statt und sind daher auch weniger bekannt. Dabei nimmt insbesondere das Büro der FES in Washington eine herausragende Stellung im wichtigen Beziehungsgeflecht zwischen Deutschland, Europa und den USA ein. Schon in seiner Gründungsphase in den 1970er Jahren hatte es die anspruchsvolle Aufgabe, unter schwierigen politischen Bedingungen eine Vermittlerrolle in den transatlantischen Beziehungen einzunehmen. Diese Herausforderung hat bis in die Gegenwart nichts von ihrer Aktualität verloren und wird vor dem Hintergrund einer zunehmend komplexen Weltlage immer wichtiger. Wie aber sehen die Tätigkeiten der FES in den USA aus? Ist die Stiftung vielleicht mehr als die „sozialdemokratische Botschaft" in den USA?

Brücken über den Atlantik

In den USA sind alle deutschen politischen Stiftungen vertreten und repräsentieren damit den Meinungspluralismus der Bundesrepublik Deutschland. 1977 eröffnete die Konrad-Adenauer-Stiftung (KAS) ihre Vertretung in den USA, gefolgt von der Fried-

---

1 Nicole Renvert, „Gefährdet oder gefährlich? Die deutschen politischen Stiftungen in Ägypten", in: Internationale Politik (IP), Online Exklusiv vom 20.03.2012, https://zeitschrift-ip.dgap.org/de/article/20409/print.
2 Daniel Brössler, „Das Echo der Diktaturen: Deutsche Stiftungen in Rußland", in: Süddeutsche Zeitung vom 26.03.2013,http://www.sueddeutsche.de/politik/deutsche-stiftungen-in-russland-das-echo-der-diktaturen-1.1634264.

rich-Ebert-Stiftung (FES 1978 und 1981), der Friedrich-Naumann-Stiftung (FNST 1984), der Hanns-Seidel-Stiftung (HSS 1989) und der Heinrich-Böll-Stiftung (HBS 1998). Seit November 2012 verfügt auch die Rosa-Luxemburg Stiftung (RLS) über ein Büro in New York.

In ihrer transatlantischen Tätigkeit ist allen Stiftungen gemein, dass sie Austauschprogramme von Nachwuchsführungskräften und Parlamentariern fördern, Studien- und Bildungsreisen organisieren und über ihre Zentralen Stipendien zur Förderung des wissenschaftlichen Nachwuchses vergeben. Zudem unterhalten sie enge Bindungen zu ihren Vertretungen in anderen Ländern und unterstützen diese bei der Vermittlung von Kontakten in den USA.[3] Die Büros der politischen Stiftungen in den USA sind vergleichsweise bescheiden ausgestattet und verfügen über Budgets, die zwischen einer halben und einer Million Euro liegen. Von diesem Budget werden neben den laufenden Kosten für Büro und Personal sämtliche Veranstaltungen und Reisekosten getragen. Sie sind personell in der Regel mit einem Büroleiter, einem Sekretariat und einer oder zwei Ortskräften ausgestattet, obwohl die Größe durchaus variiert.

Die Finanzierung der politischen Stiftungen musste zunächst einige verfassungsrechtliche Hürden nehmen und wurde schließlich im Urteil des Bundesverfassungsgerichts vom 14. Juli 1986 festgehalten.[4] Als Voraussetzung, die öffentliche Förderung in Anspruch nehmen zu dürfen, müssen sie dem Gemeinnützigkeitsstatus entsprechen und sich selbstständig, eigenverantwortlich und in geistiger Offenheit ihrer Aufgabe annehmen. Die Entscheidung des Gerichts galt als ein wichtiger Wendepunkt in der Geschichte der deutschen politischen Stiftungen, die sich immer wieder den Vorwurf der verdeckten Parteienfinanzierung gefallen lassen mussten und sich daher laut veröffentlichter Meinung in einer Art „rechtlicher Grauzone" befanden.[5] Zudem verfassten die Stiftungen inzwischen gemeinsam mehrere Positionspapiere, in denen sie ihre Aufgaben in der politischen Bildung und Beratung sowie ihr Mandat genau beschrieben, um mehr Transparenz zu schaffen und auch die Beziehungen zu den ihnen nahestehenden Ministerien, wie dem Auswärtigen Amt, klar zu definieren.[6]

Strukturell sind die Stiftungen einzigartig, da sie neben ihrer Nähe zu den jeweiligen politischen Parteien, durch die sie enge Beziehungen zu Entscheidungsträgern haben, gleichzeitig relative Unabhängigkeit und freie Gestaltungsmöglichkeiten genießen. Sie verfügen über ein umfassendes nationales wie internationales Stiftungsnetzwerk, welches für ihre operative Arbeit, beispielsweise bei der Identifizierung von

---

3   Nicole Renvert, „Die europäisch-transatlantische Dimension der deutschen politischen Stiftungen", in: Zeitschrift für Politikberatung (Juli 2011), Heft 2/4, S.347-362.

4   Urteil des Bundesverfassungsgerichts zur Gewährung von Globalzuschüssen zur politischen Bildungsarbeit an parteinahe Stiftungen vom 14.7.1986, in: Entscheidungen des Bundesverfassungsgerichts, Band 73, Tübingen 1987, S. 1-39, http://www.oefre.unibe.ch/law/dfr/bv073001,html

5   Ohne Autor, „Eine Art rechtlicher Grauzone", in: Der Spiegel vom 07.07.1986, Heft 28, S.24, <http://www.spiegel.de/spiegel/print/d-13517439.html.

6   Konrad-Adenauer-Stiftung/Friedrich-Ebert-Stiftung/Rosa-Luxemburg-Stiftung/Friedrich-Naumann-Stiftung/Heinrich-Böll-Stiftung/Friedrich-Naumann-Stiftung/Hanns-Seidel-Stiftung 2011: „Die Bildungsarbeit der Politischen Stiftungen in Deutschland, Positionspapier zur politischen Bildung", vom 12.07.2011. <http://www.boell.de/downloads/2011-07-gemeinsames-papier-politische-stiftungen.pdf.

Kontakten und Themen in anderen Regionen, vorteilhaft ist. Die Stiftungen setzen Themen auf ihre Agenda, deren Behandlung über den direkten politischen Dialog hinaus und unter Einbeziehung von Vertretern der Medien, der Wissenschaft und der Wirtschaft auch für amerikanische, europäische und deutsche Entscheidungsträger von Interesse sind. Sie profitieren von Kooperationen mit Partnerinstitutionen wie Universitäten, Think-Tanks oder, im Falle der FES, Gewerkschaften, die ihnen einen direkten Zugang zu Multiplikatoren in den USA und Deutschland ermöglichen. Die Stiftungen halten in ihrer operativen Arbeit eine Balance zwischen organisatorischen und inhaltlichen Aufgaben: Sie sind einerseits eine Begegnungs- und Dialogplattform, indem sie Kontakte und Austausch fördern, dienen aber zeitgleich als „Frühwarnsystem" und „In-House-Denkfabrik" für politische Entwicklungen. Neben Namens- und Meinungsbeiträgen erstellen sie ad-hoc Analysen zu wichtigen Schwerpunktthemen, geben einen kontinuierlichen Überblick über die Analysen der in Deutschland und Europa aktiven Beratungseinrichtungen und Denkfabriken und stellen die Forschungs-und Analyseergebnisse der amerikanischen Think-Tanks dar. Besondere Bedeutung gewinnt ihre Arbeit in Krisenzeiten oder in Phasen, in denen entscheidende politische Weichen gestellt werden, wie etwa in Wahlkampfzeiten oder bei politischen Umbrüchen.

Gründe für die Eröffnung der Büros in den USA

Die transatlantischen Beziehungen bildeten nach 1945 den Pfeiler westlicher sicherheits-, wirtschafts- und kulturpolitischer Beziehungen. Die besondere geo-strategische und politische Lage Deutschlands verlangte aber nach alternativen Denk- und Politikmodellen, wie sich das geteilte Land unter den Bedingungen des Kalten Krieges weiter entwickeln könnte. Einerseits gab es für die Bundesrepublik die Notwendigkeit, die Bindungen mit den USA aus wirtschafts- und sicherheitspolitischen sowie geostrategischen Überlegungen zu fördern. Auf der anderen Seite herrschte aber auch Interesse, einen Dialog mit Osteuropa und somit auch mit der DDR zu ermöglichen, um die Option einer friedlichen Wiedervereinigung offen zu halten.[7] Durch die Ostpolitik der Sozialdemokraten Willy Brandt und Egon Bahr wurde die allmähliche graduelle Emanzipation vom Bündnispartner USA eingeleitet und damit die Rolle Deutschlands unter den Gegebenheiten des Kalten Krieges allmählich verändert. Dies führte zunächst auf Grund unterschiedlicher Vorstellungen innerhalb der politischen Lager in Deutschland, aber auch mit den amerikanischen Verbündeten immer wieder im Laufe der 1970er Jahre zu Spannungen.[8] Hier gab es erhöhten Bedarf an Austausch und Aufklärung, und die Stiftungen machten es sich zur Aufgabe, dafür ein Forum zu bieten.

Auch auf einer personellen Ebene war diese Zeit nicht einfach für die transatlantischen Beziehungen. Bundeskanzler Helmut Schmidt, der ein sehr enges und freund-

---

7 Vgl. Peter Bender, Die „Neue Ostpolitik" und ihre Folgen: Vom Mauerbau bis zur Vereinigung, München, 1995.

8 Vgl. Stephan Fuchs, Dreiecksverhältnisse sind immer kompliziert. Kissinger, Bahr und die Ostpolitik, Hamburg, 1999.

schaftliches Verhältnis zu US-Präsident Gerald Ford gepflegt hatte, wurde mit dem aus dem Süden der USA stammenden Präsidenten Jimmy Carter nie richtig vertraut, zumal sich auch inhaltliche Kontroversen zwischen Deutschland und den USA abzeichneten.[9] „Bundeskanzler Helmut Schmidt und US-Präsident Carter befanden sich innenpolitisch sozusagen in einem Belagerungszustand, Streitpunkt war unter anderem der NATO-Doppelbeschluss über die atomaren Mittelstreckenraketen".[10]

Neben den damals herrschenden politischen Divergenzen und persönlichen Animositäten der Regierungschefs kamen strukturelle Probleme zum Tragen. Denn in den USA hatte es außer dem Regierungswechsel zu Präsident Carter auch einen Generationswechsel innerhalb der politischen Elite gegeben, etwa bei den politischen Beratern der neuen Administration. Zu diesen neuen Kreisen hatte die politische Führung in Deutschland zunächst wenig Kontakt, und auch auf amerikanischer Seite gab es dieses Problem. Über den Direktor der Trilateralen Kommission und späteren einflussreichen außenpolitischen Berater des Präsidenten Jimmy Carter, Zbigniew Brzezinski, hieß es, er habe ein sehr distanziertes Verhältnis zu Deutschland.[11]

Zwar gab es in der SPD eine lange Tradition der Beziehungen zu den USA, aber die Pflege der internationalen Beziehungen und Netzwerke war vor allem an den ehemaligen Bundeskanzler Willy Brandt geknüpft. Dieser hatte es verstanden, ein dichtes Kontaktnetzwerk aus Parteispitze, Bundestagsfraktion, Gewerkschaften und dem Vorstand der Friedrich-Ebert-Stiftung zu knüpfen, das sich nach Brandts Ernennung zum Präsidenten der Sozialistischen Internationalen 1976 noch weiter verdichtete.[12] Doch vor dem Hintergrund neuer politischer Herausforderungen der 1970er und frühen 1980er Jahren reichte es nicht, sich auf die exzellenten Beziehungen Willy Brandts zu verlassen. Vielmehr war es notwendig, den Dialog über den Atlantik mit gänzlich unterschiedlichen und auch neuen Akteuren auf verschiedenen Ebenen zu führen. Insbesondere im Deutschen Bundestag gab es dazu Nachholbedarf.

Die schwierigen Beziehungen auf Regierungsebene, die sich in dieser Phase vor dem Hintergrund der Diskussion um Neutronenbombe, Friedensbewegung, Dollarschwäche, Nato-Doppelbeschluss, Ölkrise und Geiselnahme in Afghanistan abspielten, boten daher den deutschen politischen Stiftungen eine exzellente Möglichkeit, ihr Instrumentarium als „Grenzgänger zwischen Gesellschafts- und Staatenwelt" zur Anwendung zu bringen.[13] Sie hatten die Aufgabe, einer breiten amerikanischen Öffentlichkeit die deutsche Reaktion auf das Ende der Entspannung zu vermitteln, aber auch

---

9 Klaus Wiegrefe, Das Zerwürfnis. Helmut Schmidt, Jimmy Carter und die Krise der deutschamerikanischen Beziehungen, Berlin, 2005, S. 155f.
10 Ann L. Philipps, Transatlantische Brücken: Die deutschen politischen Stiftungen in den USA, in: Detlef Junker, Die USA und Deutschland im Zeitalter des Kaltes Krieges 1945-1990, Band II, herausgegeben von Detlef Junker, Philipp Gassert, Wilfried Mausbach und David B. Morris, Stuttgart/München, 2001, S.689f.
11 Wiegrefe, a.a.O. S. 59.
12 Patrik von zur Mühlen, Die internationale Arbeit der Friedrich-Ebert-Stiftung, von den Anfängen bis zum Ende des Ost-West-Konfliktes, Bonn, 2007, S.90ff.
13 Bartsch, Sebastian, Politische Stiftungen, Grenzgänger zwischen Gesellschafts- und Staatenwelt, in: Wolf-Dieter Eberwein/Karl Kaiser (Hg.): Deutschlands neue Außenpolitik, Band 4: Institutionen und Ressourcen, München: Oldenbourg Wissenschaftsverlag, 1998, S. 185-198.

den eigenen Parteiführern die amerikanischen Vorstellungen über die Ost-West Beziehungen näherzubringen.[14] Wichtig war zudem, dass sich auf beiden Seiten des Atlantiks ein Generationswechsel abzeichnete, also die Politiker der ersten Nachkriegsgeneration aus dem Amt schieden und neue ihre Position einnahmen. Es galt, diese neuen Akteure in den Dialog einzubeziehen und für einen Neuanfang der Beziehungen zu nutzen. Auch die deutschen politischen Stiftungen mussten sich Netzwerke in den USA neu erschließen und herausfinden, welche Möglichkeiten es gab, gemeinsam Projekte mit deutschen und amerikanischen Partnern durchzuführen.

Eine wichtige Rolle in der transatlantischen Arbeit der politischen Stiftungen spielte stets die Einbettung Deutschlands in das europäische Bündnis. Dies erklärt, warum die Eröffnung der Brüsseler und Washingtoner Büros der beiden großen Stiftungen, FES und KAS, etwa zeitgleich Ende der 1970er Jahre erfolgte. Die Aufgaben der Stiftungen in den USA sollten sich an denen der Brüsseler Büros orientieren und sich damit, so bei der FES, „zwischen dem Dialog mit den Industrieländern und der Gewerkschaftsförderung in der Dritten Welt" bewegen.[15]

Dieses verstärkte Engagement blieb auch der deutschen Öffentlichkeit nicht verborgen. „Die Sozialdemokraten, so kann man glauben, entdecken Amerika aufs Neue. Das ist natürlich übertrieben, denn an verlässlichen Beziehungen hat es auch in jüngster Zeit nicht gefehlt, trotz aller Irritationen und Enttäuschung über die ersten Schritte der Regierung Reagan in der Abrüstungspolitik. Doch bis vor kurzem war es, zum Beispiel für Mitglieder der SPD-Bundestagsfraktion, eher schwierig, ein politisch wie finanziell abgesichertes Ticket in die USA zu bekommen" meldete eine deutsche Wochenzeitung. Dies änderte sich, laut *Die Zeit*, mit der Einrichtung der Vertretung der FES-Büros, auf deren Existenz Horst Ehmke, stellvertretender Vorsitzender der SPD-Bundestagsfraktion und damals Mitglied der Arbeitsgruppe USA, mehrfach hinwies und damit die Parlamentarier aufforderte, das Angebot der FES in den USA zu nutzen.[16]

1978 richtete die FES ihr erstes Büro zunächst in New York ein, das 1981 vom ehemaligen Regierenden Bürgermeister von Berlin und SPD-Bundestagsabgeordneten, Dietrich Stobbe, geleitet wurde. Das Büro wurde Ende 1981 nach Washington verlegt und sollte Kontakte zu Regierungsstellen pflegen. Im selben Jahr eröffnete die FES ihre zweite Vertretung in New York, die insbesondere für Kontakte zu internationalen Organisationen zuständig war und ist. Für die Büros waren bei der Stiftung unterschiedliche Referate zuständig und die Budgets auch bei jeweils anderen Ministerien verankert.[17] Zudem wurde ein Repräsentant der Stiftung dazu eingeladen, Kontakte zu wissenschaftlichen Institutionen an der US-Westküste zu pflegen. Auch Kanada deckt das Büro der FES in Washington mit ab.[18]

---

14 Ann L. Phillips, a.a.O., S.675ff.
15 Von zur Mühlen, a.a.O. S. 194f.
16 o. A., „Bonner Bühne: Die SPD entdeckt Amerika", in: Die Zeit vom 04.12.1981.
17 Das Büro der FES in Washington ist budgetär beim Auswärtigen Amt (AA) verortet, die New Yorker Vertretung beim BMZ. Da bestimmte Projekte, wie etwa die „Globalen Atlantiker" aus unterschiedlichen Töpfen der Ministerien finanziert werden, findet bei einigen Projekten keine strenge Trennung mehr statt.
18 Von zur Mühlen, a.a.O. S. 196 f.

Inzwischen hat sich die FES als feste Größe im politischen Betrieb der amerikanischen Hauptstadt Washington, D.C. etabliert. Sie erfüllt eine wichtige Brückenfunktion zwischen deutschen und amerikanischen Multiplikatoren und ist zugleich Teil der Wertegemeinschaft der Sozialen Demokratie. Als „Botschaft der Sozialdemokratie" ist sie oft erste Anlaufstelle für Parlamentarier, Journalisten oder Wissenschaftler, die eine Einschätzung zu aktuellen Fragen der transatlantischen Beziehungen suchen oder Unterstützung bei der Suche nach Kontakten und Gesprächspartnern in den USA oder umgekehrt, in Deutschland benötigen.

Für Studierende und Wissenschaftler bietet das Archiv der FES in ihrem Büro in Washington vor Ort erste Informationen zur Geschichte und Entwicklung der Partei, der Gewerkschaften oder zu prominenten Sozialdemokraten. Die Projekte und Programme der FES in den USA bieten einer breiteren Öffentlichkeit über die Elitenvernetzung hinaus eine fundierte Wissensgrundlage über aktuelle politische Themen und kontroverse Fragen. Viele der Veranstaltungen finden in einem vertraulichen Rahmen statt, aber es gibt auch zahlreiche öffentliche Konferenzen und Symposien.

Aufgaben in den transatlantischen Beziehungen

Zu Beginn ihrer Tätigkeiten waren die deutschen politischen Stiftungen in den USA vor allem „Schadensbegrenzer" und versuchten, transatlantische Spannungen abzubauen. Sie konnten über die Arbeit der Deutschen Botschaft hinaus und davon unabhängig Inhalte vermitteln und gezielt amerikanische Akteure in einen Dialog einbinden sowie direkte oder indirekte Impulse geben, die wichtig für meinungsbildende Prozesse in den USA waren. Gleichzeitig konnten sie Informationen über amerikanische Politik an deutsche Entscheidungsträger vermitteln. Damit standen sie zuweilen sogar in Konkurrenz zur Deutschen Botschaft. Nicht selten führten die Wege namhafter deutscher Politiker zunächst direkt zur FES in der amerikanischen Hauptstadt statt an die Reservoir Road, wo sich die Deutsche Botschaft befindet. Auch in der politischen Bildung oder Erwachsenenbildung setzte das Büro der FES in Washington Akzente. So kooperierte die FES von Beginn ihrer Tätigkeit an eng mit den Fortbildungseinrichtungen der Stiftung in Deutschland, wie dem 1984 gegründeten „Bergneustädter Forum für deutsch-amerikanische Beziehungen" und der FES-Bildungsstätte in Saarbrücken. Mit diesen initiierte das Büro Studienreisen in die USA sowie Fachkonferenzen für Juristen, Seminare über amerikanische Gesellschaft und Politik, Austauschprogramme für Gewerkschafter, Stipendienprogramme und deutsch-amerikanische Sicherheitskonferenzen.[19]

Der Schwerpunkt der Arbeit in den 1980er Jahren war aber die Unterstützung der Partnerschaften von Parlamentsmitarbeitern und Regierungsvertretern mit dem US Kongress. Dieses Engagement wurde von amerikanischer Seite gefördert. Arthur

---

19 Friedrich-Ebert-Stiftung, Presse und Informationsstelle (Hrsg.), USA – Bundesrepublik Deutschland. Der Beitrag der Friedrich-Ebert-Stiftung zum gesellschaftlichen Dialog über den Atlantik, Bonn, 1996, S.6f.

Burns, damals US Botschafter in Deutschland, forderte die Mitglieder des US- Kongresses ausdrücklich dazu auf, sich mit den deutschen Partnern zu beschäftigen: "I urge your support of their effort. Get to know your German counterparts. Telephone them if necessary to get their views on issues under consideration here and convey them their views about subjects of interest to the United States. I am assured by German parliamentarians that they are most eager to work closely with our Congress".[20]

Die USA orientierten sich in dieser Zeit am Modell der deutschen politischen Stiftungen, deren Tätigkeit bereits in den 1970er Jahren in den USA positiv aufgefallen war. „Late in 1977, Washington Political Consultant, George Agree, citing the important work of 'the Stiftungen', proposed the creation of a foundation to promote communication and understanding between the two major US political parties and other parties around the world".[21] 1982 wurde das National Endowment for Democracy (NED) gegründet; es folgten drei weitere Institute, die sich auf die Förderung unterschiedlicher Aspekte von Demokratisierung konzentrierten: Dazu zählen das International Republican Institute (IRI), das Center für International Private Enterprize und das American Center for International Labor. Auch wenn sich das Finanzierungs- und Organisationsmodell dieser Einrichtungen von den deutschen politischen Stiftungen unterscheidet, standen diese doch Pate und waren beratend bei der Gründung ihrer amerikanischen Schwesterorganisationen tätig.[22] Bis in die Gegenwart hinein bestehen enge Beziehungen zwischen diesen Institutionen.

Die politischen Stiftungen bemühten sich in den USA, die jeweilige Politik und die geopolitischen Interessen einander näher zu bringen und den Austausch von Amerikanern nach Deutschland gezielt zu fördern. Dies geschah bei bestimmten Projekten auch in Kooperation zwischen der KAS und der FES. So etablierten sich Foren wie die „Congressional Staffer Briefing" Tour oder Besuche deutscher Parlamentarier in den USA oder amerikanischer Abgeordneter in Deutschland, bei denen die Stiftungen abwechselnd die Federführung innehatten.[23]

Bei Besuchen deutscher Politiker ihrer jeweiligen Parteien sind die Stiftungen jeweils unterschiedlich gefordert. Befindet sich die ihnen nahestehende Partei in Regierungsverantwortung, übernimmt die Deutsche Botschaft in Washington den großen Teil der Programmplanung und Programmgestaltung. Die Stiftung kann dann zwar auch an Teilen der Programme mitwirken, ist aber sonst ihrem Alltagsgeschäft überlassen. Bei der Programmgestaltung und Durchführung der Besuche sind die Stiftungen vor allem dann gefragt, wenn sich die ihnen nahestehende Partei in der Opposition befindet. Gerade dann entfalten sie ihre besondere Wirksamkeit als „Frühwarnsystem" und „Türöffner". Sie können die ihnen nahestehende Partei und deren Vertreter auf bestimmte amerikanische Themen aufmerksam machen und frühzeitig Kontakt identifizieren, die für die transatlantischen Beziehungen von Interesse sind oder werden

---

20 Arthur Burns: Statement before the House Foreign Affairs Subcommittee on Europe and the Middle East, 5. April 1982, Washington, D.C., in: Depositum Helmut Schmidt, 1/HSAA 006582, Archiv der sozialen Demokratie, Bonn, unveröffentlicht.
21 About the history of the National Endowment for Democracy, <http://www.ned.org/about/history>
22 Phillips, a.a.O. S. 685.
23 Friedrich-Ebert-Stiftung, USA-Bundesrepublik Deutschland", a.a.O. 1996, S. 6ff.

könnten, wie etwa zukünftige Präsidentschaftskandidaten oder andere aussichtsreiche politische Akteure. Dabei steht der Dialog mit den amerikanischen Think-Tanks im Zentrum, da diese als „Governments-in-waiting" gelten und dort Führungskräfte zu finden sind, die bei einem Regierungswechsel politische Verantwortung übernehmen. Die FES etwa unterstützte schon früh den Kontakt sozialdemokratischer Politiker zum Politikwissenschaftler Ivo Daalder, der als Fellow der Brookings Institution zu Deutschland- und Europafragen publizierte und die Bush-Administration in vielen Punkten offen kritisierte. Nach dem Wechsel zu Präsident Barack Obama im Weißen Haus wurde Ivo Daalder US- Botschafter bei der NATO und hielt auf Einladung der SPD die Eröffnungsrede bei ihrer Afghanistan-Konferenz 2010 in Berlin. Wegbereiter solcher Kontakte ist das Washington Office der FES.

In den 1980er Jahren konzentrierten sich die politischen Stiftungen zunächst neben ihrem Kernanliegen, der Förderung der transatlantischen Beziehungen, vor allem auf den Umgang mit der Sowjetunion und auf die Entwicklungen in Zentral-und Osteuropa.[24] Zudem verstärkten sie Kooperationsprojekte mit amerikanischen Institutionen und legten damit den Grundstein für einen tieferen Zugang zu amerikanischen Gesellschafts-, Wirtschafts,- und Politikkreisen. Dies manifestierte sich auch in der Umsetzung gemeinsamer Projekte mit amerikanischen Projektpartnern, wie dem National Endowment for Democracy, und den deutschen politischen Stiftungen in Mittel- und Osteuropa nach 1989. So unterstützten sie etwa gemeinsam Demokratisierungsprojekte im Rahmen der Orangenen Revolution in der Ukraine.[25]

In der zweiten aktiven Phase, die unter anderem durch die Anerkennung der Bundesrepublik Deutschland als „Führungspartner"[26] nach dem Ende des Kalten Krieges durch die Amerikaner eingeleitet wurde, waren die Stiftungen in den USA als Vermittler ihrer jeweiligen politischen Zielgruppe in Deutschland, Europa und in den USA gefragt. Das Interesse an einem wiedervereinigten Deutschland in einem geeinten Europa leitete eine Phase der Wertschätzung des demokratischen Erfolgsmodells Europa ein. Die Stiftungen hatten in den frühen neunziger Jahren Hochkonjunktur, da es einen hohen Informations- und Beratungsbedarf auf beiden Seiten des Atlantiks gab. Zahlreiche deutsche Politiker reisten in die USA, um über den Prozess des friedlichen Zusammenwachsens in Deutschland und Europa zu sprechen. In Zusammenarbeit mit den neu geschaffenen Zentren für Deutschland- und Europastudien an den renommierten amerikanischen Hochschulen Harvard, Berkeley und Georgetown University halfen sie, Wissen über Deutschland und Europa zu vertiefen. Die Friedrich-Ebert-Stiftung lud dazu zahlreiche Sozialdemokraten und andere Multiplikatoren in die US-Hauptstadt, die Vorträge an den Universitäten hielten oder für öffentliche Diskussionen der FES zur Verfügung standen. Zu diesen zählte neben dem ehemaligen Bürger-

---

24 Swetlana W. Pogorelskaja, Die Bedeutung der deutschen parteinahen Stiftungen für die EU-Politik gegenüber den MOE- und GUS-Staaten, Bonn, 2006, S. 82ff.

25 Matthias Brucker, „Trans-national actors in democratizing states: the case of German political foundations in Ukraine", in: The Journal of Communist Studies and Transition Politics (Abingdon), 23 (June 2007) 2, S. 296-319ff.

26 Klaus Dieter Mensel, The United States and the united Germany: Partners in leadership? Aus: Can America remain committed? Hrsg. David G. Haglund, Boulder, 1992, S. 81-109f.

rechtler der DDR und stellvertretenden Vorsitzenden der SPD-Bundestagsfraktion, Wolfgang Thierse, auch der parteilose Beauftragte der Bundesregierung für die STASI-Unterlagen, Joachim Gauck. Beide brachten ihre ganz eigenen biographischen Erfahrungen mit in die Debatte ein und diskutierten unterschiedliche Aspekte der Wiedervereinigung mit einer interessierten Öffentlichkeit in der amerikanischen Hauptstadt. Durch Gaucks Besuch in den USA wurde 1991 erstmalig die amerikanische Presse auf Person und Amt aufmerksam.[27]

Ferner organisierte die FES eine beeindruckende Reihe an Tagungen und Symposien, wie etwa eine Konferenz über die Zukunft der Linken nach dem Ende des Kalten Krieges, bei der führende Staatstheoretiker, Politikwissenschaftler und Soziologen wie Jürgen Habermas, Amitai Etzioni oder Michael Walzer in die US-Hauptstadt reisten und mit unterschiedlichen Vertretern der amerikanischen Politik und Zivilgesellschaft diskutierten. Im Anschluss an die Konferenz veröffentlichte die FES zudem eine Publikation mit namhaften Autoren zum Thema.[28]

In den 1990er Jahren herrschte aber nicht allein Begeisterung über die deutsche Wiedervereinigung, sondern es gab auch Befürchtungen vor Nationalismus, Antisemitismus und Ausländerfeindlichkeit.[29] Insbesondere die gewaltsamen Übergriffe auf Asylbewerber verfolgte die amerikanische Öffentlichkeit mit Sorge.[30]

Diese Ereignisse belasteten auch das deutsch-jüdische Verhältnis. Hier waren die politischen Stiftungen gefordert, Vertrauensarbeit zu leisten. Die Kontaktpflege mit der jüdischen Welt in Amerika und den jüdischen Institutionen sowie die Unterstützung des deutsch-israelischen Dialogs bildeten traditionell – aus einer historischen Verantwortung heraus – einen wichtigen Schwerpunkt der operativen Arbeit der Stiftungen in den transatlantischen Beziehungen.

Bereits unter Bundeskanzler Helmut Schmidt hatte es erste Versuche gegeben, regelmäßige Gesprächsformate einzurichten und die Beziehungen, etwa zum einflussreichen American Jewish Committee (AJC), durch gegenseitige Besuchsprogramme und Studienreisen zu verbessern. Dieser Aufgabe hatten sich die beiden großen politischen Stiftungen, KAS und FES, angenommen. Diese gewachsenen Bindungen und guten Kontakten zur jüdischen Welt in Amerika und in Israel waren vor dem Hintergrund der ausländerfeindlichen Attacken in Deutschland von hoher Bedeutung. Die Friedrich-Ebert-Stiftung in Washington organisierte Symposien in den USA, die Konrad-Adenauer-Stiftung in Deutschland und die Friedrich-Naumann-Stiftung in Israel, um über die Gründe und Ursachen dieser Vorkommnisse zu sprechen. Es gab ein gemeinsames Bemühen aller beteiligten Stiftungen, das offene Gespräch mit unterschiedli-

---

27 Stephan Kinzer, „Germany's new custodian of Stasi secrets insists on justice", in: New York Times vom 20.01.1991
28 Michael Walzer, Toward a global civil society, Providence, Oxford, 1995
29 Swetlana Pogorelskaja, „Im Ausland einmalig: Die Politischen Stiftungen", in: Kurt-Jürgen Maaß (Hrsg.), Kultur und Außenpolitik, Handbuch für Studium und Praxis, Nomos, Baden-Baden, 2005, S. 225ff.
30 Marc Fischer, "Skinheads attacks on Asylum Seekers unnerve Germans", in: The Washington Post, vom 10. Oktober 1991.

chen Akteuren zu suchen, um Lösungsmöglichkeiten im Umgang mit Ausländerfeindlichkeit und Antisemitismus zu finden.

Neben diesen schwierigen Themen konzentrierten sich die Stiftungen in den 1990er Jahre auf ihre Kernthemen und Themenschwerpunkte ihrer jeweiligen politischen Agenda. Die FES thematisierte u.a. Fragen der Sozialreform und Umweltpolitik, der Veränderung der Gesellschaften durch Telekommunikation, des demographischen Wandels in Deutschland und Europa sowie der Gesundheitspolitik.

Im Rahmen des Normalisierungsprozesses eines wiedervereinigten Deutschlands und der allmählichen Verlagerung des geopolitischen Interesses der Vereinigten Staaten von Deutschland und Europa in andere Regionen eröffnete sich eine neue Phase in den Beziehungen, aber auch eine neue Orientierung und Rolle für die FES und die anderen politischen Stiftungen in den USA. Insbesondere in der Außenpolitik kamen Herausforderungen auf Deutschland zu, auf die es bisher noch keine ausreichenden Antworten gefunden hatte. Dieses deutete sich bereits in den 1990er Jahren an, als die Kriege in Afrika und auf dem Balkan verdeutlicht hatten, dass Konflikte komplexer geworden waren und erhöhtes Engagement zur Vermeidung und Bewältigung solcher Krisen notwendig wurde. Unter der rot-grünen Bundesregierung wurden daher die Bemühungen verstärkt, unterschiedliche Aspekte der Konfliktprävention und Friedenssicherung besser miteinander zu verzahnen und dies auch in einer gemeinsamen Strategie, der Konzeption 2000, festzulegen.

Das FES Büro nahm diese Themen auf und lud dazu Vertreter internationaler Organisationen nach Washington ein. Ziel war es, intensiv an den Themen Konfliktverhütung und Konfliktmanagement zu arbeiten, die ein militärisches Eingreife in bestimmten Regionen möglicherweise verhindern könnten. Allerdings hatte insbesondere das Wiederaufflammen der Gewalt im Kosovo 1999 gezeigt, dass Europa ohne amerikanische Unterstützung bei solchen Konflikten nicht handlungsfähig war. Deutschland hatte seine neue Rolle in der Außenpolitik noch nicht gefunden und sich auch nicht zur „Zentralmacht" entwickelt.[31] Bedeutsam wurde dies vor allem nach den Terroranschlägen des 11. September 2001 in den USA.

Der 11. September 2001 und seine Folgen

Auf die Terroranschläge reagierte die FES zunächst mit der Umstellung ihrer Programme und organisierte Konferenzen zu Themen wie „Kulturelle und politische Hintergründe des Terrorismus" am 2. Oktober 2001 mit dem deutschen Innenminister, Otto Schily, dem Beauftragten für die Freiheit der Medien der Organisation für Sicherheit und Zusammenarbeit in Europa (OSZE), Freimut Duve, mit Aahid Bukhari, Center for Muslim-Christian Understanding, Georgetown University sowie mit zahlreichen führenden Vertretern der drei großen Weltreligionen aus dem Raum Washington. Das Thema wurde auch bei der Tagung „Germany, the United States and the Fight

---

31 Hans Peter Schwarz, Die Zentralmacht Europas: Deutschlands Rückkehr auf die Weltbühne, Siedler, 1994

against Terrorism" in Kooperation mit der New America Foundation am 3. Oktober 2001 weiter vertieft sowie bei „Amerika und Deutschland nach den terroristischen Anschlägen vom 11. September" am 13. November 2001.[32] Diese Veranstaltungen zeigten, wie wichtig der FES die Betrachtung unterschiedlicher Aspekte des internationalen Terrorismus war. Das folgende Jahr war vor allem durch die Debatte um den gemeinsamen Einsatz in Afghanistan geprägt.

Gleichzeitig intensivierte sich die Diskussion über den Umgang mit Bedrohungen, über die Legitimität militärischer Einsätze und über die Bedeutung der Nationalen Sicherheitsstratcgic (NSS), dic die Bush-Regierung 2002 präsentierte. In diesem Jahr zeichnete sich bereits deutlich ab, dass die amerikanische Regierung eine militärische Intervention im Irak plante und dies zu Konflikten mit den Bündnispartnern führen würde. Inmitten der Auseinandersetzung zur Legitimität eines solchen Vorhabens war es die Veröffentlichung eines amerikanischen Wissenschaftlers, der diese Debatte auf beiden Seiten des Atlantiks anheizte.

Der Berater der US-Administration, Robert Kagan, brachte die Sichtweise eines Teils der (neo)konservativen Eliten der USA auf den Punkt, indem er erklärte, dass Amerikaner und Europäer nicht mehr die gleiche Weltsicht hätten. Seiner Ansicht nach lebten sie nicht einmal in derselben Welt, da die amerikanischen und europäischen Ansichten in der Frage der Macht weit auseinander gingen.[33] Zwar hatte Kagan durchaus Recht, dass die Amerikaner die Notwendigkeit der Anwendung militärischer Macht anders als Franzosen, Deutsche und Spanier beurteilten. Doch Kagans Vereinfachung, diese Unterschiede auf die Polarität von „Mars USA" und „Venus Europa" zu reduzieren, war für viele Sicherheitsexperten und Wissenschaftler nicht akzeptabel. Nicht allein in den USA führten daher Kagans Thesen zu heftigen Reaktionen, wie etwa bei den Europaexperten Ivo Daalder und Philipp Gordon von der renommierten Brookings Institution. Auch Teile der pro-amerikanischen Eliten in Europa widersprachen Kagans Thesen. Dieses zeigte sich in einem offenen Schreiben der Philosophen Jacques Derrida und Jürgen Habermas, das in zahlreichen namhaften Zeitungen als Antwort auf Kagans provokante Thesen veröffentlicht wurde.[34]

Es zeigte sich aber auch, wie uneinig sich die Europäer in der Irak-Frage waren. Während sich Deutschland unter seinem sozialdemokratischen Bundeskanzler Gerhard Schröder schon früh gegen die Unterstützung einer solchen Militärintervention ausgesprochen hatte, verdeutlichte der „Brief der Acht", dass es in Europa dazu unterschiedliche Meinungen gab.[35] Dies stellte nicht nur die transatlantischen Beziehungen auf

---

32 Informationen über die Tagungen stammen aus den Jahresberichten der Stiftungen, die nicht öffentlich einsehbar sind. An mehreren dieser Konferenzen hat die Autorin zudem persönlich teilgenommen.
33 Robert Kagan, Of Paradise and Power, New York, 2003. S. 3ff.
34 Jürgen Habermas, Jacques Derrida, „Nach dem Krieg: Die Wiedergeburt Europas", in: Frankfurter Allgemeinen Zeitung (FAZ) vom 31.05.2003.
35 Der „Brief der Acht" war unter dem Titel „Europa und Amerika müssen zusammenstehen" am 30. Januar 2003 in verschiedenen Zeitungen als Anzeige veröffentlicht worden. Es war der der gemeinsame Aufruf der europäischen Staats- und Regierungschefs Tony Blair (Großbritannien), Silvio Berlusconi (Italien), José María Aznar (Spanien), José Manuel Durão Barroso (Portugal),

eine harte Belastungsprobe, sondern entzweite auch die Europäer untereinander. Vor dem Hintergrund dieser Spannungen mussten die politischen Stiftungen eine neue Akteursrolle in der Außenpolitik einnehmen.[36]

Kaum ein anderes europäisches Land verfügte über eine Institution wie die deutschen politischen Stiftungen. Dies führte dazu, dass diese in den USA nicht allein deutsche Positionen, sondern auch die der europäischen Partner erklären mussten. Da die offiziellen diplomatischen Beziehungen in dieser Phase sehr belastet waren, wuchs daher das Interesse an der Schaffung ähnlicher Instrumente bei den europäischen Nachbarn.[37]

Die schwierigen Umstände machten es notwendig, dass die Stiftungen über die Diskussion von Sachfragen hinaus und mit einem überparteilichen Ansatz versuchten, ein differenziertes Deutschland- und Europabild zu vermitteln. Die Friedrich-Ebert-Stiftung setzte auf die Förderung transatlantischer Netzwerke und initiierte das Projekt der „Globalen Atlantiker".[38] Ziel dieser Initiative war es, Außenpolitiker aller Parteien, Vertreter von Think Tanks und Transatlantikexperten auf Einladung der Stiftung mit amerikanischen Partnern aus der Regierung und der Administration zusammenzubringen, gemeinsam Positionspapiere zu schreiben und Politikempfehlungen zu entwickeln. Das Projekt wurde federführend von der damaligen Leiterin der Abteilung Internationaler Dialog der FES in Berlin, Pia Bungarten, konzipiert und mit der Unterstützung des Büros der FES in Washington durchgeführt. Es gelang, Mitglieder des US-Kongresses und der Administration mit ihren deutschen Kollegen aus Bundestag und Bundesregierung zusammenzubringen. Dies war vor dem Hintergrund einer politischen Eiszeit, die auf Regierungsebene herrschte, bereits ein beachtlicher Erfolg.

Die Stiftung konnte durch solche Projekte dazu beitragen, den Diskurs zwischen Deutschland und den USA mitzugestalten, denn trotz der Spannungen auf Regierungsebene erhielt sie Zugang zu den ihr wichtigen Zirkeln in den USA. Allerdings war dies nur möglich, weil sie über viele Jahre solide und vertrauensvolle Arbeit vor Ort geleistet hatte und auch über ein entsprechendes Kontaktnetzwerk verfügte. Ein Beispiel dafür ist die Anhörung vor dem US- Kongress zum Thema „The Future of Transatlantic Relations" am 17. Juni 2003. Auf Einladung des Unterausschusses für Europa und des Ausschusses für Internationale Beziehungen des US- Repräsentantenhauses war der damalige Direktor der Friedrich-Ebert-Stiftung in Washington, Dr. Dieter Dettke, neben Vertretern der Brookings Institution, der New Atlantic Initiative und des Ameri-

---

Peter Medgyessy (Ungarn), Leszek Miller (Polen), Vaclav Havel (Tschechien) und Anders Fogh Rasmussen (Dänemark).

36 Dies haben Vertreter der Stiftungen und der Botschaften in Interviews in den USA zwischen Oktober und Dezember 2004 bestätigt. Vgl. Nicole Renvert, Mission possible? The Role of German Political Foundations in the USA, AICGS/DAAD-Working Paper http://www.aicgs.org/documents/Renvert%20final%20ger.pdf.

37 Anm. d, Autorin: So ließen sich Frankreich und die Schweiz von den deutschen politischen Stiftungen in Washington zu diesem Thema beraten und überlegten, ähnliche Einrichtungen zu schaffen. Artikel wie „France defiant over tough US stance" in BBC news: http://news.bbc.co.uk/2/hi/americas/2969975.stm zeigten, wie verhärtet die Positionen zwischen den USA und auch Frankreich waren.

38 Renvert, a.a.0. 2004, S. 20f.

can Enterprise Institute eingeladen, die Position Deutschlands in Europa zu erläutern und Lösungsvorschläge für einen konstruktiven Umgang miteinander darzulegen. In seinem Statement betonte Dettke, dass es wichtig sei, die Kontroversen hinter sich zu lassen. Auf politischer Ebene seien dazu bereits die richtigen Schritte unternommen worden. Auch wenn sich Deutschland nicht am Militäreinsatz im Irak beteiligt habe, würde es Unterstützung geben.[39] Der Leiter des Washingtoner Büros der Friedrich-Ebert-Stiftung versuchte auf diesem Wege, die Diskussionen in Deutschland in einen größeren europäischen Rahmen einzubetten und Wege der Zusammenarbeit auszuloten, aber auch auf Schwierigkeiten in der transatlantischen Partnerschaft hinzuweisen. Die Anhörung vor dem Kongress war daher in vielerlei Hinsicht bemerkenswert. Zum einen, da ein Stiftungsvertreter geladen war, vor den wichtigen Ausschüssen ausführlich nicht allein die Position der Bundesregierung zu erklären, sondern auch unterschiedliche Stimmungsbilder in der deutschen Bevölkerung, in der Regierung und im Bundestag zu vermitteln. Zum anderen zeigte sich darin, dass die Stiftungen mehr als nur eine „Botschafterrolle" für eine Partei einnahmen, sondern unterschiedliche politische Sichtweisen darstellten.

Zwar konnte das Büro der FES nicht die politischen Rahmenbedingungen verändern und den Dissens zwischen den Regierungen völlig abfedern, aber es gelang der FES-Vertretung, die Meinungsvielfalt in Deutschland darzulegen, die es auch innerhalb der jeweiligen politischen Lager gab. Zudem konnte das Büro den Vorwurf widerlegen, dass es sich bei der Weigerung, die amerikanische Intervention im Irak aktiv zu unterstützen, hauptsächlich um Anti-Amerikanismus handelte, der bei den Sozialdemokraten immanent vorhanden sei. Bei der Anhörung vor dem Kongress konnte der Leiter des Büros vielmehr darauf hinweisen, dass Deutschland kontinuierlich, etwa in der Terrorismusbekämpfung, eng mit den USA zusammenarbeitete. Zudem stehe Deutschland zu seinen Bündnisverpflichtungen und schütze amerikanische Einrichtungen in Deutschland. Diese Aspekte drohten in der öffentlichen Wahrnehmung bis dahin unterzugehen.

Das Jahr 2003 blieb indes ein Jahr des Ausnahmezustands. Die Stiftung behandelte den transatlantischen Dissenses durchgängig und lud zahlreiche sozialdemokratische Politiker zu Konferenzen ein, wie etwa „The World as seen from Europe and the USA: A Transatlantic Social and Democratic Dialogue" am 23. Januar in Brüssel, und „Homeland Security and the Fight against International Terrorism" mit dem deutschen Innenminister, Otto Schily, und Vertretern des US Department of Homeland Security sowie namhaften Experten der führenden amerikanischen Think-Tanks, Ivo Daalder und Jim Steinberg von der Brookings Institution und Michael Scardaville von der Heritage Foundation. Bei der Konferenz „Terrorism: Shared Transatlantic Perceptions and Concrete Cooperative Actions: Despite Differences over Iraq" Anfang Februar 2003 wurde deutlich, dass sich die deutsche Seite eine Rückbesinnung auf gemeinsame Werte und Interessen wünschte. Zur Konferenz lud die FES über 100 hochrangige

---

39 Dieter Dettke, Prepared Testimony of Dieter Dettke, Executive Director, Washington Office of the Friedrich Ebert Foundation, before the House Committee on International Relations Subcommittee on Europe, 20. Juni 2003, Washington, D.C. <http://commdocs.house.gov/committees/intlrel/hfa87796.000/hfa87796_0f.htm

Teilnehmer von Universitäten, Think-Tanks und den Medien ein. Die Veranstaltung fand nur wenige Wochen vor Beginn der militärischen Intervention im Irak statt, zu einem Zeitpunkt, als die transatlantische Debatte sehr emotional geführt wurde. Das Programm der FES bewies aber auch, dass die deutsch-amerikanische Zusammenarbeit auf den Arbeitsebenen weiterhin funktionierte.

An der Tagung „Public Option Surveys on Transatlantic Relations: Reflection or Distortion of Reality" am 15. September 2003 nahm auch der ehemalige Bundeskanzler Helmut Schmidt teil. Der Sozialdemokrat mahnte die Teilnehmer, über die Sorge um die Zukunft der transatlantischen Beziehungen nicht andere dringende Probleme in einer globalisierten Welt zu vergessen. Das FES-Büro Washington nahm zudem das Thema „Sozialdemokratische Kanzler und die transatlantischen Beziehungen" in einem Sonderseminar auf und unterstrich, dass es in der Geschichte der Bundesrepublik Deutschland immer wieder schwierige Situationen gegeben habe, aber sozialdemokratische Kanzler immer auch Atlantiker blieben.

Die Stiftung versuchte damit der These entgegenzuwirken, dass es sich bei den aktuellen Meinungsverschiedenheiten um ein bisher in der Geschichte einmaliges Phänomen handelte. In der öffentlichen Meinung hatte die Konzentration auf die Personen Gerhard Schröder und George W. Bush von den tieferliegenden Spannungen im Verhältnis abgelenkt. Hier standen sich die Neuorientierung der amerikanischen Außenpolitik mit ihrer globalen Orientierung und die europäische Außenpolitik, die „eher regional orientiert ist und eine Präferenz für multilaterales Vorgehen und politisch-ökonomische Mittel hat"[40] entgegen. In der Frage eines militärischen Eingreifens im Irak wurden daher die strukturellen und strategischen Unterschiede im Umgang mit Bedrohungen zwischen den USA unter der Regierung Bush und den europäischen Verbündeten deutlich. Zwar machten sich die Konflikte an Auseinandersetzungen zwischen Bundeskanzler Gerhard Schröder und US Präsident George W. Bush Bush fest, aber es waren letztlich eine Reihe unterschiedlicher Politiken, die zu den Kontroversen führten.

Ende des Jahres 2003 veranstaltete die FES noch ein weiteres Seminar, bei dem mehr als 50 Vertreter von Regierungsbehörden, Think-Tanks, Universitäten und Medien zusammenkamen und sich mit der Frage beschäftigten, was nach dem Irak-Krieg geschähe. Bei „Social Democratic Foreign Policy after the Iraq War" nahm Gerd Weisskirchen, Mitglied des Deutschen Bundestags und Sprecher der SPD-Fraktionsarbeitsgruppe Außenpolitik, eine kritische Bestandsaufnahme des Jahres 2003 vor. Obwohl seiner Ansicht nach die aktuelle Situation im Irak gezeigt hatte, dass die Warnungen vor den Konsequenzen eines militärischen Eingreifens im Irak nicht aus der Luft gegriffen waren, hätten Deutschland und Europa ein Interesse an einer Stabilisierung des Irak und an der erfolgreichen Bekämpfung des Terrorismus. Hier signalisierte die Bundesregierung deutlich, dass sie bereit sei, beim Wiederaufbau des Irak Hilfe zu leisten. Dabei spielten die Veränderungen in den Beziehungen von konfrontativ auf eher kooperativ eine wichtige Rolle, die sich in der zweiten Amtszeit des US Präsidenten weiter fortsetzten.

---

40 Peter Rudolf, Von Clinton zu Bush: Amerikanische Außenpolitik und transatlantische Beziehungen, in: Hans-Jürgen Puhle u.a. (Hrsg.): Supermacht im Wandel: die USA von Clinton zu Bush, Frankfurt; New York, Campus Verlag, S. 263-295, hier S. 263.

George W. Bush hatte in seiner Antrittsrede 2005 den Wert der Freiheit angemahnt, im Frühjahr des Jahres eine Europareise unternommen, den transatlantischen Beziehungen und dem Verhältnis zu Europa somit eine hohe Priorität eingeräumt und seine neue Außenministerin, die ehemalige Sicherheitsberaterin Condoleezza Rice, zur Münchner Sicherheitskonferenz geschickt. Dies wurde zwar zuweilen mit leichtem Misstrauen betrachtet. So warnte Martin Schulz, Vorsitzender der Sozialisten im Europäischen Parlament, vor zu viel Enthusiasmus. „Eine Charme-Offensive verbessert die Atmosphäre. Aber es geht um die Inhalte. Bis dato ist nicht zu erkennen, wo sich die Inhalte der Bush-Politik aus der ersten Amtszeit geändert hätten, zumindest soweit geändert hätten, dass die Europäer seiner Politik zustimmen könnten."[41] Doch tatsächlich veränderten sich allmählich wieder Umgang und Ton zwischen den Partnern.

Die Krise hatte das Verhältnis zwar zeitweise geschwächt, aber nicht die Grundfesten der Partnerschaft erschüttert. Dazu hatten auch die politischen Stiftungen in Washington ihren Anteil geleistet. Ihnen war es gelungen, den Dialog zwischen Deutschland und den USA nie abbrechen zu lassen.

Neue Herausforderungen

Nach dem Ende der Ära Bush sind die internationalen Herausforderungen für die transatlantische Partnerschaft nicht geringer geworden und bedürfen weiterhin dauerhafter Unterstützung durch die politischen Stiftungen. War und ist es etwa für die FES eine ihrer wichtigsten Aufgaben, Themen in den USA zu diskutieren, die Deutschland und die Europäer beschäftigen, so muss sich auch eine „Botschaft der Sozialdemokratie in den USA" immer stärker mit globalen Themen beschäftigen und ihr Portfolio diesen neuen Bedingungen anpassen. Viele der aktuellen Probleme, wie Wirtschafts- und Finanzkrise, Klimawandel, Umgang mit Ressourcen, internationaler Terrorismus, Umgang mit zerfallenden Staaten, aber auch die Veränderung der Demographie, Folgen für die Wirtschaft und den Arbeitsmarkt oder Migration, lassen sich nicht mehr nationalstaatlich lösen, und so ist die Unterstützung internationaler Zusammenarbeit von großer Aktualität.

Auch wenn die Bedingungen für die Tätigkeiten der Stiftungen in einigen Regionen immer schwieriger werden, wie derzeit in Russland, Ägypten oder am Persischen Golf, so ist gerade die FES auf Grund ihrer internationalen Vernetzung, thematischen Bandbreite und des Vertrauens, das sie genießt, gut dafür ausgestattet, auch in einer zunehmend komplexeren Welt ein Forum für Austausch zu bieten, Eliten zu verbinden und Unterstützung bei der Demokratisierung leisten. Gleichzeitig hat sie bewiesen, dass sie etwa in den transatlantischen Beziehungen auch selber als politischer Akteur in Erscheinung tritt und damit mehr ist als eine „Botschaft der Sozialdemokratie" in Amerika.

---

41 Dirk Koch, „Zu viel Sendungsbewusstsein", in: Der Spiegel, 21.02.2005, Heft 8, <http://www.spiegel.de/spiegel/print/d-39447024.html>

Autorinnen, Autoren und Herausgeber

Prof. Dr. Julia Angster, Lehrstuhl für Neuere und Neueste Geschichte, Universität Mannheim
julia.angster@uni-mannheim.de

Dr. Rainer Behring, Historiker, Köln
rainerbehring@web.de

Prof. Dr. Beatrix Bouvier, Vorstandsmitglied „Internationale Marx-Engels-Stiftung, Berlin" (IMES)
Beatrix.Bouvier@t-online.de

Prof. em. Dieter K. Buse, Ph.D., Department of History, Laurentian University, Sudbury, Ontario
buse@cyberbeach.net

Wilfried Busemann, M.A., Sozialhistoriker mit dem Schwerpunkt Arbeiterbewegung/ Geschichte der SPD
cw.busemann@t-online.de

Dr. Dieter Dettke, von 1985 bis 2006 Leiter des Büros Washington der Friedrich-Ebert-Stiftung, Adjunct Professor an der Georgetown University
dieterdettke@comcast.net

Dr. Jens-Uwe Güttel, Senior Lecturer in History, The Pennsylvania State University, University Park/State College
jug17@psu.edu

Jan Hansen, M.A., Doktorand, Lehrstuhl für die Geschichte Westeuropas, Humboldt-Universität zu Berlin
J.Hansen@cms.hu-berlin.de

Dr. habil. Werner Kremp, ehem. Direktor der Atlantischen Akademie Rheinland-Pfalz, jetzt Direktor des Deutsch-Amerikanischen Instituts Saarbrücken
werner.kremp@gmx.de

Dr. Judith Michel, Wissenschaftliche Mitarbeiterin am Institut für Geschichtswissenschaft der Rheinischen Friedrich-Wilhelms-Universität Bonn
judith.michel@uni-bonn.de

Prof. Dr. Daniela Münkel, Projektleiterin, Der Bundesbeauftragte für die Stasi-Unterlagen

Dr. Max Reinhardt, Politikwissenschaftler, wissenschaftlicher Mitarbeiter und Autor, Kaiserslautern
max.reinhardt@arcor.de

Nicole Renvert, Wissenschaftliche Mitarbeiterin, Stiftung Wissenschaft und Politik, und Stipendiatin der Gerda-Henkel-Stiftung
nicole.renvert@swp-berlin.org

Moritz Rudolph, B.A., Student der Politikwissenschaft, Geschichte und Ökonomie, Berlin
moritz.rudolph@gmail.com

Dr. Bernd Schäfer, Senior Research Scholar, Cold War International History Project Woodrow Wilson International Center, Washington, DC
bernd.schaefer@wilsoncenter.org

Dr. Jürgen Schmidt, Internationales Geisteswissenschaftliches Kolleg „Arbeit und Lebenslauf in globalgeschichtlicher Perspektive", Humboldt-Universität zu Berlin
juergen.schmidt@asa.hu-berlin.de

Prof. Dr. Michael Schneider, ehem. Leiter des Historischen Forschungszentrums der Friedrich-Ebert-Stiftung, Hon.-Prof. am Institut für Politische Wissenschaft und Soziologie der Universität Bonn
schneider-kalenborn@t-online.de

Andrew Zimmermann, Ph.D., Professor of History, George Washington University
azimmer@gwu.edu